La France en van

AF103052

Bons plans et conseils
pour bien voyager en van ?
Suivez les Coflocs au fil des pages.

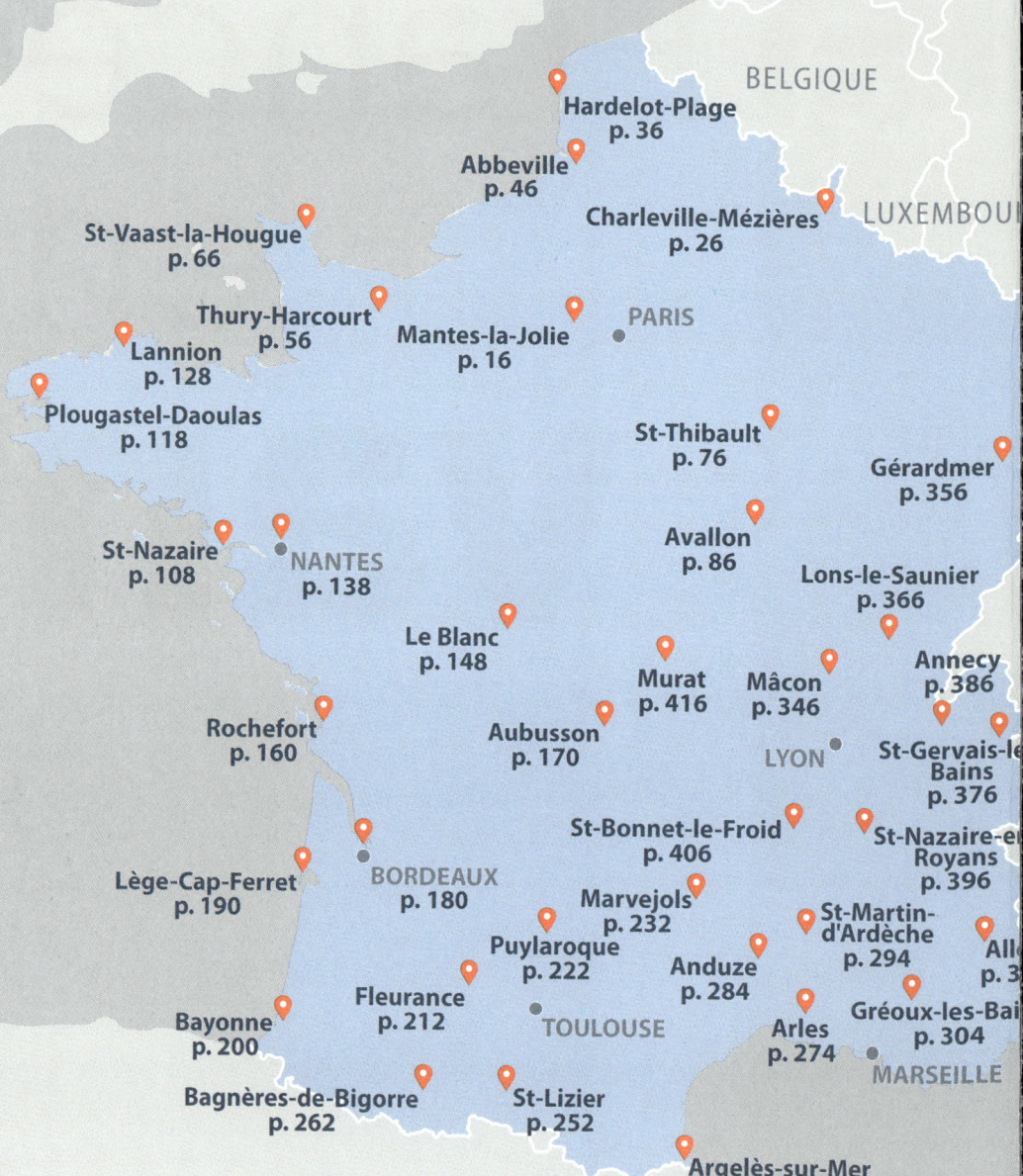

SOMMAIRE

- 4 Le guide des road trips en van
- 5 Les Coflocs, nos partenaires vanlife
- 6 Le van, mode d'emploi

15
AU DÉPART DE PARIS
- 16 Le Vexin, de tableaux en châteaux
- 26 Légendes en vallées de la Meuse et de la Semoy
- 36 Mer et marais, de la Côte d'Opale à l'Audomarois
- 46 Entre terre et mer en baie de Somme
- 56 Un air de Suisse en Normandie
- 66 Nez au vent à la pointe du Cotentin
- 76 Traversée des vignes dans le Sancerrois
- 86 Le Morvan, plongée dans la verdure
- 96 Mythique route des vins d'Alsace

107
AU DÉPART DE NANTES
- 108 La presqu'île de Guérande et la Grande Brière
- 118 Fin de terre en Iroise et dans les abers
- 128 En douceur sur la Côte de Granit rose
- 138 En suivant la Loire, de Nantes à Tours
- 148 De forêts en étangs à travers la Brenne

159
AU DÉPART DE BORDEAUX
- 160 L'île d'Oléron et le littoral charentais
- 170 Tableau vivant en vallée de la Creuse
- 180 Dans les vignobles de l'Entre-Deux-Mers et de St-Émilion
- 190 Le bassin d'Arcachon et la côte landaise
- 200 Mer et montagne au Pays basque

211
AU DÉPART DE TOULOUSE
- 212 Le Gers, pays de cocagne entre Lomagne et Armagnac
- 222 De haut en bas en vallée du Lot
- 232 Espaces infinis de l'Aubrac
- 242 La Côte Vermeille, les Albères et les Aspres
- 252 Loin des sentiers battus : le Haut-Couserans
- 262 La Bigorre, un pays trois étoiles

273
AU DÉPART DE MARSEILLE
- 274 Chevauchée fantastique en Camargue
- 284 Les Cévennes, secrètes et sauvages
- 294 Panorama au-dessus de l'Ardèche
- 304 Les gorges du Verdon, vertige en vert et bleu
- 314 Plein feu sur l'Ubaye
- 324 La Corse du Nord
- 334 La Corse du Sud

345
AU DÉPART DE LYON
- 346 Vignes et villages du Mâconnais
- 356 Bol d'air pur dans les Vosges du sud
- 366 Les lacs du Jura, un écrin de fraîcheur
- 376 La vallée de Chamonix-Mont-Blanc et Samoëns
- 386 Le lac d'Annecy, paddle ou rando ?
- 396 Le Vercors, citadelle du silence
- 406 Plateaux du Haut-Vivarais et mont Mézenc
- 416 À saute-mouton au-dessus des monts du Cantal

- 426 Légende des symboles
- 427 Index

LE GUIDE DES ROAD TRIPS EN VAN

UNE INVITATION AU VOYAGE

Ce guide propose 40 itinéraires en France, à travers des régions où la communauté vanlife aime se retrouver, mais aussi sur des territoires moins connus, donc moins fréquentés, mais tout aussi intéressants. Une bonne occasion de (re)découvrir l'immense diversité des paysages de notre beau pays !
Nos road trips font entre 120 et 460 km et vous occuperont de 2 à 6 jours, bien que tout dépende du rythme de croisière que vous adopterez. Vous profiterez ainsi du meilleur de ce que la vanlife a à vous offrir : retourner à l'essentiel, souffler pour de bon, vous reconnecter avec la nature et profiter de paysages de rêve depuis votre maison sur quatre roues.
Chaque circuit est accessible depuis une grande ville en France (Paris, Nantes, Bordeaux, Toulouse, Marseille et Lyon), trajet qu'il faudra bien évidemment ajouter à la durée de votre road trip. Vous pouvez rejoindre ces grandes villes de départ en train et y louer un van. Que vous ayez votre propre véhicule ou non, l'aventure de la vanlife est accessible à tous !

COMMENT UTILISER CE GUIDE ?

Les pictogrammes
Ils indiquent les atouts de chaque road trip :

 Sport : destination où pratiquer de nombreuses activités de plein air

 Nature : itinéraire jalonné de sites naturels

 Route panoramique : le circuit emprunte une route avec vue !

 Gastronomie : territoire marqué par sa gastronomie ou ses vins.

 Rivières et lacs : le parcours longe de nombreux cours d'eau ou lacs.

 Patrimoine : road trip traversant des lieux liés à l'histoire, à l'art ou à l'architecture.

Les visites incontournables
Des lieux de visite emblématique sont mis en avant, pour ne rien rater des meilleurs musées, châteaux et autres pépites !

Bonnes tables et activités
Enfin, parce que rien ne vaut les plaisirs de la table, nous avons sélectionné pour vous plusieurs restaurants pour manger local.
Nous vous proposons également des activités de plein air et de détente (rando, kitesurf, observation des animaux, vélo, paddle...), pour profiter au maximum des lieux que vous traversez et de la nature environnante.

DES QR CODES POUR TRACER LA ROUTE

Chaque road trip est accompagné d'une carte simplifiée. Mais pour vous guider de manière précise sur le terrain, nous vous proposons de télécharger sur le GPS de votre smartphone les tracés GPX de tous nos circuits :
1. Installez une application GPS sur votre smartphone si vous n'en avez pas encore.
2. Flashez le QR Code qui se trouve sur chaque carte à l'aide de votre smartphone. Utilisez la fonction appareil photo, ça marche très bien !
3. Quand vous flashez le QR Code, vous êtes redirigé vers une page Internet où l'on vous propose de télécharger le fichier GPX du road trip. En général, le fichier téléchargé atterrit directement dans le dossier « Téléchargement » de votre smartphone.
4. Une fois votre fichier GPX affiché, cliquez sur « ouvrir avec », sélectionnez votre application GPS et laissez-vous guider !

LES COFLOCS, NOS PARTENAIRES VANLIFE

Il y a quelques années, nous avons rencontré Les Coflocs et avons immédiatement été séduits par leur enthousiasme et leur bonne humeur. De nombreuses et fructueuses collaborations ont suivi : deux guides *Week-ends en van* en 2020 et 2022, un guide *L'Europe en van* début 2024, et aujourd'hui ce tout nouveau *La France en van*.

Passionnés de voyages et d'aventures, Laurent Lingelser et Florian Mosca réalisent des films authentiques et inspirants. Afin d'inciter les voyageurs en herbe à franchir le cap et oser l'aventure d'une vie, ils ont créé une série de documentaires, accessibles gratuitement sur Youtube et Facebook. Ils partent régulièrement en road trip à bord de leur combi Volkswagen California sur les routes de France en quête d'aventure et partagent leurs bons plans perso pour un road trip réussi.

Pour en savoir plus sur nos amis les Coflocs, allez voir leurs réseaux sociaux Facebook, Instagram et YouTube @lescoflocs ou scannez l'image ci-contre.

ILS PARTAGENT LEURS SOUVENIRS !

Les Coflocs ont craqué pour plusieurs de nos itinéraires : « nous avons choisi des road trips aux quatre coins de la France où nous aimons nous évader le temps d'un week-end. Pour nous, vanlife rime avec nature, grands espaces, patrimoine, gastronomie mais aussi randos et sports nautiques comme le surf et le paddle. »

Retrouvez leurs coups de cœur et leurs bons conseils de voyage dans les encadrés « Mon plus beau souvenir »

VANLIFE, LE FILM

Après le succès de *Génération Tour du monde*, les Coflocs se sont remis derrière leur caméra pour réaliser un documentaire consacré à la vanlife, intitulé *Vanlife, les nouveaux nomades*. De la Norvège à l'Australie en passant par la Californie et la Patagonie, il dresse le portrait d'une dizaine de vanlifers qui ont décidé de voyager et de vivre sur la route. Ce film, qui va du rire aux larmes, retranscrit la réalité de la vanlife, de l'organisation du quotidien aux galères, en passant par les rencontres et les meilleurs moments. Cette génération de voyageurs minimalistes, inspirants et connectés trouve dans la vanlife une reconnexion avec la nature et surtout avec eux-mêmes.

LE VAN, MODE D'EMPLOI
QUELQUES NOTIONS À CONNAÎTRE

UNE BRÈVE DÉFINITION

Un van est un petit fourgon aménagé pour le camping. Ces « mini » camping-cars peuvent être vendus neufs ou d'occasion. Autrement, vous pouvez faire aménager un véhicule utilitaire avec des équipements sur mesure par un professionnel ou un particulier passionné et expérimenté. Les plus bricoleurs s'en chargeront eux-mêmes !
Véritable camp de base, il permet d'accéder à beaucoup d'endroits naturels et d'y dormir, cuisiner, manger... Le van devient rapidement un membre de la famille à part entière et nombreux sont ceux qui donnent un prénom à leur véhicule !

VAN VS CAMPING-CAR

Beaucoup plus compact, le van peut se faufiler plus aisément dans la circulation et sur les petits chemins. Les vans de moins de 2 m peuvent aussi entrer plus facilement dans les villes, passer sous les barres de limite de hauteur, se garer dans des parkings souterrains au besoin et payer moins cher le péage des autoroutes (classe 1 comme une voiture).

LES DIFFÉRENTS TYPES

Il se trouve autant de vans qu'il existe d'aménagements intérieurs et de personnalisations. On peut les répertorier par type de confort. Les plus sommaires comprennent simplement une banquette rabattable permettant de dormir à bord. D'autres sont équipés de lits confortables ainsi que de placards, de rideaux isolant de la lumière et du froid, d'une vraie kitchenette avec frigo et plaques de cuisson au gaz, toilettes et douche, chauffage stationnaire pour les nuits fraîches, batterie auxiliaire et panneaux solaires pour être autonome en énergie. Les mythiques vans Volkswagen combi sont souvent reconnaissables à la tête sympathique de leur avant aux phares comme deux yeux ronds et à leur toit relevable, qui leur fournit une chambre de plus !

CONDUIRE UN VAN

Si les vieux vans promettent une conduite vintage et font l'apologie du *slow* tourisme avec leurs 70 km/h de vitesse de croisière, les plus récents se conduisent comme une voiture moderne et dynamique.
Conduire un van, c'est conduire en hauteur : une sensation de sécurité qui permet d'être aux premières loges pour admirer le paysage et chercher les meilleurs endroits où se poser. Pour votre sécurité, il est important de suivre la check-list du matin (voir p. 10) avant de partir : fermer le toit et le gaz, ouvrir les rideaux arrière...
Il est obligatoire de rester assis lorsque l'on roule. Et bien sûr, tout le monde boucle sa ceinture !

@Anthony_World_Tour

LE VAN, MODE D'EMPLOI
LES QUATRE SAISONS DU VAN

S'il y a un critère qui ne doit pas être négligé et qui peut vraiment faire flancher l'expérience de la vanlife, c'est la météo. La canicule, le froid, mais surtout la pluie et l'humidité sont les pires ennemis du vanlifer mal préparé. La saisonnalité de votre escapade en van aura donc une grande influence sur votre préparation.

LA CANICULE DE L'ÉTÉ

Pour la canicule, l'été, privilégiez des zones ombragées pour poser votre van, proche d'une rivière ou d'un lac pour vous rafraîchir régulièrement. Les lève-tard étudieront la course du soleil pour placer leur van en zone ombragée pour le réveil. Ils éviteront l'effet cocotte-minute du soleil qui tape sur les fenêtres et sur la taule.

L'isolation d'un van n'étant pas celle d'une maison, vous devez apprendre à composer avec les éléments de la nature pour gagner du confort. Si vous choisissez un van récent et tout aménagé d'origine par le constructeur, l'isolation y sera bien meilleure.

LE FROID DE L'HIVER

Au froid, en hiver, il est simple de se réchauffer en conduisant, avec le chauffage du véhicule. Mais si vous voulez vous réveiller dans votre van sans gratter le gel à l'intérieur des vitres, il vous faudra opter pour un véhicule équipé d'un chauffage stationnaire. Il s'agit d'un radiateur de chauffage qui s'alimente en gaz ou en carburant pour souffler de l'air chaud à l'intérieur et maintenir une température raisonnable toute la nuit. Attention néanmoins aux chauffages bricolés ou installés maison, car ils peuvent engendrer un risque d'asphyxie au monoxyde de carbone. Enfin, attention au gel : vidangez vos réservoirs d'eau si la température vient à baisser en dessous de zéro.

LES JOURS DE PLUIE

Les jours de pluie et d'humidité, prenez un bon livre et cocoonez-vous ! Il est parfois bon de prendre un peu de temps pour soi, dans sa cabane à roulettes.
Enfin, n'oubliez pas qu'en van, vous disposez de quatre murs sur roues ! Si vous vous trouvez dans l'inconfort à cause de la météo, vous pouvez changer d'endroit comme un vrai nomade !

LE VENT

Certaines régions peuvent s'avérer venteuses. Soyez toujours vigilant et ne laissez pas vos affaires à l'extérieur du van la nuit.

ALTITUDE ET OUVERTURE DES ROUTES

Bon à savoir : la plupart des cols de montagne ou des routes d'altitude sont fermés pendant la période hivernale et n'ouvrent qu'à la fin du printemps, fin mai ou début juin, pour fermer de nouveau en octobre. Renseignez-vous sur leur ouverture avant d'établir votre itinéraire.

votre *Aventure* en **VAN** aménagé

Pour aller ici

là

ou encore là

©photos : @ Stéphane Audran / Vendée Expansion ; @ Alexandre Lamoureux / Vendée Expansion ; Julien Gazeau / @ Vendée Expansion

✓ **Km** illimités

✓ **Flexibilité** durée et horaires

✓ **Chèques vacances** acceptés

LOCATION VANS AMÉNAGÉS **Vous n'êtes déjà plus ici !**

www.louvan.com

4 rue des Sorbiers
85260 MONTRÉVERD
(St André 13 Voies)

 06 22 34 07 14

 contact@louvan.com

Offrez une carte cadeau
Une idée originale pour vivre une belle aventure

Retrouvez nous sur nos réseaux !

LE VAN, MODE D'EMPLOI
AVANT DE PARTIR

LOUER UN VAN

Avant d'acheter un van, le meilleur moyen de tester la vanlife est d'en louer un.

Entre particuliers
Des sites existent : www.wikicampers.com, www.yescapa.fr.

Chez un loueur professionnel
Plusieurs loueurs de vans ont des agences réparties un peu partout en France. On vous recommande plus particulièrement : www.we-van.com, www.blacksheep-van.com, www.van-it.fr, roadsurfer.com/fr, indiecampers.com/fr, www.van-away.com.

Chez un loueur de vieux combis
Vous trouverez des loueurs passionnés dans différentes régions de France. Le site www.becombi.com les répertorie.
Si vous êtes en région parisienne, on vous recommande de rendre visite à Romain, de « 90 à l'heure » : il vous proposera de beaux combi vintage (90alheure.com).

POUR NE RIEN OUBLIER

À emporter pour la vie à bord
Cales (rien n'est pire que de dormir la tête en bas !), bouteille de gaz, réserve d'eau, convertisseur allume-cigare pour recharger son téléphone, sacs de couchage et oreillers, couverts et casseroles, briquet (ou allumettes, mais gare au vent), glacière électrique si le van n'est pas équipé de réfrigérateur, papier toilette et sacs-poubelles (pour ne rien laisser derrière soi), trousse de secours, lampe frontale, couteau suisse, caisse à outils, pelle pour se désensabler ou se désembourber.

Check-up du véhicule
Avant votre départ : vérifiez le véhicule (huile, liquide de refroidissement, lave-glaces, pneus...) et l'équipement cuisine et sanitaires (eau, gaz, électricité).

Check-list du matin
Chaque matin : enlevez les cales, refermez le toit, vérifiez que le rideau arrière est ouvert pour la visibilité en conduisant, que le frigo est bien clipsé, que la batterie de cuisine est bien rangée ou arrimée et le gaz fermé.

À emporter pour les loisirs
Stand-up paddle ou kayak gonflable, vélo sur un porte-vélo, hamacs ou transats, auvent ou parasol. N'oubliez pas vos chaussures de randonnée ET vos chaussures de ville, des vêtements chauds pour les nuits froides et votre playlist préférée.
Également utile : une corde à linge (servira également à accrocher votre hamac).

QUEL BUDGET PRÉVOIR ?

Tout dépend de la façon de vivre de chacun, du rythme sur la route, des régions visitées, si on voyage seul, en couple ou en famille, des loisirs, de la consommation du véhicule, etc.
On peut dire de façon globale que le budget s'équilibre de la façon suivante : 33 % pour le carburant, 33 % pour l'alimentation et 33 % pour les activités et les loisirs. Si vous êtes plus restaurant que popote dans le van, la partie nourriture variera. Et si vous êtes plus camping 5 étoiles que camping sauvage, ce sera encore autre chose… Bref, votre budget varie en fonction de la façon dont vous concevez votre voyage en van.
N'oubliez pas de prévoir une enveloppe « pépins mécaniques » en cas de problème sur la route ! On souhaite que vous n'ayez jamais à l'utiliser, mais mieux vaut prévenir que guérir…

LE VAN, MODE D'EMPLOI
OÙ GARER MON VAN ?

QUELQUES CONSEILS

Mieux vaut trouver l'emplacement où garer votre van avant la tombée de la nuit. Cela vous permettra de vérifier la présence de panneaux d'interdiction de stationner ou de réglementation, de voir s'il y a des réverbères ou un terrain en pente à éviter et de vous sentir en sécurité. Et surtout cela vous permettra de choisir la vue que vous aurez au réveil.

Lors de l'installation, il faut rester discret et rentrer tout le matériel pendant la nuit. N'oubliez pas non plus de fermer les rideaux.

QUE DIT LA LOI ?

Dans le Code de la route, il est indiqué : « Est considéré comme abusif le stationnement ininterrompu d'un véhicule en un même point de la voie publique ou de ses dépendances, pendant une durée excédant sept jours ou pendant une durée inférieure mais excédant celle qui est fixée par arrêté de l'autorité investie du pouvoir de police. »

Le code général des collectivités indique qu'un maire peut, par arrêté municipal, interdire l'accès de certains secteurs (avec conditions horaires) ou restreindre le stationnement. Sur un domaine privé, il est tout à fait possible de stationner trois mois (avec l'accord du propriétaire, évidemment).

Et le camping sauvage ?

En France le camping dit sauvage, c'est-à-dire en dehors de structures spécialisées, est autorisé mais limité.

Avant de vous installer, il faut donc veiller à ne pas vous garer dans un rayon de 200 m autour d'un point d'eau capté pour la consommation. Il n'est pas non plus autorisé de stationner son van dans les zones interdites par un arrêté, au bord de la mer, dans tous les sites naturels classés (forêts, domaines et parcs) et près d'un monument historique. Au-delà de ces restrictions qu'il faut garder en tête, ne vous inquiétez pas outre mesure. La France est suffisamment vaste pour trouver le lieu idéal où poser son van !

LES LIEUX ADÉQUATS

Pour trouver le spot parfait, nous recommandons l'application **Park4Night** qui permet de trouver des lieux sympas partout dans le monde pour se poser en camping-car, fourgon aménagé ou van. C'est très simple d'utilisation et collaboratif. Rien de mieux que le vécu et le partage des expériences.

Des alternatives plutôt nature

Des sites Internet comme France Passion (www.france-passion.com) et Bienvenue à la ferme (www.bienvenue-a-la-ferme.com) référencent les lieux où dormir : à la ferme, chez des vignerons, des producteurs, etc. En plus de pouvoir y acheter les bons produits du terroir (bien pratique pour le repas du soir), vous aurez l'occasion d'échanger avec des passionnés de leur métier et de leur territoire. D'autres sites comme homecamper.fr vous permettront de camper dans des parcs et jardins privés partout en Europe.

Campings et aires de services

Plus traditionnelles sont les aires de services (certaines sont gratuites) ou campings (moyennant finance) où vous profiterez des installations sanitaires… Dans ces endroits, vous pourrez facilement vous raccorder à l'électricité et à l'eau, et jeter vos eaux usées. Pour vous ravitailler en eau, l'appli FreeTaps (freetaps.earth) trouve pour vous des fontaines et points d'eau partout dans le monde. Vous pouvez aussi vous arrêter aux fontaines publiques potables et dans les cimetières (en toute discrétion).

CAMPERVANS MONT-BLANC

LOCATION ET AMENAGEMENT DE CAMPERVANS ATYPIQUES

GOUTEZ A L'AVENTURE

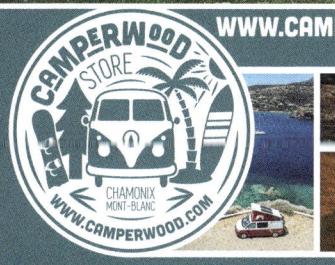

UNE MONTAGNE D'ACCESSOIRES

Au départ de Paris

Van dans les champs du côté de Chartres. ©@lescoflocs

LE VEXIN, DE TABLEAUX EN CHÂTEAUX

Aux portes de Paris, voici le meilleur de l'Île-de-France champêtre, celle qui a tant séduit les peintres impressionnistes. En partie préservée par le Parc naturel régional du Vexin français, l'ancien grenier à blé est sillonné de jolies routes départementales bordées de coteaux boisés, d'où surgissent de charmants villages couronnés de vénérables châteaux. Sur les traces de Monet et Van Gogh, à vous les déjeuners sur l'herbe, les auberges au bord de l'eau et les siestes sous les arbres.

DISTANCE
205 km

DURÉE
3 jours

DÉPART
Mantes-la-Jolie

ARRIVÉE
St-Germain-en-Laye

ACCÈS DEPUIS PARIS
A13 sortie 11 Mantes-la-Jolie - 60 km

QUAND PARTIR ?
Au printemps et en été.

Les étapes
- Mantes-la-Jolie/Les Andelys : 49 km
- Les Andelys/Frémainville : 88 km
- Frémainville/St-Germain-en-Laye : 68 km

Les atouts du road trip :

Flashez pour accéder au guidage GPS

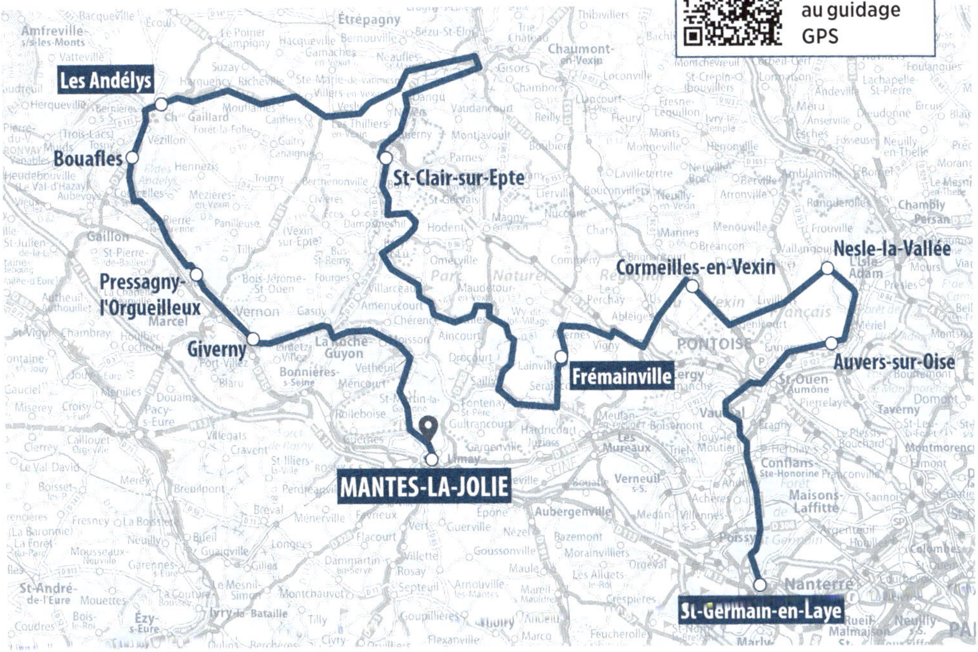

A. Chicurel/hemis.fr

Le meilleur road trip pour un week-end au vert près de Paris ! Passée Mantes-la-Jolie, le temps d'enjamber la Seine (et de jeter un œil dans le rétro, à droite, sur la splendide collégiale Notre-Dame), abracadabra : fin du béton, début de la campagne !

DÉFILÉ VERDOYANT

La petite départementale slalome à travers champs, avant de redescendre vers Vétheuil. Lové dans un méandre de Seine, surplombé par sa belle église, le village en pierre jaune du Vexin semble prendre la pose. Pas étonnant qu'il ait séduit le jeune Claude Monet, qui y a vécu (et beaucoup peint) avant Giverny.

Fine et majestueuse, surprenante avec ses tuiles vernissées, la collégiale de Mantes-la-Jolie rivalise avec les plus belles cathédrales. Sa nef élégante et claire est presque aussi haute que celle de Notre-Dame de Paris.

Claude Monet était aussi bon jardinier que peintre. Il passa de nombreuses heures à paysager son jardin comme il aurait peint un tableau. C'est d'ailleurs ce qu'il fit. Ses *Nymphéas*, aujourd'hui au musée de l'Orangerie, en sont le vibrant témoignage.

> **Balade impressionniste**
>
> **Dans les coteaux à Giverny**
> Deux sentiers balisés permettent de découvrir la faune et la flore des coteaux de ce charmant village : le sentier du Lézard vert (5 km) à faire en mai-juillet, période de plus grande diversité de la flore, et le sentier de l'Astragale (5,5 km). Le départ des 2 sentiers se trouve au pied du panneau d'accueil situé derrière la Mairie.
> *Info : giverny.fr.*

Le rideau d'arbres joue à cache-cache avec la Seine, le long de la route vers La Roche-Guyon, ses maisons troglodytes et son impressionnant château doté d'un potager-fruitier labellisé « Jardin remarquable » et certifié AB. La boutique propose les produits transformés issus des fruits et vous pourrez faire provision de légumes en haute saison. Pour le pique-nique, rejoignez l'un des parkings belvédères de la Route des Crêtes (D100). Celle-ci fait une incursion dans le Vexin normand, avec ses falaises crayeuses et ses maisons à colombages.

La star ? Giverny, bien sûr, ce village agricole au bord de l'Epte dont le destin fut bouleversé par Monet et son célébrissime jardin. Il attire les visiteurs du monde entier, tout comme le Musée des impressionnismes, qui complète la visite pèlerinage. Tandis qu'on reprend la route, le paysage défile

T. et B. Morandi/hemis.fr

par les fenêtres du van, flouté par la vitesse, tel ce coup de pinceau des impressionnistes, attachés à rendre le mouvement de la nature.

Apparaît Château Gaillard, la forteresse construite par Richard Cœur de Lion, aujourd'hui dans la ville des Andelys. En Île-de-France, l'histoire est partout. À méditer depuis le piton rocheux au-dessus du château, d'où la vue sur Seine est époustouflante. L'endroit parfait pour le pique-nique du soir, avant l'étape au camping, au bord de l'eau.

D'UN CHÂTEAU À L'AUTRE

Notre deuxième journée démarre à Gisors, où prendre d'assaut le château fort (11e-12e s.), magnifique ensemble d'architecture normande médiévale. Vue imprenable depuis la terrasse, où il fait bon mordre dans les croissants du petit-déjeuner achetés en ville. Vous avez vos vélos ? Cap sur la vallée de l'Epte, ancienne frontière entre royaume de France et duché de Normandie, devenue une paisible voie verte jusqu'à Gasny (24 km). Si vous préférez enrichir votre collection de châteaux, ne manquez pas celui d'Ambleville, où les splendides jardins sont encore plus enchanteurs

À La Roche-Guyon, le château classique, situé en bas, est dominé par son ancêtre médiéval. Un tunnel souterrain creusé dans la roche les relie.

MON PLUS BEAU SOUVENIR

Dans le Vexin français, notre coup de cœur est Auvers-sur-Oise, le village des peintres où Van Gogh finit sa vie. Aux alentours, vous trouverez des spots sympathiques où passer la nuit. Puis, avec notre Volkswagen Grand California, direction le Vexin normand, qui propose un environnement magique avec de belles lumières toute l'année. Outre les incontournables Giverny et Vernon, nous vous conseillons de prendre la route vers Les Andelys. Si comme nous, vous êtes amateurs d'outdoor, arrêtez-vous chez « Authentik Aventure » à Romilly-sur-Andelle, où Christophe vous guidera pour vos sorties kayak, escalade et spéléologie sur les falaises. Nous sommes aussi partis découvrir deux splendeurs du patrimoine français dans la vallée de l'Andelle : une usine-cathédrale unique en France, la Filature Levavasseur bâtie en 1861, et de l'autre côté de la rivière, en face, l'abbaye Notre-Dame de Fontaine-Guérard du 13e s. Pour déjeuner, nous nous sommes arrêtés sur la place principale de Lyons-la-Forêt, un très beau village avec des maisons à colombages typiquement normandes. Pour finir, arrêtez-vous au Château Gaillard, édifié sur une falaise de calcaire. La vue sur la Seine et les coteaux est tout simplement époustouflante ! Et oui, le bonheur est dans le Vexin !

Laurent Lingelser,
Cofondateur @lescoflocs

> ## L'Auberge Ravoux
>
> **Maison Van Gogh**
> L'artiste passa les deux derniers mois de sa vie dans cette auberge d'Auvers-sur-Oise. La visite, suivie d'une projection (30mn), vous emmène dans la petite mansarde où le peintre mourut le 29 juillet 1890, à 37 ans. L'auberge a été restaurée dans le respect de son décor originel, avec son vieux fourneau et son ambiance typique de la fin du 19ᵉ s. Vous pourrez y déjeuner (réserv. conseillée).
> *52-56 r. du Gén.-de-Gaulle - Auvers-sur-Oise - ☏ 01 30 36 60 60 - www.maisondevangogh.fr - 10h-18h (sur réserv. en ligne) - fermé lun.-mar. et de fin nov. à déb. mars - 10 €.*

au printemps. Plus romantique, le domaine de Villarceaux, à Chaussy, a abrité les amours de Ninon de Lenclos, cette intellectuelle du Grand Siècle qui a réuni dans son salon le Tout-Paris littéraire et artistique. Après toute cette culture, il fait bon rejoindre l'étape du soir en pleine nature, à Frémainville.

Le troisième jour, déjà ? Vite, un zoom sur le Vexin français, présenté à la Maison du Parc naturel régional, installé au château de Théméricourt.

NATURE ENCORE

Reprenant la route, faites un arrêt aux vergers Ableiges pour remplir votre panier de fraises, framboises, prunes,

poires ou pommes des vergers selon la saison ou de jus et confitures, avant de mettre le cap sur l'autre haut lieu francilien de l'impressionnisme : Auvers-sur-Oise. Marchez dans les pas de Van Gogh, de l'église qui lui inspira une célèbre toile, à l'auberge où il passa ses derniers mois, au cimetière où il repose pour toujours aux côtés de son frère Théo… Émouvant.

La fin du périple approche dans la forêt de St-Germain-en-Laye. Merci à François Ier, ce roi-cavalier et chasseur, qui ordonna la création du réseau de route et d'allées en étoile qui régale promeneurs et cyclistes d'aujourd'hui ! Pour prolonger l'échappée, vous trouverez des aires de détente à l'étang du Corra et dans les parcs forestiers de la Charmeraie, de la Charmille (près de Poissy) et du Champ-Millet (près d'Achères). Peut-être préférerez-vous la piscine du Dôme, à St-Germain-en-Laye, pour un plouf en famille ou encore une séance de fitness dans l'eau ou en salle (l'Espace forme comblera les conducteurs en mal d'exercice). Quelle plus belle façon de clore ce plongeon dans l'histoire ?

Par-delà la forêt se déploie un panorama futuriste sur les tours de la Défense. Ça se passe sur la terrasse du château de St-Germain-en-Laye.

Ph. Moulu/emis.fr

 # CARNET DE ROUTE

Pour en voir plus sur la région, flashez l'image ci-contre!

PAUSES NOCTURNES

Étape 1

Les Andelys
Flower camping
L'île des Trois Rois
1 r. Gilles-Nicole -
📞 02 32 54 23 79 -
www.camping-troisrois.com
De déb. mars à fin nov. -
135 empl.
borne artisanale
Tarif camping : 58 €
(10A) - pers. suppl. 7 €
Services et loisirs :
Des emplacements spacieux en bordure de Seine, en face de Château Gaillard.
GPS : E 1.4001 N 49.235

Étape 2

Frémainville
Spot nature
1 chemin des Tourelles.
En lisière de forêt, voilà un coin tranquille pour passer la nuit.
GPS : E 1.8649 N 49.0688

Entre les étapes

Giverny
Aire de stationnement de Giverny
41 chemin du Roy
De déb. avr. à déb. nov.
25 🅿 - 🔒 - gratuit
Services :
À 300 m de la Maison de Monet.
GPS : E 1.5282 N 49.0746

Pressagny-l'Orgueilleux
Spot nature
Chemin de halage.
Le chemin est étroit et arboré, mais une fois garé au bord de l'eau, le paysage vous appartient !
GPS : E 1.4507 N 49.1241

Bouafles
Camping Château de Bouafles
2 r. de Mousseaux -
📞 02 32 54 03 15 -
www.chateaudebouafles.com
De mi-janv. à mi-déc. -
202 empl.
borne artisanale
Tarif camping : 9 € 9 €
(10A) 6,50 €
Services et loisirs :
À 5,5 km au sud des Andelys, un cadre verdoyant en bord de Seine.
GPS : E 1.3877 N 49.2129

Cormeilles-en-Vexin
Aire de TDM Loisirs
3 allée des Terres-Rouges, sur le parking de la concession -
📞 01 34 66 72 36 -
www.tdm-loisirs.com
Permanent (du mar. au sam. aux heures d'ouverture de la concession)
Borne flot bleu 2 €
🅿 - 🔒 - gratuit
Paiement : jetons (sur place)
GPS : E 2.0202 N 49.1106

Nesle-la-Vallée
Camping Valparis
Chemin de la Garenne-Rochefort - 📞 01 34 70 63 24 -
www.levaldenesles.com
Permanent - 200 empl.
Tarif camping : 6 € 12 €
(10A) 6 €
Services et loisirs :
Grands emplacements dans un cadre calme et boisé.
GPS : E 2.1761 N 49.1366

Van devant la Seine. @ilescoflocs

# CARNET DE ROUTE

BONNES TABLES

Les Andelys
La Chaîne d'Or
25 r. Grande
☎ 02 32 54 00 31
www.hotel-lachainedor.com
Fermé dim. soir et merc.-jeu. de mi-oct. à mi-avr.
Ce relais de poste du 18ᵉ s. faisait aussi office d'octroi : une chaîne barrait à cette époque la Seine, d'où son nom d'aujourd'hui. On aura plaisir à manger dans l'élégante salle tournée vers le fleuve (mais plus de chaîne à observer !). Cuisine au goût du jour, à base de produits sourcés et de saison.

Giverny
Le Jardin des Plumes
1 r. du Milieu
☎ 02 32 54 26 35 - jardindesplumes.fr
Fermé lun.-mar. - réserv. obligatoire.
Près de la maison de Claude Monet se trouve le restaurant de David Gallienne, l'attachant gagnant de Top Chef en 2020. Sa table étoilée est une merveille : des plats très esthétiques aux saveurs audacieuses feront voyager vos papilles. La salle, ouverte sur le jardin, de cette demeure anglo-normande à colombages de 1912, est très joliment décorée.

Auvers-sur-Oise
Le Chemin des peintres
3 bis r. de Paris
☎ 01 30 36 14 15
www.le-chemin-des-peintres.fr
Fermé le soir et lun.-mar.
Au pied de l'église, dans un intérieur bistro ou en terrasse, vous dégusterez une cuisine maison élaborée avec des produits locaux. La courte carte de la semaine affiche une grande fraîcheur et le dressage soigné est à l'image des préparations.

PLEIN AIR ET DÉTENTE

Pagayer sur l'Epte

St-Clair-sur-Epte
Canoepte
☎ 06 19 57 52 53 - canoepte.com
D'avr. à mi-oct.
Débutant ou confirmé, composez votre programme à la carte, 1 ou 2 parcours de descente de l'Epte en canoë-kayak, avec un retour en navette. C'est parti pour une balade sur cette jolie rivière d'Île-de-France à la découverte de paysages apaisants où l'on croise des poules d'eau, des ragondins, des cygnes et bien sûr des vaches normandes !

S'activer dans les arbres

St-Germain-en-Laye
AccroCamp
Parc Forestier de la Charmeraie
48 r. Albert Priolet
☎ 01 85 39 10 74 - www.accrocamp.com
Ici on se balade d'arbres en arbres via tyroliennes, plateformes et ponts de singe ! Quatre parcours permettent à toutes les générations de s'amuser et cela dès 3 ans.

LA GUINGUETTE DE GIVERNY

Dans un écrin de verdure, au bord du bras de l'Epte qui irrigue les jardins de Claude Monet, la Guinguette de Giverny est toute proche de la maison du peintre. La terrasse offre une vue imprenable sur un paysage identique à celui peint par le célèbre impressionniste il y a plus d'un siècle ! Animations musicales certains soirs.
6 rte de Falaise - Giverny - ☎ 06 72 76 03 66 - www.laguinguettedegiverny. com - avr.-oct. : merc.-dim. midi et vend.-sam. soir.

LÉGENDES EN VALLÉES DE LA MEUSE ET DE LA SEMOY

Ce road trip respire les Ardennes sauvages, pénétrant le secret de deux vallées à la beauté austère, façonnées par la Meuse et la Semoy, entre France et Belgique. Villages coiffés d'ardoise, chevreuils cavalant au creux des forêts, brouillard accroché aux reliefs déchiquetés, légendes chuchotées au coin du feu… Un terrain de jeux grandeur nature, à explorer en van, bien sûr, mais aussi à vélo, à pied et en kayak. En route !

DISTANCE
168 km

DURÉE
3 jours

DÉPART
Charleville-Mézières

ARRIVÉE
Charleville-Mézières

ACCÈS DEPUIS PARIS
A4 jusqu'à Reims, puis A34 jusqu'à Charleville-Mézières - 233 km

QUAND PARTIR ?
Printemps et été, pour la météo et les festivals.

Les étapes
- Charleville-Mézières/Monthermé : 73 km
- Monthermé/Bouillon : 57 km
- Bouillon/Charleville-Mézières : 38 km

Les atouts du road trip :

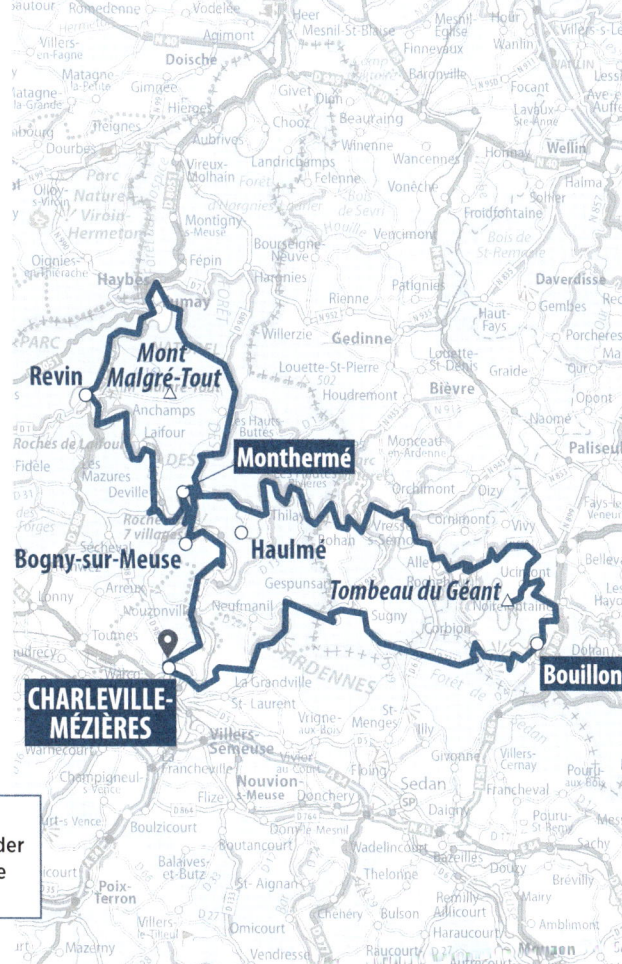

 Flashez pour accéder au guidage GPS

Serez-vous plutôt Charleville ou Mézières ? La première s'ordonne autour d'un joyau d'époque Louis XIII, une place Ducale toute de briques et pierres dorées, rivalisant avec sa cousine parisienne, la place des Vosges. La seconde est plutôt Art déco. Les deux ont été réunies en 1966 par l'administration (Charleville-Mézières, donc), mais bien avant cela par la Meuse qui les étreint en trois méandres. D'autres liens ? Arthur Rimbaud, « l'homme aux semelles de vent » (selon Verlaine), fulgurant prodige des lettres. L'art des marionnettes, décliné ici en école, musée et festival. De jolies promenades urbaines en perspective, mais le van trépigne déjà.

L'APPEL DE LA FORÊT

Juste nous, le fleuve et la forêt jusqu'à Revin, cité conservant des maisons à pans de bois, nichée au creux d'un site grandiose, sous la silhouette du mont Malgré-Tout. Plus au nord, voici Fumay, la petite capitale de l'ardoise, l'un des deux trésors des Ardennes avec le bois. Premier bain sylvestre, justement : on le respire toutes fenêtres ouvertes en filant sur la D989 qui fend la forêt, à l'heure où les rayons du couchant percent entre les troncs. En conclusion de cette journée boisée, garons-nous au calme, entre forêt et rivière, à Monthermé. Bonne nuit ! Le lendemain matin, le soleil fait briller les toits d'ardoise bleutés de Monthermé. Enchâssé au creux de collines sombres, le bourg est un QG de randonneurs, avec de nombreux sentiers balisés partant à l'assaut

Le Tombeau du Géant, site d'une funèbre légende en Wallonie, s'élève dans un cadre enchanteur et remarquable, classé « patrimoine naturel d'intérêt paysager ».

Rando en hauteur

Mont Malgré-Tout

Cette rando (1h AR) débute par une forte montée qui mène à un poste de relais TV. De là, on gagne un second belvédère plus élevé. À l'arrivée vous attend le plus beau point de vue sur Revin, les méandres de la rivière jusqu'aux Dames de Meuse et la vallée de Misère qui monte en direction de Rocroi.

De la D1, un panneau « Point de vue à 190 m » signale le départ du chemin, garez-vous en face.

Tombeau du Géant

La Semois (passée en Belgique, la Semoy s'est transformée en Semois !) forme ici une fine boucle, laissant juste de quoi abriter une petite colline couverte de forêts : un endroit rêvé pour le repos d'un géant… Vue incroyable depuis le belvédère, juste en face.

À 10 km au nord-ouest de Bouillon (N89, puis suivez les panneaux) - parking interdit la nuit.

AU DÉPART DE PARIS

R. Soberka/hemis.fr

MON PLUS BEAU SOUVENIR

Je vous recommande de partir en road trip dans les Ardennes mi-août car chaque année a lieu le Festival du Cabaret Vert, à Charleville-Mézières, qui allie musique, art et engagement éco-responsable. Mon aventure débute avec les concerts où les stands de producteurs locaux ajoutent une dimension authentique à l'expérience. Au-delà du festival, les Ardennes offrent un cadre spectaculaire pour une évasion nature. La route Verlaine et Rimbaud, emblématique de la région, est une invitation à explorer en van les paysages pittoresques. Le lac de Bairon et les nombreuses pistes cyclables permettent de plonger au cœur de l'éco-tourisme ardennais. Le patrimoine historique est également au rendez-vous. La forteresse de Sedan et le Musée Rimbaud à Charleville, entre autres, racontent des histoires fascinantes, enrichissant le voyage de découvertes culturelles. Et pour passer la nuit à la belle étoile, Park4Night vous aidera à trouver le spot parfait au cœur de la nature.
Laurent Lingelser,
Cofondateur @lescoflocs

des éperons rocheux de la vallée. Même les noms donnent envie de marcher : « Roche à Sept Heures » (vue sur le bourg), « Roche aux Sept Villages » (panorama sur le fleuve) ou « Dames de Meuse » (depuis le village voisin de Laifour), une ligne de crêtes aux pentes abruptes, où certains voient la silhouette de trois femmes infidèles, pétrifiées pour l'éternité... Qu'on les voit ou non, une certitude : ces terres sauvageonnes ont gardé leurs légendes, accrochées au relief plus sûrement qu'un brouillard de printemps.

AU FIL DE L'EAU

Monthermé est arrosé par la Meuse, mais aussi par la Semoy, qui a façonné la vallée voisine. Encore plus farouche, celle-ci s'étire jusqu'à la Belgique (où elle adopte la graphie Semois). Suivant la rivière, la route serpente entre les rudes pentes schisteuses tapissées de chênes, sapins et bouleaux. Un paradis pour les sports de pleine nature, comme aux Hautes-Rivières, où louer un canoë pour descendre la rivière. Gardez

Sur les hauteurs de Bogny-sur-Meuse, un sentier (300 m) conduit au monument des Quatre Fils Aymon, héros légendaires. De là, la vue porte sur les méandres de la Meuse et le paysage typique des vallées industrielles.

Ch. Coupi/agefotostock

Visite rimbaldienne à Charleville-Mézières

En bordure de la Meuse, l'ancien moulin ducal abrite aujourd'hui le musée Arthur Rimbaud qui, à partir d'un riche fonds de manuscrits, documents et portraits de l'artiste, renouvelle son exposition chaque année afin de présenter le poète et son œuvre sous différents angles. L'expérience se poursuit à la maison des Ailleurs, demeure du 19e s. située en face du musée, au n° 7, où vécut Rimbaud entre les âges de 15 et 21 ans. Le lien entre le musée et la maison se lit à travers les chaises-poèmes de l'artiste québécois Michel Goulet (*Alchimie des Ailleurs*, 2011).

Quai Rimbaud - 03 24 32 44 60 - musear.fr - mai-sept. : 9h30-12h30, 13h30-18h, w.-end 11h-13h, 14h30-18h; reste de l'année : 9h-12h, 13h30-17h30, w.-end 14h-17h30 - fermé lun. - billet combiné avec la Maison des Ailleurs 8 €.

Ne vous arrêtez pas en si poétique chemin. Dans la ville, des fresques réalisées par des streetartistes illustrent les textes de Rimbaud : la première, *Voyelles*, fut exécutée rue de l'Église en 2015.
Livret « Parcours Rimbaud » en téléchargement sur www.charleville-sedan-tourisme.fr.

le pique-nique pour le belvédère du Tombeau du Géant, le point de vue le plus photographié des Ardennes belges, vue plein cadre sur la Semois qui enlace une jolie colline forestière. Vous reprendrez bien un peu de forêt ? La route fend à nouveau les bois, s'éloignant de la Semois pour la retrouver à Bouillon, où faire étape pour la nuit. Demain, la petite capitale de la vallée nous offrira sa carte postale de coquettes maisons coiffées d'ardoise au garde-à-vous le long des berges, sous la masse sévère de sa forteresse médiévale. Balades, auberge, petite mousse... Il sera temps de rejoindre Charleville (ou Mézières ou les deux !) dont vous n'avez peut-être pas fini de faire le tour et de boucler cette aventure. Le genre qui envoie du bois.

Bouillon, coquette citée des Ardennes belges lovée dans un méandre de la Semois cerné par la forêt.

CARNET DE ROUTE

PAUSES NOCTURNES

Étape 1

Monthermé
Aire de Monthermé
Quai Aristide-Briand -
✆ 03 24 35 10 12 -
www.ardennes.com
Permanent (mise hors gel)
Borne artisanale
22 P - Illimité - 9,60 €/j. -
paiement à la Capitainerie
Paiement : CC
Services : WC
Bel emplacement sur le port avec vue imprenable sur la Meuse.
GPS : E 4.73006 N 49.88138

Étape 2

Bouillon (Belgique)
Camping Moulin de la Falize
Vieille route de France 64 -
✆ 0498 34 85 00
De déb. avr. à déb. nov. -
194 empl.
Tarif camping : 27 €
(16A)
Services et loisirs :
Aménagé sur les hauteurs de Bouillon, avec vue panoramique sur la ville. Balades en forêt directement accessibles.
GPS : E 5.0613 N 49.78336

Entre les étapes

Bogny-sur-Meuse
Aire de Bogny-sur-Meuse
Rue de la Meuse -
✆ 03 24 54 46 73
Permanent

Borne eurorelais 2 €
3,50 €
20 P - Illimité - 5 €/j.
Services :
Au bord du fleuve. Aire goudronnée entourée de verdure.
GPS : E 4.7443 N 49.85891

Revin
Camping municipal Les Bateaux
Quai Edgar-Quinet -
✆ 03 24 40 15 65 -
www.ville-revin.fr
De déb. avr. à fin oct. -
64 empl.
Tarif camping : 20 €
(6A) - pers. suppl. 4 €
Services et loisirs :
Idéalement situé au bord de la Meuse sur un espace mi-ombragé et dans un environnement très verdoyant ; et à deux pas de la ville !
GPS : E 4.6294 N 49.9438

Haulmé
Camping du Domaine d'Haulmé
Base de loisirs -
✆ 03 24 37 46 44 -
www.domainedhaulme.fr
De déb. avr. à déb. oct. -
150 empl. -
borne flot bleu
Tarif camping : 21 €
(10A) - pers. suppl. 4 €
Services et loisirs :
Au bord de la Semoy.
GPS : E 4.79217 N 49.85667

Spot nature
Un peu après Haulmé, au pied du pont enjambant la Semoy. Endroit agréable, plutôt tranquille.
GPS : E 4.7860 N 49.8633

Au départ ou à l'arrivée

Charleville-Mézières
Aire de Charleville-Mézières
Rue des Paquis, à côté du camping municipal -
✆ 03 24 33 23 60 -
www.charleville-mezieres.fr
Permanent (mise hors gel)
Borne AireService
22 P - Illimité - 13,88 €/j.
Paiement : CC
Services :
GPS : E 4.72004 N 49.77907

CARNET DE ROUTE

BONNES TABLES

Charleville-Mézières
La Table d'Arthur
9 r. Bérégovoy
☎ 03 24 57 05 64 - www.latabledarthur.fr
Fermé lun. soir, merc. soir et dim.
Deux ambiances : une brasserie contemporaine et un restaurant plus gastronomique. Vous y dégusterez des plats du terroir, des viandes et poissons, et des gibiers en saison. Les chefs y cuisinent aussi à l'instinct les produits du marché.

Revin
Ferme auberge du Malgré Tout
Chemin des Balivaux (dir. « Hauts Buttés »)
☎ 03 24 40 11 20
aubergeferme-malgretout.com
Fermé dim. soir.
Dans un cadre rustique, cette ferme authentique vous accueille au cœur de la vallée ardennaise, sur les hauteurs de Revin. Une belle cheminée et les meubles de l'ébénisterie des Hauts Buttés confèrent aux deux salles (anciennes étables) chaleur et convivialité. Cuisine traditionnelle.

Monthermé
Auberge de la Roche à 7 Heures
Le Haut du Terne
☎ 03 24 57 46 79
Fermé soir.
Sans surprise, cette auberge doit son nom à sa localisation près de la Roche à Sept Heures. Le panorama est indéniablement un atout. Pour le reste, pas de vertige mais une simplicité bienvenue dans l'assiette. Au menu figurent des spécialités ardennaises et l'hospitalité est de mise.

PLEIN AIR ET DÉTENTE

Pagayer sur la Semoy
Canoë Semoy
Domaine d'Haulmé - 1 rte du Domaine-Haulmé - ☎ 07 69 67 27 88 - www.domainedhaulme.fr - de déb.-avr. à mi-oct. - réserv. obligatoire. En canoë ou kayak, embarquez pour une découverte encadrée (11 km) de la faune et de la flore locale sur la Semoy, rivière large et paisible au cœur du Parc naturel régional des Ardennes.

Pédaler sur la Trans-Semoysienne
Cette piste cyclable permet de parcourir 20 km entre Monthermé et Les Hautes-Rivières, sur l'ancienne voie du Petit Train de la Semoy, en longeant la rivière, au même niveau ou en surplomb. Au fil de cet itinéraire sauvage, une série de panneaux présentent le patrimoine culturel et naturel.
Points de location de vélos à Monthermé :
Les Boucles de Meuse - ☎ 03 24 35 79 47
Les P'tits bateaux - ☎ 07 50 26 68 11

> **ON COURT AU FMTM**
> **À Charleville-Mézières**
> Le Festival mondial des théâtres de marionnettes a lieu les années impaires à la fin du mois de septembre (Temps d'M, les années paires). Plus de 1 000 représentations sont proposées, en salle et dans les rues, en « in » et « off ». De nos jours, les arts de la marionnette témoignent d'une créativité inouïe, à la croisée du théâtre, des arts plastiques, de la danse, du cirque, du mime et des arts numériques. Dans ce foisonnement de propositions, chaque spectacle tente de nourrir, à travers un regard poétique, une réflexion sur le monde.
> *Info : festival-marionnette.com.*

MER ET MARAIS, DE LA CÔTE D'OPALE À L'AUDOMAROIS

Mer ou campagne ? Les deux, s'il vous plaît, mais le tout en Pas-de-Calais. Un, on y arpente la Côte d'Opale, ses plages immenses et ses falaises vertigineuses fouettées par les vents, le QG des fans de chars à voile et de kitesurf. Deux, on part dans les terres, vers St-Omer et son chapelet de villages, discrètes portes sur le Marais audomarois et son entrelacs de canaux enfouis dans la verdure.
Au final, vous aurez pris un sacré bol d'air.

| DISTANCE
133 km

| DURÉE
3 jours

| DÉPART
Hardelot-Plage

| ARRIVÉE
Arques

| ACCÈS DEPUIS PARIS
A16, sortie 27 - 270 km

| QUAND PARTIR ?
Toute l'année, d'autant que le char à voile se pratique aussi l'hiver, quand les couleurs sont les plus belles.

Les étapes
- Hardelot-Plage/Tardinghen : 40 km
- Tardinghen/Licques : 51 km
- Licques/Arques : 42 km

Les atouts du road trip :

 Flashez pour accéder au guidage GPS

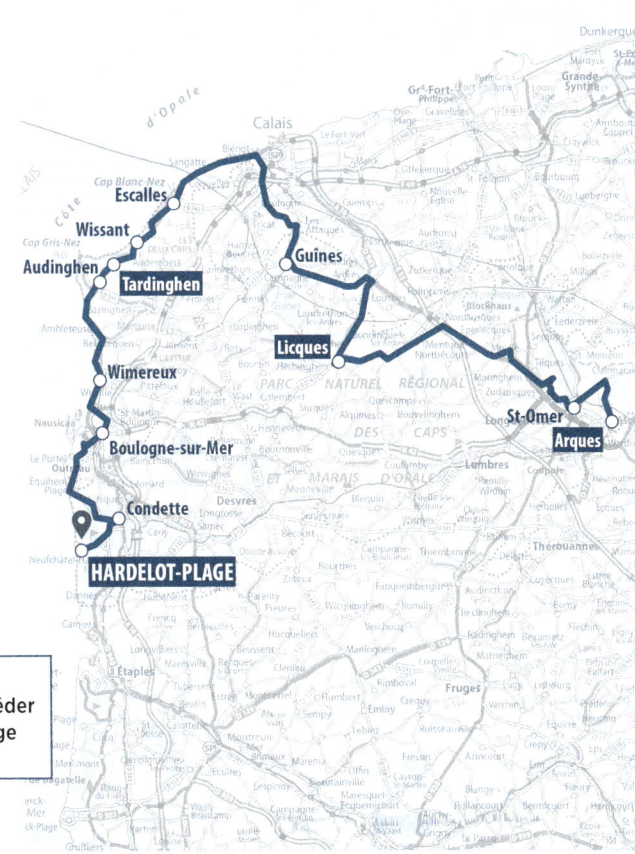

Des bouffées d'air marin s'engouffrent dans l'habitacle. Devant nous, Hardelot-Plage, ce ruban blond qui court à perte de vue sur la Côte d'Opale. Les chars à voile tracent – au propre comme au figuré – sur le sable. Ce sera pour plus tard, on a préféré se jeter d'abord à l'eau pour une séance de longe côte, activité qui a le vent en poupe, consistant à marcher dans la mer l'eau jusqu'à mi-torse. Un bon massage drainant après la route ! Les jambes en pleine forme, retour au van pour s'éloigner des immeubles du front de mer. Voici l'autre Hardelot, à l'élégance british, avec ses villas cossues et cottages nichés dans la forêt de pins et les dunes. C'est beau comme un tableau. C'est d'ailleurs un peintre, Édouard Lévêque, qui a surnommé cette côte « d'Opale », en 1911, séduit par ses lueurs irisées et laiteuses, souvent changeantes.

UN GRAND PORT ENTRE DEUX STATIONS

Boulogne-sur-Mer est tout proche. Le temps de se garer près du quai Gambetta, voici le marché aux poissons qui s'y termine. Plongeons illico dans le grand bain

À Boulogne-sur-Mer, le port est très animé lorsque les chalutiers débarquent leur pêche sur le quai Gambetta où se tient le marché aux poissons dès 7h le matin.

@lescoflocs

MON PLUS BEAU SOUVENIR

Cap au Nord, cap sur le Gris-Nez et le Blanc-Nez. C'est notre objectif pour ce road trip 100 % Côte d'Opale et Audomarois. Tout commence dans le marais Audomarois, comprenez : autour de Saint-Omer. J'adore retrouver le printemps à bord d'une bacôve en bois dans ce labyrinthe naturel composé de 170 km de voies navigables inscrites au Patrimoine de l'Unesco. Ensuite, direction la côte. J'ai retrouvé mon âme d'enfant avec la visite insolite de la coupole d'Helfaut. Cet ancien bunker de la Seconde Guerre mondiale restauré en musée abrite des missiles V1 et V2. Très proche de Boulogne-sur-Mer, Équihen-Plage propose une véritable expérience des plages du Nord : une étendue de sable à perte de vue à marée basse. La vue du sommet des falaises est imprenable et vous pouvez l'admirer directement depuis l'aire de camping-car du village ! Remontez la côte en passant par Wimereux, ville de surf, puis Ambleteuse jusqu'au fameux Cap Gris-Nez. La vue sur l'Angleterre, du haut de la falaise de craie, vous inspire la liberté et l'aventure.

Florian Mosca,
Cofondateur @lescoflocs

du premier port de pêche français, en s'aventurant sur la zone portuaire, pour déjeuner au restaurant Le Châtillon, coude-à-coude avec les dockers et les marins. Après-midi sous le signe du poisson, au centre Nausicaá, le plus grand aquarium d'Europe, avec ses 1600 espèces marines. Vous préférez la mer en plein air ? Embarquez à bord du Florelle pour une découverte du port, de la rade et de la côte jusqu'au cap Blanc-Nez, la star de la Côte d'Opale. La nuit sera tout aussi nature, à l'aire de Tardighen.

NEZ AU VENT SUR LES CAPS

Le soleil pointe dans le van. Ouvrez les portes sur un paysage à couper le souffle, soit le Grand Site de France des Deux-Caps. Cap Blanc-Nez et Cap Gris-Nez sont les bijoux de cette Côte d'Opale, falaises blanches tapissées d'herbe vert fluo avec vue sur l'Angleterre au loin (selon la météo). À Audinghen, la maison du site des Deux-Caps présente la zone (avec vélos électriques à louer) et les huit villages labellisés. Coup de cœur pour Wimereux : cachet Belle Époque, cabines de plage blanc-bleu, piscine naturelle... Tout est charmant, et la palette sportive complète : voile, surf, kitesurf et même parapente. Une petite faim ? Pique-niquez au sommet du cap Blanc-Nez (134 m), au creux d'un carré d'herbe réchauffé de soleil !

Posée entre les deux caps, étagée de belles villas, Wissant et sa fantastique plage (une de plus !) nous tente bien avec son spot de kitesurf, mais aussi de vélo et de randonnée... Même ambiance à Blériot-Plage, nommée

Les conditions de vent exceptionnelles le long de la Côte d'Opale font de ce littoral de 120 km un espace privilégié pour la pratique du kitesurf. Wissant est l'un des neuf sites d'exception pour la pratique de ce sport de glisse.

Belles plages actives

À fond la caisse au ras du sable
Avec vos enfants (à partir de 8 ans) ou ados (à partir de 12 ans), rendez-vous au Char à Voile Boulonnais à Boulogne-sur-Mer pour 2h sensationnelles. Enfilez un bon pull (vous louerez sur place combinaison et gants de protection) et roulez jeunesse !
272 bd Ste-Beuve - Boulogne-sur-Mer - 03 21 83 25 48 - www.cvb62.fr - réserv. obligatoire.

C'est dans le vent !
À l'École Kitesurf de Wissant, vous pourrez vous initier progressivement au wingfoil ou au kitesurf. Ceux qui préfèrent garder les pieds sur mer opteront pour le paddle.
Rue des Flobarts - Wissant - 06 68 98 58 05 - www.ecolekitesurfwissant.fr.

Toutes voiles dehors
Le Club nautique Wimereux propose des cours particuliers de voile et planche à voile. Vous pratiquez déjà ? Vous pourrez louer planches à voile, surfs, paddle, kayaks, catamarans ou dériveurs pour voguer à votre guise dans la baie St-Jean.
Bd Thiriez - Digue de Mer - Wimereux - 03 21 83 18 54 - club-nautique-wimereux.com.

O. Leclercq/hemis.fr

en hommage à l'aviateur Louis Blériot, qui fit décoller l'aviation en traversant la Manche en 1909. Si l'on n'y prend garde, trois jours n'y suffiront pas. Alors retour au van, pour s'enfoncer cette fois dans les terres, qui recèlent aussi bien des merveilles.

La cathédrale Notre-Dame de St-Omer, de style gothique flamboyant, est le plus bel édifice religieux de la région. Elle étonne par la majesté et l'ampleur de ses formes. Sa tour de façade de 50 m de haut est un repère dans la ville.

ENTRE TERRE ET MARAIS

Après la nuit à Licques, la journée démarre à St-Omer. Balade paisible dans les ruelles bordées d'hôtels particuliers à pilastres, puis le long de l'Aa, avec sa farandole de maisons à la flamande. À moins que vous n'optiez pour le marais audomarois, aménagé dès le 7ᵉ s. par des moines, entre Watten, Arques

St-Omer s'inscrit dans un territoire à l'ambiance unique, celui du marais audomarois, dernier marais cultivé en France. Un entrelacs harmonieux de canaux et de végétation à découvrir au fil des pontons ou à bord d'une barque à fond plat.

À toute vapeur

Le Chemin de Fer Touristique de la Vallée de l'Aa emprunte l'ancien tronçon de la ligne St-Omer/Boulogne-sur-Mer. Le trajet de 15 km reliant Arques à Lumbres permet de découvrir la vallée dans un train des années 1950, l'autorail dit « Picasso », ou en train à vapeur. *Rue de l'Europe - gare d'Arques - 03 21 93 45 46 - www.cftva62.com - programme des circulations sur le site Internet - autorail Picasso 9 € AR, train à vapeur 15 € AR.*

et la forêt de Clairmarais. Quelques familles de maraîchers sillonnent encore les chemins d'eau à bord de bacôves, mais ce sont surtout les visiteurs curieux de la nature qui les ont remplacées. Le dernier fabricant de ces larges barques à fond plat, Les Faiseurs de Bateaux à St-Omer, organise des promenades guidées dans cette zone humide exceptionnelle déclarée Réserve de biosphère par l'Unesco en 2013, tout comme la Maison du Marais à St-Martin-lez-Tatinghem. Tout le monde se retrouve volontiers ensuite à Clairmarais, où le restaurant-café La Baguernette propose de bons plats flamands au bord du marais. Et en dessert, vous reprendrez bien un bon bol d'air ?

CARNET DE ROUTE

AU DÉPART DE PARIS

PAUSES NOCTURNES

Étape 1

Tardinghen
Aire privée
Ferme de l'Horloge
1615 rte d'Ausques -
☎ 03 21 83 30 34
Permanent -
Borne artisanale 5 € 5 €
50 - 🔒 - 72h - 10 €/j.
Paiement : CC
Services :
Espace aménagé avec vue sur le Grand site de France des Deux Caps. Accueil à la ferme.
GPS : E 1.64907 N 50.86281

Étape 2

Licques
Camping
Pommiers des Trois Pays
273 r. du Breuil -
☎ 03 21 35 02 02 -
www.pommiers-3pays.com
De déb. avr. à mi-oct. -
24 empl. -
borne artisanale
Tarif camping : 9 € 9 €
(16A) 5,50 €
Services et loisirs :
Au cœur du parc des marais d'Opale, terrain calme avec une charmante piscine.
GPS : E 1.94776 N 50.77991

Entre les étapes

Condette
Camping
Château d'Hardelot
21 r. Nouvelle - ☎ 03 21 87 59 59 - www.camping-caravaning-du-chateau.com
De fin mars à déb. nov. -
68 empl.
borne artisanale
Tarif camping : 28,50 €
(10A) - pers. suppl. 8,20 €
Services et loisirs :
Jolis emplacements en bordure de forêt.
GPS : E 1.62557 N 50.64649

Boulogne-sur-Mer
Aire de Boulogne-sur-Mer
Parking du Moulin-Wibert, bd Ste-Beuve, au N de la ville -
☎ 03 21 10 86 57
Permanent -
Borne Urbaflux 4,50 €
50 - 🔒 - Illimité - 9,60 €/j.
Paiement : CC
Jolie vue mer, légèrement en pente, gravier, herbeux.
GPS : E 1.59709 N 50.74307

Escalles
Aire de services Les Érables
23 r. du Château-d'Eau, au camping Les Érables -
☎ 06 29 68 66 20 -
www.camping-les-erables.fr
De fin mars à déb. nov.

Borne artisanale :
7 €
10 - 🔒 - Illimité - 17 €/j.
Paiement : jetons (sur place)
Services : WC
GPS : E 1.72071 N 50.91238

Guînes
Camping Les Castels
La Bien Assise
Av. de la Libération -
☎ 03 21 35 20 77 - www.camping-la-bien-assise.com
De fin avr. à mi-sept. -
148 empl. -
borne artisanale
Tarif camping : 42 €
(10A) - pers. suppl. 7 €
Services et loisirs :
Hôtel et restaurant gastronomique dans les dépendances du château.
GPS : E 1.85815 N 50.86631

À l'arrivée

Arques
Aire d'Arques
Rue Michelet, à l'extérieur du camping Beauséjour -
☎ 03 21 88 53 66 -
www.camping-arques.fr
De déb. avr. à déb. nov.
Borne eurorelais 4 €
15 - 48h - 4,50 €/j.
Paiement : jetons (camping)
Services : WC
Site agréable, près d'un étang.
GPS : E 2.30498 N 50.74577

CARNET DE ROUTE

BONNES TABLES

Boulogne-sur-Mer
Le Châtillon
6 r. Charles-Tellier
☏ 03 21 31 43 95
www.le-chatillon.com
Fermé soir et w.-end.
Il faut oser s'aventurer dans la zone portuaire de la ville pour dénicher cette excellente adresse. Poissons et fruits de mer de toute fraîcheur, arrivage direct oblige, servis dans un décorum nautique.

Wimereux
L'Aloze
Digue de Mer
☏ 03 21 32 41 01
www.atlantic-delpierre.com
Dans un espace chaleureux où le bois a la part belle, la brasserie de l'Atlantic Hôtel propose une cuisine d'excellente qualité que l'on déguste les yeux tournés vers le large.

Audinghen
La Sirène
376 r. de la Plage
☏ 03 21 32 95 97
www.lasirene-capgrisnez.com
Fermé lun.
Point de sirènes à l'horizon au cap Gris-Nez, mais homards et poissons vous charmeront dans cette maison postée au bord de l'eau, face aux côtes anglaises (visibles par beau temps).

Wissant
Gogaille Wisssant
4 r. du Muret
☏ 09 70 38 62 11
www.gogaille-wissant.fr
Fermé mar.
Ici, vous mangerez frais et sain, près du jardin d'herbes où les arbres grandissent. Dans la salle lumineuse, le chef officie derrière son comptoir en toute transparence.

PLEIN AIR ET DÉTENTE

Pédaler de cap en cap

Audinghen
Maison du Grand Site de France des Deux-Caps
Lieu-dit d'Haringzelle
☏ 03 21 21 62 22
www.lesdeuxcaps.fr
Sur le Grand Site de France des Deux-Caps, classé depuis 2011, on peut franchement se faire plaisir à vélo. Location de vélos et vélos électriques, et infos sur toutes les balades à faire, dont les 5 boucles cyclo en téléchargement sur le site Internet.

Accrocher son harnais

Guînes
Passion d'Aventure
Chemin de Bourquehaut
☏ 06 87 61 32 72
www.passiondaventure.com
Sur réserv.
Parcours d'accrobranche au cœur de la forêt domaniale : 6 itinéraires pour les grands, un pour les 5-10 ans et un autre pour les moins de 5 ans. À vous les cris de Tarzan !

Observer le marais

St-Omer
Canoë-kayak Club
Bassin de l'Aa - av. de Rome
☏ 03 21 38 08 47 ou 06 31 48 33 43
www.canoekayak-saintomer.com
Fermé de déb. nov. à mi-avr.
Découvrez les splendides marais audomarois à bord d'un kayak ou d'un canoë. Promenade également sur le canal de Neuffossé et sur le petit fleuve côtier l'Aa.

ENTRE TERRE ET MER EN BAIE DE SOMME

Où observer des milliers d'oiseaux et la plus importante colonie de phoques de France ? En baie de Somme bien sûr ! C'est LA destination pour amis des animaux, où les côtoyer (de loin) dans un site naturel exceptionnel, sans cesse redessiné par les marées qui brouillent les frontières entre terre et mer. Entre deux promenades, on apprécie le réconfort des stations balnéaires picardes, au charme délicieusement suranné. En route !

DISTANCE
180 km

DURÉE
3 jours

DÉPART
Abbeville

ARRIVÉE
Abbeville

ACCÈS DEPUIS PARIS
A16, sortie 22 (Abbeville) - 200 km

QUAND PARTIR ?
Toute l'année, chaque saison étant intéressante pour observer les animaux.

Les atouts du road trip :

Les étapes
- Abbeville/Le Crotoy : 90 km
- Le Crotoy/Le Hourdel : 25 km
- Le Hourdel/Abbeville : 65 km

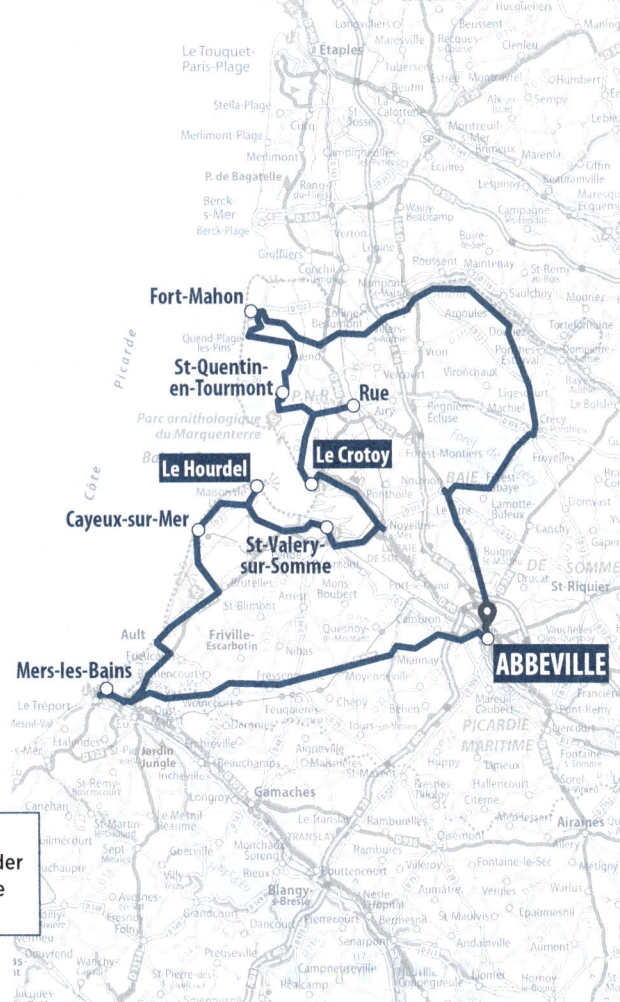

 Flashez pour accéder au guidage GPS

AU DÉPART DE PARIS

L'épuisette spéciale pêche aux coquillages est bien dans le van ? Les vélos sanglés à l'arrière ? Les jumelles à portée de main, dans la boîte à gant ? Abbeville à peine traversé, voici la jolie vallée de l'Authie, ses bocages, ses prairies et ses maisons chaulées. Quelques kilomètres au vert avant de basculer dans un autre monde.

ÉTAPE POUR LES OISEAUX ET LES VÉLOS

Marin, sablonneux et animal, voici le parc ornithologique du Marquenterre. On a révisé pour l'occasion. Sur ses sentiers, c'est sûr, on saura distinguer une aigrette d'une bernache. Entre deux postes d'observation, des guides naturalistes sont aussi là pour échanger. Grâce à eux, on a vu un vol groupé d'avocettes, et, plus loin, plusieurs cigognes. Ils nous ont aussi rappelé qu'il est dangereux de s'aventurer seul dans la baie : la marée montante peut vite encercler les imprudents, et, quand elle descend, les emporter vers le large. Promis, on choisira des promenades accompagnées.

Outre sa plage orientée sud (la seule de la baie !), Le Crotoy a aussi l'avantage de son office de tourisme. On s'y informe sur ces balades bien organisées (certaines à cheval), et, si on a amené les vélos, sur la piste cyclable qui fait le tour de la baie (42 km). Nous, on a adoré pédaler sur la voie verte entre Le Crotoy et Noyelles-sur-Mer (8,6 km), entre bord

Le parc ornithologique du Marquenterre borde une réserve naturelle formée de dunes, de marécages d'eau saumâtre, de prés salés... Une aire exceptionnelle qui a inspiré Jacques Perrin pour son film *Le Peuple migrateur*.

O.Leclercq/hemis.fr

Visite flamboyante

On s'y Rue

Entre les baies d'Authie et de Somme, Rue occupe une éminence du Marquenterre. La ville est cernée de mollières, de prés salés, de dunes, d'étangs et de vasière. Si sa physionomie a bien changé depuis le Moyen Âge – le recul de la mer a laissé son port à sec –, elle conserve un patrimoine gothique notable, notamment son beffroi et la chapelle du Saint-Esprit, chef-d'œuvre flamboyant. Grâce aux dons des fidèles faits lors du pèlerinage du crucifix miraculeux (celui-ci se serait échoué sur la grève, à quelques kilomètres de Rue, en août 1101), l'édifice fut orné d'une sculpture décorative (15ᵉ et 16ᵉ s.) qui forme une dentelle de pierre d'une rare délicatesse.

Philippe Pizzernolli/Getty Images Plus

S. Bouilland/hemis.fr

de mer et verts pâturages, haies de saules et petits canaux, avec vue sur la baie sans cesse changeante... Au retour, quelle joie de grimper (avec les vélos, c'est autorisé) à bord du Chemin de fer de la baie de Somme, ce vieux monsieur né en 1887 pour transporter les estivants. Ses voitures à plates-formes, tractées par des locomotives à vapeur ou Diesel, ont repris du service. Il est l'heure de retrouver votre van qui vous attend au Crotoy, pour un repos bien mérité.

LA JOLIE « CAPITALE » DE LA BAIE

Si hier vous n'avez eu le temps de vous arrêter à la ferme des Prés Salés à Noyelles-sur-Mer, faites-le de bon matin pour remplir les paniers de fruits et légumes du cru et produits régionaux picards pour le pique-nique. Et c'est reparti, direction St-Valery-sur-Somme qui propose un bel éventail de balades et invite à dégringoler ses ruelles médiévales (après les avoir grimpées !), avant de flâner sur le port et la digue, l'estuaire au loin. C'est charmant mais le van se languit de pousser jusqu'au Hourdel, un super spot, car en face, on peut admirer les stars du coin : les phoques

S. Bouilland/hemis.fr

MON PLUS BEAU SOUVENIR

Mon road trip en baie de Somme commence à St-Valéry-sur-Somme où la nature et l'histoire se mêlent harmonieusement. Mon plus beau souvenir est au départ de la Canoterie, où, armé d'une pirogue, j'ai eu le privilège d'observer les phoques jouant dans les eaux tranquilles de la baie. Ensuite, je me suis aventuré dans les ruelles pavées de St-Valéry, chaque coin de rue racontant sa propre histoire. Le charme s'impose instantanément. Mais c'est en fin de journée que la magie opère véritablement. Direction Cayeux-sur-Mer pour retrouver Aurélien, un ami qui a ouvert le Mouton Phare, un lieu unique en son genre. Entre avril et octobre, c'est le rendez-vous des épicuriens. Siroter un verre au coucher du soleil, les pieds presque dans l'eau, tout en dégustant des spécialités locales, transforme chaque soirée en un magnifique souvenir. Le voyage se termine à Mers-les-Bains, où les villas Belle Époque sont de véritables œuvres d'art. Déambuler devant ces demeures, c'est comme flâner dans une galerie à ciel ouvert.
Laurent Lingelser, Cofondateur @lescoflocs

Dans les prés salés entre Le Crotoy et Cayeux-sur-Mer, les moutons regardent passer le train à vapeur du Chemin de fer de la Baie de Somme !

Philippe Paternolli/Getty Images Plus

veaux marins, avec leurs doux sourires énigmatiques. Le lendemain, on en observera des centaines (ils seraient 400, soit la plus grande colonie de France), vautrés à marée basse sur les « reposoirs » de sable au sud de l'estuaire. Ils y reprennent des forces (toute l'année), mettent bas et allaitent (juin-juil.) et muent (juin-sept.). Ne les approchez pas, la survie de la colonie en dépend. Mieux vaut les observer à la jumelle ou rejoindre l'une des excursions éco-durables, pour visiter ce site naturel unique sans les menacer.

Au large du Hourdel, phoques gris et veaux marins adorent venir s'alanguir sur les bancs de sable, 3h avant et jusqu'à 2h30 après les heures de marées basses. Vous pourrez les approcher à distance raisonnable en toute saison.

DE MER EN MERS

Laissez les phoques à leur torpeur et allumez le moteur pour rallier Cayeux-sur-Mer, station climatique

Les planches de Cayeux-sur-Mer, bordées de cabines de plage, moins connues que celles de Deauville, n'en sont pas moins charmantes. Et elles sont plus longues : 1,8 km (contre 762 m).

Visite nature

Maison de la baie de Somme
Logé dans une ancienne ferme, ce centre d'interprétation et de sensibilisation donne de multiples clefs de lecture permettant de saisir l'évolution de la baie, les enjeux et les menaces qui la touchent. Au fil des 6 salles thématiques, on découvre les caractéristiques de son incroyable écosystème, sa faune et sa flore, mais aussi l'histoire des hommes qui vivent de la baie, leurs activités et les traditions qui leur sont attachées.
Carrefour du Hourdel - D3 - ☏ 03 22 26 93 93 - www.baiedesomme.fr - avr.-sept. : 10h-18h30 ; oct.-mars : 10h-17h30 (fermeture 1h30 av.) - musée 10,50 € - sorties nature et observation des phoques 15 €.

possédant l'un des plus longs chemins de planches d'Europe, où s'alignent plus de 400 cabines de plage en bois (rien à envier à Deauville). Photo prise (vous aurez peut-être aussi regardé la chorégraphie des kitsurfeurs), en route pour l'adorable station balnéaire d'Ault, postée en vigie au sommet de ses hautes falaises crayeuses, avec vue imprenable sur les grandes plages de sable en contrebas. Certains lui préfèrent Mers-les-Bains, aux villas Belle-Époque. Et vous ? À débattre au restaurant Les Mouettes, campé sur sa plage de galets. La mer dans l'assiette, et partout autour.

 # CARNET DE ROUTE

PAUSES NOCTURNES

Étape 1

Le Crotoy
Parking
Rue de la Maye
Hauteur limitée 2 m
Calme et les pieds dans l'eau !
GPS : E 1.593270 N 50.249599

Camping Les Trois Sablières
1850 r. de la Maye -
☎ 03 22 27 01 33 -
www.camping-les-trois-sablieres.com
De déb. avr. à fin oct. -
59 empl. -
borne artisanale
Tarif camping : 30 €
(10A) - pers. suppl. 7 €
Services et loisirs :
Cadre verdoyant et fleuri.
GPS : E 1.59883 N 50.24825

Étape 2

Le Hourdel
Parking
186 r. des Argousiers
Permanent
Hauteur limitée 2,10 m
illimité - payant le jour
Parking très calme à proximité de la plage, d'où l'on peut observer les phoques.
GPS : E 1.565120 N 50.215401

Entre les étapes

Fort-Mahon
Aire de Fort-Mahon-Plage
Rue de la Bistouille, près de l'office de tourisme -
☎ 03 22 27 70 24 -
www.fort-mahon-plage.com
Permanent (mise hors gel)
Borne artisanale
64 - Illimité - 10 €/j. - borne compris
Paiement :
Services :
Proche de la plage.
GPS : E 1.555 N 50.33861

Camping Paradis Le Royon
1271 rte de Quend -
☎ 03 22 23 40 30 -
www.campingleroyon.com
De mi-mars à déb. nov. -
376 empl.
borne flot bleu
3,50 €
Tarif camping : 29 €
(6A) - pers. suppl. 7 €
Services et loisirs :
GPS : E 1.57963 N 50.33263

Rue
Camping Les Oiseaux
591 chemin des oiseaux -
☎ 03 22 25 73 44 - www.campingbaiesomme.com
De déb. avr. à fin oct. -
121 empl.
borne artisanale
Tarif camping : 25 €
(6A) - pers. suppl. 7 €
Services et loisirs :
GPS : E 1.66872 N 50.25264

St-Valery-sur-Somme
Aire de St-Valery-sur-Somme
Rue de la Croix-l'Abbé -
☎ 06 24 69 12 64 - www.saint-valery-sur-somme.fr
Permanent (mise hors gel) -
Borne AireService
200 - Illimité - 12 €/j. - borne compris
Paiement :
Services :
Plat, gravier, petit ombrage, site agréable.
GPS : E 1.62889 N 50.18223

Cayeux-sur-Mer
Camping Paradis Les Galets de la Mollière
Rue Faidherbe - Mollière d'Aval - ☎ 03 22 26 61 85 -
www.campinglesgaletsdelamolliere.com
De déb. avr. à déb. nov. -
194 empl. -
borne eurorelais
Tarif camping : 42 €
(10A) - pers. suppl. 9 €
Services et loisirs :
À 100 m de la plage et des dunes.
GPS : E 1.52608 N 50.20275

CARNET DE ROUTE

BONNES TABLES

Le Crotoy
Bistrot de la Baie
3-5 r. de la Porte du Pont
☎ 03 22 27 07 49 - www.bistrotdelabaie.com
Fermé merc.-jeu.
Dans une rue en retrait de la digue, on vient pour les moules de bouchot, cuisinées de multiples façons. Servies avec des frites, à déguster en buvant une bière artisanale. Très bons desserts maison.

Le Hourdel
Le Parc aux Huîtres
Allée des Pêcheurs
☎ 03 22 26 61 20
Rien de tel que cette petite adresse pour vous régaler de fruits de mer et de poissons. Toutes les tables bénéficient de la vue sur le port de pêche et le va-et-vient des chalutiers.

St-Valery-sur-Somme
Le Mathurin
1 pl. des Pilotes
☎ 03 22 30 08 50 - restaurantlemathurin.fr
Fermé mar. midi et lun. (mar. soir hors saison).
« Du bateau à l'assiette ! » Telle est la devise de la maison, où le chef cuisine exclusivement l'arrivage du jour, pêché et préparé par sa famille. Rien que du frais donc, transformé avec talent et inventivité, servi avec attention dans une belle salle à la décoration chaleureuse et contemporaine. Réservation conseillée.

Mers-les-Bains
Les Mouettes
Espl. du Gén.-Leclerc
☎ 02 35 86 30 38
Fermé nov.-mars.
Installée sur la plage de galets, c'est l'adresse idéale pour profiter de la mer. Décoration simple, carte variée faisant la part belle aux fruits de mer et moules. Lieu fréquenté à toute heure de la journée (pour prendre un verre) et de la soirée si le temps le permet.

PLEIN AIR ET DÉTENTE

En char à voile

Fort-Mahon
Eolia Picardie
460 bd Maritime-Nord
☎ 03 22 23 42 60 - eolia.info
Pour ceux qui aiment les sensations de vitesse, Eolia Picardie propose initiation et randonnée en char à voile. Autres activités : canoë-kayak et location de vélos.

À cheval

St-Quentin-en-Tourmont
Espace Équestre Henson-Marquenterre
34 ch. des Garennes
☎ 03 22 25 68 64
www.henson.fr
Il organise des balades en compagnie d'un guide pour découvrir les 1000 ha du domaine du Marquenterre et la baie de Somme, sur des chevaux doux et endurants, les Henson, que peuvent monter des cavaliers de tous niveaux. Promenade en attelage sur réservation.

En pirogue

St-Valery-sur-Somme
Club de kayak de mer et de Va'a de la Baie des Phoques
369 quai Jeanne-d'Arc
☎ 03 22 60 08 44 ou 06 74 37 50 74
www.kayak-somme.com
Comment approcher les phoques dans la baie sans les effrayer ? En kayak de mer bien sûr ou, plus original, ici vous embarquez dans une pirogue polynésienne !

UN AIR DE SUISSE EN NORMANDIE

Les prairies y ondulent, les bocages y verdoient et les auberges y pullulent. Qui suis-je ? La Normandie, bien sûr, mais celle où l'Orne a sculpté les hautes barres rocheuses qui lui valent ce surnom. Le van suit les petites routes qui slaloment dans cette campagne cossue et soignée, où tout est bien organisé pour randonner, pêcher, ramer, canoter, galoper, pédaler, nager... Voire paresser, dans un hamac installé au verger. De préférence entre deux pommiers.

DISTANCE
122 km

DURÉE
2 jours

DÉPART
Thury-Harcourt

ARRIVÉE
Thury-Harcourt

ACCÈS DEPUIS PARIS
A13 jusqu'à Caen, rocade N814 puis sortie 11 et D562 jusqu'à Thury - 262 km

QUAND PARTIR ?
De mai à septembre, pour la verdure et l'animation ; en automne, pour les splendides lumières... entre deux averses.

Les étapes
- Thury-Harcourt/Putanges-le-Lac (via St-Omer) : 62 km
- Putanges-le-Lac/Thury-Harcourt (via Cauville) : 60 km

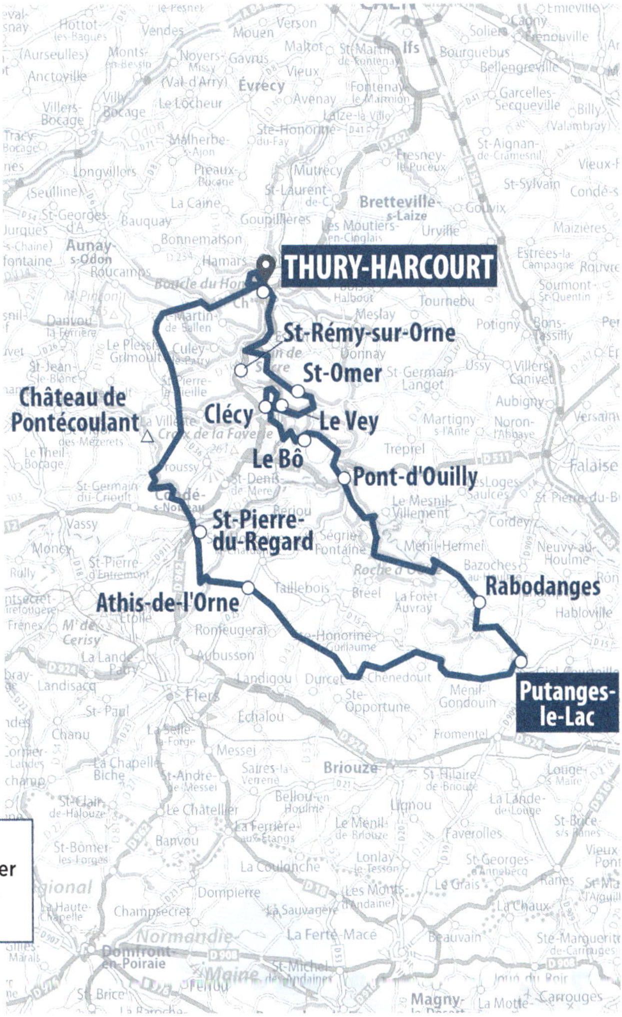

Les atouts du road trip :

Flashez pour accéder au guidage GPS

57

Au nord de Thury-Harcourt, direction toute. La D212 slalome à travers les bosquets et les champs, les fermes en pierre et les toits d'ardoise, plongeant direct dans la palette du week-end : vert clair, vert foncé, vert sapin…

BOUCLER LA BOUCLE

Et un peu de gris aussi, soit la roche et l'asphalte, celle de la D212A, qui suit la boucle du Hom. Comme une anomalie géographique, le fleuve y trace un immense cercle sur la forêt, à longer en van, toutes fenêtres ouvertes sur les parfums des sous-bois, mousse, humus et terre mêlés. L'étroite départementale trace son chemin entre le fleuve et la rivière, qui transparaît à travers les feuillages.

Les berges verdoyantes sont tentantes, première pause avant Thury-Harcourt, où la base de plein air fournit à vélo, pédalo et autres canoë-kayak. Coup de cœur pour la descente nocturne de l'Orne (en juil.-août). Une expérience marquante pour les sens, l'ouïe et l'odorat prenant le dessus sur la vue empêchée par l'obscurité.

Le soleil étant encore haut, profitez-en d'abord pour vous régaler sur la terrasse ouverte sur la campagne de l'hôtel-restaurant « Au Site Normand ». Certes jeune et inventive, la cuisine reste fidèle aux saveurs normandes.

Ce terroir gourmand, vous l'aurez préalablement savouré depuis le van, en rejoignant Clécy. Sa proximité avec les paysages les plus spectaculaires

La Roche d'Oëtre offre le spectacle le plus « montagnard » de la Suisse normande. De la table d'orientation, la vue est saisissante sur l'immense précipice des gorges de la Rouvre !

Se la couler douce

À la Paillote Suisse normande au bord de l'Orne, à Clécy, avec terrasse et salle à manger panoramique. Plats de type brasserie à base de produits frais. Ambiance décontractée. Et Les enfants adoreront la structure gonflable et le trampoline élastique !
Le Pont du Vey - Clécy - ☎ 02 31 59 61 90 - lapaillote-suissenormande.fr - avr.-sept. : tlj sf merc. soir et jeu. 12h-22h.

de la vallée de l'Orne lui vaut le titre de « capitale » de la Suisse normande. L'un des sites les plus photographiés du village ? Son viaduc, neuf arches qui enjambent le fleuve sur 108 m, un ouvrage d'art de la ligne de chemin de fer Caen-Flers. Désormais désaffecté, il a été construit en 1866, de quoi expliquer que les Parisiens aient été si nombreux, depuis plus d'un siècle et demi, à venir ici prendre un bon bol

A. Chicurel/hemis.fr

d'air. Ils sont nombreux, d'ailleurs, à ramer en canoë sur l'Orne, filant entre les jambes de ce fier viaduc, que leurs arrière-grands-parents empruntaient déjà en train.

LE QG DES RANDONNEURS

Clécy a su étoffer son offre sportive : canotage, donc, mais aussi pêche, escalade, pédalo, parapente, équitation… Les amateurs sont comblés ! Un esprit sport au grand air que l'on retrouve à Pont-d'Ouilly. Au confluent de l'Orne et du Noireau, cette base de plein air s'alanguit entre bocages et falaises. La star du coin ? La randonnée de la Roche d'Oëtre, qui semble justifier à elle seule l'appellation « Suisse normande » : dominant de ses hauts escarpements les gorges de la Rouvre, le site paraît effectivement montagnard. Même vertige depuis la « route des Crêtes », au départ de St-Omer. Elle coiffe la vallée et les méandres de l'Orne, vue sur le « Pain de Sucre », l'un des points culminants de la Suisse normande. Aux rochers de la Houle, l'aire de parapente ajoute au spectacle, avec son ballet d'ailes colorées qui s'élancent vers le vide. La bonne idée ? Prévoir d'y arriver au coucher

À Clécy, le pont du Vey franchit l'Orne où s'égaient les pagaies ! N'hésitez pas, vous aussi, à louer un canoë.

Vues panoramiques

Randonnée Rochers des Parcs

1h AR. Au départ du village du Bô, à 5 km au sud-est de Clécy par la D168. Un chemin au niveau de l'église rejoint le GR 36 (balisage rouge et blanc). Le chemin grimpe sur la crête et dévoile de superbes vues sur l'Orne, le viaduc et les paysages si caractéristiques de la Suisse normande. Au niveau du viaduc, le GR descend vers le Vey et Clécy.

Randonnée Pain de sucre

Plus de 3h AR. Quittez Clécy par la route de la Serverie. Passé le pont sur l'Orne, traversez le passage à niveau et, 100 m plus loin, prenez à droite. Le sentier du Pain de Sucre s'élève dans un vallon, sur la rive droite d'un ruisseau que vous traversez. En pénétrant dans des taillis, suivez à droite l'amorce du sentier qui s'élève rapidement et, obliquant à droite, aboutit au pied d'une butte. Au sommet, admirez le merveilleux panorama dont l'ample boucle de l'Orne est l'élément le plus harmonieux. À la descente, appuyez à droite pour suivre, sur le versant opposé à celui de la montée, un sentier en corniche qui, passant sous les rochers de la Houle, aboutit à la petite église rustique du Vey.

En van au barrage de Rabodanges

La route longe l'impressionnante retenue, appelée « lac de Rabodanges » (95 ha), et offre de belles perspectives sur cette dernière. Le passage du pont Ste-Croix, qui franchit le lac du barrage de Rabodanges, procure également de belles vues sur le plan d'eau.

philipimage/Getty Images Plus

du soleil, pour un mémorable pique-nique panoramique.

Votre panier est vide ? Rendez-vous à Putanges-le-Lac, pour un dîner sur le lac de Rabodanges. À présent vous voici allongé à l'arrière du van pour une douce nuit sur l'herbe, sous les pommiers de la ferme de Kerflaveur.

CHAQUE JOUR EN SON TEMPS

Demain apportera d'autres plaisirs, bucoliques et nautiques, sur les bords de ce vaste lac apprécié des paddles et canoës. Au centre équestre la Rotourelle à Ste-Croix-sur-Orne, les cavaliers pourront se promener à cheval. Sur le chemin du retour, d'autres s'arrêteront à la

Parmi les produits du terroir qui agrémenteront vos pique-niques : le célébrissime « camembert de Normandie ». L'AOP précise qu'il doit être au lait cru, moulé en 5 fois, à la louche. Il s'accorde délicieusement avec le cidre.

Des moutons sous les pommiers, une image que vous garderez en mémoire, tandis que vous rapporterez, dans le coffre du van, cidre et calvados !

Superbe château

Une apparition surprenante au cœur d'un vaste domaine forestier qui séduit d'emblée par son élégance. L'ancien manoir du 16e s. s'est agrandi au 18e s. d'une longue aile aux grandes baies cintrées, tandis que de larges perspectives ont été dégagées vers les deux pavillons d'entrée. Propriété de la famille Doulcet de Pontécoulant du 14e au 19e s., et légué au département en 1896, le château de Pontécoulant restauré est un bel exemple de demeure aristocratique de campagne. La promenade dans le parc arboré en accès libre est aussi fort sympathique.
Pontécoulant - ☎ 02 31 69 62 54 - visite guidée mai-sept. : 10h-12h, 14h30-18h ; avr. et d'oct. à mi-nov. : 14h30- 17h30 - fermé lun. - 8 €.

gare de Pont-Érambourg, pour tester le vélorail au creux de la vallée du Noireau, l'un des autres cours d'eau qui donnent son vert intense à la région. Un peu de culture ? À Condé-sur-Noireau, l'Espace-musée Charles-Léandre offre l'occasion de découvrir ce peintre normand méconnu (1862-1934), devenu caricaturiste parisien lorsqu'il se fixa à Montmartre. Les amateurs de châteaux ne manqueront celui de Pontécoulant.
En attendant demain, la couverture est douce, le ciel clair, la lune ronde dans les fenêtres du van. Vous êtes bien.

UN AIR DE SUISSE EN NORMANDIE

CARNET DE ROUTE

PAUSES NOCTURNES

Étape

Putanges-le-Lac
Ferme de Kerflaveur
La Fresnaye-au-Sauvage,
L'Être aux Brières -
☎ 06 42 68 56 19 -
www.kerflaveur.fr
Permanent
Borne artisanale 2 €
10 - Illimité - 6,50 €/j.
Services : WC
Emplacements sur le terrain de la petite ferme bio de Jérôme et Estelle. Vente de fromages de chèvre. Possibilité de petit-déjeuner. Douche solaire, toilettes sèches, réfrigérateur.
GPS : W 0.25315 N 48.72997

Aire du camping du Val d'Orne
Chemin de Friche -
☎ 02 33 35 04 67
Permanent -
Borne eurorelais :
3 €
5 - 24h - gratuit
Paiement : jetons (office de tourisme, réception du camping, mairie)
Services : WC
Au bord de l'Orne.
GPS : W 0.24553 N 48.76075

Autres étapes

St-Omer
Parking
Sur la D133.
Aire de pique-nique.
Le parking d'envol des parapentes offre une vue imprenable sur la vallée de l'Orne.
GPS : E 0.469978 N 48.9300

Le Vey
Camping
Les Rochers des Parcs
La Cour, r. du Viaduc -
☎ 02 31 69 70 36 - www.camping-normandie-clecy.fr
De déb. avr. à fin sept. -
66 empl. -
Tarif camping : 33,90 €
(10A) - pers. suppl. 8 €
Services et loisirs :
Sur les bords de l'Orne, face à la petite base de loisirs et le long de la voie verte, cadre verdoyant et bucolique. Vente de cidre et jus de pomme de la propriété.
GPS : W 0.47487 N 48.91391

Pont-d'Ouilly
Aire de Pont-d'Ouilly
Rue de la Libération -
☎ 02 31 69 72 46
De déb. mars à fin nov. -
Borne artisanale :
40 - Illimité - 14,50 €/j. - borne compris
Services :
Bel endroit donnant sur l'Orne.
GPS : W 0.41282 N 48.8785

Athis-de-l'Orne
Aire privée
La Ferme des Bois
Les Bois, accès par la D20, 9 km au S-O de Pont-d'Ouilly -
☎ 02 33 66 51 25

Permanent -
Borne artisanale :
5 €
5 - Illimité - 11 €/j.
Paiement : CC
Services : WC
Emplacements stabilisés près des corps de ferme.
GPS : W 0.5388 N 48.81086

Au départ ou à l'arrivée

Thury-Harcourt
Camping Le Traspy
Rue du Pont-Benoît -
☎ 02 31 29 90 86 -
www.campingdutraspy.com
De mi-mars à fin sept. -
78 empl.
borne eurorelais
Tarif camping : 6 € 9,20 €
(16A) 5 €
Services et loisirs :
Au bord du Traspy et près d'un plan d'eau avec une petite base de loisirs.
GPS : W 0.46913 N 48.98896

CARNET DE ROUTE

BONNES TABLES

Thury-Harcourt
Relais de la Poste
7 r. de Caen
☏ 02 31 79 72 12
www.hotel-restaurant-thury.fr
Fermé dim. soir, lun. et mar. midi.
Dans cette maison en pierre de Caen, dotée d'une élégante salle à manger sous charpente, vous prendrez le temps de déguster une cuisine traditionnelle. Belle carte des vins.

Clécy
Au Site Normand
2 r. des Châtelets
☏ 02 31 69 71 05 - www.hotel-clecy.com
Fermé dim.-lun., et de mi-déc. à fin janv.
Dans cet hôtel-restaurant, la cuisine est jeune et inventive, parée de toutes les saveurs normandes. La carte évolue tout au long de l'année au rythme des saisons.

Putanges-le-Lac
Val d'Orne Bateau Restaurant
10 r. de la Forge
☏ 02 33 39 30 30 - www.valdorne.com
Sur réserv. 48h av. mini.
De Rabodanges ou de Putanges, en fonction du niveau de l'eau, le bateau *Val d'Orne* part en croisière sur le lac de Rabodanges. Formules déjeuner et dîner (2h30). Possibilité d'embarquer pour une simple promenade (1h15) l'après-midi.

> **UNE PETITE MOUSSE ?**
> La brasserie de la Lie produit de la bière artisanale bonne et bio (blonde et ambrée), fabriquée avec de l'énergie renouvelable, de l'orge normand et vendue en circuit court.
> *Rue de l'Orne (ZI) - St-Rémy-sur-Orne - ☏ 09 84 32 54 11 - www.biere-lalie.fr - tlj sf w.-end - fermé merc. d'oct. à avr.*

PLEIN AIR ET DÉTENTE

Sur l'eau

Thury-Harcourt
Thury Plein Air
22 impasse des Lavandières - Le Hom
☏ 02 31 79 40 59
www.thury-plein-air.fr
Location de pédalo, paddle et canoë-kayak et vélo (VTC, VAE et VTT).

Clécy
Beau Rivage
La Cambronnerie
☏ 02 31 69 79 73
www.beaurivageclecy.com
Parcours de canoë-kayak sur l'Orne, activités sur le plan d'eau. Location de canoë, paddle, pédalo et bateau électrique.

Pont-d'Ouilly
Pont-d'Ouilly Loisirs
Rue du Stade-René-Vallée
☏ 02 31 69 86 02
www.pontdouilly-loisirs.com
Base d'activités située au confluent de l'Orne et du Noireau. Parc accrobranche, location de canoës et kayaks, descente de l'Orne jusqu'à Clécy.

À vélorail

St-Pierre-du-Regard
Vélorails des Collines Normandes
☏ 02 31 69 39 30
rails-collinesnormandes.fr
Rendez-vous à la gare de Pont-Erambourg (10,6 km au sud de Clécy) pour sillonner la pittoresque vallée du Noireau le long d'un parcours de 13 km aller-retour (1h45). On peut monter à quatre sur chaque vélorail, mais seules deux personnes pédalent : ne vous disputez pas, échangez vos places en cours de route !

NEZ AU VENT À LA POINTE DU COTENTIN

Bienvenue au « bout du monde » ! Celui du Cotentin baigné par la Manche. Des falaises parmi les plus hautes d'Europe et des ports parmi les plus petits, de longues plages battues par les vents et des jardins tropicaux profitant d'un doux microclimat, des huîtres au goût inimitable et du cidre AOC… Ici, peu importe la météo, le spectacle est magnifique.

DISTANCE
160 km

DURÉE
3 jours

DÉPART
St-Vaast-la-Hougue

ARRIVÉE
Valognes

ACCÈS DEPUIS PARIS
A13 et N13 jusqu'à St-Vaast - 347 km

QUAND PARTIR ?
Toute l'année, même si de nombreuses adresses ferment hors saison. Moins de choix, mais plus de tranquillité.

Les étapes
- St-Vaast-la-Hougue/Cherbourg : 49 km
- Cherbourg/Siouville-Hague : 70 km
- Siouville-Hague/Valognes : 41 km

Les atouts du road trip :

Flashez pour accéder au guidage GPS

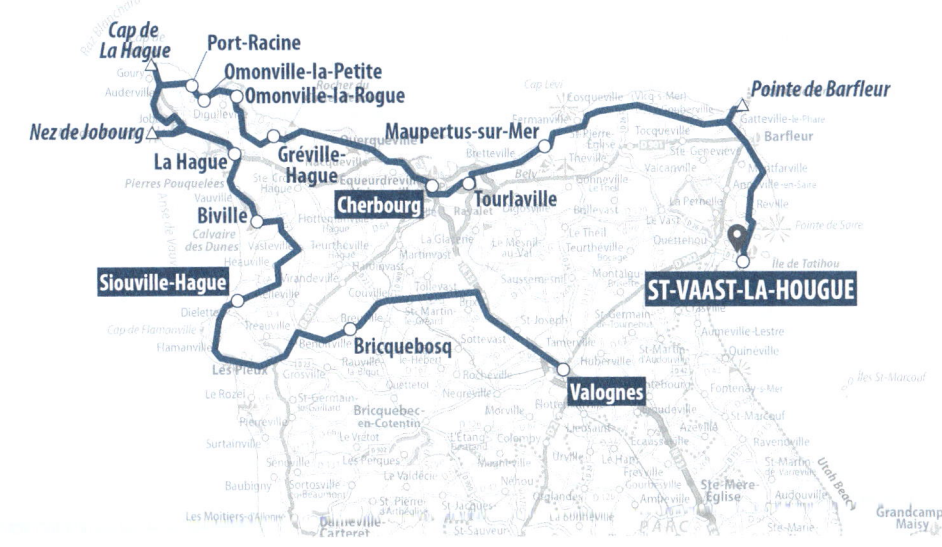

AU DÉPART DE PARIS

Les notes iodées l'ont annoncé avant qu'on ne la voie : la Manche, plein cadre dans le pare-brise ! Et puis des centaines de bateaux amarrés dans le port de plaisance St-Vaast-la-Hougue, qui nous plongent direct dans l'ambiance maritime du cru. Port de pêche, site ostréicole réputé, « St-Va » (pour les habitués) est aussi le port d'embarquement pour Tatihou, la petite île qui tangue dans sa rade, accessible à pied ou en bateau, selon la marée. Protégée par sa tour Vauban, elle est inscrite, comme sa jumelle de la Hougue, au Patrimoine mondial de l'Unesco. Au retour, halte chez Gosselin, l'épicier historique (depuis 1889 !), avec son choix insensé de produits normands.

UN ADORABLE PORT DE PÊCHE

Le pique-nique s'annonce bien, sur les quais de Barfleur, un œil sur les façades colorées, l'autre sur les chaluts en activité. Alternative plus nature : la pointe de Barfleur, plages et dunes jusqu'au phare de Gatteville, le « cierge de pierres » aux 11 000 blocs de granit et 365 marches ! Chiche, on grimpe ? La récompense : l'un des

Cherbourg-en-Cotentin, une ville avant tout maritime, dotée d'une vaste rade artificielle et comptant plusieurs ports.

Visite incontournable

Cité de la Mer

Impressionnant avec ses 9 000 m² et ses 20 m de haut, le hall d'accueil de la Cité de la Mer a trouvé place dans la mythique gare transatlantique maritime de Cherbourg dessinée par l'architecte René Levavasseur et inaugurée en 1933. C'est là qu'arrivaient les trains en provenance de Paris, chargés de voyageurs promis au grand voyage vers l'Amérique. Longue de 280 m, dominée par un campanile de 75 m de haut, elle fut en grande partie sabotée par les Allemands en 1944. Outre la billetterie, elle accueille aujourd'hui la Grande Galerie des engins et des hommes, où sont présentés une douzaine de sous-marins et bathyscaphes, originaux ou maquettes à l'échelle 1, qui ont marqué l'exploration du fond des océans. Dans le prolongement du bâtiment, à côté de la cale sèche du *Redoutable*, L'Océan du futur, est un parcours immersif structuré autour de 17 aquariums. Enfin après avoir traversé l'immense salle des bagages de la gare maritime (film sur l'immigration entre les deux guerres), on accède à l'Espace Titanic - Retour à Cherbourg. Le visiteur est ici plongé dans l'ambiance du paquebot, de son escale à Cherbourg jusqu'à la nuit du naufrage.
Gare Maritime Transatlantique - Cherbourg - ☎ 02 33 20 26 69 - www.citedelamer.com - juil.-août : 9h30-19h ; avr., ponts de mai et sept. : 9h30-18h30 ; mai-juin et vac. scol. (hors juil.-août) : 9h30-18h ; reste de l'année se rens. - fermé certains lun. (nov.-mars) et janv. - 19 €.

NEZ AU VENT À LA POINTE DU COTENTIN

Le peintre et le poète

Maison natale Jean-François Millet (1814-1875)

C'est dans le hameau de Gruchy qu'est né le « peintre des réalités paysannes », en qui Van Gogh confiait avoir trouvé un « père », et dont *L'Angélus* (1857-1859) allait connaître un prodigieux succès. Dans sa jolie ferme natale, le visiteur découvre la genèse de son œuvre picturale et la vie d'une famille rurale au début du 19e s. à travers une exposition agrémentée d'un diaporama et de bornes ludiques.
Gréville-Hague - ✆ 02 33 01 81 91 - www.manche.fr - juil.-août : 10h30-18h ; avr.-juin, sept. : 14h-18h - fermé lun. et janv. - 5,50 €.

Maison de Jacques Prévert

Achetée par Prévert en 1971, cette maison d'Omonville-la-Petite a été son dernier refuge avant sa mort en 1977. Devenue un musée, elle évoque l'œuvre et la vie du poète, qui a choisi d'être enterré dans le cimetière du village. Et pour que le pèlerinage soit complet, il faut se rendre au « Jardin en hommage à Jacques Prévert », dans le village voisin de St-Germain-des-Vaux.
3 hameau du Val - Omonville-la-Petite - ✆ 02 33 52 72 38 - maison-prevert.manche.fr - juil.-août : 11h-19h ; juin et sept. : 11h-18h ; avr.-mai, oct. : 14h-18h - fermé nov.-mars - 6 €.

plus beaux panoramas du Cotentin, avant une sieste au soleil sur l'une des plages, puis un dîner de moules « blondes » de Barfleur, une rareté dont la pêche est réglementée. On remonte dans le van pour rallier Cherbourg, l'étape du jour.

SUR LE PONT À LA PREMIÈRE HEURE

La grasse mat' repassera, la journée s'annonce bien remplie. Commencez par petit-déjeuner au bien nommé Café du Port sur le quai Caligny (c'est aussi une épicerie mettant à l'honneur les produits locaux). Cherbourg, ville ô combien marine, est à la fois port militaire, port de pêche, port de plaisance et port de commerce, avec la deuxième plus grande rade artificielle du monde. Sa visite en bateau occupera une bonne partie de la matinée, avant de faire escale à l'immense Cité de la Mer, à la fois

À la pointe de la Hague, le petit port de Goury a longtemps été le seul refuge des pêcheurs pris par la tempête dans le terrible raz Blanchard, l'un des plus forts courants au monde.

T. et B. Morandi/hemis.fr

Le phare de La Hague, sur le rocher du Gros-du-Raz, signale le cap de la Hague.

aquarium et musée maritime, où vous pourrez pénétrer dans le sous-marin *Le Redoutable* (premier sous-marin nucléaire français lancé en 1967) et revivre l'histoire du *Titanic*.

DES PAYSAGES SPECTACULAIRES

Il sera plus que temps ensuite de mettre le cap droit sur la pointe de la Hague. Souvent réduit à son activité nucléaire, ce « chouette merveilleux pays » (d'après Boris Vian, qui y passait des vacances), ce « Finistère le plus proche de Paris » (dixit Jacques Prévert, qui y passa ses dernières années) va vous surprendre. Hautes falaises, plages de sable et charmants ports (dont Port-Racine, le plus petit de France), itinéraires de randonnée (dont l'ancien sentier des Douaniers, aujourd'hui GR223), jardins aux allures tropicales (merci le microclimat)… Surtout, garez le van pour arpenter à pied les landes sauvages jusqu'aux bords de mer déchiquetés, avec deux sites exceptionnels. D'une part la baie d'Écalgrain, une grève solitaire à la beauté sauvage, d'où apercevoir les îles Anglo-Normandes par temps clair. D'autre part le fameux « Nez de Jobourg », long promontoire escarpé et décharné, environné d'écueils, le plus

imposant de la sauvage Hague. Les joues rouges de soleil et de vent, les cheveux emmêlés de sel et d'embruns, faites route vers Siouville-Hague pour une deuxième nuit sur place.
Dernier jour, le road trip annonce le chemin de Valognes et du retour. Il aura encore le goût merveilleux du Cotentin, de ses vents iodés qui ravissent les surfeurs à Siouville, LE spot de la côte, dont il n'est pas interdit de profiter en planche à voile ou kitesurf. Vous ne prenez pas la vague ? Alors reprenez la route. Vous commencerez par un arrêt aux jardins extraordinaires de Vauville, où la palmeraie la plus septentrionale de France s'épanouit à l'air chaud du Gulf Stream. Plus loin, vous irez à la rencontre des champs de dunes près du village de Biville. Puis voici Valognes. Outre les fastueux hôtels particuliers qui lui ont valu le surnom de « Versailles normand », il est plaisant d'y découvrir le musée régional du cidre, soit une maison du 15e s. dont les combles ont été transformés en une chambre aux murs coquins qu'on vous laisse le plaisir de découvrir. Un indice ? Le lit s'appelle « Croque la Pomme »...

> **Visite terroir**
>
> ## Cidrerie Le Père Mahieu
> **Depuis 2016, le « cidre Cotentin » se distingue par une AOC au cahier des charges précis : pommes issues de vergers bocagers, 60 % minimum de variétés locales « amères » et « douces-amères », mousse naturelle sans gazéification ni pasteurisation.**
> À Bricquebosq, Alain Pismont, propriétaire de 10 ha de vergers en agriculture bio produisant du cidre Cotentin AOC, prend plaisir à faire visiter son exploitation. Après la découverte du procédé d'élaboration jusqu'à la mise en bouteille, vous pourrez goûter les différents produits maison.
> *Hameau Les Mesles - Bricquebosq - 02 33 93 03 79 - www.leperemahieu.com - juin-sept. et vac. scolaires : tlj sf dim. 10h-12h, 14h-18h30 ; reste de l'année : tlj sf lun., merc. et dim. - gratuit.*

Goûtez les huîtres de St-Vaast-la-Hougue, un des plaisirs gourmands de ce road trip.

CARNET DE ROUTE

PAUSES NOCTURNES

Au départ

St-Vaast-la-Hougue
Aire de la Gallouette
Rue de la Gallouette,
à l'extérieur du camping
la Gallouette -
☏ 02 33 54 20 57 -
www.camping-lagallouette.fr
Permanent -
Borne AireService 2 €
2 €
25 - Illimité - 10 €/j.
Paiement : CB
Services :
Proche du centre-ville
et du port avec jolie vue ;
plat, bitume.
GPS : W 1.26764 N 49.58347

Étape 1

Cherbourg
Aire de la Cité de la mer
Allée du Prés.-Menut -
☏ 02 33 93 52 02 -
www.cherbourgtourisme.com
Permanent -
Borne AireService :
gratuit
20 - Illimité - gratuit
Services :
Sur plusieurs parkings autour
d'un blockhaus, ouvert à tous
véhicules ; plat, bitume, calme
la nuit.
GPS : W 1.61776 N 49.6435

Étape 2

Siouville-Hague
Aire de Siouville-Hague
Av. des Peupliers, parking des
Tamaris - ☏ 02 33 52 42 73 -
www.siouville-hague.com
Permanent -
Borne Urbaflux 3,50 €
3,50 €
- - Illimité - 7 €/j. -
moins cher hors sais.
Paiement : CB
Services :
À 100 m de la plage, plat,
herbeux, agréable.
GPS : W 1.84421 N 49.56356

Entre les étapes

Maupertus-sur-Mer
Camping Sandaya
L'Anse du Brick
18 anse du Brick - ☏ 02 33 54
33 57 - www.anse-du-brick.fr
De déb. avr. à fin sept. -
45 empl. -
borne artisanale
Tarif camping : 76 €
(6A) - pers. suppl. 9 €
Services et loisirs :

Implanté dans une ancienne
carrière avec de nombreux
emplacements en terrasses,
bénéficiant d'une vue mer ou
sur les falaises.
GPS : W 1.49 N 49.66722

Tourlaville
Camping Le Collignon
215 r. des Algues -
☏ 02 33 20 16 88 -
camping-collignon.simdif.com
De fin avr. à mi-sept. - 82 empl.
borne artisanale
- 16 €
Tarif camping : 21 €
(6A) - pers.
suppl. 5 €
Services et loisirs :
GPS : W 1.56644 N 49.65468

Omonville-la-Rogue
**Camping municipal
du Hable**
4 rte de la Hague -
☏ 02 33 52 86 15 -
campingduhable.lahague.com
De déb. avr. à déb. oct. -
54 empl. -
borne flot bleu 2 €
Tarif camping : 3,30 €
4,80 € (10A) 4,80 €
Services et loisirs :
GPS : W 1.84087 N 49.70439

 **CARNET DE ROUTE**

BONNES TABLES

St-Vaast-la-Hougue
La Marina
8 quai du Cdt-Albert-Paris - sur le môle enserrant le port de plaisance
📞 02 33 43 75 62 - www.lamarinasaintvaast.fr
Idéal pour déguster quelques huîtres ou pour prendre l'apéritif en terrasse en écoutant le vent jouer avec les mâts des voiliers. C'est aussi un bon point de vue pour contempler.

Cherbourg
Bistro Bouche
25 r. Tour-Carrée
📞 02 33 04 25 04 - www.bistro-bouche.fr
Fermé le midi et dim.
Avenante devanture de style rétro et bel intérieur lambrissé ressemblant à celui d'un bateau : nombre d'habitués ont fait de cette petite adresse du centre-ville leur QG. Dans l'assiette, cuisine traditionnelle et spécialités normandes. Plats aussi à emporter ; pratique.

Port-Racine
Le Moulin à Vent
10 rte de Port-Racine - St-Germain-des-Vaux
📞 02 33 52 75 20 - www.le-moulin-a-vent.fr
Fermé sam. midi et vend. - réserv. conseillée.
Dans la salle à manger épurée de cette pimpante maison de granit, on savoure les plats gastronomiques d'Antoine Fernandes, réalisés selon les arrivages. Les menus mettent en valeur les produits locaux et les spécialités du Cotentin.

La Hague
La Malle aux Épices
71 r. de l'Église - Auderville
📞 02 33 03 19 60
www.lamalleauxepices.com
Fermé dim. soir, et lun. en juil.
Atmosphère conviviale et invitation au voyage. De l'une des salles, on peut même voir le chef concocter ses plats savoureux aux délicieuses senteurs venues d'ailleurs…

PLEIN AIR ET DÉTENTE

Pagayer à Tourlaville
Club Kayak Mer et Nautisme en Cotentin
Rte du Becquet
📞 02 33 22 59 59 - www.cotentinkayak.fr
Parmi ses nombreuses activités, le club propose des randonnées-découvertes en kayak de mer, embarcation idéale pour découvrir au plus près le littoral du Cotentin. Il est également possible de pratiquer le stand up paddle, le wave-ski et même la pirogue polynésienne !

Surfer à Siouville-Hague
École de surf du Cotentin
14 bis bd Deveaud
📞 02 33 41 39 58 - www.cotentinsurfclub.com
D'avr. à sept.
Les vagues qui déferlent sur la longue plage de Siouville s'avèrent idéales pour la pratique du surf, windsurf et kitesurf. L'École de surf du Cotentin y propose des séances découverte pour les novices et surf coaching pour le plus aguerris qui souhaiteraient s'améliorer.

SAHARA COTENTINOIS

Depuis le village de Biville, une courte marche mène à un paysage unique : un ensemble préservé de 700 ha de dunes couvertes d'une végétation herbacée (ou dunes grises), et de dépressions humides, bordant une longue plage de sable. De là, le regard embrasse l'anse de Vauville, du nez de Jobourg aux falaises de Flamanville, et les îles Anglo-Normandes au large.
Calvaire des Dunes - Biville - 45mn à pied AR. Dans le prolongement de la rue bordant l'église, près d'une barrière, prenez la chicane et empruntez le chemin qui passe devant une petite chapelle dédiée à la Vierge.

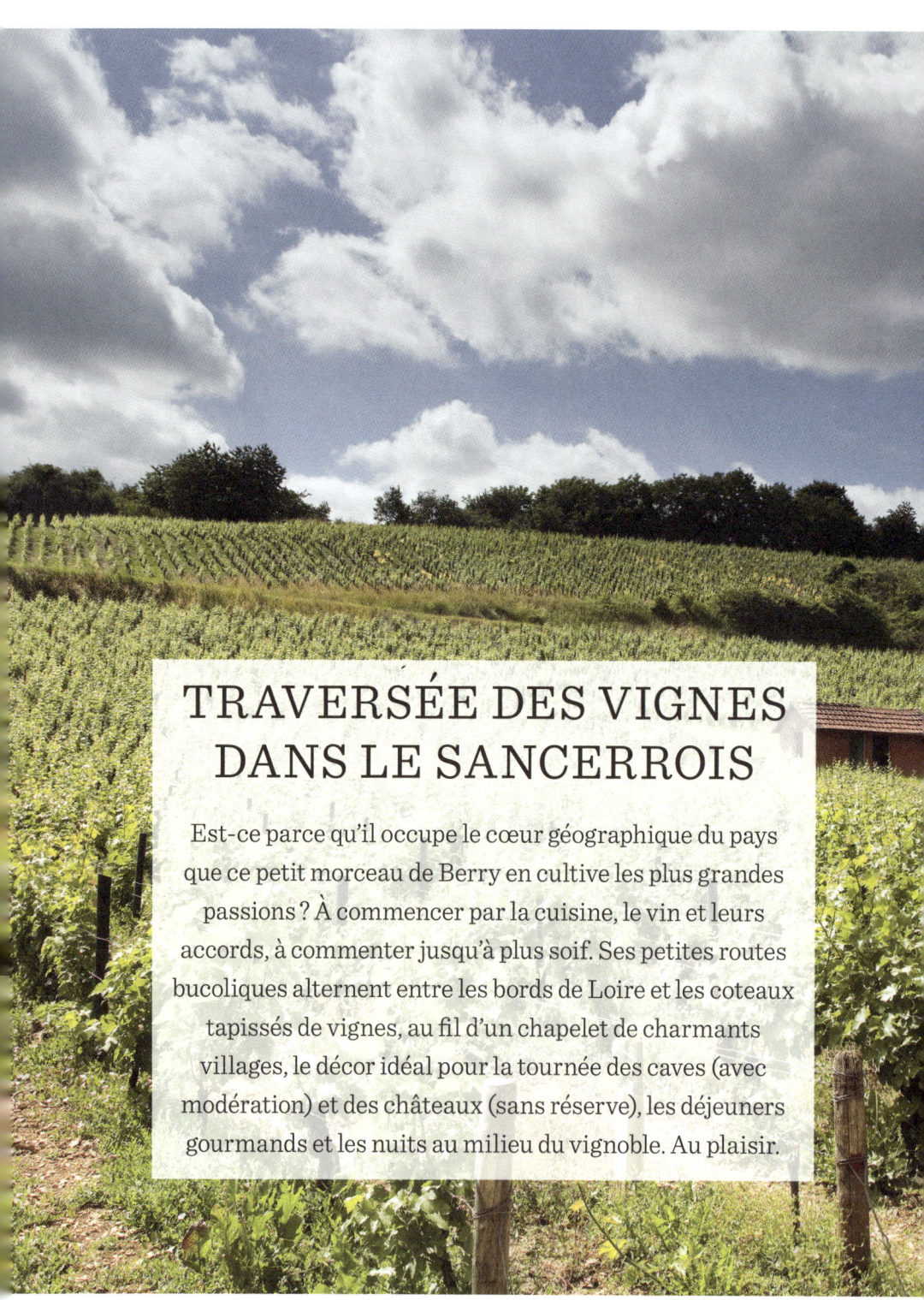

TRAVERSÉE DES VIGNES DANS LE SANCERROIS

Est-ce parce qu'il occupe le cœur géographique du pays que ce petit morceau de Berry en cultive les plus grandes passions ? À commencer par la cuisine, le vin et leurs accords, à commenter jusqu'à plus soif. Ses petites routes bucoliques alternent entre les bords de Loire et les coteaux tapissés de vignes, au fil d'un chapelet de charmants villages, le décor idéal pour la tournée des caves (avec modération) et des châteaux (sans réserve), les déjeuners gourmands et les nuits au milieu du vignoble. Au plaisir.

DISTANCE
142 km

DURÉE
3 jours

DÉPART
St-Thibault

ARRIVÉE
Pouilly-sur-Loire

ACCÈS DEPUIS PARIS
A6 et A77 jusqu'à St-Thibault - 204 km

QUAND PARTIR ?
Au printemps pour un bain de verdure, l'automne pour les vendanges puis les couleurs rousses d'avant l'hiver.

Les étapes

- St-Thibault/Humbligny : 33 km
- Humbligny/Bourges : 44 km
- Bourges/Pouilly-sur-Loire : 65 km

Les atouts du road trip :

Flashez pour accéder au guidage GPS

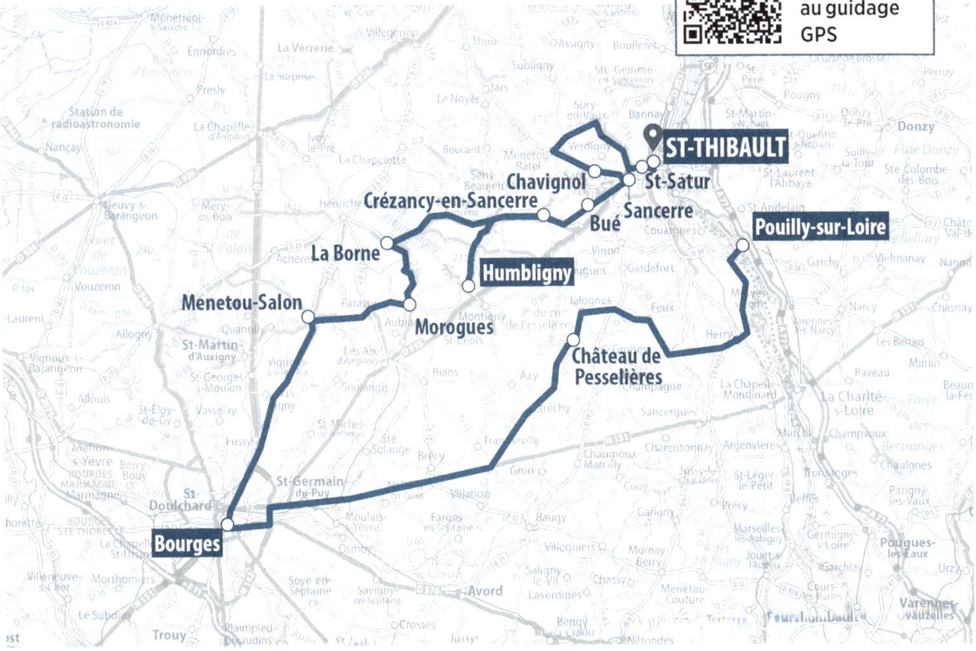

AU DÉPART DE PARIS

H. Lenain/hemis.fr

Ce Cher gourmand ! Notez la majuscule, celle que notre van gagne en quittant la Nièvre par le pont de St-Thibault. Enjambant joyeusement la Loire et ses bancs de sable blond, il file dans le département de ce nouveau road trip au cœur de l'ancien Berry et des coteaux du Sancerrois.

Les formes que prend le fleuve selon les saisons, avec ses bancs de sables et son débit capricieux, attestent au premier regard d'une Loire affranchie de toutes entraves.

À TRAVERS LES VIGNOBLES

Ce vénérable terroir agricole a longtemps régalé – et grisé – les rois de France. D'ailleurs, premiers kilomètres, premières saveurs : St-Thibault est l'occasion d'une balade gourmande sur la Loire à bord du *Raboliot*, une « toue sablière » (bateau à fond plat typique). Retour

Juché sur son piton dominant la Loire et ses coteaux couverts de vignes, Sancerre, outre ses vins réputés, réserve une agréable balade dans sa vieille ville où pointent tourelles et pignons.

Visite terroir

Crottins de Chavignol

Héritier d'une famille de cinq générations d'affineurs, Romain Dubois perpétue une méthode d'affinage quasiment inchangée. Dans sa boutique, il propose six affinages différents : demi-sec, bleuté, bleu, sec, crémeux et repassé.
Romain Dubois affineur - 1262 r. Champs - St-Satur - 02 48 72 96 77 - www.romaindubois-affineur.com.

à terre pour poursuivre la route qui slalome à travers les vignes bien peignées et les parcelles agricoles jusqu'à Menetou-Râtel et la ferme des Chapotons, où goûter votre premier crottin de Chavignol (la Rolls des fromages de chèvre jurent les locaux), au milieu des deux cents chèvres qui permettent de le fabriquer.

Le van musarde sur les adorables petites routes de campagne qui font tout le charme du cœur de la France (littéralement). À droite, un belvédère et une première vue sur Sancerre, puis sur le fameux village de Chavignol, blotti au creux des vallons viticoles qui verdoient sous le soleil de printemps. Ici, la gastronomie est une géographie (et inversement) : les vins de Sancerre et les crottins de Chavignol, unis dans l'assiette comme dans le paysage. Si les vignerons ont remplacé les chevriers au village (une dizaine de caveaux en témoigne), le restaurant Le Petit Goûter propose des œufs cocotte au Chavignol tout en élargissant la focale gourmande berrichonne : ça sent bon le terroir. La route continue à travers les coteaux arrondis couverts de

KloegO8/Getty Images Plus

@lescoflocs

MON PLUS BEAU SOUVENIR

Si pour vous l'envie d'évasion est synonyme d'escapades hors des sentiers battus, le Sancerrois est une destination pour vous. C'est dans le Berry, province historique de France, que j'aime faire une halte au calme avec mon van. Tout commence sur les rives du fleuve le plus sauvage de France, la Loire, de Gien à Briare, puis jusqu'à Sancerre. Cette dernière, perchée sur une colline au milieu des vignes, présente un décor idyllique. Allez faire une sieste en vous garant sur le parking du panorama d'Amigny et admirez la vue avant de piquer du nez ! Mon coup de cœur proche de Sancerre est un lieu insolite complètement fou : la cathédrale de Jean Linard, dans le village de Neuvy-Deux-Clochers. Après ça, il est temps de rejoindre Bourges. Si vous le pouvez, passez au mois d'avril : le festival du Printemps de Bourges illumine la ville entière. Autre réjouissance, cette fois en juillet, avec les fêtes Franco-Écossaises d'Aubigny-sur-Nère, un événement insolite où la cité vie, pendant un week-end, au rythme des cornemuses.

Florian Mosca
Cofondateur @lescoflocs

vignes... Perchée sur son piton, voilà Sancerre, son donjon et son beffroi. Incontournable pour ses ruelles médiévales, ses boutiques d'artisanat (les potiers en bonne place), son esplanade Porte-César, d'où la vue porte sur le vignoble, St-Satur et son viaduc, St-Thibaut et le Val de Loire. Sans oublier la Maison des Sancerre, comme un appel à poursuivre la découverte, cette fois dans les caves de cet AOC célèbre pour son vin blanc au goût de « pierre à fusil ». Bien sûr, il y a des rouges et des rosés, les vignerons vous l'expliqueront. Peut-être même vous laisseront-ils garer le van pour une nuit au domaine. Sinon, gagnez Humbligny (à 6,5 km au sud de Neuilly-en-Sancerre).

VERS LA CAPITALE DU BERRY

Le lendemain, il y aura d'autres départementales bordées d'herbes folles, filant sous le couvert des bois, courant le long d'un autre vignoble : surtout connu pour ses blancs aux arômes d'agrumes et fleurs blanches, le menetou était autrefois l'un des vins les plus appréciés du royaume. Autour de Menetou-Salon et Morogues, le terroir est décidément généreux : un gisement de grès

Le crottin de Chavignol, crémeux quand il est jeune, ne manque pas de piquant après un affinage prolongé. Le sancerre est bien sûr son compagnon de dégustation !

TRAVERSÉE DES VIGNES DANS LE SANCERROIS

a permis au village de La Borne de devenir potier. Quelques artisans et un intéressant musée cultivent ce savoir-faire.
La route plonge ensuite vers le sud. À Bourges, la « capitale » du Berry blottie sous son impressionnante cathédrale St-Étienne, l'une des plus belles de France, d'ailleurs classée au Patrimoine mondial de l'Unesco. Les étroites ruelles pavées, les maisons à pan de bois, colombages et encorbellements, le palais de Jacques Cœur (personnage intrigant qui fut le grand argentier de Charles VII avant de tomber en disgrâce), bel exemple d'architecture civile gothique, les musées… La petite ville aux 63 000 habitants (les Berruyers) est d'une richesse patrimoniale admirable, mais pas que : son marais tout proche est une curiosité, un poumon vert morcelé en 1500 parcelles potagères cultivées depuis le milieu du 17e s. Comptez une bonne journée à Bourges, vous y passerez donc la nuit pour poursuivre la visite le lendemain matin avant de reprendre la route sans trop tarder. Bien d'autres surprises vous attendent : les jardins enchanteurs du château de Pesselières à Jalognes, un repas champêtre sur les bords de Loire, et même, pourquoi pas, une « rando castor » en canoë au fil du fleuve, pour un dernier coucher de soleil sur le fleuve à Pouilly-sur-Loire qui marque la fin du périple.

Jacques Cœur, tombé en disgrâce en 1451, ne profita guère de sa fastueuse demeure à la décoration raffinée. Restitué à ses héritiers dès 1457, il fut acquis en 1682 par la ville de Bourges avant de devenir propriété d'État en 1923.

Virée verte au château de Pesselières

Les jardins de ce château du 12ᵉ s. sont enchanteurs. L'édifice, une ancienne demeure des maréchaux du comté de Sancerre, est entouré d'une rivière, un parc de 7 ha et un sous-bois de 15 ha. Un beau parcours est proposé, permettant d'admirer les prairies, les jardins clos, l'arboretum, le potager et l'allée de buis centenaires. Une façon tout en douceur de se laisser envahir par le charme du lieu.
À 2,5 km au sud de Jalognes - ✆ 02 48 72 90 49 - www.pesselieres.com - mai-sept. : merc.-dim. 10h-12h30, 14h-18h - 8 €.

Ch. Guy/hemis.fr

CARNET DE ROUTE

Pour en voir plus sur la région, flashez l'image ci-contre !

PAUSES NOCTURNES

Étape 1

Humbligny
Aire d'Humbligny
Chemin des Faviots -
02 48 69 58 38
Permanent (fermé merc.) -
Borne eurorelais :
gratuit
8 - 72h - gratuit
En bord de route, les places bénéficient d'un peu d'ombrage.
GPS : E 2.65861 N 47.25453

Étape 2

Bourges
Aire de Bourges
Rue du Pré-Doulet -
02 48 23 02 60 -
www.bourges-tourisme.com
Permanent
Borne Urbaflux 2,60 €
50 - Illimité - gratuit
Paiement : CC
Services :
Emplacements ombragés.
GPS : E 2.39933 N 47.07586

Entre les étapes

St-Satur
Camping Les Portes de Sancerre
Quai de Loire - 02 48 72 18 50 - www.camping-portes-de-sancerre.fr
De déb. avr. à fin sept. -
62 empl. -
borne artisanale :
Tarif camping : 25 €
(10A) - pers. suppl. 8 €

Services et loisirs :
Emplacements bien ombragés au bord de la Loire avec à proximité une petite base de loisirs.
GPS : E 2.86671 N 47.34251

Crézancy-en-Sancerre
Camping municipal Paulin Roulin
9 bis rte de Veaugues, ancienne gare -
06 12 55 69 98 -
www.tourisme-sancerre.com
De déb. avr. à mi-oct. -
10 empl. -
Tarif camping : 3 € 3 €
3 € - 4 €
Au calme, des emplacements séparés, des sanitaires irréprochables et un accueil au top.
GPS : E 2.7461 N 47.3032

Morogues
Aire de Morogues
Rte des Aix -
02 48 25 05 16 - www.bourgesberrytourisme.com
Permanent
Borne artisanale :
gratuit
3 - gratuit
Services : WC
GPS : E 2.5984 N 47.2397

Menetou-Salon
Aire de Menetou-Salon
Pl. du Haut-du-Bourg -
02 48 64 81 21 -
www.berryprovince.com
Permanent

Borne artisanale :
gratuit
6 - 72h - gratuit
Services :
Une situation centrale, près des commerces ouverts en saison et de l'église (qui sonne).
GPS : E 2.49 N 47.2316

À l'arrivée

Pouilly-sur-Loire
Aire de Pouilly-sur-Loire
Quai de Loire, av. l'entrée du camping Malaga - 03 86 39 12 55 - www.pouillysurloire.fr
De déb. mai à fin sept.
Borne AireService :
gratuit
Stationnement possible sur les parkings situés quai Jules-Pabiot, le long de la D243.
GPS : E 2.9421 N 47.288

CARNET DE ROUTE

BONNES TABLES

Chavignol
Au P'tit Goûter
Le Bourg
☎ 02 48 54 01 66
Fermé lun.
Chez Gilles et Jérémy Dubois, vous pouvez goûter au jambon Pata Negra, à l'andouillette, mais surtout y déguster un crottin de Chavignol (AOC) avec d'excellents vins locaux. Une adresse de qualité.

Sancerre
La Tour
31 Nouvelle-Place
☎ 02 48 54 00 81 - latoursancerre.fr
Fermé dim.-lun.
Dans cette maison nichée au pied d'une tour du 14ᵉ s., au cœur du Sancerrois historique, le chef concocte une cuisine de caractère savoureuse. Depuis la salle de l'étage, vue sur les vignes. Beau choix de sancerres à la carte.

La Borne
L'Épicerie
Chemin des Usages
☎ 02 48 59 57 50
Fermé dim. soir, lun.-mar., et merc. soir.
Dans ce restaurant qui fait épicerie, une cuisine de saison déclinée par Mathieu (salé) et Clémentine (desserts), carte courte et produits locaux. Capitale locale de la poterie oblige, toute la vaisselle sort des fours de céramistes locaux. Réservation indispensable.

Bourges
La Mère Poule
28 r. des Cordeliers
☎ 02 48 68 91 82 - www.lamerepoule.fun
Fermé dim.
Décor de « bistro moderne » pour cette adresse pleine de fraîcheur qui se fournit en produits locaux à commencer par le poulet fermier et les œufs pour les omelettes. Mais toute la carte ne tourne pas autour du gallinacé ! Également de belles planches à partager pour l'apéro.

PLEIN AIR ET DÉTENTE

En toue au fil de l'eau

St-Thibault
Le Raboliot
☎ 02 48 54 38 56
www.restaurant-le-ligerien.fr
Embarquez sans plus tarder pour une balade (1h) au fil de l'eau à bord du *Raboliot*. Sylvain, son heureux et passionné propriétaire, emmène les marins d'eau douce pour une sortie découverte classique ou une balade gourmande lors de laquelle on peut déguster des produits régionaux. Un régal à tous points de vue.

Sur les traces des castors

St-Satur
Loire Nature Découverte
☎ 02 48 73 67 06
www.loirenaturedecouverte.com
Les amateurs d'observation de la nature seront comblés par cette descente en canoë à la nuit tombée, de Pouilly-sur-Loire à Sancerre, à la rencontre des castors (durée env. 5h). L'activité est orchestrée par Yvan, un amoureux de la nature qui a fait de la Loire son terrain de jeux. Elle offre l'occasion rare de percer les mystères du castor et de tout connaître sur l'habitat et le mode de vie de ce rongeur qui peuple les eaux du fleuve. Outre la descente en canoë et les sublimes couleurs de fin de journée, la visite comprend plusieurs sessions d'observation et un sympathique repas au feu de bois.

Baptême de l'air sancerrois

Bué
Rêv'd'Ailes
www.revdailes.com
L'antenne de Sancerre de l'école de parapente de la Région Centre Val de Loire propose de voler au-dessus du vignoble en deltaplane biplace. Accrochez-vous !

LE MORVAN, PLONGÉE DANS LA VERDURE

Les petites routes s'enfoncent dans ce massif caché au cœur de la Bourgogne. Réparti entre quatre départements, éloigné des grands axes, le Morvan a remarquablement préservé ses sombres forêts trouées de lacs scintillants, un décor à la fois mystérieux et serein, où pratiquer toute la palette des sports de pleine nature. De Vézelay au mont Beuvray, les amateurs d'histoire seront aussi comblés, d'autant que les traditions et le petit patrimoine sont judicieusement mis en valeur sous l'égide du Parc naturel régional. C'est parti !

DISTANCE
230 km

DURÉE
4 jours

DÉPART
Avallon

ARRIVÉE
Avallon

ACCÈS DEPUIS PARIS
A6 sortie 22 Avallon - 225 km

QUAND PARTIR ?
En été, tout est ouvert, mais l'animation est intense. Le printemps et l'automne sont plus calmes et la météo peut réserver de belles surprises (des mauvaises aussi).

Les atouts du road trip :

Les étapes
- Avallon/Lac de la Pannecière : 60 km
- Lac de la Pannecière/Château-Chinon : 16 km
- Château-Chinon/Lac des Settons : 73 km
- Lac des Settons/Avallon : 81 km

Flashez pour accéder au guidage GPS

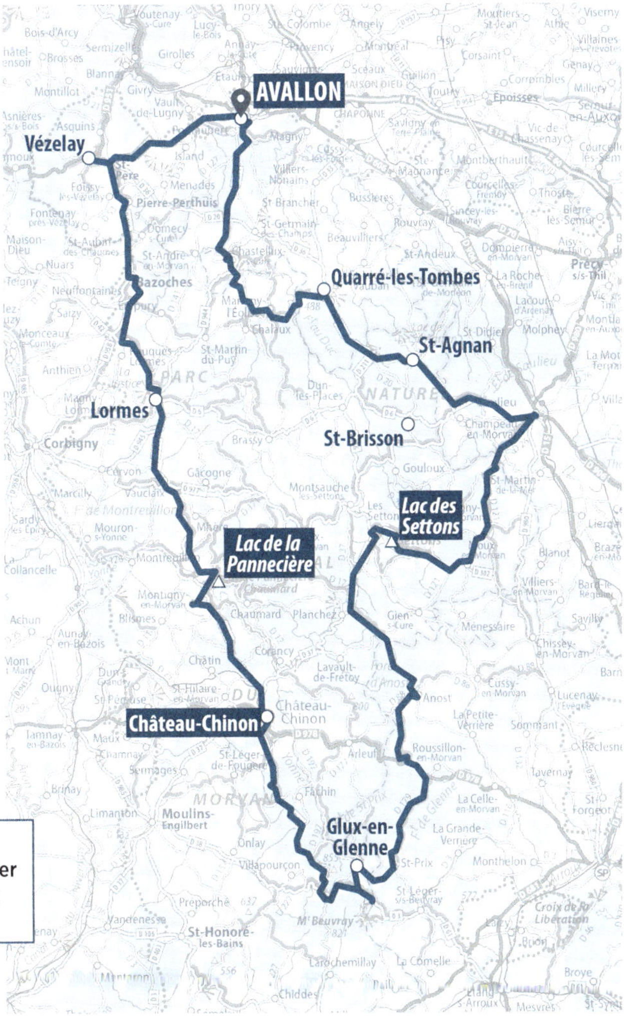

Toujours fringant, le van est arrivé à la frontière du Parc naturel régional du Morvan, où Avallon joue les fières introductions. Perchée sur un promontoire granitique au-dessus de la vallée du Cousin, la cité prend parfois l'allure d'un décor de film de capes et d'épée, avec ses ruelles pavées, ses maisons à pans de bois et ses passages qui dégringolent jusqu'à la ville basse, échoppes en pagaille. Midi sonne au clocher ? Ça tombe bien, vous pourrez déjeuner à L'Horloge.

SUR LA ROUTE DE ST-JACQUES

Il est déjà temps de repartir vers Vézelay et sa basilique sauvée par Viollet-le-Duc, désormais inscrite au Patrimoine mondial de l'Unesco. Un incontournable ! Certes, mais pas question non plus de rater le château de Bazoches, la résidence du génial Vauban, qui y concevait les places fortes de Louis XIV. Trop de pierres pour une première journée ? Vous pouvez préférer une balade à Lormes où, de la terrasse du cimetière, vous contemplerez un joli panorama sur les sommets boisés du Morvan central

Restauré et meublé, l'intérieur du château de Bazoches permet de faire connaissance avec son illustre propriétaire, le maréchal de Vauban. Brillant ingénieur, il fut aussi un écrivain éclairé.

@lescoflocs

MON PLUS BEAU SOUVENIR

Pour me rendre dans le Morvan, j'aime prendre les routes alternatives à l'autoroute du Sud, en mode slow tourisme, pour profiter des paysages. Tout commence à Vézelay, au sud d'Auxerre. Le village, perché sur sa colline, dégage un charme absolu. Sa basilique est l'un des points de départ principaux du pèlerinage de St-Jacques-de-Compostelle. En prenant plein sud, par de petites routes de moins en moins fréquentées, on arrive au lac des Settons. Le spot est excellent pour passer la nuit et pratiquer des activités nautiques, loin de l'agitation touristique. Direction la Saône-et-Loire... Au sommet du mont Beuvray, le musée de Bibracte et ses fouilles archéologiques vous plongent dans l'histoire gallo-romaine. La ville d'Autun vaut le détour pour son calme et sa qualité de vie. L'endroit que je préfère pour me ressourcer : les rochers du Carnaval d'Uchon. Ce massif granitique avec vue est dépaysant à souhait. Pour terminer sur une touche d'insolite, allez visiter le temple bouddhiste Paldenshangpa à La Boulaye et saluez ses mille statues de Bouddha de ma part.

Florian Mosca
Cofondateur @lescoflocs

(au sud-est) et les cultures parsemées de villages, entrecoupées des petits bois du Bazois et du Nivernais (au sud-ouest). Le couchant pointe déjà, à savourer depuis le barrage du lac de Pannecière, le plus grand des lacs artificiels morvandiaux, avec vue sur les sommets du Morvan. Bonne nuit !

DE LAC EN MONT

Au réveil, un œil sur les rives embrumées, il est soudain tentant d'y rester, pour une parenthèse baignade, canoë ou randonnée à pied !

Férus d'histoire, résistez : Château-Chinon n'est pas loin. Tour à tour oppidum gaulois, camp romain et château féodal, désormais tricotée de ruelles au cachet médiéval bien entretenu, on comprend pourquoi la capitale du Morvan a fasciné l'ex-maire et futur président de la République François Mitterrand. « Tonton » rêvait de se faire enterrer au mont Beuvray, qu'on aperçoit depuis le panorama du Calvaire. On y va. Ah, il est déjà l'heure de dormir sur place ? Soit, on stationnera là cette nuit.

Le lendemain, la D27 serpente vers le sud à travers forêts et fougères, où l'on verrait bien Obélix poursuivre des sangliers. Un dernier virage à droite, voici justement le site très aménagé de la cité gauloise du mont Beuvray, capitale du peuple des Éduens. Pour tout savoir de nos ancêtres ces Gaulois, visite attentive du musée Bibracte le matin, du site archéologique l'après-midi. Entre deux ? Déjeuner gaulois au Chaudron, la table du musée, où les fouilles ont révélé la cuisine de nos aïeux (céréales, viande et cervoise), servie dans une vaisselle en terre cuite.

À l'heure du campement du soir, au bord d'un des lacs de la région, des images de villages gaulois flottent dans l'air, comme l'invisible mémoire du Morvan. D'autres traditions oubliées ont été ravivées par l'écomusée du Parc naturel régional, dont deux antennes sont sur notre chemin. À Anost, le musée

Les amateurs de randonnées trouveront leur bonheur dans les forêts du Morvan.

P. Escudero/hemis.fr

des Galvachers, des bouviers qui partaient de longs mois louer leurs charrettes à bœufs et, à Alligny-en-Morvan, le musée des Nourrices qui partaient allaiter les enfants des autres pour compléter les revenus avares de l'agriculture.

SAINES ACTIVITÉS

Cette terre âpre et rude a pris une douce revanche en devenant un paradis du tourisme nature, comme en témoignent la palette de sports nautiques et la joyeuse animation à la belle saison du lac des Settons ou du lac de St-Agnan, plus au nord. Ici ou là, il y aura toujours un endroit paisible

Destiné à l'origine à faciliter le flottage des bois sur la Cure, le lac des Settons sert désormais à régulariser le débit de l'Yonne. Mais qu'importe, vous viendrez pour sa palette d'activités de loisir.

Ceux qui aiment taquiner le poisson (brochet, sandre, perche) apprécieront particulièrement le lac des Settons. La pêche de nuit est même autorisée sur la rive droite à certaines périodes.

Retour aux sources

À Glux-en-Glenne

Difficile d'imaginer que cette minuscule résurgence dans la tourbière est l'Yonne, la rivière impétueuse qui arrose le Morvan ! Pourtant, une silhouette indique bien la source.

Tout au long du sentier de découverte des sources de l'Yonne (4,5 km) qui conduit de Glux-en-Glenne, hameau perché au pied du mont Préneley (855 m), à la source, des figures de cuivre évoquent le pays morvandiau : la forêt, les sources, le flottage du bois... Le chemin franchit la tourbière que l'on traverse sur un ponton de bois, puis pénètre dans une splendide hêtraie, avant d'atteindre son but.

pour des nuits au calme et en van, comme un sous-bois de mélèzes ou de sapins, puisque le Morvan est l'un des principaux producteurs d'arbres de Noël...

Le van remonte vers le nord et la fin du voyage approche. Dernière étape au château de Chastellux, l'une des plus anciennes forteresses du Morvan, habitée par la famille du même nom depuis plus de mille ans. Le comte assure souvent la visite guidée (juil.-août) après laquelle on peut découvrir librement l'immense parc dessiné par Le Nôtre, avec basse-cour, écuries, glacière, étang, verger et potager... Bref, de quoi vivre en parfaite autarcie. Faut-il vraiment repartir ?

CARNET DE ROUTE

Pour en voir plus sur la région, flashez l'image ci-contre !

PAUSES NOCTURNES

Étape 1

Lac de Pannecière
Spot nature
Presqu'île du Blaisy - Chaumard
Permanent
Borne artisanale (à 200 m)
: gratuit
Stationnement au bord du lac, sur un terrain un peu en pente. La baignade est possible et la vue magnifique !
GPS : E 3.892819 N 47.157278

Étape 2

Château-Chinon
Camping-car Park de Château-Chinon
Pl. Jean-Sallonnyer -
☎ 01 83 64 69 21 -
www.campingcarpark.com
Permanent
Borne flot bleu
18 - Illimité - 12,10 €/j. - borne compris
Paiement : CC
Services :
Belle aire sécurisée près du centre-ville, mais sans ombre.
GPS : E 3.93583 N 47.06356

Étape 3

Lac des Settons
(Montsauche-les-Settons)
Camping Les Mésanges
Rive gauche du lac des Settons, L'Huis-Gaumont -
☎ 06 59 09 27 78 -
www.campinglesmesanges.fr
De fin avr. à fin sept. -
102 empl. -

borne artisanale 3 €

Tarif camping : 21,10 €
(10A) - pers. suppl. 5,80 €
Services et loisirs :
Situation agréable au bord d'un étang.
GPS : E 4.05385 N 47.18077

Entre les étapes

Vézelay
Aire de stationnement de Vézelay
4 rte de Clamecy, parking des Ruesses - ☎ 03 86 33 23 69 - www.vezelay.fr
Permanent
12 - 24h - 6 €/j. - gratuit la nuit
En contrebas de la ville (accès au centre par un petit chemin piétonnier), grand parking ombragé, mais en pente, pour bus, voitures et camping-cars.
GPS : E 3.74076 N 47.46438

Lormes
Camping L'Étang du Goulot
2 r. des Campeurs -
☎ 06 81 43 40 95 - www.campingetangdugoulot.com
De fin mars à fin oct. -
70 empl. -
borne artisanale
Tarif camping : 26 €
(16A) 5 € - pers. suppl. 6,50 €
Services et loisirs :
GPS : E 3.82297 N 47.28268

Lac de St-Agnan
Spot nature
Au bord du lac, une petite plage sympa vous attend. L'endroit est très calme et en pleine nature. Attention, le terrain est en pente.
GPS : E 4.078310 N 47.336201

Au départ ou à l'arrivée

Avallon
Camping municipal Sous Roches
Rte de Méluzien -
☎ 03 86 34 10 39 -
www.campingsousroche.com
De fin mars à mi-oct. -
92 empl. -
borne artisanale 5 €
Tarif camping : 20,70 €
(10A) - pers. suppl. 4,70 €
Services et loisirs :
À l'entrée du Parc naturel régional du Morvan, terrain en terrasse avec de beaux sapins pour l'ombrage.
GPS : E 3.91293 N 47.47993

CARNET DE ROUTE

BONNES TABLES

Avallon
L'Horloge
63 Grande rue Aristide-Briand
☏ 03 86 46 75 24
Fermé dim.-lun.
Les Avallonnais fréquentent cet établissement du centre-ville à toute heure. Les produits frais et locaux sont simplement accommodés. On les apprécie en terrasse ou dans une jolie salle bistrot.

St-Agnan
La Vieille Auberge du lac
Le bourg
☏ 03 86 78 71 36
www.lavieilleaubergedulac.com
Fermé lun. soir, mar.-merc.
Dans un hameau près du lac de St-Agnan, cette auberge familiale concocte une authentique cuisine régionale. De la viande au fromage, en passant par le pain et les vins, tout provient des environs. Salle de restaurant rustique et petite terrasse. Sans oublier le service attentionné.

Quarré-les-Tombes
Le Morvan
6 r. des Écoles
☏ 03 86 32 29 29 - www.le-morvan.fr
Fermé lun.-mar.
Un petit salon feutré et une salle cosy, des poutres apparentes, une belle horloge comtoise... Tout invite à la découverte du terroir, joliment revisité par le chef, au plus près des saisons. L'été, attablez-vous dans le jardin fleuri et musardez au soleil !

PLEIN AIR ET DÉTENTE

Vézelay vu du ciel
France Montgolfière
☏ 03 80 97 38 61
www.franceballoons.com
Pour voir du ciel la basilique et la colline dominant la vallée de la Cure, offrez-vous un baptême de l'air en montgolfière au-dessus de Vézelay. Une expérience inoubliable !

Loisirs au lac des Settons
Activital
☏ 03 86 84 51 98 - activital.net
De mi-mars à oct.
Planche à voile, paddle, canoë, dériveur, il y a de la place pour tout le monde (le lieu est très fréquenté à la belle saison) et toutes les embarcations sur ce grand lac artificiel ! Ceux qui préfèrent rester les pieds sur terre profiteront des sentiers alentour. Le tour du lac fait plus de 14 km : n'oubliez pas bonnes chaussures, gourde et couvre-chef !

Parc naturel régional du Morvan
St-Brisson
Maison du Parc
À 10 km à l'ouest de Saulieu
☏ 03 86 78 79 00
www.parcdumorvan.org
Au cœur d'un domaine de 40 ha en accès libre, un ensemble de bâtiments du 19e s. abrite plusieurs structures dont la Maison du tourisme du Parc qui vous fournira toutes sortes d'informations utiles. Pour vous familiariser avec les milieux naturels de la région, promenez-vous dans l'arboretum, l'herbularium, le verger conservatoire et le sentier de découverte de l'étang Taureau qui permet de traverser la tourbière grâce à une passerelle en bois. Il est possible de pique-niquer dans le domaine ou de se restaurer au Bistrot du Parc, qui propose des produits locaux (www.lebistrotduparc-morvan.fr).

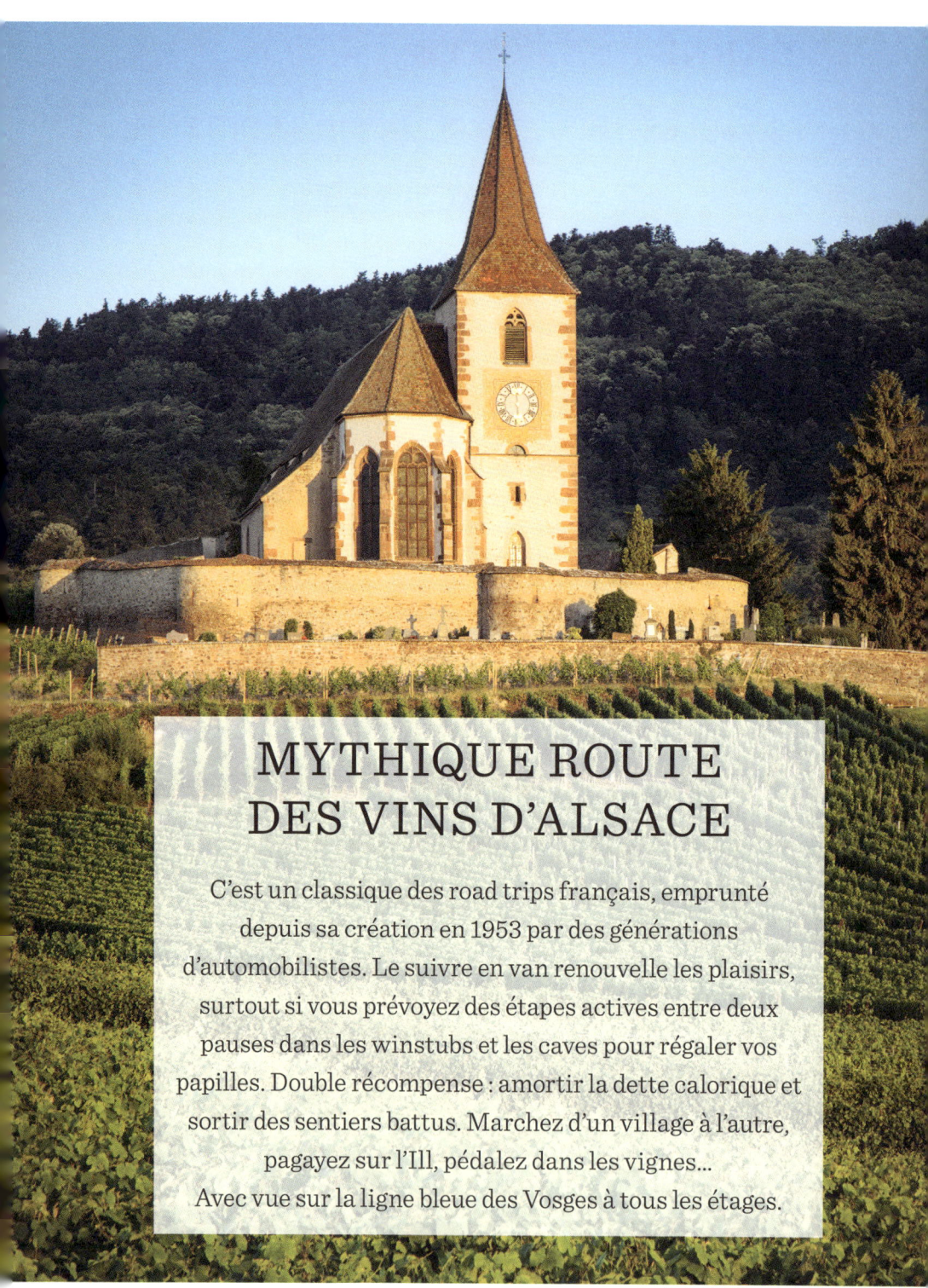

MYTHIQUE ROUTE DES VINS D'ALSACE

C'est un classique des road trips français, emprunté depuis sa création en 1953 par des générations d'automobilistes. Le suivre en van renouvelle les plaisirs, surtout si vous prévoyez des étapes actives entre deux pauses dans les winstubs et les caves pour régaler vos papilles. Double récompense : amortir la dette calorique et sortir des sentiers battus. Marchez d'un village à l'autre, pagayez sur l'Ill, pédalez dans les vignes… Avec vue sur la ligne bleue des Vosges à tous les étages.

DISTANCE
169 km

DURÉE
4 jours

DÉPART
Molsheim

ARRIVÉE
Thann

ACCÈS DEPUIS PARIS
A4 jusqu'à Molsheim - 474 km

QUAND PARTIR ?
D'avril à novembre. Attention à la période des vendanges : l'accès aux sentiers viticoles peut être réglementé. L'hiver, les marchés de Noël sont pris d'assaut.

Les atouts du road trip :

Les étapes
- Molsheim/St-Hippolyte : 61 km
- St-Hippolyte/Ammerschwihr : 24 km
- Ammerschwihr/Westhalten : 40 km
- Westhalten/Thann : 44 km

 Flashez pour accéder au guidage GPS

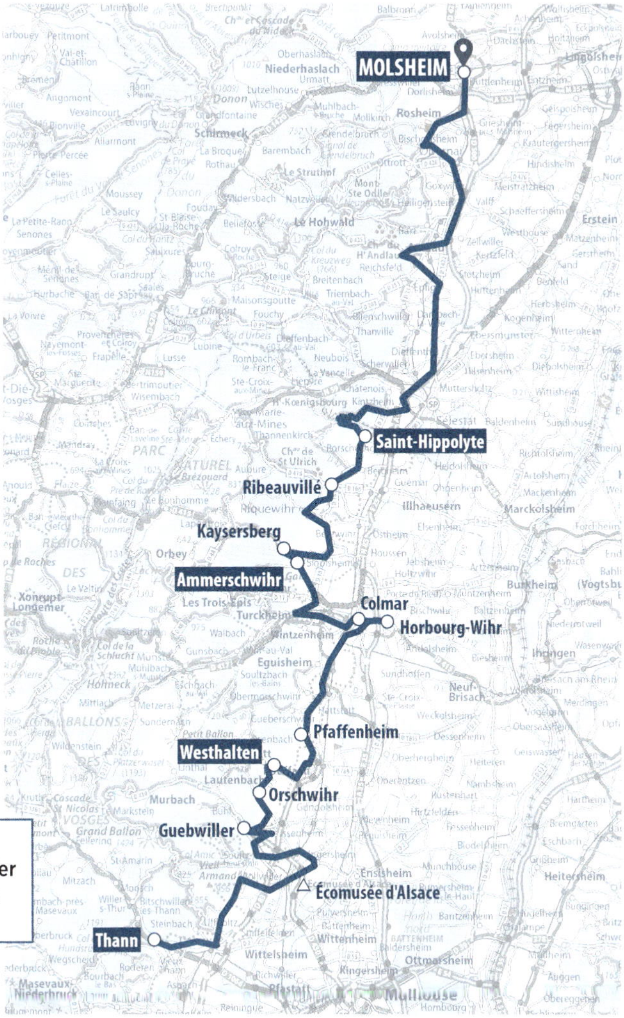

Dans un joli site au débouché de la vallée de la Weiss, entouré de vignobles réputés, Kaysersberg est une étape incontournable sur la route des vins d'Alsace.

Cette célèbre route est née d'un rallye, deux équipes lancées à toute allure pour ravir la première place. Est-ce pour cela que tant de visiteurs « font » l'Alsace viticole au pas de course ? Procédons à l'inverse.

NE PAS TOUT VOIR…

… Pour mieux voir. Premier village fleuri (beaucoup le sont) : Molsheim, où garer le van dans la bien nommée rue des Promenades, à 10mn à pied de la ville ancienne et ses trésors. Le sentier viticole (2 km) dérouille les jambes au milieu des vignes. Et pas n'importe lesquelles puisque vous cheminez au milieu du grand cru bruderthal. En prime : une belle vue

Le château du Haut-Kœnigsbourg, perché à près de 800 m, en impose. Cette position stratégique témoigne de l'importance de la région au Moyen Âge. De là, on surveillait la route des vins mais aussi celles du blé et du sel.

Visite médiévale

Quoi de neuf à Kaysersberg ?

Connue pour son marché de Noël, l'un des plus charmants d'Alsace (pourtant la concurrence est rude !), la ville conserve son aspect médiéval, ses vieilles maisons, les ruines de son château, le très beau retable de l'église Ste-Croix, le puits Renaissance avec son inscription amusante, le pont fortifié… Ce que vous ne savez peut-être pas, c'est que le fameux docteur Schweitzer, prix Nobel de la Paix en 1952, a vu le jour ici. Sa maison natale est devenue centre d'interprétation, l'occasion de découvrir sa vie et son œuvre. *Centre Schweitzer - 126 r. du Gén.-de-Gaulle - 03 67 35 19 49 - centreschweitzer.org - 10h30-13h, 14h-17h30 - fermé mar. - 7 €.*

sur la cathédrale de Strasbourg d'un côté et le Mont Ste-Odile de l'autre. De retour au van, cap sur LA star des lieux : le château du Haut-Kœnigsbourg, étonnant vaisseau de pierre perché sur un promontoire de grès, entièrement déguisé en forteresse moyenâgeuse par l'empereur Guillaume II. La vue depuis ses remparts est extraordinaire. Une bonne mise en appétit, avant notre première winstub (littéralement « bar à vin chauffé »), Rabseppi Stebel à St-Hippolyte, avec choucroute au riesling de la cave du village, de quoi bien dormir à l'étape !

En forme de bon matin ? Démarrez à Riquewihr, l'un des plus beaux

AU DÉPART DE PARIS

villages du coin (et de France), charivari de maisons à colombages et murailles du 16ᵉ s. miraculeusement passés au travers de toutes les destructions. Marcheurs, consacrez la journée à la magnifique balade à pied (17 km) au fil des perles du vignoble : Beblenheim, Bennwihr, Hunawihr, Mittelwihr, Riquewihr et Zellenberg. Autre option : faites l'une des petites boucles proposées dans chaque commune, notamment celle de Riquewihr (4,5 km), pour prendre ensuite le temps d'explorer le parc de réintroduction des cigognes, le NaturOparC d'Hunawihr. Là, vous observerez une colonie sauvage installée dans les immenses saules du parc, mais aussi des loutres et des grands hamsters, deux autres espèces menacées.

AU CŒUR DU VIGNOBLE ALSACIEN

Les villages viticoles aux crus réputés se succèdent sur les riches coteaux bien exposés au soleil et protégés par les plus hauts sommets vosgiens. Arrêtez-vous au gré des routes, pour admirer la ligne bleue des Vosges, avant une pause à la winstub du Chambard, à Kaysersberg, l'une des plus jolies villes de la région. Colmar

Les ruelles, murailles et maisons de Riquewihr ont conservé, presque intacte, leur splendeur du 16ᵉ s.

> **MON PLUS BEAU SOUVENIR**
>
> Sillonner la route des vins d'Alsace en van, c'est plonger dans un voyage au cœur de vignobles à perte de vue, ponctués de villages pittoresques et de panoramas enchanteurs. Le parcours est jalonné de rencontres avec des vignerons passionnés qui partagent volontiers leur savoir-faire et l'histoire de leurs vignes. Chaque dégustation est une occasion d'apprécier les cépages qui font la renommée de la région. Les villages traversés sont de véritables bijoux architecturaux. Riquewihr, Ribeauvillé et Kaysersberg, avec leurs rues pavées et leurs maisons colorées à colombages, offrent des décors de carte postale. Ces étapes sont parfaites pour savourer une tarte flambée, ma spécialité alsacienne préférée. Pour une expérience encore plus festive, je vous recommande d'assister à la fête des vignerons à Eguisheim qui a lieu chaque année fin août. Portes ouvertes de vignerons, folklore, musique, gastronomie alsacienne, art et artisanat régionaux sont au programme de ces deux jours de fête traditionnelle ! Au-delà du vin, la route est un témoignage vivant de l'histoire et de la culture de l'Alsace. Les châteaux forts, comme le Haut-Koenigsbourg, dominent le paysage, rappelant l'époque médiévale de la région. Bref, c'est un itinéraire incontournable pour les amateurs de vin, de gastronomie et de patrimoine.
>
> Laurent Lingelser,
> Cofondateur @lescoflocs

MYTHIQUE ROUTE DES VINS D'ALSACE

Visite incontournable

Musée Unterlinden

Il occupait déjà un ancien couvent de dominicaines fondé au 13e s. Les bains municipaux d'inspiration Art nouveau (1906) ont été annexés et une extension habillée de briques et de cuivre a été créée par les architectes Herzog & de Meuron. Dans le cloître gothique sont déployées les superbes collections médiévales. La chapelle épurée abrite « le » chef-d'œuvre du musée : le retable d'Issenheim, polyptyque monumental (7 panneaux en bois de tilleul et 10 sculptures) peint par Grünewald et sculpté par Nicolas de Haguenau entre 1512 et 1516. Un escalier en spirale conduit à la galerie souterraine qui relie le couvent à l'édifice inauguré en 2016. L'entrée, matérialisée par une petite maison à l'extérieur, renferme trois tableaux emblématiques de la collection : *Le Char et la Mort* (1851) de Théophile Schuler, *L'Enfant Jésus parmi les docteurs* (1894) de Georges Rouault et *La Vallée de la Creuse* (1889) de Claude Monet. Le reste de la galerie est consacré aux collections de portraits et de paysages des grands maîtres du 19e s. et du début du 20e s., dont Monet, Rodin et Renoir. L'Ackerhof, en forme de nef avec des fenêtres en ogives en écho à la chapelle du couvent, accueille sur deux niveaux la collection d'art moderne réunissant des artistes majeurs tels Otto Dix, Dubuffet, Picasso, Poliakoff, Soulages...
Pl. Unterlinden - Colmar - ☎ 03 89 20 15 50 - www.musee-unterlinden.com - 9h-18h - dernier accès 30mn av. fermeture - fermé mar. - 13 €.

n'est pas loin, mais attendra. Les journées se remplissent autant que les verres, les nuits sont douces, comme à Ammerschwihr, le spot du soir. Ne tardez pas, Colmar se languit de votre arrivée, avec ses canaux fleuris, ses maisons à colombages et son musée Unterlinden. La beauté attirant les foules, vous pourrez vous réfugier au calme en descendant l'Ill en canoë-kayak. Retrouvez votre van pour rejoindre plus au sud votre étape au milieu des vignes : le domaine Bollendorf à Westhalten. Dans le même village, ça tombe bien, il y a

l'Auberge du Cheval Blanc, tenue par la même famille depuis 1785, où le menu fait honneur au terroir.

En selle pour finir le road trip. Parcourez un tronçon de la véloroute du Vignoble d'Alsace « l'autre route des Vins ». C'est parfois un peu sportif, mais vous avalerez facilement le dénivelé avec une monture électrique. Et puis vous marquerez des pauses en allant à la rencontre des vignerons. L'été, certains accompagnent les randonneurs au cœur des vignes, pour leur expliquer leur métier. Particulièrement intéressant à Thann, le seul vignoble alsacien entièrement classé grand cru, le rangen, qui fournissait déjà la cour impériale d'Autriche-Hongrie au 18e s. Les sentiers sont fléchés et permettent de s'y promener en solo. Avant la récompense : une halte au Petit Rangen, pour un verre de « rangen de Thann Grand Cru » en terrasse, vue sur la collégiale. L'Alsace éternelle, toujours aussi belle.

À Hunawihr, c'est le riesling grand cru Rosacker qui profite du soleil.

CARNET DE ROUTE

PAUSES NOCTURNES

Étape 1

St-Hippolyte
Aire de St-Hippolyte
13-17 r. Kleinforst -
03 89 73 00 13
Permanent (mise hors gel)
Borne 4 €
2 P - Illimité - gratuit - parking à 50 m
GPS : E 7.37532 N 48.23117

Étape 2

Ammerschwihr
Spot nature
Un beau terrain plat à l'orée d'un bois, dominant les vignes et la plaine d'Alsace au loin.
GPS : E 7.279720 N 48.115914

Étape 3

Westhalten
Domaine du Bollenberg
Bollenberg -
03 89 49 60 04 -
bollenberg.com
Permanent (interdit aux véhicules +3,5 t)
Borne artisanale : gratuit
8 P - Illimité - gratuit - si achat à la cave ou repas au restaurant
Services : WC X
Accueil excellent de la famille Meyer. Jolie vue sur les alentours.
GPS : E 7.25702 N 47.94358

Entre les étapes

Ribeauvillé
Camping municipal Pierre-de-Coubertin
23 r. de Landau -
03 89 73 66 71
De mi-mars à mi-nov. -
208 empl. -
borne artisanale
Tarif camping : 19 €
(16A) - pers. suppl. 4,50 €
Services et loisirs :
Emplacements bien ombragés avec vue sur le vignoble et le château pour quelques-uns.
GPS : E 7.336 N 48.195

Kaysersberg
Aire de Kaysersberg
Parking de l'Erlendab, rte de Lapoutroie -
03 89 78 22 78 -
www.kaysersberg-vignoble.fr
Permanent -
Borne artisanale : gratuit
80 P - 24h - 10 €/j.
Services : WC X
Près du centre bourg.
GPS : E 7.26191 N 48.13616

Colmar
Aire du port de plaisance
6 r. du Canal -
03 89 20 82 20
Permanent -
Borne flot bleu 2,50 €
2,50 €
70 P - Illimité - 16 €/j.
Paiement : jetons
Services :
À 1,5 km du centre historique.
GPS : E 7.37544 N 48.08035

Pfaffenheim

Le Winzerhof du Domaine Walter
10 r. de la Tuilerie -
03 89 49 62 85 -
www.vins-walter.com
Permanent
Borne artisanale : 5 €
5 P -
Services : WC
Accueil familial et dégustation gratuite.
GPS : E 7.29118 N 47.98669

Orschwihr

Aire d'Orschwihr
Rue de la Source
Permanent -
Borne flot bleu : gratuit
4 P - Illimité - gratuit
Services :
Un peu de verdure et beaucoup de calme.
GPS : E 7.23087 N 47.93694

À l'arrivée

Thann
Parking de Thann
5 r. des Pèlerins
Permanent (fermé jours de marché)
10 P - gratuit
Services : WC X
Cadre verdoyant, ombragé, plat, herbeux et bitume bordé par la Thur.
GPS : E 7.10517 N 47.8116

CARNET DE ROUTE

BONNES TABLES

St-Hippolyte
Winstub Rabseppi-Stebbel
6 r. du Parc
☏ 03 89 73 00 06 - www.le-parc.com
Fermé dim. midi, lun.-mar.
Une winstub conviviale au sein de l'hôtel Le Parc. On s'y régale d'une cuisine authentique, généreuse, qui fait la part belle aux produits du terroir, accompagnés de bons crus.

Ribeauvillé
Au Relais des Ménétriers
10 av. du Gén.-de-Gaulle
☏ 03 89 73 64 52
www.restaurant-menetriers.com
Fermé dim. soir, lun. et jeu.
Vaisselle alsacienne (plats à baeckeofe) et légumes des agriculteurs du coin : le chef concocte une cuisine du pays et de saison.

Kaysersberg
Winstub du Chambard
38 r. du Gén.-de-Gaulle
☏ 03 89 47 10 17 - www.lechambard.fr
La décoration rustique plus vraie que nature et l'Alsace dans l'assiette de l'entrée au dessert. Olivier Nasti revisite la cuisine régionale alsacienne et perpétue l'esprit de convivialité.

Westhalten
Auberge du Cheval Blanc
20 r. de Rouffach
☏ 03 89 47 01 16 - www.restaurant-koehler.com
Fermé dim. soir, lun.-mar.
Une maison cossue, une salle contemporaine et un repas qui s'accompagne de vins du cru.

Thann
Petit Rangen
8 r. de la 1re-Armée
☏ 03 89 37 00 00
www.aupetitrangen-thann.fr
Fermé lun.
Petit-déjeuner avec confitures artisanales, douceurs sucrées, et toute la journée, tartes salées et plats régionaux.

PLEIN AIR ET DÉTENTE

En canoë sur l'Ill

Horbourg-Wihr
APACH
1 r. de l'Abattoir
☏ 03 89 23 58 39 - www.apach.eu
De mai à oct. - réserv. conseillée en juil.-août.
En canoë-kayak sur l'Ill, une rivière alsacienne mythique. Le club APACH propose un parcours de 9 km (1/2 journée) entre Colmar et le lieu-dit Maison Rouge, l'occasion de découvrir la faune et la riche flore locale. Le parcours de 15 km (une journée) vous emmènera jusqu'à Illhaeusern en traversant le ried alsacien.

Au musée en plein air

Ungersheim
Écomusée d'Alsace
Chemin de Grosswald
☏ 03 89 74 44 74 - www.ecomusee.alsace
Tlj sf lun. 10h-18h - fermé nov.-mai - 16,50 €.
C'est le plus grand musée de plein air en France. À l'origine de cet espace unique, ouvert en 1984, une initiative de sauvegarde du patrimoine : des maisons des 15e au 19e s., vouées à disparaître, furent patiemment repérées, démontées et rassemblées ici. Depuis, le musée s'est élargi à l'architecture urbaine des 19e et 20e s. Aujourd'hui, plus de 80 bâtiments, distribués sur un terrain de 15 ha, composent un panorama unique de l'habitat rural alsacien.

LA CAVE DES GRANDS CRUS

À Guebwiller, l'œnologue et caviste réputé Jean-Philippe Venck possède bien évidemment une sélection de vins alsaciens, dont certains grands crus. N'hésitez pas à réserver une séance d'initiation à la dégustation qu'il organise lui-même.
Pl. de l'Hôtel-de-Ville - ☏ 03 89 76 59 31 - www.cavedesgrandscrus.fr.

MYTHIQUE ROUTE DES VINS D'ALSACE

Au départ de Nantes

Combid Beaugency. @lescoflocs

LA PRESQU'ÎLE DE GUÉRANDE ET LA GRANDE BRIÈRE

Site classé, les marais salants de la presqu'île guérandaise constituent de magnifiques paysages avec une faune et une flore très variées, tandis que le marais de la Grande Brière offre des canaux et des plantes aquatiques à perte de vue. Ces lieux préservés, proches des plages de La Baule et de la Côte sauvage, sont synonymes de belles découvertes et d'activités nature diverses.

DISTANCE
117 km

DURÉE
3 jours

DÉPART
St-Nazaire

ARRIVÉE
Montoir-de-Bretagne

ACCÈS DEPUIS NANTES
N165 et N171 jusqu'à St-Nazaire - 65 km

QUAND PARTIR ?
Au printemps et en été pour assister aux récoltes de sel sur la presqu'île de Guérande ; toute l'année pour la Brière.

Les étapes
- St-Nazaire/Piriac-sur-Mer : 68 km
- Piriac-sur-Mer/Mesquer : 12 km
- Mesquer/Montoir-de-Bretagne : 37 km

Les atouts du road trip :

Flashez pour accéder au guidage GPS

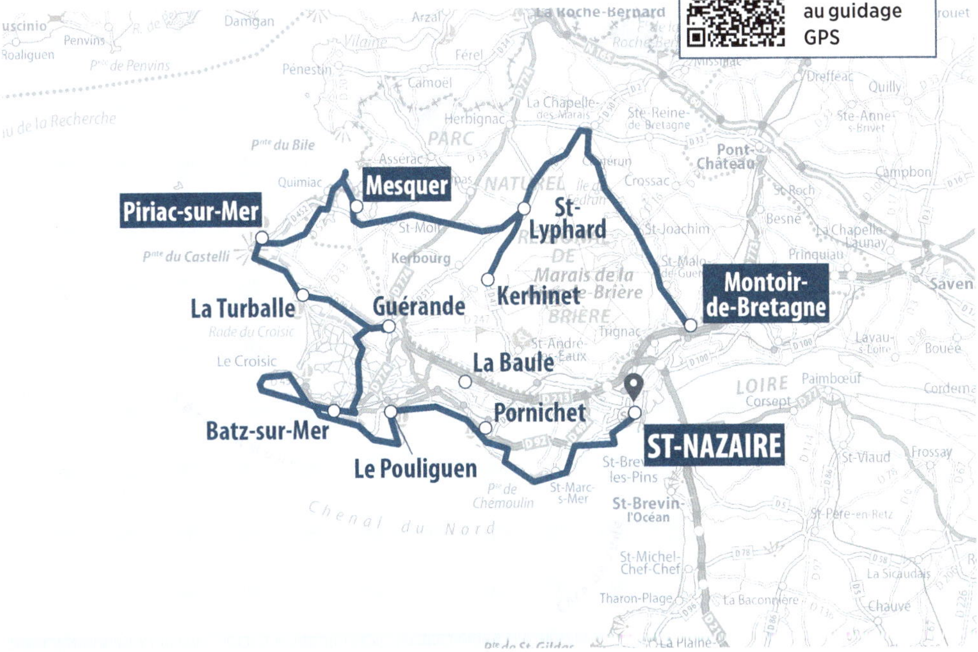

AU DÉPART DE NANTES

Vous prendriez bien un transatlantique ? Au berceau des géants des mers, à St-Nazaire, l'immense Escal'Atlantic recrée l'univers des paquebots de ligne qui ont fait et font toujours la fierté de ses chantiers navals. L'impressionnant monstre de béton qui abrite le lieu vaut aussi la visite : c'est la mieux conservée des cinq bases sous-marines construites sur l'Atlantique par les Nazis. Sacrée introduction pour ce road trip au goût d'océan !

QUE DE PLAGES !

Une fois quitté « St-Naz' », le plus dur sera de décider où prendre le premier bain sur cette presqu'île de Guérande qui vous tend les bras : serez-vous plage immense comme à La Baule ou plus confidentielle, comme à Pornichet ou au Croisic ? Les deux bien sûr, maillots étendus sur les portières entre deux plongeons pour les faire sécher.
Et quel plaisir, bientôt, de pédaler le long de la Côte sauvage entre Le Pouliguen et Le Croisic, sur la Vélocéan, qu'on quitte ici et là pour se baigner encore et encore. Côté mer,

Comme les peintres qui posèrent leur chevalet au Croisic dès le milieu du 19ᵉ s., vous serez charmé par ce petit port de pêche, aux quais bordés de maisons du 17ᵉ s., devenu station balnéaire.

Karisssa/Getty Images Plus

MON PLUS BEAU SOUVENIR

Mon road trip commence dans l'enceinte médiévale de Guérande, où j'adore déambuler entre les remparts et les ruelles pavées à la découverte des boutiques artisanales. J'y suis allé hors saison lors d'une belle journée d'hiver et j'ai pu me plonger dans l'ambiance féerique de Noël. J'en ai également profité pour savourer d'excellentes galettes bretonnes. À quelques pas de là, les marais salants étendent leurs bassins jusqu'à l'horizon. N'hésitez pas à faire une visite guidée pour tout savoir sur récolte de la fleur de sel et à en ramener chez vous. Non loin, Le Pouliguen m'offre un autre aspect charmant de la région avec son sentier côtier. En parcourant ce chemin, je suis ébloui par les panoramas côtiers, où les falaises se mêlent à une végétation luxuriante. Le sentier, tantôt escarpé, tantôt s'ouvrant sur des criques isolées, me permet d'apprécier la douceur de l'océan. Chaque virage offre une nouvelle vue, un nouveau spectacle naturel, faisant de cette promenade un moment privilégié.
**Laurent Lingelser
Cofondateur @lescoflocs**

le spectacle est à couper le souffle : un littoral échancré, des criques enchanteresses, et partout le vent qui fouette le visage. À la pointe de Penchâteau, les à-pics rocheux des baies sablonneuses ouvrent sur des grottes accessibles à marée basse. La plus célèbre, celle des Korrigans, doit son nom aux lutins des légendes bretonnes.

EN BRETAGNE ?

Mais oui, la Bretagne géographique démarre officiellement ici. Le monde des marais salants aussi, immense triangle de prairies maritimes qui reflètent le ciel. Troués de canaux, ponts et bassins, les plus célèbres salins de France sont posés entre la cité médiévale fortifiée de Guérande, Batz-sur-Mer et La Turballe. Vous repartirez bien sûr avec votre petit pot de fleur de sel IGP, mais surtout, vous saurez comment naît l'or blanc de la presqu'île, comment il a failli disparaître, comment il est récolté à l'ancienne par les paludiers, ces artistes du sel dont l'outil de travail est classé au Patrimoine mondial de l'Unesco depuis 2012.

On arrive de nuit pour l'étape à Piriac-sur-Mer. Le lendemain, quel bonheur de découvrir cet ancien village de pêcheurs, dont les ruelles tortueuses avaient séduit Flaubert et Zola avant nous ! Transition gourmande à Mesquer, au resto La Vieille Forge, où goûter (entre autres produits du terroir) un autre trésor local : les huîtres du joli port de Kercabellec. De l'assiette à la mer, celui-ci n'est plus très loin. Depuis le parking du port, un sentier mène vers la pointe

Sur 2 000 ha, répartis en deux bassins, les marais salants de Guérande forment un immense quadrillage délimité par des fossés.

Visites salées

À Batz-sur-Mer
Le musée des Marais salants, installé dans d'anciens entrepôts à sel, se distingue par une mise en valeur très réussie de ses collections : costumes, photographies, faïences, tableaux...
Place Adèle-Pichon - ℘ 02 40 23 82 79 - www.museedesmaraissalants.fr - juil.-août : 10h-19h ; vac. scol., juin et sept. : tlj sf lun. 10h- 12h30, 14h-18h (17h le reste de l'année) - 5 €.

À Mesquer
Nicolas vous ouvre les portes de sa ferme : deux salines qu'il a remises en état. Ici, nul produit chimique et tout est fait à la manière traditionnelle. Au cours d'une promenade (2h30), il vous expliquera la vie d'un marais salant et son travail de paludier.
La Salorge de Rostu - ℘ 02 40 62 52 04 - inscription à l'office de tourisme : www.labaule-guerande.com - 6 €.

Wirestock/Getty Images Plus

de Merquel, l'un des paysages les plus marquants de la presqu'île, une étroite langue de sable qui s'avance sur la mer bleue. Une boucle (10,5 km en suivant le GR 34) en fait le tour. De belles maisons de bord de mer et de petites anses rocheuses ourlées de plages rythment le parcours en forme de Bretagne idéale. Bien sûr, vous pourriez tracer la route… Mais tourner le dos à la mer n'est jamais facile et la journée touche peut-être déjà à sa fin. Alors faites étape à Mesquer.

À VOUS LE MARAIS

Prêt pour repartir de plus belle sur les petites routes de campagne du Parc naturel régional de Brière ?

Embarquez sur un chaland pour découvrir le marais de la Grande Brière, contempler le paysage et observer la faune et la flore au fil des canaux.

Le Parc naturel régional de Brière, qui a pour mission de sauvegarder et de valoriser les patrimoines exceptionnels qui sont les siens, accueille la plus grande concentration de hérons cendrés et de busards de France.

> **Maison du Parc**
>
> **À Kerhinet**
> Ce charmant hameau piéton du village de St-Lyphard rassemble de nombreuses chaumières, dont la plupart ont été restaurées par le Parc, au pied desquelles poussent des lauriers-roses. Elles abritent la Maison du Parc naturel régional de Brière, une maison d'artisans et sa boutique de produits locaux, une auberge et une exposition en extérieur.
> *Info : www.parc-naturel-briere.com.*

Une journée ne sera pas de trop. Le parc abrite les plus vastes marais de France après la Camargue, posés en Grande Brière, au nord de l'estuaire de la Loire. Ponctué de belles maisons à toits de chaume, verdoyant, sillonné de départementales bucoliques, ce lieu préservé tricote de belles promenades en chaland traditionnel, à pied ou à cheval. Et pour conclure en majesté, cap sur St-Malo-de-Guersac, le plus important village du coin, installé sur les îles de Guersac et d'Errand. Particularité : elles sont posées au milieu des marais, d'où partaient les chalands chargés de tourbe, vers Nantes, La Rochelle ou Vannes. Elles abritent désormais la réserve ornithologique Pierre-Constant. Ponctué de postes d'observation, le lieu ne récompense que la patience… et le silence. Est-ce une aigrette garzette là-bas ? Et là, une bernache gravant ? Chut, on a dit…

🚐 CARNET DE ROUTE

PAUSES NOCTURNES

Au départ

St-Nazaire
Aire des Jaunais
St-Marc-sur-Mer, rte de l'Océan, D 292 -
☎ 02 40 00 40 62
Permanent
Borne AireService
: 7,10 €
15 🅿 - Illimité - gratuit
Paiement : CC
Services : WC 📶
Proche de la mer, plat, gravier.
Bus pour le centre-ville.
GPS : W 2.28592 N 47.23881

Étape 1

Piriac-sur-Mer
Spot nature
516 av. Louis-Clément
Ce spot très calme est idéal pour les petits véhicules (2 m au max.). Vue sur la mer : superbe !
GPS : W 2.5519 N 47.3698

Camping Mon Calme
Rue de Norvoret -
☎ 02 40 23 60 77 -
www.campingmoncalme.com
De fin mars à fin sept. -
42 empl. -
borne artisanale
Tarif camping : 50,90 € 👫
🚗 🔌 (10A)
Services et loisirs : 📶 ✗ 🍴
À 400 m de la plage en zone pavillonnaire. Très agréable salle de restaurant avec terrasse au bord de la piscine.
GPS : W 2.54882 N 47.37208

Étape 2

Mesquer
Camping Soir d'Été
401 r. de Bel-Air -
☎ 02 40 42 57 26 -
www.camping-soirdete.com
De déb. avr. à fin sept. -
92 empl. -
Tarif camping : 27 € 👫 🚗
🔌 (6A) - pers. suppl. 7,50 €
Services et loisirs : 📶 ✗ 🛒 🍴
Cadre ombragé au bord des marais salants avec des services et loisirs de qualité.
GPS : W 2.47575 N 47.4064

Entre les étapes

Le Pouliguen
Aire du Pouliguen
49 av. de l'Océan, devant le camping du Cléin -
☎ 02 40 42 43 99 -
www.labaule-guerande.com/aire-de-camping-cars-du-pouliguen.html
Permanent
Borne artisanale
26 🅿 - 72h - 13 €/j. - borne compris
Paiement : CC
Services : WC 🛒 ✗ 🍴 📶
À 300 m de la plage et du centre-ville.
GPS : W 2.43972 N 47.27351

Batz-sur-Mer
Aire de la Govelle
Rte de la Govelle -
☎ 02 40 23 92 36
Permanent (mise hors gel) -
Borne eurorelais 2 € 🔌 2 €

8 🅿 - 🔒 - 48h - 9,80 €/j. - gratuit en nov.-mars
Paiement : jetons (office de tourisme)
Services : WC 🛒 📶
Face à la mer et à la plage ; plat, gravier.
GPS : W 2.45383 N 47.2674

Guérande
Camping L'Étang du Pays Blanc
47 r. des Chênes -
☎ 02 40 61 93 51 - www.guerande-camping.com
De déb. avr. à fin sept. -
30 empl. -
borne artisanale
Tarif camping : 40 € 👫
🚗 🔌
Services et loisirs : 📶 ✗ 🛒 🍴
Agréable cadre verdoyant et ombragé près d'un étang. Mini-ferme pédagogique.
GPS : W 2.34673 N 47.34626

La Turballe
Camping Parc Ste-Brigitte
Chemin des Routes -
☎ 02 40 24 88 91 - www.campingsaintebrigitte.com
De mi-avr. à mi-sept. -
150 empl. -
borne artisanale
Tarif camping : 38 € 👫
🚗 🔌 (6A) - pers. suppl. 11 €
Services et loisirs : 📶 ✗ 🍴 🛒
Près du manoir, magnifique parc avec ses arbres centenaires et ses fleurs.
GPS : W 2.4717 N 47.34254

CARNET DE ROUTE

BONNES TABLES

St-Nazaire
Le Sabayon
7 r. de la Paix-et-des-Arts
02 40 01 88 21
Fermé dim.-lun.
Dans ce restaurant au décor chaleureux, de goûteux petits plats : poissons grillés et noix de saint-jacques sautées à la fleur de Guérande. Délicieux desserts maison au chocolat.

Guérande
L'Agapé Bistro
11 faubourg St-Michel
02 40 11 78 78 - www.lagapebistrot.com
Fermé dim.-lun., et le soir mar.-jeu.
Tout près des remparts de Guérande, ce bistrot familial au sobre décor contemporain sert une appétissante cuisine qui marie ingrédients régionaux et pointes plus exotiques.

Mesquer
La Vieille Forge
32 r. d'Aha
02 40 42 62 68 - www.vieilleforge.fr
Fermé sam. midi, dim. soir et lun.
Cette ancienne forge (1711) abrite deux salles dont l'une donne sur le jardin et la terrasse. Un jeune chef malouin y prépare une cuisine traditionnelle bien tournée.

St-Lyphar
Les Canailles du Marais
Lieu-dit Bréca
02 40 91 41 42
Au cœur du Parc naturel régional de Brière, cette maison assume son passé de relais de chasse. Comme il se doit, le gibier est à l'honneur en saison et toute l'année la carte est une ode au terroir (cochon croustillant, cuisses de grenouilles en persillade). Toute aussi savoureux les galettes et burgers (dans Le canaille, la couche de fromage est du curé nantais) que vous pouvez emporter.

PLEIN AIR ET DÉTENTE

Pagayer sur l'Océan

Pornichet
Yagga Club
Face au 180 bd des Océanides
02 40 61 59 30
www.yagga-voile-pornichet.com
Que la mer soit d'huile ou chahutée par les vagues, vous trouverez l'activité nautique à votre goût ! Ce village de paludiers est bordé par le boulevard des Océanides, qui longe la plage et mène au port de plaisance en eau profonde. Là, vous trouverez de nombreux prestataires. À vous de choisir entre planche à voile, kayak de mer ou paddle pour une sortie entre deux bronzettes.

Galoper sur la plage

La Baule
Manège des Platanes
23 av. Antoine-Louis
02 40 60 37 37 - manegedesplatanes.fr
La balade sur la plage de La Baule au lever ou au coucher du soleil est un incontournable aussi pour les cavaliers ! Station de villégiature aménagée à la fin du 19e s., La Baule n'a cessé, depuis, de s'étendre, tout au long des 9 km de sa longue plage de sable fin, entre Pornichet et Le Pouliguen. Ce trésor naturel, qui lui vaut sa place au sein du club des plus belles baies du monde, est protégé des vents par les pointes de Penchâteau à l'ouest et de Chémoulin à l'est.

Pédaler le long de la Côte sauvage

S'étendant entre Le Pouliguen et Le Croisic, via Batz-sur-Mer, elle peut se parcourir à vélo via l'itinéraire Vélocéan, circuit séparé de la route et sécurisé. Des sentiers discrets bifurquent vers l'Atlantique pour une baignade. Côté terre, l'urbanisation s'est tellement densifiée que la côte n'a plus rien de « sauvage ». Côté mer, en revanche, le spectacle est inchangé. Une échappée vivifiante.

FIN DE TERRE EN IROISE ET DANS LES ABERS

Une « fin de terre » fouettée par les vents, les embruns et le soleil qui joue à cache-cache… Voici le nord du Finistère, sa côte rocheuse découpée, ses îlots comme avalés par les flots, son littoral encore sauvage, entaillé par les plus beaux abers de France, ces estuaires d'eau de mer qui s'enfoncent dans les terres, à suivre en van sur de spectaculaires petites routes en corniche. C'est parti pour décoiffer, au propre comme au figuré.

DISTANCE
217 km

DURÉE
4 jours

DÉPART
Plougastel-Daoulas

ARRIVÉE
Daoulas

ACCÈS DEPUIS NANTES
N165 jusqu'à Plougastel-Daoulas - 290 km

QUAND PARTIR ?
Toute l'année, chaque saison apportant son lot de surprises météo !

Les étapes
- Plougastel-Daoulas/Plouzané : 24 km
- Plouzané/Plouguerneau : 100 km
- Plouguerneau/Plouescat : 46 km
- Plouescat/Daoulas : 47 km

Les atouts du road trip :

Flashez pour accéder au guidage GPS

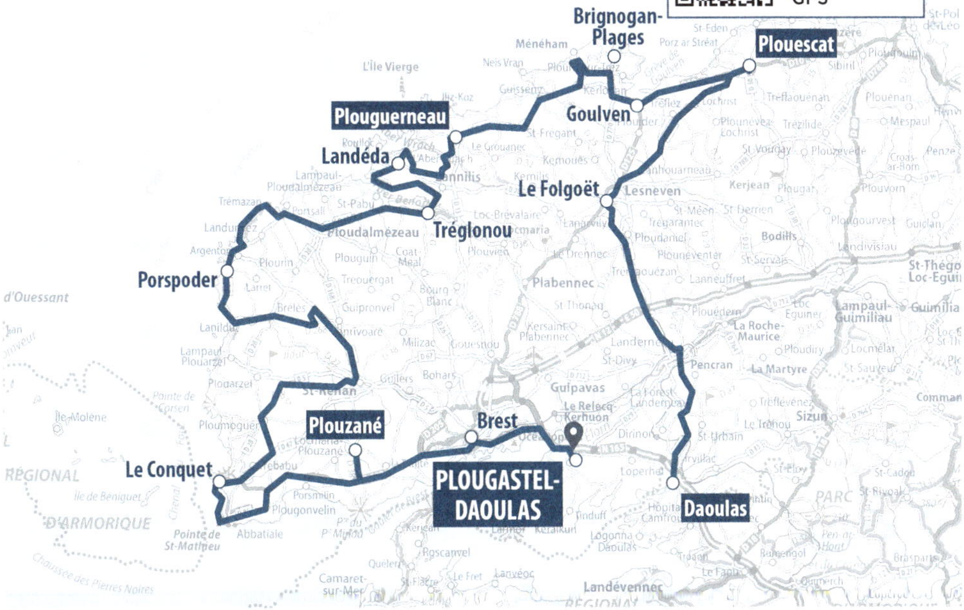

Avez-vous bien pensé au coupe-vent et aux chaussures de marche ? Avec le maillot de bain, les lunettes de soleil et les jumelles, vous avez les indispensables de ce road trip au puissant goût de mer et d'algues, de criques rocheuses et de plages sablonneuses.

PRENDRE LE LARGE

On plonge directement dans le bain à Plougastel-Daoulas, pour une sortie sur le *Loc Monna*, un ancien coquiller qui file dans la rade de Brest. Côté terre, ce sera plutôt la visite guidée de l'office de tourisme de Brest, cette ville portuaire tellement mariée à la mer qu'elle accueille la crème des océanographes, une antenne du musée national de la Marine et un aquarium géant, Océanopolis. Un mariage heureux à fêter au Crabe Marteau. Et vlan !

Vous rêviez de randonnées côtières, au fil de falaises déchirées en balcon sur la mer ? Du phare de la pointe St-Mathieu, à 30mn à l'ouest de Brest, le chemin des Douaniers s'étire entre mer et ciel jusqu'au Conquet, une (superbe) portion du célèbre GR34, qui fait le tour de la Bretagne en suivant la côte. Pour rejouer Fort Boyard en mode breton, rejoignez l'îlot du fort de Bertheaume, pour un parcours d'« accro-rochers », tyrolienne tendue 40 m au-dessus de la mer d'Iroise, ponts suspendus et vieilles pierres. Ça creuse ! Dîner iodé à l'Auberge de Keringar, une Bretagne tellement cosy qu'on y passerait bien la nuit.

Bien aussi, l'étape nature à Plouzané, où l'on se réveille le lendemain au bruit des vagues, comme un appel à explorer cette côte basse et

Préparez-vous à monter 163 marches pour arriver au sommet du phare de St-Mathieu, où votre effort sera récompensé par un panorama... à couper le souffle !

Visite incontournable

Océanopolis

Installé à proximité du port de plaisance du Moulin-Blanc dans un vaste bâtiment aux allures de crabe géant, Océanopolis est un centre national de culture scientifique dédié à l'océan. Dans ce lieu « vivant », qui abrite 10 000 animaux de 1 000 espèces différentes, 77 aquariums géants reconstituent, de façon spectaculaire, la diversité propre à chaque milieu naturel. À la beauté de ces décors sous-marins, soumis aux houles et aux marées recréées, s'ajoute la richesse de l'information dispensée. Bornes interactives, maquettes, films et animations en compagnie de médiateurs scientifiques mettent à la portée de chacun l'histoire de l'océan et sa gestion par l'homme. L'ordre de visite des pavillons est libre. Ne manquez pas, entre autres, l'aquarium à méduses et le bassin des phoques veaux marins (pavillon Bretagne), les requins du pavillon tropical, les manchots (pavillon polaire)... Prévoyez au moins une demi-journée de visite.

02 98 34 40 40 - www.oceanopolis. com - Brest - juil.-août : 9h30-19h ; reste de l'année : calendrier sur le site Internet - 22,90 €.

AU DÉPART DE NANTES

R. Mattes/hemis.fr

rocheuse baignée par la mer d'Iroise et les abers, ces estuaires bretons soumis aux marées qui pénètrent profondément dans les terres. En remontant vers le nord, vous longerez d'abord l'aber d'Ildut, le plus petit des trois, qui marque la limite géographique entre la Manche et l'Atlantique ; puis l'Aber Benoît et sa splendide plage de Béniguet, à St-Pabu, où visiter aussi la maison des Abers, pour tout savoir de cette curiosité géologique ; et enfin l'Aber-Wrac'h, le plus grand du trio, agréable station balnéaire et centre de voile réputé, où l'on se régale aussi sur les sentiers pédestres des dunes Ste-Marguerite. On s'était dit pique-nique le midi et restaurant le soir. Pour les produits de la mer, rendez-vous au Vioben à Landéda. Envie de galettes ? Allez à la crêperie de Trouzilit à Tréglonou, qui abrite aussi un gîte équestre, l'occasion de réserver une balade à cheval pour le lendemain.

ÇA DÉCOIFFE

Nuit à Plouguerneau, vue sur le pays des Abers qui dessine un décor de rêve pour une journée sportive, justement. À défaut de monter à cheval, vous pourrez voguer en dériveur, catamaran ou kayak de mer au centre de voile de l'Aber-Wrac'h ou plonger sur des épaves (dont le tristement célèbre *Amoco Cadiz*) avec Aber Wrac'h Plongée à Landéda. Ceux qui aiment prendre la vague s'adonneront au surf et bodyboard sur la plage de la Grève-Blanche à Plouguerneau… Le choix est large, les paysages magnifiques, surtout en prenant de la hauteur. Cap sur le phare de l'Île Vierge, le plus haut d'Europe. On le rejoint par bateau avant de gravir ses 383 marches, un effort largement récompensé par la vue sur la côte finistérienne, époustouflante.

Ultime nuit à Plouescat, agréable station balnéaire aux nombreuses plages, option sable fin à Porsmeur ou dans la baie du Kernic (idéale

> ### Les abers
>
> **Des vallées fluviales**
>
> Les abers se distinguent des estuaires par le fait qu'ils ont été creusés en amont, par une petite rivière, et non par un fleuve côtier. En aval, leur sillon est moins profond et leurs pentes sont moins raides. On n'y trouve pas de ports importants en tête d'estuaire, comme Morlaix ou Dinan, car leur cours d'eau n'est pas assez puissant pour frayer un chenal dans l'embouchure. En revanche, ils subissent, comme les estuaires, le mouvement des marées et, à marée basse, se découvrent de grandes étendues de vase.

Les 383 marches du phare de l'île Vierge, donnent le tournis ! Tout en haut, vous reprendrez vos esprits en un coup de vent pour un magnifique tour d'horizon.

À St-Pabu, la plage de Béniguet est une invitation à la contemplation de l'aber Benoît.

pour le char à voile et le kitesurf), plus rocheuses à Menfig et Poulfoën (les plus courues). Et heureusement qu'on a prévu des jumelles : à Tréflez, elles seront bien utiles sur les dunes de Keremma, une bande dunaire longue de 5 km, où nichent des centaines d'espèces d'oiseaux hivernants et migrateurs, dans les vasières et les prés envahis par la mer de la baie de Goulven.

RETOUR PAR L'INTÉRIEUR

Il faut songer à rentrer dans les terres, en passant par Landerneau. Cette agréable cité historique, installée sur

Le GR34 ou sentier des douaniers longe l'aber Ildut où se loge Lanildut, premier port goémonier d'Europe. De mai à octobre, vous pourrez voir les bateaux décharger leur récolte d'algues.

Le Folgoët

Assister au grand pardon

Si vous êtes dans la région à la fin de l'été, faites le détour pour voir le grand pardon du 1er dimanche de septembre à la basilique du Folgoët. Dans cet édifice étonnant, les pèlerins viennent boire à la fontaine de Salaün, du nom d'un pauvre homme qui vécut ici au 14e s. Quelques milliers de personnes assistent au pardon. La veille à partir de 18h et le jour même se déroulent les cérémonies.

Le dernier dimanche de juillet, c'est le pardon de la Saint-Christophe : après la messe, les voitures défilent pour recevoir la bénédiction et la prière de saint Christophe, patron des automobilistes.

l'estuaire de l'Élorn, conserve l'un des derniers ponts habités d'Europe, le pont de Rohan datant de 1510 qui marque la frontière entre le Léon et la Cornouaille. Quant au porche de l'église St-Houardon, construit en pierre de Kersanton, il servit de modèle aux bâtisseurs des enclos paroissiaux de la vallée de l'Élorn. Justement, arrêtez-vous à Daoulas où vous pourrez voir un enclos paroissial. Pratiquement en face des anciens bâtiments abbatiaux, un porche du 16e s. tient lieu de clocher et ouvre sur le cimetière : son architecture et sa décoration mêlent les styles gothique et Renaissance. Voilà pour clore en beauté ce road trip.

CARNET DE ROUTE

PAUSES NOCTURNES

Étape 1

Plouzané
Spot nature
5490 rte du Minou
Depuis ce parking qui domine le phare, la vue sur la rade de Brest est délicieuse. Proche de la plage et du sentier côtier. Parfois très fréquenté en saison. Prévoir des cales.
GPS : W 4.61362 N 48.3386

Étape 2

Plouguerneau
Spot nature
Au bout du village de Kreac'h An Avel en allant vers la mer. Près de la plage, un spot en pleine nature. Peu de place, cales recommandées.
GPS : W 4.490446 N 48.624591

Camping La Grève Blanche
St-Michel - 02 98 04 70 35 - www.campinggreveblanche.com
De mi-mars à déb. oct. - 92 empl.
borne artisanale 5 €
Tarif camping : 5,30 €
1,80 € 6,10 € (10A) 4 €
Services et loisirs :
Cadre naturel autour de rochers dominant la plage.
GPS : W 4.523 N 48.6305

Étape 3

Plouescat
Spot nature
Imp. de la Plage
2 - gratuit.
Un petit parking en bout d'impasse. Calme, au bord de l'eau, vue magnifique.
GPS : W 4.1948 N 48.679298

Entre les étapes

Le Conquet
Camping Les Blancs Sablons
Le Théven - 02 98 36 07 91 - www.camping-blancs-sablons.com
De fin avr. à mi-sept. - 360 empl.
borne artisanale
Tarif camping : 17,83 €
(16A) - pers. suppl. 4,88 €
Services et loisirs :
Cadre un peu sauvage.
GPS : W 4.76071 N 48.36687

Porspoder
Spot nature
31 r. de Kermerrien.
Endroit calme, superbe vue sur mer. Table de pique-nique.
GPS : W 4.7733 N 48.505299

Landéda
Camping Les Abers
51 Toull-Tréaz -
02 98 04 93 35 - www.camping-des-abers.com
De déb. mai à fin sept. - 180 empl.
borne artisanale
Tarif camping : 6,50 €
2 € 8,50 € (6A) 4,50 €
Services et loisirs :
Situation agréable au bord d'une jolie plage.
GPS : W 4.60306 N 48.59306

Brignogan-Plages
Camping La Côte des Légendes
Rue Douar ar Pont -
02 98 83 41 65 - www.campingcotedeslegendes.com
De fin mars à déb. nov. - 150 empl.
borne artisanale
Tarif camping : 29,50 €
(10A) - pers. suppl. 7 €
Services et loisirs :
Au bord de la plage des Crapauds, site sensibilisé à l'écologie.
GPS : W 4.32928 N 48.67284

Goulven
Aire naturelle de Ty Poas
Ty Poas, 600 m du bourg, dir. Kerlouan - 02 98 83 40 69 - mairie-goulven.fr/decouvrir/aire-naturelle
De mi-juin à mi-oct.
Borne artisanale
13 - Illimité - 6 €/j. - borne compris
Services : WC
Minicamping pour camping-cars avec sanitaire complet. Plat, herbeux.
GPS : W 4.30835 N 48.63109

CARNET DE ROUTE

BONNES TABLES

Brest
Le Crabe Marteau
8 quai de la Douane
📞 02 98 33 38 57 - www.crabemarteau.fr
Fermé dim.
C'est armé d'un marteau qu'on déguste ici la pêche de la nuit. Grands tabliers et nappes en papier journal donnent le ton. Et vlan, un coup sur le crabe ! Sans complexe, on se régale d'une pièce entre 800 g et 1 kg, accompagnée de pommes de terre du Finistère.

Le Conquet
Auberge de Keringar
Lochrist
📞 02 98 89 09 59 - www.keringar.fr
La cuisine exalte les recettes traditionnelles (kig ha farz, cotriade) et les produits locaux frais. Tout cela à 500 m de la plage. On y court !

Landéda
Le Vioben
30 Ar Palud
📞 02 98 04 96 77 - www.vioben.com
Poissons de la pêche artisanale, homards et autres fruits de mer, et plus généralement cuisine gourmande basée sur les bons produits de la région… Cette adresse a la cote localement, notamment grâce à son chaleureux décor contemporain et à l'atmosphère conviviale qui y règne…

Tréglonou
Crêperie à la ferme Manoir de Trouzilit
D28 direction Ploudalmézeau
📞 02 98 04 01 20 - manoir-trouzilit.com
Été : tlj ; reste de l'année : vend.-dim. midi.
Logée dans un grand manoir au cœur d'un domaine de 30 ha, cette crêperie vaut le détour. La salle à manger est chauffée par deux imposantes cheminées. Large choix de galettes et des formules.

PLEIN AIR ET DÉTENTE

Plongée dans les abers

Landéda
Aber Wrac'h Plongée
Port de l'Aber Wrac'h
📞 06 77 78 45 15
www.aberwrachplongee.com
Les eaux de la côte des légendes ne sont pas les plus chaudes mais leurs richesses sous-marines sont nombreuses. Aber Wrac'h Plongée vous propose aussi des sorties sur épave dont le tristement célèbre *Amoco Cadiz*. Son échouage ici en 1978 occasionna l'une des plus grandes marées noires du 20e s.

Glisser sur l'eau à Plouguerneau

Glaz Évasion
Pointe du Castel Ac'h
📞 07 69 89 97 27
www.glazevasion.com
En stand-up paddle ou en kayak, et en fonction de l'heure de la marée, remontez vers l'intérieur des abers ou explorez le chapelet d'îlots de l'aber Wrac'h jusqu'au phare de l'île Vierge. Jérôme est un passionné et vous apprendra tout ce qu'il faut savoir sur les abers et leurs écosystèmes au cours d'une passionnante balade.

Surfing des Abers
📞 06 63 87 91 73
www.surfing-abers.com
Vous avez enfilé votre combinaison ? Surfing des Abers donne des cours de surf et de bodyboard sur la plage de la Grève-Blanche. Pour ceux qui n'ont pas envie de vous regarder pour passer le temps, balades en paddle.

EN DOUCEUR SUR LA CÔTE DE GRANIT ROSE

Ces immenses rochers roses aux formes douces sont un cadeau de la Bretagne à ceux qui aiment mettre le nez dehors par tous les temps, dans des paysages extraordinaires. Ici, les petites routes zigzaguent entre campagne verte et plages blondes, les sentiers collent au trait de côte, les embarcations voguent pour observer les animaux sauvages. En van, à pied et en bateau, on varie les plaisirs, au départ de petits ports aux noms souvent aussi spectaculaires que les paysages.

DISTANCE
160 km

DURÉE
3 jours

DÉPART
Lannion

ARRIVÉE
Binic

ACCÈS DEPUIS NANTES
N165 et D767 jusqu'à Lannion - 260 km

QUAND PARTIR ?
Hors saison de préférence. L'automne et l'hiver réservent le grand spectacle du fracas des vagues sur les falaises.

Les étapes
- Lannion/Trélévern : 47 km
- Trélévern/Ploubazlanec : 57 km
- Ploubazlanec/Binic : 56 km

Les atouts du road trip :

Flashez pour accéder au guidage GPS

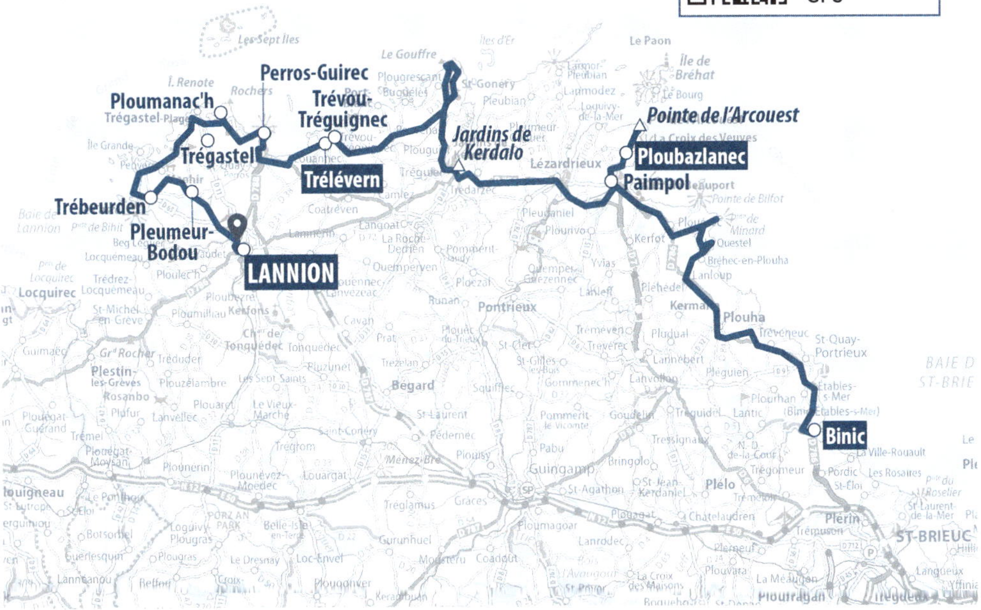

La Bretagne, ça vous gagne ? Après la mer d'Iroise et les abers, enchaînez sur la Côte de Granit rose, cet impressionnant chaos d'énormes roches granitiques, entassées, enchevêtrées, comme jetées par la main d'un géant... Parce que l'on a hâte de les admirer, on tourne (trop) vite le dos à Lannion. Ce n'est pas très poli. Pour ne pas avoir de remords, jetez un œil à ses maisons des 15e et 16e s. dans les rues piétonnes autour de la place du Général-Leclerc.

EN ROUTE POUR LA CÔTE

La station balnéaire de Trébeurden nous appelle. Réservation a été faite au Centre Activités Plongée, l'un des plus réputé de France. Vous êtes plutôt contemplation ? Cap sur l'île Grande, un patchwork de plages au charme encore sauvages, de landes et de côte rocheuse offerte aux vents atlantiques. Comment y aller ? Par le pont, pardi, qui la relie depuis 1891. L'air du large à pleins poumons se respire aussi depuis Perros-Guirec, célébrissime station balnéaire lovée dans un site naturel en forme

> **MON PLUS BEAU SOUVENIR**
> En route pour l'une des perles de la Bretagne : la Côte de Granit Rose. C'est pour moi la découverte d'un décor lunaire. Grâce aux combinaisons infinies de lumière au fil des saisons et des marées, vous n'aurez jamais deux fois le même paysage devant vous. Tout commence sur l'île Grande. Garez votre van et faites-en le tour à pied en 2h30 : c'est votre première rencontre avec le GR34, le sentier des douaniers qui fait le tour de la Bretagne. Reprenez la route en direction de Trégastel et rendez-vous à la plage de la Grève Rose. C'est l'endroit parfait pour un stage de voile ou une session de kitesurf, dans un décor exotique, sur du sable fin. Le tour de la presqu'île Renote se fait à pied, par une autre partie du GR34, une réelle immersion sur la Côte de Granit Rose avec ses rochers biscornus. Le camping Le Ranolien est un excellent camp de base pour découvrir Ploumanac'h, élu village préféré des Français. Pour prolonger l'émerveillement, faites une excursion sur l'archipel des Sept Îles, un incontournable du coin.
> **Florian Mosca,
> Cofondateur @lescoflocs**

Évidemment, sur la Côte de Granit rose, qui s'étend de Ploumanac'h à l'île Grande, entre Perros-Guirec à l'est et Trébeurden à l'ouest, nombre de maisons sont construites en granit... rose !

EN DOUCEUR SUR LA CÔTE DE GRANIT ROSE

d'amphithéâtre, entouré de falaises. Ses plages de sable font le bonheur des surfeurs, ses rochers de granit rose celui des randonneurs. Ceux-ci viennent en rangs serrés cheminer sur l'un des plus beaux tronçons du GR34 (qui fait le tour de Bretagne, pour ceux qui suivent), vue sur la mer bleue et les rochers roses géants, un paysage exceptionnel qui se couvre en plus de fleurs au printemps. Comptez 1h45 jusqu'à Ploumanac'h, 3h jusqu'à Trégastel. Si la journée n'est pas finie, on embarque en bateau d'observation vers l'archipel des Sept-Îles, la plus grande réserve naturelle de France, avec une impressionnante colonie de fous de Bassan, des phoques gris, et, en toile de fond, les

Ce tronçon du GR34 se caractérise par les formes curieuses de ses énormes rochers de granit rose dues à l'érosion. Les imaginations locales n'ont pas manqué de baptiser certains de ces rochers : gnome, sorcière, parapluie, tire-bouchon, etc.

Que vous soyez botaniste ou non, les jardins de Kerdalo, composés comme des tableaux, classés « jardin remarquable », vous raviront.

Les Jardins de Kerdalo

Vous allez en prendre plein les yeux ! Créés par le prince et peintre Peter Wolkonsky à partir de 1965, ces jardins botaniques imaginés dans un univers romantique font partie d'un domaine vallonné de 18 ha en bordure du Jaudy. Les sentiers serpentent au milieu des arbres majestueux, des bosquets et des massifs parfumés. Terrasses fleuries, gazon délicatement bordé d'une dentelle de galets, grotte italienne : un enchantement ! Des cascades dégringolent jusqu'au Jaudy en contrebas. La cerise sur le gâteau ? Une belle vue sur le port de Tréguier.
À Trédarzec - 📞 *07 65 16 06 75 - lesjardinsdekerdalo.com - avr.-sept. : tlj sf vend.-sam. 14h30-18h30 - 12 €.*

éternels rochers de granit rose de la pointe de Ploumanac'h. On ne s'en lasse pas. D'ailleurs, cette nuit, l'étape à Trélévern se fait au bord d'une plage de galets, face à une vue cinq étoiles sur la baie.

QUEL JOUR ON EST ?

Mardi matin ? Coup de bol (de cidre), c'est jour de marché à Paimpol, pour composer le pique-nique (breton) du jour, odeur de crêpes et son des binious compris. Rendue célèbre par Pierre Loti et son *Pêcheurs d'Islande*, la cité a bien changé. Pêche côtière et navigation de plaisance ont remplacé la grande pêche et ses épopées tragiques. Le musée Mémoire

G. Thouvenin/age fotostock

Visite incontournable

Abbaye de Beauport à Paimpol
Au bord de la mer, cette abbaye du 13ᵉ s. a constitué un important foyer spirituel et économique dans le diocèse de St-Brieuc. De l'église, il reste plusieurs parties. Vous pourrez notamment visiter le cloître et le vaste réfectoire qui s'ouvre sur la mer. Le Conservatoire du littoral a établi un programme de sauvegarde et d'animation sur l'ensemble du domaine abbatial (120 ha de bois, prairies, marais et grèves rocheuses), dont il s'est rendu propriétaire. Des sentiers y ont été aménagés pour les marcheurs et cyclistes. Un café aussi pour la pause. Enfin, l'abbaye accueille des concerts et spectacles.
Rue de Beauport - ☎ 02 96 55 18 55 - www.abbayebeauport.com - juil.-sept. : 10h30-19h ; avr.-juin et vac. de la Toussaint : 10h30-12h30, 14h-18h ; reste de l'année : se rens. - fermé janv.-fév. et de mi-nov. à mi-déc. - 6,50 €.

d'Islande, à Ploubazlanec, retrace la dureté de la vie des pêcheurs d'autrefois, à méditer depuis le belvédère de la Croix des Veuves. Les femmes de pêcheurs y attendaient le retour des bateaux partis en Islande, certaines apprenaient alors qu'elles étaient veuves.

L'ÎLE AUX FLEURS

La cruelle Bretagne d'hier est devenue un paradis aujourd'hui, encore plus vu de Bréhat, qu'on rejoint en bateau. Tour de l'île à vélo, bains de mer (un peu fraîche, certes, d'autant qu'on est au printemps pour fuir les foules estivales !)… N'empêche, l'échappée sur « l'île aux fleurs » rime avec bonheur, avant le retour et la nuit sur un parking à Ploubazlanec. Ça ne vous fait pas rêver ? Il est en pleine nature, face à la mer ! Celle qui nous réserve encore son grand spectacle demain, depuis la côte du Goëlo. Quel est le plus joli itinéraire possible ?

Pas le plus court : faites collection de pointes, soit, du nord au sud, celles de l'Arcouest, de Guilben, de Bilfot et de Minard, promenades et pauses à couper le souffle garantis. Et pour un au revoir à la hauteur, on vous conseille les falaises bretonnes de Plouha, les plus hautes de Bretagne. On les débusque depuis Palus-Plage, où, à gauche de l'anse, des marches taillées dans le roc grimpent au GR34, toujours lui, qui longe ici la corniche jusqu'au petit port de Gwin-Zégal (2h AR). Ultime surprise : voilà qu'on découvre que ce port de poche est classé au Patrimoine maritime pour son extraordinaire mouillage, une quarantaine de pieux de chêne plantés dans le sable. Magnifique décor... Le temps presse à présent. Vite, passez St-Quay-Portrieux pour un dernier arrêt à Binic, petite station balnéaire aux plages photogéniques : celles des Godelins et de l'avant-port sont bordées de cabines en bois colorées. Un dernier cliché pour la route !

Découvrir l'île de Bréhat en kayak de mer : pourquoi pas ?

P. Hau-er/hemis.fr

CARNET DE ROUTE

PAUSES NOCTURNES

Étape 1

Trélévern
Spot nature
73 r. de Nantouar
Hauteur limitée 2,10 m.
12 🅿 - gratuit
Au bord d'une plage en galets avec une très belle vue sur la baie et Perros-Guirec.
Tables de pique-nique.
GPS : W 3.388019 N 48.8040

Camping RCN Port-l'Épine
Port-l'Épine, 10 Venelle de Pors Garo - ☎ 02 96 23 71 94 - www.rcn.nl/fr
De fin avr. à fin sept. -
101 empl. -
borne artisanale
Tarif camping : 52,20 € (16A) -
pers. suppl. 10 €
Services et loisirs :
Cadre verdoyant sur la presqu'île de Port l'Épine, pratiquement entouré par la mer.
GPS : W 3.38594 N 48.8128

Étape 2

Ploubazlanec
Parking
16 rte de Beg Nod
6 🅿 - 48h - gratuit
Un petit parking très calme sur une route sans issue au bord de la mer. Vue magnifique.
GPS : W 3.040406 N 48.8186

Entre les étapes

Pleumeur-Bodou
Aire privée de Pleumeur-Bodou
5 r. Toul ar Stang
Permanent
Borne eurorelais 5 €
10 🅿 - Illimité - 10,60 €/j.
Services :
Une vaste aire à deux pas de la plage et du sentier côtier.
GPS : W 3.58373 N 48.79901

Ploumanac'h
Camping Sandaya Le Ranolien
Bd du Sémaphore -
☎ 02 96 91 65 65 -
www.leranolien.fr
De déb. avr. à déb. oct. -
82 empl.
borne artisanale
Tarif camping : 90 €
(10A)
Services et loisirs :
Sur un site exceptionnel au bord de la mer.
GPS : W 3.47471 N 48.82677

Trévou-Tréguignec
Aire de Trévou-Tréguignec
18-28 r. de Trestel
Permanent
Borne artisanale
24 🅿 - Illimité - 12,70 €/j. - borne compris
Paiement : CC
Services : WC
À 100 m de la plage et du GR 34.
GPS : W 3.35536 N 48.81945

Paimpol

Camping municipal de Cruckin
Rue de Cruckin -
☎ 02 96 20 78 47 -
www.camping-paimpol.com
De déb. avr. à fin sept. -
130 empl. -
borne artisanale
16,60 € : forfait pour 2 pers., uniquement sur l'aire
Tarif camping : 4,20 €
9,70 € - 4,70 €
Services et loisirs :
Cadre verdoyant tout près de la mer et à 100 m de la plage de Cruckin. À 200 m de l'abbaye de Beauport.
GPS : W 3.02224 N 48.76972

À l'arrivée

Binic
Camping municipal des Fauvettes
Rue des Fauvettes -
☎ 02 96 73 60 83 -
www.binic-etables-sur-mer.fr
De déb. avr. à fin sept. -
41 empl. -
borne artisanale
- 9 €
Tarif camping : 26,90 €
(6A) - pers. suppl. 6 €
Services et loisirs :
Vue panoramique sur la mer, le cap Fréhel et la baie de St-Brieuc. Terrain bordé par le GR 34 et accès à la plage par un sentier.
GPS : W 2.82122 N 48.60635

CARNET DE ROUTE

BONNES TABLES

Trégastel
Le Transat
1 bd du Coz-Pors
☎ 02 96 15 36 36
www.le-transat-restaurant.com
Fermé merc.
Face à la mer, on pioche selon ses envies dans une carte réduite, élaborée en fonction de la pêche locale du jour. Très belle vue depuis la terrasse, pour une pause repas contemplative.

Perros-Guirec
La Crémaillère
13 pl. de l'Église
☎ 02 96 23 22 08
Fermé lun.-mar.
Accueillante maison régionale du 17e s. nichée au cœur de la station. Le chef y concocte une cuisine traditionnelle ensoleillée, assortie de grillades. Pierres apparentes et mobilier en fer forgé dans la salle à manger, pourvue d'une mezzanine un peu plus feutrée.

Paimpol
Théo Jasmin
5 pl. Gambetta
☎ 02 96 22 39 90
Fermé dim.et le soir lun.-jeu.
Le chef Yoann Péron fait la part belle aux produits bretons et à la pêche locale en travaillant des recettes de bistrot créatives et parfaitement maîtrisées.

WHISKY BRETON À LANNION
Distillerie Warenghem
Cette entreprise centenaire, spécialisée dans les crèmes et les liqueurs, s'est orientée depuis 1994 vers de nouveaux produits : L'Armorik, whisky breton, chouchen, gin et bières. Boutique au sein de l'usine.
Rte de Guingamp - ☎ 02 96 37 00 08 - distillerie-warenghem.bzh - fermé w.-end - visites guidées sur réserv.

PLEIN AIR ET DÉTENTE

Sur l'eau depuis Lannion
Base sports nature de Lannion
Rue St-Christophe
☎ 02 96 37 43 90
www.lannionsportsnature.bzh
Hors sais. : sur réserv.
Parmi les activités proposées : sortie en kayak de mer au large de Trébeurden, descente de l'estuaire en stand up paddle pour ceux qui préfèrent pagayer debout ou encore en rafting dans le stade d'eau vive pour les amateurs de sensations.

Explorer les fonds marins
CAP Trébeurden
54 corniche de Goas-Treiz
☎ 02 96 23 66 71
cap-trebeurden.com
De mi-mars à déb. déc.
Ce centre de plongée profite des fonds marins exceptionnels de la Côte de Granit rose. Plongée d'exploration pour les plus expérimentés, baptême pour les néophytes ou randonnée palmée (3h captivantes).

Surfer à Perros-Guirec
Perroz Surf School
30 bd Thalassa - plage de Trestraou
☎ 06 17 18 20 55 - pss.bzh
Sur RV hors vac. scol.
La station balnéaire de Perros-Guirec est un petit paradis pour les amateurs de plaisirs nautiques. PSS propose des cours et la location de surf et paddle. Bar boutique sympa.

Balades à vélo
Velek'tro
36 points de location
www.bretagne-cotedegranitrose.com
Pour parcourir la véloroute La Vélomaritime (EV4) ou des circuits proposés dans l'intérieur des terres.

EN DOUCEUR SUR LA CÔTE DE GRANIT ROSE

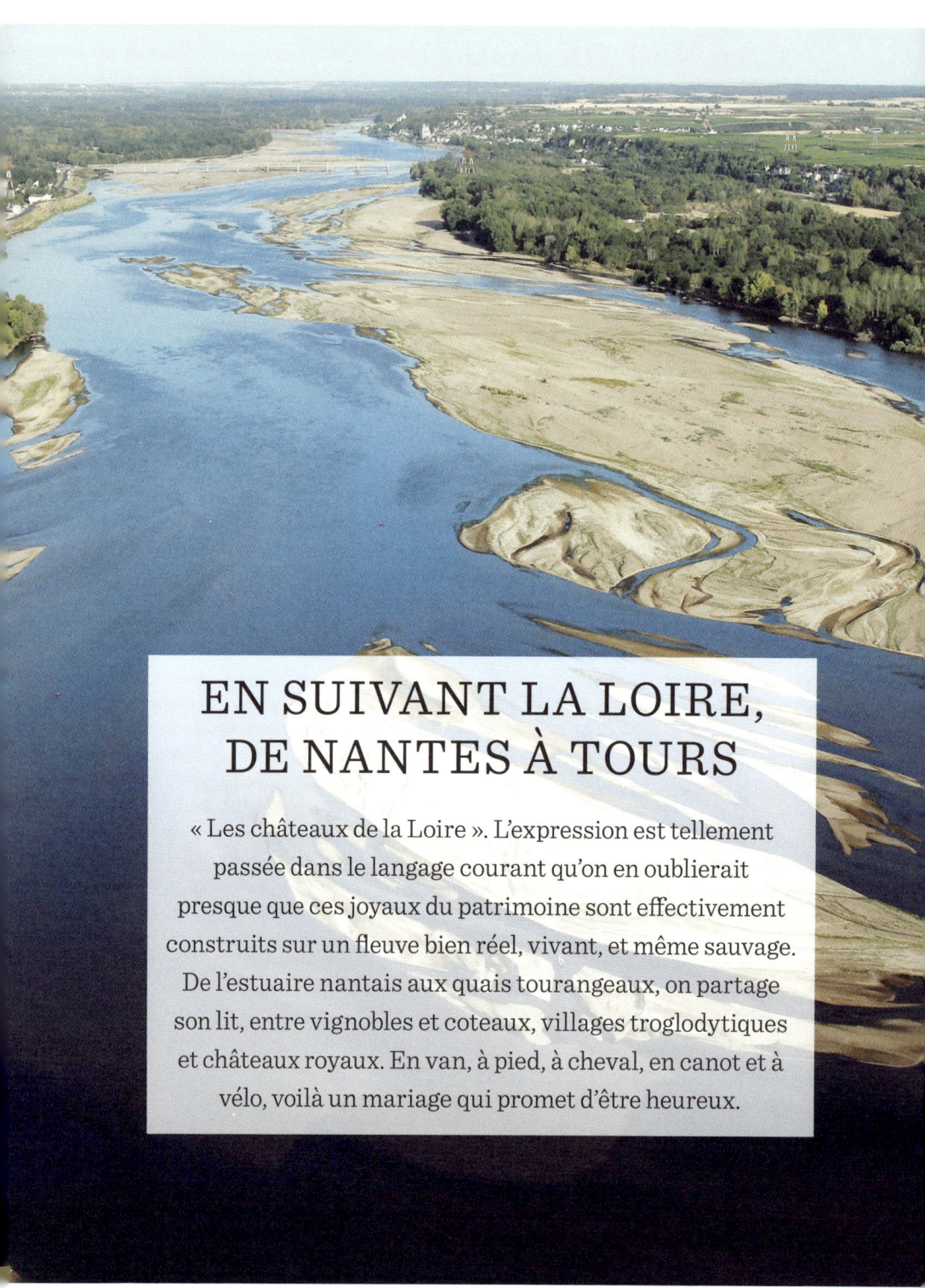

EN SUIVANT LA LOIRE, DE NANTES À TOURS

« Les châteaux de la Loire ». L'expression est tellement passée dans le langage courant qu'on en oublierait presque que ces joyaux du patrimoine sont effectivement construits sur un fleuve bien réel, vivant, et même sauvage. De l'estuaire nantais aux quais tourangeaux, on partage son lit, entre vignobles et coteaux, villages troglodytiques et châteaux royaux. En van, à pied, à cheval, en canot et à vélo, voilà un mariage qui promet d'être heureux.

DISTANCE
283 km

DURÉE
5 jours

DÉPART
Nantes

ARRIVÉE
Tours

QUAND PARTIR?
Toute l'année, malgré les averses entre les éclaircies. La Loire est dangereuse, la baignade est interdite.

Les étapes

- Nantes/Champtoceaux : 31 km
- Champtoceaux/Juigné-sur-Loire : 75 km
- Juigné-sur-Loire/Turquant : 55 km
- Turquant/Azay-le-Rideau : 82 km
- Azay-le-Rideau/Tours : 40 km

Les atouts du road trip :

Flashez pour accéder au guidage GPS

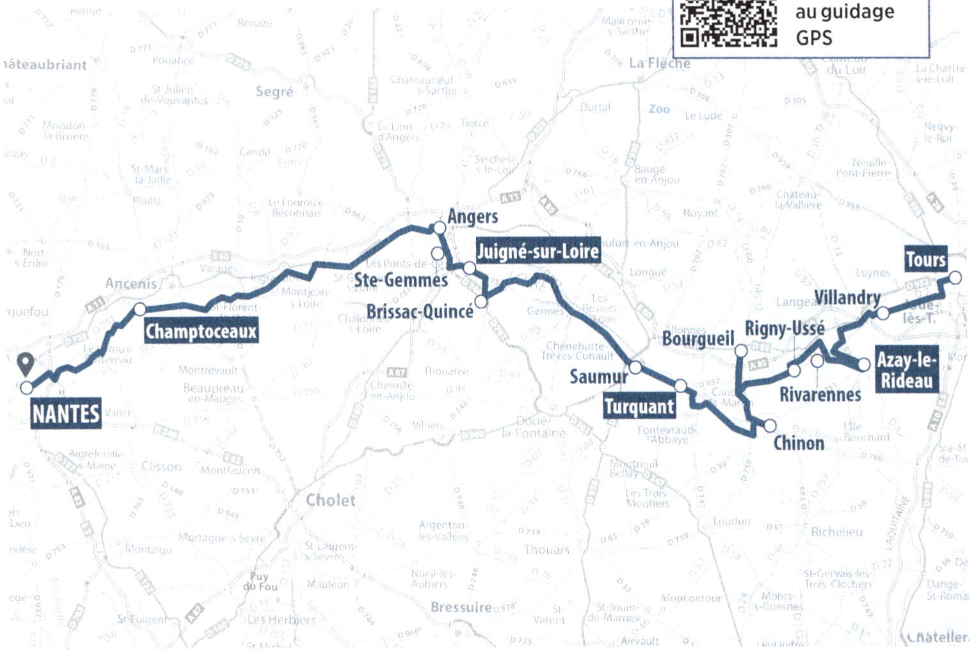

StockPhotoAstur/Getty Images Plus

Le château de Serrant (16ᵉ-17ᵉ s.), à l'ouest d'Angers, ouvre le bal des somptueux châteaux Renaissance qui ponctuent ce road trip.

Comment mieux démarrer qu'entre deux bras de la Loire enlaçant « l'île de Nantes » ? L'ancienne friche industrielle est devenue un QG de jeunes urbains créatifs. La star des lieux : d'anciens chantiers navals transformés en un site d'une folle originalité, entièrement dédiés aux Machines de l'Île, d'immenses créatures poético-mécaniques fabriquées - et exposées - ici, à commencer par le célèbre Grand Éléphant.

Autre créature motorisée, en plus modeste, notre van traverse la Loire pour filer sur la D751, le long du fleuve redessiné chaque jour par les courants et les bancs de sable,

Visites gourmandes et gouleyantes

La Maison de la Poire tapée
Au bord de l'Indre, Rivarennes a abrité près d'une soixantaine de fours destinés à la fabrication de la fameuse poire tapée. La Maison de la Poire tapée vous raconte tout de cette technique ancestrale qui remonterait au néolithique et dont la vertu principale, contrairement à la cuisson, est de préserver vitamines et minéraux. Dégustation commentée en fin de parcours.
1 chemin des Écoliers - Rivarennes - ☏ 02 47 95 47 78 - maison-poire-tapee.fr - de déb. juil. à mi-sept. : 10h30-12h, 14h-18h ; avr.-juin et de mi-sept à mi-oct. : 14h30-18h - dégustation 4 €.

Les caves Bouvet Ladubay
À Saumur, la maison Bouvet-Ladubay propose de visiter ses caves… à vélo ! Pas moins de 8 km de galeries ont en effet été creusés dans le tuffeau. Cette maison fondée en 1851 par Étienne Bouvet, l'un des premiers producteurs de saumur brut, dévoile ici toutes les étapes de l'élaboration de ses vins, de la première fermentation à l'étiquetage des bouteilles. Si pédaler ne vous dit rien, optez pour la visite classique. Dans tous les cas, cela se terminera par une dégustation.
1 r. de l'Abbaye - Saumur - ☏ 02 41 83 83 83 - www.bouvet-ladubay.fr - visite des caves à vélo (1h30 sur réserv.) 9 €.

---

ourlé des vignobles et des maisons blanches du pays nantais, terre de maraîchage aussi. Stop donc à la Ferme de la Chebuette à St-Julien-de-Concelles en prévision du pique-nique (bio). Au crépuscule, vous voici assis dans un kayak à Champtoceaux, pour une descente du fleuve au coucher de soleil. La journée déjà terminée : au dodo !

DE CHÂTEAUX EN CHÂTEAUX

Premier château, celui de Serrant. Derrière son harmonieuse façade, ce château de la Renaissance renferme un très bel ensemble meublé. Point d'orgue de cette visite, sa gigantesque bibliothèque lambrissée par les reliures de quelque 12 000 livres. Tout aussi vertigineux, voici le château d'Angers qui en impose du haut de son promontoire rocheux. Flanquée de 17 hautes tours, cette prodigieuse forteresse abrite un trésor de délicatesse : la tenture de l'Apocalypse, fleuron de l'art médiéval. Et de deux châteaux. La journée a filé, il est déjà temps d'un deuxième dodo, à Juigné-sur-Loire, face au fleuve.

C'est reparti ! Le soleil nous réveille pile pour le petit déj' au château de Brissac, où un salon de thé s'alanguit (et nous avec) dans le parc manucuré. Le château n'est pas mal non plus, le plus haut de France, sept étages et 204 pièces ! Retour en bord de Loire, Saumur approche, siège du célèbre Cadre noir, son grand manège, ses écuries et sa sellerie musée. Un saut

au château, un autre dans les ruelles tortueuses, et nous voilà chez Loire Évasion pour embarquer à bord d'une toue (ou d'un chaland traditionnel), pour une balade-découverte. Remontez dans votre van et ouvrez les yeux sur le mix vignes et villages troglodytiques creusés dans le tendre tuffeau des falaises, comme Turquant, l'étape de la nuit.

SUR LA ROUTE DES VINS DE LOIRE

La journée s'ouvre sur un sacré morceau de France et l'une des plus grandes cités monastiques d'Europe : l'abbaye royale de Fontevraud (12ᵉ s.) abrite les gisants polychromes des Plantagenêts, dont celui d'Aliénor d'Aquitaine. Cet ensemble patrimonial exceptionnel s'étend sur six hectares. Reprenez votre souffle sur la route des vins de Loire : Bourgueil (dont Rabelais vantait déjà les mérites) et son abbaye royale ouverte au public et à l'art contemporain ; Chinon et sa forteresse royale… Autant de noms gouleyants et de châteaux qui défilent (on ne les compte plus).
Celui d'Ussé pointe ses tours au loin, auréolé de cette légende voulant

Les Coflocs

MON PLUS BEAU SOUVENIR

Bienvenue à Nantes, avec la découverte des Machines de l'île et du château des Ducs de Bretagne. L'une des villes les plus douces de France ! Ensuite le road trip consiste à suivre la Loire tout en empruntant çà et là ses plus beaux ponts pour la traverser. Saumur nous accueille avec son imposant château surplombant le fleuve. En route vers Tours, mon coup de cœur est le petit village de Bréhémont, son quai, à fleur de Loire, permet d'observer les embarcations typiques : les toues. Ensuite nous faisons un arrêt à Azay-le-Rideau. Ce petit château au milieu de l'eau est une merveille de la Renaissance. Enfin, cap sur Tours, ville dynamique et riche en patrimoine. La vieille ville, avec ses maisons à colombages et sa cathédrale, clôture en beauté notre voyage le long de la Loire. Pour plus d'insolites, continuez jusqu'aux maisons troglodytiques de Vouvray. La guinguette Sauvage à Chargé offre un espace paisible en bord de Loire pour vous désaltérer.

Florian Mosca
Cofondateur @lescoflocs

Divisée au temps du pénitencier en plusieurs étages de dortoirs, la vaste église abbatiale de Fontevraud du 12ᵉ s. a retrouvé son ampleur et sa pureté originelles.

Villandry : jardins et château

Villandry est d'abord un jardin d'exception, tout de couleurs délicates, d'espèces artistiquement conjuguées, de haies taillées, de tilleuls alignés et de tonnelles parfumées par les rosiers. Durant la Renaissance, l'apparition de légumes provenant des Amériques intensifia l'intérêt pour les potagers. Celui de Villandry a été reconstitué au début du 20e s. par Joachim Carvallo à partir de documents du 16e s. Il conjugue la tradition monastique du potager au dessin géométrique à celle des jardins d'ornement italiens.
Villandry c'est aussi un joli château, qui restitue avec sensibilité l'atmosphère des siècles passés.
3 r. Principale - 02 47 50 02 09 - www.chateauvillandry.com - 9h-17h30/19h selon la saison - 13 €.

qu'il ait inspiré le château de la Belle au bois dormant. Serez-vous enchanté par ses façades ouvragées, la délicatesse de ses intérieurs et ses beaux jardins en terrasses ? Balzac, lui, préférait Azay-le-Rideau, qu'il

comparait à un « diamant à facettes serti dans les eaux de l'Indre ». Les décors intérieurs ont été reconstitués dans leur état historique au 19ᵉ s., dans le moindre détail, grâce aux nombreux documents d'archives. Étourdi par ce chef-d'œuvre Renaissance ? Vous retrouverez vos esprits après une belle nuit sur l'aire juste à côté.

On rame pour arriver à l'heure chez Kryzalid'Natur, pour descendre la Loire de Savonnières à Bréhémont (17 km - 3h), un œil sur les châteaux de Villandry et de Langeais, l'autre sur les ragondins, castors et autres aigrettes.

Et puis voici Tours, ses promenades sur les quais, ses ravissantes rues piétonnes où musarder, de la cathédrale à la place Plumereau, des nobles hôtels Renaissance aux jardins du prieuré St-Cosme, cher à Ronsard, le « prince des poètes et poète des princes ». Ainsi s'achève ce road trip châteaux de la Loire. Ou était-ce la Loire des châteaux ?

Les jardins de Villandry reproduisent magnifiquement l'ordonnancement des jardins Renaissance.

CARNET DE ROUTE

PAUSES NOCTURNES

Étape 1

Champtoceaux
Aire de Champtoceaux
Le Champalud -
📞 02 41 69 35 72
Permanent
Borne artisanale
10 🅿 - Illimité - 6 €/j. - borne comprise ; paiement à la mairie
Services : WC
Située sur les hauteurs de Champtoceaux avec jolie vue sur la Loire.
GPS : W 1.2658 N 47.33736

Étape 2

Juigné-sur-Loire
Spot nature
Par la D132, puis le chemin du Pont-du-Magasin.
Un lieu sympa près de la Loire, ombragé et calme.
GPS : W 0.472295
N 47.414398

Étape 3

Turquant
Aire de Turquant
Derrière l'église -
📞 02 41 38 11 65 -
www.turquant.fr
Permanent
Borne AireService 2,50 €
20 🅿 - Illimité - gratuit
Paiement : jetons (commerçants et mairie)
Services : WC
Emplacements stabilisés. Bien située, au pied du village.
GPS : E 0.02916 N 47.22388

Étape 4

Azay-le-Rideau
Camping Le Sabot
Rue du Stade -
📞 02 47 45 42 72 -
camping-azay-le-rideau.fr
De déb. avr. à fin oct. -
184 empl. -
borne artisanale 5 €
Tarif camping : 22,20 €
(10A) - pers. suppl. 5,40 €
Services et loisirs :
Grands emplacements, à proximité du château et au bord de l'Indre.
GPS : E 0.46963 N 47.25863

Entre les étapes

Brissac-Quincé
Aire de Brissac-Quincé
Parking de l'Aubance -
📞 02 41 78 26 21 - www.anjou-vignoble-villages.com
Permanent -
Borne artisanale : gratuit
10 🅿 - Illimité - gratuit
Services : WC
Face au château de Brissac.
GPS : W 0.4463 N 47.35465

Bourgueil
Camping municipal de Bourgueil
31 av. du Gén.-de-Gaulle -
📞 02 47 97 85 62 -
www.bourgueil.fr
De déb. mai à mi-sept. -
76 empl.
borne artisanale

Tarif camping : 2,80 €
8,20 € (6A) 4,20 €
Services et loisirs :
Emplacements généreux dans un cadre verdoyant et ombragé près d'un plan d'eau.
GPS : E 0.16684 N 47.27381

Chinon
Camping Intercommunal de l'Île Auger
Quai Danton -
📞 02 47 93 08 35
De déb. avr. à fin oct. -
183 empl.
borne AireService 5 €
Tarif camping : 27,20 €
(12A) - pers. suppl. 4,10 €
Services et loisirs :
Situation agréable face au château et en bordure de la Vienne.
GPS : E 0.23654 N 47.16379

Rigny-Ussé
Camping municipal La Blardière
83 r. Principale - 📞 02 47 95 08 50 - www.camping-rigny-usse.com
De déb. mai à fin sept. -
52 empl. -
borne artisanale
Tarif camping : 19 €
(10A) - pers. suppl. 3,50 €
Services et loisirs :
Cadre verdoyant entre l'étang de la Blardière et l'Indre.
GPS : E 0.3021 N 47.2547

CARNET DE ROUTE

BONNES TABLES

Angers
Gribiche
9 r. Max-Richard
☏ 02 41 19 14 48
facebook.com/GribicheAngers
Fermé merc. soir et w.-end.
Deux toques en cuisine : lui est cuisinier, elle pâtissière. Cela donne un excellent pâté en croûte comme spécialité, mais aussi plein d'autres recettes de la gastronomie remises au goût du jour. Et des assiettes généreuses.

Saumur
L'Escargot
30 r. du Mar.-Leclerc
☏ 06 66 70 83 59 -
www.lescargot49.fr
Fermé vend.-lun.
Un joli petit Escargot où prendre le temps de bien manger ! Décor feutré et savoureuse cuisine traditionnelle, élaborée à partir de produits de premier choix. Agréable terrasse.

Chinon
Les Années Trente
78 r. Haute-St-Maurice
☏ 02 47 93 37 18 - www.lesannees-30.com
Fermé mar.-merc.
Nuances de gris, tuffeau, poutres apparentes et jolie cheminée font le charme des salles à manger de ce restaurant du vieux Chinon (petite terrasse sous la tonnelle aux beaux jours). Cuisine actuelle tout en fraîcheur.

Tours
La Maison Colbert
26 r. Colbert
☏ 02 47 05 99 81 - www.maisoncolbert.fr
Fermé dim.-lun.
Bienvenue dans ce bistrot convivial en plein cœur de ville. Une petite table tenue par de grands chefs, qui garantit un rapport qualité-prix exceptionnel à base d'une belle cuisine de marché. On vient de loin pour son marbré de cèpes ou sa poire pochée au vin épicé !

PLEIN AIR ET DÉTENTE

Voler au-dessus de la Loire

Montgolfières d'Anjou
☏ 02 41 40 48 04
www.montgolfieres.fr
Prenez votre envol de l'île de Gennes pour assister à des levers ou couchers de soleil féeriques.

Voguer sur la Loire

Saumur
Loire Évasion
4 r. Paul-Bert
☏ 06 26 99 85 77 - www.loireevasion.com
D'avr. à nov.
Partez en excursion sur la Loire à bord d'une toue ou d'un chaland traditionnel. Au choix : balades découverte (1h) au coucher du soleil, oenotouristique ou encore gastronomique.

La Loire à vélo

www.loireavelo.fr
Avec plus de 800 km de « croisière en roue libre », elle est classée au Patrimoine mondial de l'Unesco. Très beau tronçon de Saumur à Montsoreau par la piste aménagée sur la rive sud de la Loire, entre vignes du Saumurois et villages troglodytiques (Souzay-Champigny et Turquant).

BONNE SOIRÉE

Guinguette de Port Thibault
De vrais plats en fonction des arrivages, une cuisine locale, et une programmation de concerts très dynamique. Vous profiterez de tout cela sur la rive nord de la Loire, non loin de la confluence avec la Maine.
57 Port-Thibault - Ste-Gemmes-sur-Loire - ☏ 02 41 57 35 14 - guinguettedeportthibault.fr - juil.-août : tlj ; reste de l'année se rens.

DE FORÊTS EN ÉTANGS À TRAVERS LA BRENNE

Aux confins du Berry, « le pays des mille étangs » palpite d'une vie insoupçonnée. Amphibiens, gibiers et autres oiseaux peuplent les prairies, les forêts et les roselières. Préservée par le Parc naturel régional de la Brenne, cette terre arrosée de nombreux cours d'eau est aujourd'hui le royaume des randonneurs, pêcheurs et autres rameurs. Au loin la silhouette de fiers châteaux féodaux rappelle que ce doux pays fut longtemps convoité par d'autres envahisseurs.

DISTANCE
138 km

DURÉE
2 jours

DÉPART
Le Blanc

ARRIVÉE
Le Blanc

ACCÈS DEPUIS NANTES
N249 jusqu'à Poitiers puis D951 jusqu'au Blanc - 244 km

QUAND PARTIR ?
Toute l'année, la nature variant suivant les saisons. En été pour les baignades.

Les étapes
- Le Blanc/Mézières-en-Brenne (via Azay-le-Ferron) : 64 km
- Mézières-en-Brenne/Le Blanc (via Rosnay) : 74 km

Les atouts du road trip :

Flashez pour accéder au guidage GPS

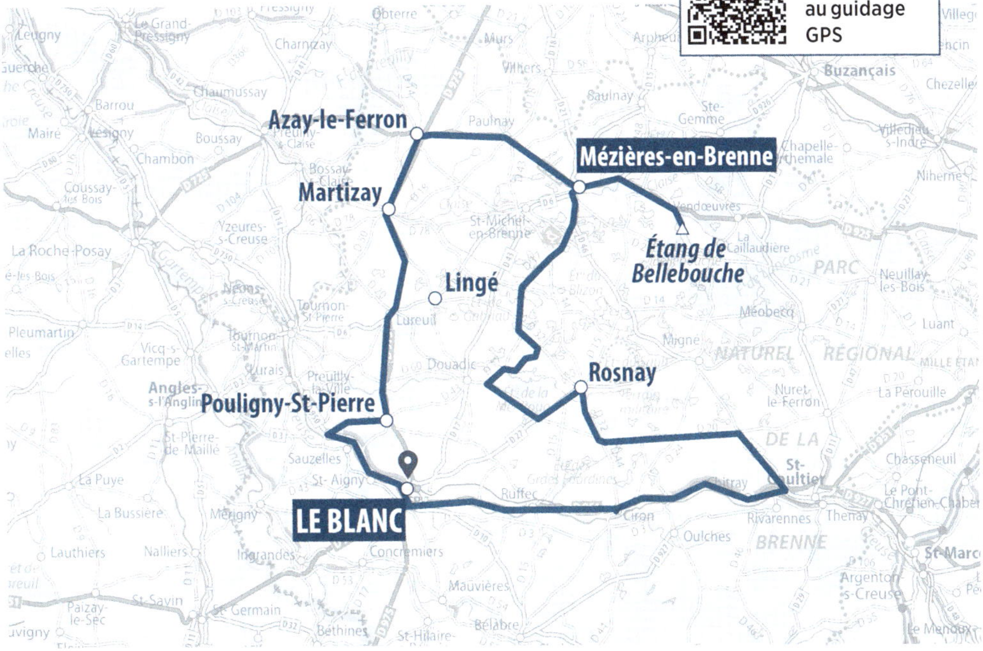

H. Lenain/hemis.fr

Quelle modestie ! Surnommé le « pays des mille étangs », ce petit bout de terre en compterait finalement 3 300, selon le Parc naturel régional de La Brenne. Autre surprise : ce paysage nature du sud-ouest de l'Indre a en fait été façonné par l'homme. Au 12e s., les moines ont transformé les marécages infertiles en étangs poissonneux, inventant au passage la pisciculture.

À PETIT TERRITOIRE, GRANDE HISTOIRE

À découvrir à Fontgombault, sur les vestiges du monastère qui aimait tant le poisson. Mais avant, reprenons le début de l'itinéraire qui commence

Sur la rive droite de la Creuse, au nord-ouest du village du même nom, l'élégante abbaye de Fontgombault est est le seul vestige du puissant monastère bénédictin.

N'oubliez pas vos jumelles et restez à l'affût, vous verrez peut-être un martin-pêcheur dans la Réserve naturelle de Chérine.

Voie verte

À vélo sur une ancienne voie ferrée

Construite au 19e s., à l'époque où Le Blanc était encore un important nœud ferroviaire, l'ancienne ligne de chemin de fer a été transformée en voie verte sur plus de 70 km. Réservée aux cyclistes et aux piétons, elle longe la Creuse et traverse plusieurs petits villages. Au départ du Blanc, une boucle de 26 km (2h30), alternant voie verte et chemins de campagne, permet de découvrir ses environs et de pédaler sur son viaduc posé à 38 m de hauteur, dominant la rivière et ses alentours.

Boucle n° 8, à télécharger sur www.parc-naturel-brenne.fr. Possibilité de louer un vélo à l'office de tourisme du Blanc.

« au Blanc ». Autrement dit dans la commune de Le Blanc, la plus grande de la Brenne, que le van atteint par un beau pont en pierre, vue sur la ville basse alanguie le long de la Creuse, ville haute couronnée de son château de pierre blonde, siège d'un écomusée qui honore la mémoire de ce peuple créateur d'étangs.

On file à vélo sur l'ancienne voie ferrée transformée (quelle bonne idée) en voie verte, avec, en guise de point d'orgue, une vue sur Le Blanc et la Brenne depuis l'ancien viaduc ferroviaire. En bas, les canoës filent sur la Creuse, autre option sympa pour découvrir les lieux.

Un petit creux ? Composez votre pique-nique terroir à la Maison du

Fromage de Pouligny-St-Pierre – fromage AOP du même nom –, filets d'anguille ou de carpe fumées. Vous pourrez le savourer en cours de route ou dans les splendides jardins à la française du château Renaissance d'Azay-le-Ferron (un espace est aménagé pour) et même le compléter avec d'autres produits de terroir vendus à la boutique.

ET CES ÉTANGS ALORS ?

Dix petits kilomètres vers l'est suffisent à rejoindre la base de loisirs de Bellebouche, sur les bords de l'étang du même nom, l'un des plus anciens, des plus grands et des plus beaux de la Brenne. Bigre ! En prime, c'est LE spot baignade de l'été, avec une plage de sable et son armada de pédalos, paddles et kayaks à louer pour explorer ses berges. Après cette journée bien remplie, repos à Mézières-en-Brenne.
C'est reparti, on reprend le fil de l'itinéraire. Les moines ayant décidément bien travaillé, vingt minutes en van suffisent pour rallier l'étang de Beauregard, où un sentier-découverte (4 km) part au cœur des roselières, au royaume des grèbes à cou noir, mouettes rieuses et autres busards des roseaux. Mais juste avant l'étang de Beauregard, vous aurez bifurqué à droite sur la D44 pour rallier la Réserve naturelle de Chérine, qui abrite aussi une importante colonie d'ornithologues à jumelles. Ils nichent dans les discrets observatoires du lieu. N'élevez pas la voix pour les approcher, au risque de déranger l'autre peuple des roselières, hérons pourprés, vanneaux huppés ou échasses blanches. Tout autour, moutons solognots, chevaux camarguais et vaches ariégeoises ne sont pas plus bavards, tout occupés à entretenir écologiquement l'écosystème en paissant en liberté dans ces humides pâturages.

Pêche à l'étang

Chaque fin d'année, les pêcheurs de la Brenne se réunissent lors des pêches aux étangs. Le principe est simple : les pêcheurs actionnent une bonde qui vide progressivement l'étang. Les poissons se concentrent alors dans la « pêcherie » et sont attrapés aisément à l'aide d'un grand filet, le « tramail ». Le spectacle aux airs de ballet fait le bonheur des badauds qui assistent ensuite au tri et à la vente des carpes, des tanches, des brochets et des gardons attrapés.
Dates communiquées par la Maison du Parc - ✆ 02 54 28 12 13 - www.parc-naturel-brenne.fr.

La Brenne est l'un des principaux foyers de la cistude d'Europe, petite tortue d'eau douce. En voie de disparition, cette espèce est protégée. Des panneaux routiers attirent l'attention dans les zones de ses déplacements lors de la ponte, entre mai et juillet.

Après ce grand moment de silence, on remonte dans le van avec l'envie de piailler (ou pas) direction l'étang de la Mer-Rouge, qui doit son drôle de nom au seigneur du cru. De retour de croisade, il lui avait trouvé un air de ressemblance avec la mer Rouge. Il aurait tout aussi bien pu l'appeler l'étang des grues cendrées, puisqu'elles sont nombreuses sur ses berges, surtout mi-octobre, lors des grandes migrations. La population d'ornithologues explose au même moment (là encore, on vous priera de faire silence).

RENDEZ-VOUS À LA MAISON

Fossés herbeux, chaussée étroite, le van joue à saute-étangs sur les routes départementales, jusqu'au hameau classé du Bouchet, siège de la très belle maison du Parc naturel régional de la Brenne. Le bon endroit pour rencontrer des écoguides s'il vous restait des questions, sinon pour croquer les frites de carpe, la spécialité maison puisqu'un restaurant occupe aussi les lieux. Un café, l'addition, cap sur la forteresse médiévale du hameau, postée haut sur son « button », une butte de grès rouge typique de la Brenne. La visite du château est intéressante, la vue captivante depuis le donjon, la Brenne à vos pieds, joliment dorée dans le soleil couchant. Une belle image pour le clap de fin ? Sans aucun doute.

Le château du Bouchet, imposante forteresse médiévale occupée par les Anglais pendant la guerre de Cent Ans, fut restaurée aux 15e et 17e s.

Réserve naturelle

Terres et Étangs de Brenne Massé-Foucault à Rosnay

Cette réserve de 319 ha compte 12 étangs. Trois observatoires sont accessibles. Vous pourrez surprendre canards siffleurs, balbuzards, hérons, aigrettes, milans noirs (...) le matin du grand observatoire de l'étang Bénisme et le soir depuis le petit observatoire. En début de matinée ou en fin de soirée de préférence, l'observatoire de l'étang Massé qui domine l'étang permet d'assister au spectacle d'un coin de nature parmi les plus riches de la Brenne, avec le héron garde-bœuf ou le héron cendré, le bihoreau gris, l'aigrette garzette ou encore la cistude d'Europe... N'oubliez pas vos jumelles ! *www.parc-naturel-brenne.fr - accès libre.*

H. Lezain/hemis.fr

🚐 CARNET DE ROUTE

PAUSES NOCTURNES

AU DÉPART DE NANTES

Étape

Mézières-en-Brenne
Camping municipal de la Caillauderie
39 rte de Châteauroux -
☎ 02 54 38 12 24
De mi-avr. à fin oct. -
16 empl. -
Tarif camping : 8,50 €
- pers. suppl. 3 €
Services et loisirs :
En bordure du canal de la Claise. Appelez pour récupérer la clé du portail.
GPS : E 1.224 N 46.8205

Autres étapes

Pouligny-St-Pierre
Aire de Bénavant
Rte du Blanc - Bénavant -
☎ 02 54 37 10 01
Permanent
Borne eurorelais :
2 €
10 P - gratuit
Paiement : jetons (mairie)
Services :
GPS : E 1.0203 N 46.6561

Lingé
Aire naturelle Le Gab
Étang de la Gabrière -
La Cadetterie -
☎ 02 54 37 19 83 -
restaurantlegab.wixsite.com
De déb. mars à fin déc. -
20 empl. -
borne artisanale 4 € -
Tarif camping : 5 € - 3 €
Services et loisirs :
Au bord de l'étang de la Gabrière, un endroit très calme.
GPS : E 1.169 N 46.7603

Martizay
Aire de Martizay
Rue de la Cornillère -
☎ 02 54 28 01 32 - martizay.fr
De déb. avr. à fin oct. -
Borne artisanale :
gratuit
5 P - gratuit
Services :
Au bord de la rivière.
GPS : E 1.038 N 46.8056

Azay-le-Ferron
La Ferme du Caroire
10 Champ-d'Œuf -
☎ 06 80 40 75 13 -
fermeducaroire.fr
Permanent
Borne artisanale
5 P - Illimité - gratuit
Services :
Élevage de chèvres et de vaches, vente de fromages et produits régionaux.
GPS : E 1.04246 N 46.82796

Étang de Bellebouche
Camping du Domaine de Bellebouche
Étang de Bellebouche -
☎ 02 54 38 28 28 -
www.village-vacances-bellebouche.com
De déb. avr. à fin sept. -
52 empl. -
borne artisanale
Tarif camping : 18 €
- pers. suppl. 7,50 €
Services et loisirs :
Camping nature sur la base de loisirs de l'étang de Bellebouche.
GPS : E 1.3054 N 46.7987

Rosnay
Camping municipal Les Millots
Rte de St-Michel-en-Brenne -
☎ 02 54 37 80 17
De mi-fév. à mi-nov. -32 empl. -
borne artisanale
Tarif camping : 2 € 6 €
4 € (10A) 3,50 €
Services et loisirs :
Petite et agréable structure soignée, au bord d'un étang.
GPS : E 1.21171 N 46.70645

Au départ ou à l'arrivée

Le Blanc
Aire du Blanc
Pl. du gén.-de-Gaulle -
☎ 02 54 37 05 13 -
ville-leblanc.fr
De déb. avr. à fin oct. (interdit le sam. matin (marché)
Borne eurorelais 2 € 2 €
6 P - Illimité - gratuit
Paiement : jetons (office de tourisme)
Services :
GPS : E 1.06139 N 46.63164

CARNET DE ROUTE

BONNES TABLES

Mézières-en-Brenne
Le Bellebouche
Base de loisirs de Bellebouche
9 km à l'est de Mézières
☏ 02 54 37 74 40
www.lebellebouche.com
Fermé d'oct. à mai et lun. en sept.
À l'ombre de chênes centenaires, la grande terrasse offre une vue imprenable sur la plage et le lac. Plats, salades, assiettes de fromage.

Lingé
Auberge de La Gabrière
2 La Gabrière
☏ 02 54 37 80 97
www.aubergedelagabriere.com
Fermé mar. soir et merc.
Cette grande salle de restaurant d'esprit rustique se trouve face à l'étang de La Gabrière. Au menu : bon choix de poissons de rivière et gibier en saison. Le week-end, la maison est très fréquentée.

PLEIN AIR ET DÉTENTE

Parc naturel régional de la Brenne
www.parc-naturel-brenne.fr
La palette d'activités, de la découverte à la détente, varie en fonction de la saison. Sortie nature, observation ornithologique, randonnées pédestres, cyclo ou équestre… Le Parc publie chaque année un Guide pratique, en téléchargement sur son site Internet. À consulter avant de partir pour profiter au mieux sur place, car il faut parfois réserver.

En canoë sur la Creuse

Le Blanc
Canoë Évasion
Base de Plein Air Les Landelles
☏ 02 54 37 36 85
canoevttevasion.jimdofree.com
Qu'il est bon de voguer à son rythme en observant la nature… Lors de votre sortie d'une demi-journée, vous apercevrez peut-être un castor (eh oui !). Juste envie de pagayer ? Optez pour une heure de paddle.

LE BERRY, TERROIR DE FROMAGES

Trois fromages de chèvre d'appellation d'origine contrôlée constituent le fleuron de la gastronomie berrichonne. Tous trois sont affinés au moins pendant 10 jours. Deux ont une forme pyramidale : le pouligny-st-pierre, qui se distingue par sa pointe et sa couleur légèrement bleutée, et le valençay, qui présente un sommet tronqué et une croûte cendrée. Quant au crottin de Chavignol, il a une forme de palet et une texture variant selon son affinage.

Au départ de Bordeaux

Spot dans l'estuaire de la Gironde. @lescoflocs

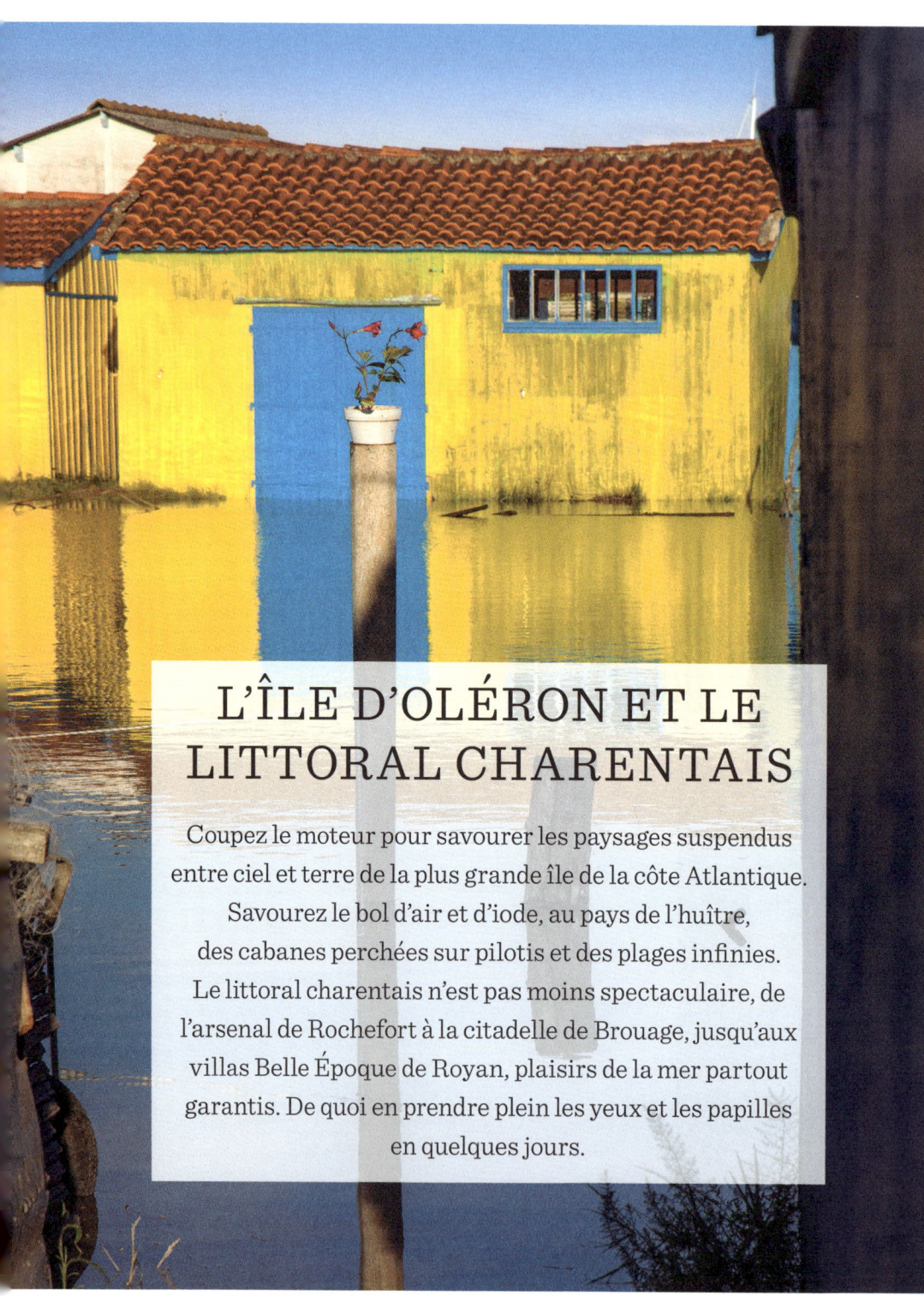

L'ÎLE D'OLÉRON ET LE LITTORAL CHARENTAIS

Coupez le moteur pour savourer les paysages suspendus entre ciel et terre de la plus grande île de la côte Atlantique. Savourez le bol d'air et d'iode, au pays de l'huître, des cabanes perchées sur pilotis et des plages infinies. Le littoral charentais n'est pas moins spectaculaire, de l'arsenal de Rochefort à la citadelle de Brouage, jusqu'aux villas Belle Époque de Royan, plaisirs de la mer partout garantis. De quoi en prendre plein les yeux et les papilles en quelques jours.

DISTANCE
217 km

DURÉE
3 jours

DÉPART
Rochefort

ARRIVÉE
Royan

ACCÈS DEPUIS BORDEAUX
A10 et A837 sortie 32
pour Rochefort - 157 km

QUAND PARTIR ?
Au printemps ou en automne, pour profiter de l'île et du littoral, plus tranquilles. L'hiver, c'est l'un des rares spots en Atlantique où pratiquer le surf.

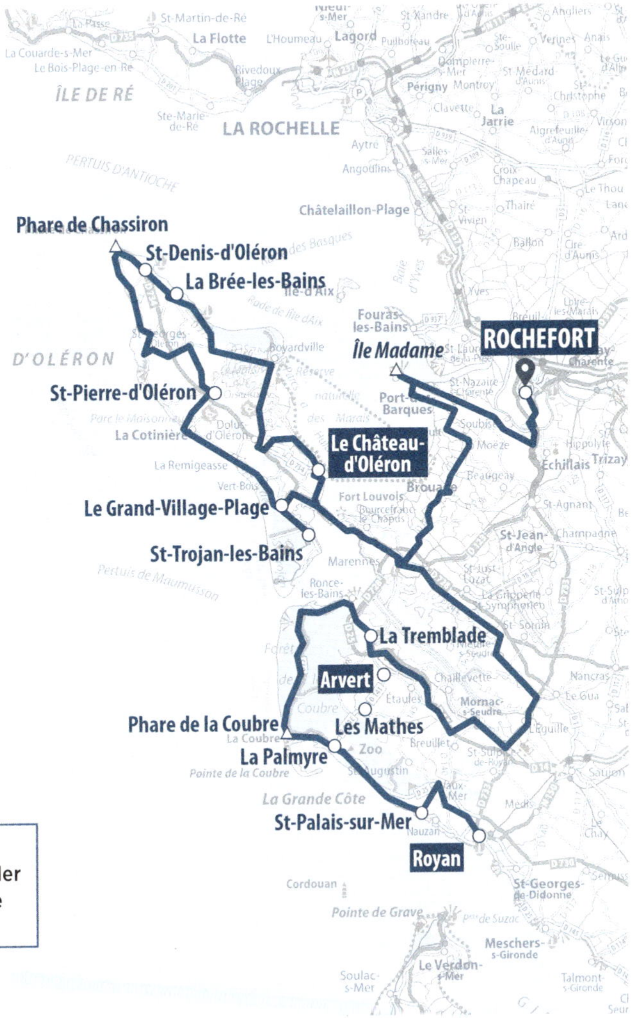

Les atouts
du road trip :

Flashez pour accéder au guidage GPS

Les étapes
- Rochefort/Le Château-d'Oléron : 48 km
- Le Château-d'Oléron/Arvert : 80 km
- Arvert/Royan : 89 km

AU DÉPART DE BORDEAUX

Vélo, OK. Surf, OK. Lunettes de soleil, pareil. Tant mieux, si votre équipement est au complet, car il fait grand beau ce matin sur l'arsenal de Rochefort, créé par le roi Soleil pour ses rêves de puissance maritime. Corderie royale et musée de la Marine, le « Versailles de la mer » est aussi à embrasser d'en haut, depuis l'insolite « parcours aventure » de l'arsenal : la reconstitution grandeur nature de la mâture de l'*Hermione*, une célèbre frégate royale, où vous évoluerez dans une jungle de cordages. L'océan est partout à Rochefort, sauf dans la ville, puisque c'est la Charente qui baigne l'arsenal.

L'APPEL DE L'OCÉAN

Tels les bateaux qui remontaient jusqu'à l'Atlantique, on part vers l'estuaire, le long des petites routes plates, champs verdoyants et villages blancs. En chemin, voici l'île Madame, la plus petite et la plus sauvage des îles du littoral charentais, qu'on rejoint à pied et à marée basse, sur un extraordinaire chemin d'1 km entre terre et mer.

Puis voici la forteresse-village de Brouage, un ancien port de mer que les mouvements géologiques ont fait s'échouer au milieu des marais, et enfin Marennes, la porte du pays de l'huître : avec 6 000 ha de parcs à huîtres et 3 000 ha de claires, Marennes-Oléron est le premier bassin ostréicole d'Europe. Dans la bourriche : les célèbres cabanes colorées sur pilotis, la cité de l'Huître (tout sur le coquillage

L'île d'Oléron recèle de jolies plages de sable fin où étendre votre serviette pour une pause farniente en cours de route.

star), les visites chez les ostréiculteurs et la promenade à vélo sur le « chemin des Claires ». Vos taux de zinc et d'iode vont grimper en flèche. En face, un pont... Mais oui, il va vers Oléron, où camper cette nuit.
Frais et dispo le lendemain ? Tant mieux, ça va remuer. L'île est certes la plus grande de la façade atlantique (32 km sur 8), mais on peut circuler d'un spot à l'autre dans la journée.

Choisissez en fonction de l'activité : paddle, canoë ou kayak à Grand-Village-Plage, toutes voiles possibles (char, planche, catamaran et dériveur) au club nautique de Dolus-d'Oléron, plongée tous niveaux avec le club Les Joyeux Corsaires à St-Georges-d'Oléron (le plus ancien bourg de l'île), pêche à pied sur les plages de St-Denis-d'Oléron et de La Cotinière (en veillant au respect des règles

Ca. Guy/hemis.fr

encadrant la pratique), et puis le surf, bien sûr, ici dans l'un de ses royaumes. La houle est bonne et la météo clémente permet de pratiquer toute l'année : niveau confirmé à la pointe de Chassiron, débutant à la pointe des Boulassiers, près de St-Denis-d'Oléron, où on se réconfortera avec un « puits d'amour », spécialité de la pâtisserie du même nom, une pâte à choux à la crème chiboust caramélisée. Le pays de l'huître sait cuisiner. Entre autres bonnes adresses, mention spéciale au Relais des Salines à Grand-Village-Plage, dans une ancienne cabane ostréicole turquoise, ou au Jour du Poisson à St-Denis-d'Oléron, dans une ancienne moulerie. Sans oublier les marchés bien achalandés (tous les villages de l'île en ont un), l'un des plus réputés étant celui du village fortifié de Château-d'Oléron, une ancienne place forte du 17e s. Autre moment fort : une visite guidée de la criée du port de La Cotinière (sur réserv. à l'office de tourisme). Doté d'un toit-terrasse panoramique, le nouveau bâtiment a été pensé pour offrir une vue sur le marché aux poissons et le retour des bateaux de pêche.

RETOUR SUR LE CONTINENT

Et toujours l'huître pour ponctuer le parcours. Promenade à Mornac-sur-Seudre, deuxième port ostréicole de l'estuaire, avec ses jolies maisons blanches aux volets bleus et ruelles sinueuses qui dégringolent jusqu'au port. Vous aimerez aussi la balade pédestre des marais (3 ou 5 km), le long des « taillées », ces digues qui quadrillant les claires à huîtres. Après une nuit à Arvert, filez à Royan, dernière étape. Entre la pointe de la Coubre et Royan se déploie la « Grande côte ». Plusieurs parkings sont aménagés au niveau où la D25 quitte le bord de mer. C'est ensuite à pied que vous irez admirer le panorama. Les jours de gros temps, vous assisterez au spectacle grandiose des lames s'écrasant avec fracas. La Gironde, la pointe de Grave, le phare de Cordouan, la pointe et le phare de la Coubre forment un superbe tableau.

Détruit à 80 % par les bombardements alliés de 1945, le centre-ville de Royan a été reconstruit dans un style moderniste fonctionnel, reconnu

Au Grand-Village-Plage, l'écomusée du Port des Salines a pris place dans d'anciennes cabanes ostréicoles. Pour apprécier l'originalité de la faune et de la flore du marais salants encore en activité, optez pour une promenade en barque.

Visites insulaires

Île Madame
À la Ferme aquacole, on élève des huîtres de claires, on cultive la salicorne et des céréales (en bio), on récolte le sel et on élève des moutons qui se chargent d'entretenir les prairies de l'île. Visite de l'exploitation, dégustation, boutique et ferme-auberge (le midi uniquement) où sont servis les produits de la ferme exclusivement.
☎ 05 46 84 12 67 - www.ilemadame.com - *visite sur réserv., en fonction du travail à la ferme et des marées - boutique : tlj sf dim. 11h-18h - fermé oct.-mars - 5 €.*

Île d'Oléron
Au Grand-Village-Plage, le Port des Salines, espace enclavé entre la route menant au pont, les claires à huîtres et la forêt domaniale, permet de découvrir un marais salant en activité. Commencez la visite par l'écomusée, logé dans quatre anciennes cabanes ostréicoles, où les différents aspects de la saliculture sont évoqués au moyen d'expositions interactives. Le sentier d'interprétation donne l'occasion de mieux comprendre l'organisation d'un marais salant. Et la location d'une barque de le découvrir à fleur d'eau. Produits en vente dans la boutique.
Rue des Anciennes-Salines -
☎ *05 46 75 82 28 - www.port-des-salines.fr - juil.-août : 10h-19h, dim. 14h-19h ; reste de l'année : 10h-12h30, 14h-18h, merc. 10h-18h, dim. 14h-18h - fermé déc.-mars - 4,50 € - visite-dégustation 7,50 €, apéro-barque 12 €/pers., location de barque 16 €/4 pers.*

L'ÎLE D'OLÉRON ET LE LITTORAL CHARENTAIS

De phare en phare

Phare de Chassiron
Il vous faudra gravir 224 marches pour accéder au sommet de ce phare haut de 46 m. Érigé en 1685, puis reconstruit en 1836, c'est le plus ancien phare de France encore en activité après celui de Cordouan. Du sommet, vaste panorama sur Oléron, la tour jaune d'Antioche (1925) et ses rochers qui causèrent bien des naufrages, les îles d'Aix et de Ré, La Rochelle et La Pallice.
Pointe de Chassiron - île d'Oléron - ☎ 05 46 75 18 62 - chassiron.jimdo.com - juil.-août : 9h30-20h30 ; avr.-juin et sept. : 10h-19h ; reste de l'année : 10h-17h - 4,40 €.

Phare de la Coubre
Trois fois reconstruit depuis 1895 à cause de la mobilité de la dune, l'ouvrage actuel de 1905 s'élève à plus de 60 m. C'est l'un des plus puissants phares de France. On atteint son sommet par 300 marches, puis par une échelle métallique. De là, la vue porte sur le phare de Cordouan, la pointe de Grave et la Côte de Beauté jusqu'aux falaises de Meschers.
Lieu-dit La Coubre - D 25 - La Tremblade - ☎ 05 46 06 26 42 - www.pharedelacoubre.fr - juil.-août : 10h-19h30 ; avr.-juin et sept. : 10h-13h, 14h-18h ; reste de l'année : se rens. - fermé du 11 Nov. à déb. fév. - 4 €.

désormais comme exemplaire. La monumentale église Notre-Dame en béton armé, considérée comme un chef-d'œuvre de l'architecture moderne, a été conçue par Guillaume Gillet suivant la directive du maire : construire l'église la plus grande et la plus haute possible avec des moyens limités. Assurément, on ne voit qu'elle ! Autrement, profitez de la douceur de vivre le long d'une ribambelle de pimpantes villas Belle Époque, élevées entre les années 1870 et les années 1950 dans les quartiers du parc et de Pontaillac (accessible par une piste cyclable). Arrêt baignade sur la plage toute réchauffée de soleil (peut-être). À moins que vous ne préfériez la Grande Conche, célèbre pour ses tentes rayées, longue plage de 2 km bordée de belles villas historiques. En tout cas, le plaisir sera d'autant plus délicieux si vous passez avant chez le confiseur-glacier Lopez, une institution royannaise. Et votre périple s'achèvera en douceur.

Littoral et terres basses entre St-Trojan et Boyardville sont dédiés à l'ostréiculture, richesse de l'île d'Oléron.

CARNET DE ROUTE

PAUSES NOCTURNES

Étape 1

Le Château-d'Oléron
Aire du Moulin des Sables
Bd Philippe-Daste -
☏ 05 46 75 53 00
Permanent -
Borne AireService
180 – Illimité - 15,50 €/j. -
borne compris
Paiement : CC
Services : WC
Ancien camping municipal avec sanitaires complets. Gravier, ombrage.
Bus pour la plage et la ville.
GPS : W 1.20219 N 45.8964

Étape 2

Arvert
Spot nature
Au bout de la D141
Sur un parking en terre sur l'estuaire (attention en cas de forte pluie), jolie vue sur les carrelets et les baraques de pêche. Ne pas stationner lors des grandes marées.
GPS : W 1.094 N 45.762

Entre les étapes

La Brée-les-Bains
Parking
Pré Guichard
Permanent
Hauteur limitée 2 m
6 – gratuit
Vue sur les marais, calme la nuit. Piste cyclable et spot de pêche à proximité. Table de pique-nique.
GPS : W 1.3349 N 45.9957

St-Pierre-d'Oléron
Parking
Rte des Grande Coutas -
Permanent
10 – gratuit
Services : WC
Parking plat et calme avec accès à une belle plage.
GPS : W 1.3701 N 45.9414

Les Mathes
Aire naturelle
Au Jardin près de l'Océan
14 r. Chalarol - ☏ 06 04 02 75 13 - www.jardin-ocean.fr
De fin mars à fin oct. - 30 empl.
borne artisanale
Tarif camping : 20 €
– 5,50 € - pers. suppl. 6 €
Services et loisirs :
GPS : W 1.15487 N 45.71275

La Palmyre
Camping Beausoleil
20 av. de La Coubre -
☏ 05 46 22 30 03 -
www.campingbeausoleil.com
De déb. avr. à fin sept. -
244 empl. -
borne artisanale
Tarif camping : 36 €
(10A) - pers. suppl. 5,70 €
Services et loisirs :
Adresse familiale dans une pinède, calme, à 400 m de la plage.
GPS : W 1.18301 N 45.69242

St-Palais-sur-Mer
Camping Côte de Beauté
157 av. de la Grande-Côte -
☏ 05 46 23 20 59 -
www.camping-saintpalaissurmer.fr
De déb. avr. à fin sept. -
115 empl.
borne artisanale
Tarif camping : 32 €
(10A) - pers.
suppl. 6,20 €
Services et loisirs :
Quelques emplacements au-dessus de la route avec vue panoramique sur l'océan.
Navette pour le centre-ville.
GPS : W 1.1191 N 45.64973

Phare de la Coubre.

CARNET DE ROUTE

BONNES TABLES

Rochefort
La Petite Kabane
38 r. Audry-de-Puyravault
📞 05 46 99 18 64 - www.lapetitekabane.fr
Fermé dim. et le soir.
Un petit restaurant écoresponsable, profondément attaché à réduire au maximum son impact. Cuisine fraîche, saine, inventive et locale, servie en bocaux. Sur place ou à emporter.

Le Grand-Village-Plage
Le Relais des Salines
Port des Salines
📞 05 46 75 82 42
Fermé dim. soir et lun. hors sais.
Cette cabane ostréicole offre une jolie vue sur les paysages des salines. Carte simple de produits de la mer bien cuisinés et présentés.

St-Denis-d'Oléron
Le Jour du Poisson
3 r. de l'Ormeau
📞 05 46 75 76 21
Fermé mar.-jeu.
Dans ce joli village au nord de l'île, un couple a fait de cette ancienne moulerie un restaurant charmant. Comme son nom l'indique, le poisson est la star de la carte… mais pas que : on fait volontiers des associations terre-mer. Une cuisine fine et ciselée : on comprend pourquoi c'est souvent complet !

Royan
La Siesta
140 r. Gambetta
📞 05 46 38 36 53 - www.lasiesta-royan.fr
Ce restaurant a été reconstruit en lieu et place du Café des Bains où Pablo Picasso résida en 1940. Il profite d'une belle vue avec sa salle en rotonde qui donne sur le port de plaisance. Spécialités de bruschettas et produits de la mer. Bonne cuisine classique de maître restaurateur.

PLEIN AIR ET DÉTENTE

L'île d'Oléron à vélo
Près de 160 km de pistes cyclables : au sud, entre Lannelongue et Grand-Village-Plage, en passant par la forêt domaniale ; à l'ouest de Boyardville, le long de la forêt des Saumonards et de la plage ; au nord, entre les Trois-Pierres et le phare de Chassiron. Les loueurs sont nombreux. Cartes en téléchargement sur www.ile-oleron-marennes.com.

Promenade en p'tit train

St-Trojan-les-Bains
Départ de la gare - rue Camille-Samson
📞 05 46 76 01 26 - www.le-ptit-train.com
D'avr. à sept.
Incontournable avec des enfants ! Ce train sur rails pour touristes fut créé en 1963 sur le tracé de l'ancienne voie ferrée de l'île. Il longe les plages de Gatseau et de Maumusson sur la Côte sauvage, jusqu'à la pointe de Gatseau.

Prendre le dernier vapeur

La Tremblade
Train des mouettes
Gare touristique - rue de la Résinerie
📞 05 46 05 37 64 - www.traindesmouettes.fr
D'avr. à nov.
Tracté par des locomotives à vapeur de 1891 et 1912, ce train parcourt une ancienne voie ferrée sur 21 km, entre La Tremblade et Saujon. Une manière sympathique de découvrir les bords de la Seudre et les paysages de marais salants.

PÊCHE À PIED

Des règles encadrent cette activité afin de préserver l'écosystème marin. Parmi les plus importantes : il est interdit de récolter plus de 5 kg par jour par personne et de pêcher des espèces qui n'ont pas atteint leur taille adulte. Réglementation consultable sur : www.iodde.org.

TABLEAU VIVANT EN VALLÉE DE LA CREUSE

Ah, le goût des Impressionnistes ! Cent cinquante ans avant nous, Monet et ses amis avaient déjà repéré toute la beauté sauvageonne de cette vallée bucolique dessinée par la Creuse. Entre deux petites routes bordées de haies vives, vous pourrez randonner dans les gorges, découvrir l'art de la tapisserie à Aubusson, observer le repas des loups dans les monts de Guéret ou vous baigner dans le lac d'Éguzon. Un road trip beau comme un tableau !

DISTANCE
165 km

DURÉE
3 jours

DÉPART
Aubusson

ARRIVÉE
Argenton-sur-Creuse

ACCÈS DEPUIS BORDEAUX
A89 sortie 23 puis D982 -
350 km

QUAND PARTIR ?
De mai à septembre de
préférence. Les activités
sont plus nombreuses et
les températures
plus douces.

Les étapes

- Aubusson/Moutier-d'Ahun : 21 km
- Moutier-d'Ahun/Bourg-d'Hem : 71 km
- Bourg-d'Hem/Argenton-sur-Creuse : 73 km

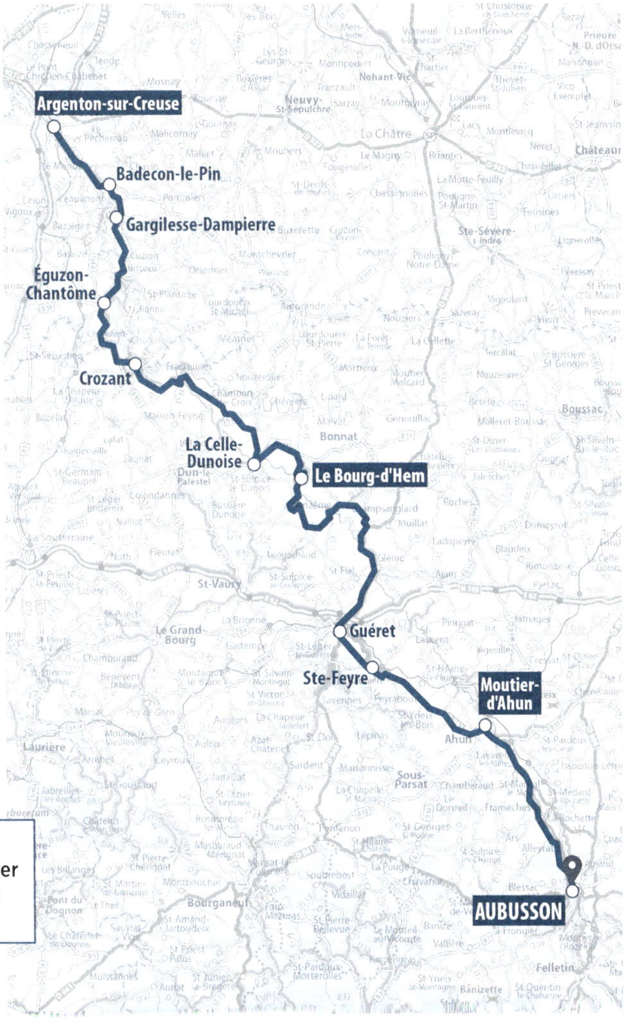

Les atouts du road trip :

Flashez
pour accéder
au guidage
GPS

Faire tapisserie ? Non merci ! Attendez de découvrir Aubusson, capitale de cet art à la française depuis le 17e s. Son fleuron est ici : la Cité internationale de la tapisserie, qui dit tout de cette technique complexe, de sa naissance au 15e s. à son formidable renouveau contemporain. La journée passera (trop) vite, entre les manufactures encore actives et les ruelles du centre historique, ses maisons en granit, ses tours rondes et tourelles.

LA NATURE REPREND SES DROITS

Aux portes d'Aubusson, les paisibles départementales longent la Creuse, avec ses paysages vallonnés où paissent les troupeaux. Bientôt, un pont à arches typiquement limousin enjambe le fleuve : voici Moutier-d'Ahun, blotti sous son église romane, dans un écrin de collines boisées et de prairies verdoyantes. Pas mieux pour une première nuit, avant la visite, le lendemain, de l'impressionnant château de Villemonteix (15e s.), qui dresse ses tourelles sur la verte campagne.

On reprend le volant. Routes bordées de haies vives et tapis de fougères,

MON PLUS BEAU SOUVENIR

« Moi ce que j'aime dans la Creuse, c'est qu'il y a beaucoup d'arbres et très peu de gens. » C'est ce que nous a dit Nicole, animatrice et sculptrice lors de notre arrivée en Creuse. Effectivement si vous aimez la nature, la Creuse est une destination inspirante, sauvage et idéale pour la vanlife car vous y trouverez de nombreux spots nature pour stationner, notamment sur le plateau de Millevaches. C'est ici que se trouve le lac de Vassivières, qui dégage un petit air de Canada et dans lequel vous pourrez vous adonner à la baignade et au paddle. Je vous recommande aussi de visiter Aubusson et sa Cité internationale de la tapisserie qui est à la fois un musée et un lieu de créations contemporaines où vous pourrez admirer les tapisseries modernes dédiées à l'œuvre de Miyazaki ou J.R.R Tolkien. Une autre œuvre contemporaine à voir durant votre road trip : l'église de Sous-Parsat, à côté des villages de Moutier-d'Ahun et Masgot.

**Laurent Lingelser
Cofondateur @lescoflocs**

Les Ateliers Pinton, dernière manufacture felletinoise à perpétuer la tradition de la tapisserie d'Aubusson.

TABLEAU VIVANT EN VALLÉE DE LA CREUSE

voilà Guéret, qui est à la nature ce que d'autres sont à la mer : une cité-étape, d'où rayonner pour profiter des monts du même nom (de Guéret, donc). Au choix : randonnée dans lesdits monts, toujours, ou VTT, canoë-kayak, parapente… ! Et même observation des loups, puisqu'une quarantaine d'entre-deux habitent le parc animalier de Ste-Feyre, où l'espace musée fait le point sur le retour controversé de l'espèce dans nos campagnes… Sacré débat pour animer le déjeuner aux accents du terroir, ambiance cantine du midi à l'épicerie-resto Le Cabas creusois, plus bourgeoise au Coq en Pâte, demeure cossue, tables nappées et terrasse d'été.

ET ON PREND LA CLÉ DES CHAMPS

Littéralement. Oubliez la nationale qui monte droit vers Crozant, vive la D940 qui fait le yoyo avec les bords de Creuse, s'en éloigne pour mieux les retrouver. Du gris (les maisons, les rochers), du vert (les champs, les forêts) … Les villages défilent, d'Anzême, avec son clocher en bardeaux de châtaignier, au Bourg-d'Hem sur sa butte qui domine la vallée, pour l'étape de nuit. Le lendemain, ça roule jusqu'à Fresselines, où un sentier balisé (3 km) en l'honneur de Claude Monet permet de se dérouiller les jambes et l'esprit. Conquis par l'étrange beauté des lieux, le peintre a immortalisé ce morceau de France. Il ne fut pas le seul, comme vous pourrez le découvrir à Crozant, arrêt suivant.

Au 13ᵉ s., Villemonteix défendait la ligne des crêtes et la ville d'Ahun, qu'elle prévenait en cas de danger au moyen de pigeons voyageurs. Le château s'agrandit au 15ᵉ s. pour devenir ce qu'il est aujourd'hui.

L'épopée artistique est décryptée par le centre d'interprétation local installé dans l'ancien hôtel Lépinat, le QG de ces peintres en plein air. On pense à leurs artistiques tablées à l'Auberge de la Vallée, où la fine cuisine marie le terroir, les saisons et le goût du jour. Ensuite on emboîte le pas des peintres sur le sentier (4 km) jalonné de panneaux, notamment des reproductions de tableaux, indiquant les sites qu'appréciaient les artistes de l'école de Crozant. Armand Guillaumin, Maurice Rollinat, Francis Picabia, entre autres. Cependant, c'est du rocher de la Fileuse que vous aurez le point de vue le plus spectaculaire : face à la citadelle médiévale de Crozant, c'est l'un des plus beaux paysages de la région.

Pour élargir la palette d'activités rendez-vous ensuite au lac d'Éguzon,

Ch. Guy/hemis.fr

le plus grand de la région (17 km de long), formé en 1926 après la mise en eau du barrage. Au programme de la plage de Chambon : voile, planche à voile, pédalo, ski nautique, canoë, paddle, bouées tractées… Une vingtaine d'itinéraires de promenades (3 à 22 km) ont aussi été balisés, le long des contreforts rocheux de la vallée de la Creuse, piqués de buis, houx et châtaigniers qui enlacent leurs feuillages. Apparaissent ici et là les autres plages du paisible plan d'eau, telle Montcocu, qui avait, paraît-il, les faveurs de George Sand, elle aussi amoureuse de la Creuse. Son souvenir flotte toujours dans les étroites ruelles de Gargilesse-Dampierre, où l'écrivaine de 53 ans aimait chasser les papillons avec un

Accroché sur un rocher dominant les eaux de la Gargilesse, Gargilesse-Dampierre surgit au détour d'un virage. Artistes, peintres et écrivains, George Sand en tête, ont été séduits par son cadre enchanteur où la nature se mêle à la pierre.

Porte d'entrée de la vallée, Argenton-sur-Creuse s'étire au bord du fleuve, entouré de collines et de falaises. Ses ruelles médiévales ajoutent au charme du tableau.

Spot incontournable

La boucle du Pin

Un « fer à cheval » formé par la rivière, c'est ainsi que George Sand décrivait cette boucle du Pin. Le site est spectaculaire, car la Creuse est aujourd'hui bien plus large qu'au 19e s. Qui se douterait que, sous ses eaux dormantes, des arbres, des maisons, des moulins ont été ensevelis lors de la construction successive de trois barrages au début du 20e s. ?

Longue de 7 km (2h30), la promenade commence à l'église de Badecon-le-Pin. Entre montagne et campagne, on emprunte un sentier un peu raide au milieu des buis et des fougères. Au fond de la vallée, les talus couverts de primevères, jacinthes des bois et géraniums herbe à Robert explosent de couleurs au printemps. Aucun bruit ne trouble le silence, à part le chant d'un merle. Une descente abrupte, et nous voilà au-dessus du barrage de la Roche-Bat-l'Aigue. Un peu plus bas, on écoutera la cascade au printemps… Une belle balade !

À télécharger sur www.visorando.com/randonnee-des-hauteurs-de-badecon-le-pin-aux-bords/

jeune amant. Est-ce leur histoire qui nimbe ainsi le village de romantisme ? Charmante vision en tout cas que ces maisons aux toits pentus, blotties autour de l'église romane. Tout près, la « villa Argila », qui abrita les amours du couple, est désormais dédiée à George, son grand talent et son incroyable liberté. « Il faut arriver là [à Gargilesse] au soleil couchant, écrivait-elle, chaque chose à son heure pour être belle ». Tout est dit. Un dernier mot quand même pour Argenton qui clôt le chapitre creusois de votre histoire en van. Son vieux pont, datant du 17e s., reconstruit au 19e s., offre une très jolie vue sur la Creuse, les quartiers anciens et la ville haute. Voilà, c'est vraiment fini.

CARNET DE ROUTE

Pour en voir plus sur la région, flashez l'image ci-contre !

PAUSES NOCTURNES

Étape 1

Moutier-d'Ahun
Spot nature
Un emplacement au calme au bord de la Creuse.
GPS : E 2.0676 N 46.0822

Étape 2

Le Bourg-d'Hem
Camping municipal de l'Âge
☎ 05 55 62 84 36 - lebourgdhem.fr/camping
De déb. juin à fin sept. - 30 empl. -
Tarif camping : 4 € 5 €
(6A) 5 €
Services et loisirs :
Site agréable au bord de la Creuse (plage).
GPS : E 1.82412 N 46.29752

Entre les étapes

Guéret
Camping Courtille
Rue Georges-Aulong - ☎ 05 55 81 92 24 - www.night-and-day.fr
De déb. avr. à fin sept. - 60 empl. -
borne artisanale - 17 €
Tarif camping : 24,10 €
(10A) - pers. suppl. 4,30 €
Services et loisirs :
Cadre boisé au bord d'un joli plan d'eau et sa base de loisirs.
GPS : E 1.85823 N 46.16093

La Celle-Dunoise
Camping municipal de la Baignade
Rte du Canard - ☎ 05 55 89 10 77 - www.lacelledunoise.fr
De déb. avr. à fin oct. - 27 empl.
borne eurorelais 2 €
2 €
Tarif camping : 15 €
(6A)
Services et loisirs :
Autour d'une jolie bâtisse en pierre qui abrite l'accueil et les sanitaires. Petit chemin escarpé pour descendre à la rivière.
GPS : E 1.77583 N 46.30913

Crozant
Camping municipal La Fontbonne
11 r. Font Bonne - ☎ 05 55 89 12 32 - www.paysdunois.fr
De déb. mai à fin sept. - 33 empl. -
Tarif camping : 4 7 - 6
Services et loisirs :
Terrain calme, au cœur de Crozant.
GPS : E 1.6195 N 46.3889

Éguzon-Chantôme
Camping municipal du Lac Les Nugiras
Rte de Messant - ☎ 02 54 47 45 22 - www.camping-municipal-eguzon.com
De mi-mars à déb. oct. - 160 empl. -
borne artisanale
Tarif camping : 16,10 €
(10A) - pers. suppl. 4,40 €
Services et loisirs :
En terrasses, au calme et proche d'une base nautique bien aménagée.
GPS : E 1.604 N 46.433

Gargilesse-Dampierre
Camping municipal La Chaumerette
2-6 rte de la Roche-aux-Moines - ☎ 02 54 47 84 22 - www.gargilesse.fr
De déb. mai à fin sept. - 57 empl. -
Tarif camping : 3,30 €
5,50 € - 4,20 €
Services et loisirs :
Cadre pittoresque, en partie sur une île de la Creuse.
GPS : E 1.58346 N 46.5077

CARNET DE ROUTE

BONNES TABLES

Aubusson
La Cave
7 r. des Îles
☎ 05 87 04 37 33
Fermé dim.-lun.
Cette belle cave à vin est située dans le quartier de la Terrade, devenu très tendance depuis quelques années. Ici, on privilégie les circuits très courts. Planche de charcuterie et de fromage, large choix de vins, avec options bio et véganes.

Guéret
Le Cabas creusois
41 pl. Bonnyaud
☎ 05 55 62 39 75
Fermé dim.-lun.
Outre ses produits du terroir à emporter (safran, miels, confitures, charcuterie, fromages, etc.), cette épicerie fine propose un espace collation avec soupes, salades maison, tartes fines du jour et plats gourmands. Une adresse à retenir.

La Celle-Dunoise
L'Auberge des Pêcheurs
2 r. des Pradelles
☎ 05 55 89 02 45
Fermé lun.
Dans un cadre convivial au bord de la Creuse, on déguste une cuisine traditionnelle, mais aussi des burgers maison et des fish'n chips. Terrasse aux beaux jours, animations.

Crozant
Auberge de la Vallée
14 r. Guillaumin
☎ 05 55 89 80 03 - www.laubergedelavallee.fr
Fermé lun.-mar., et le soir merc. et dim.
Viandes d'éleveurs locaux, fromages de la région (chèvre, surtout) et légumes de son grand potager… Le chef Sébastien Proux aime les produits du terroir : il en tire une délicieuse cuisine dans l'air du temps, que l'on apprécie dans un élégant décor rustique.

PLEIN AIR ET DÉTENTE

Grimpe avec les loups

Ste-Feyre
Parc Aventure de Chabrières
Entre le parking et l'entrée du parc animalier
☎ 05 55 52 14 29
Juil.-août : 13h30-19h ; mai-juin et sept.-oct. : dim., j. fériés et vac. scol.
Vous trouverez dans ce parc trois parcours acrobatiques adaptés à tous les niveaux et un filet pour les jeunes enfants. Perché dans les cimes, vous entendrez peut-être le hurlement des loups au bout de la forêt !

Labyrinthe et autres jeux

Guéret
Labyrinthe géant des monts de Guéret
Rte de Bourganeuf
☎ 05 55 41 01 97 - www.labyrinthe-gueret.fr
Juil.-août : 10h-20h.
Ce vaste dédale de verdure est le plus grand labyrinthe végétal permanent au monde (4,5 km sur 2,2 ha). Jardin pour les tout-petits, aquagliss, parcours de jeux d'adresse, immense jeu de piste et toboggans géants...

Promenade en vedette

Crozant
Hôtel du lac
Pont de Crozant
☎ 05 55 89 81 96
www.hoteldulac-crozant.com
Avr.-sept. : tlj sf lun. 14h30, 16h.
Une excursion guidée en vedette (1h10 - sous réserve de 10 pers. mini ; réserv. conseillée) sur la retenue du barrage d'Éguzon permet d'avoir un autre regard sur la vallée de la Creuse et sur les ruines de Crozant. Également un service de location de canoë-kayak et paddle.

TABLEAU VIVANT EN VALLÉE DE LA CREUSE

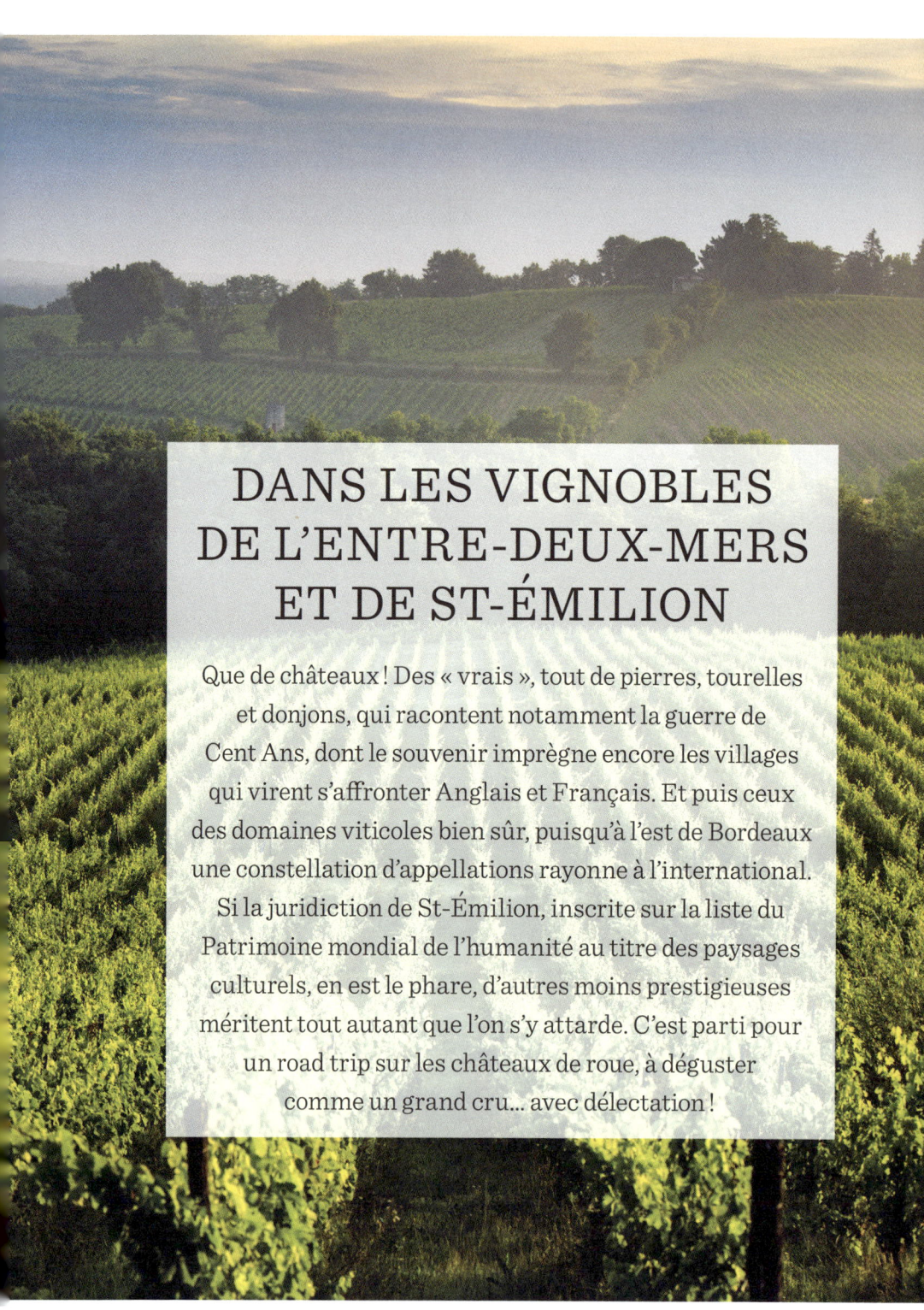

DANS LES VIGNOBLES DE L'ENTRE-DEUX-MERS ET DE ST-ÉMILION

Que de châteaux ! Des « vrais », tout de pierres, tourelles et donjons, qui racontent notamment la guerre de Cent Ans, dont le souvenir imprègne encore les villages qui virent s'affronter Anglais et Français. Et puis ceux des domaines viticoles bien sûr, puisqu'à l'est de Bordeaux une constellation d'appellations rayonne à l'international. Si la juridiction de St-Émilion, inscrite sur la liste du Patrimoine mondial de l'humanité au titre des paysages culturels, en est le phare, d'autres moins prestigieuses méritent tout autant que l'on s'y attarde. C'est parti pour un road trip sur les châteaux de roue, à déguster comme un grand cru… avec délectation !

DISTANCE
203 km

DURÉE
3 jours

DÉPART
Bordeaux

ARRIVÉE
Bordeaux

QUAND PARTIR ?
Entre Pâques et la Toussaint pour visiter les domaines, en évitant les mois de septembre-octobre, quand les équipes sont trop occupées par les vendanges.

Les étapes
- Bordeaux/St-Macaire : 73 km
- St-Macaire/Rauzan : 56 km
- Rauzan/Bordeaux : 74 km

Les atouts
du road trip :

Flashez
pour accéder
au guidage
GPS

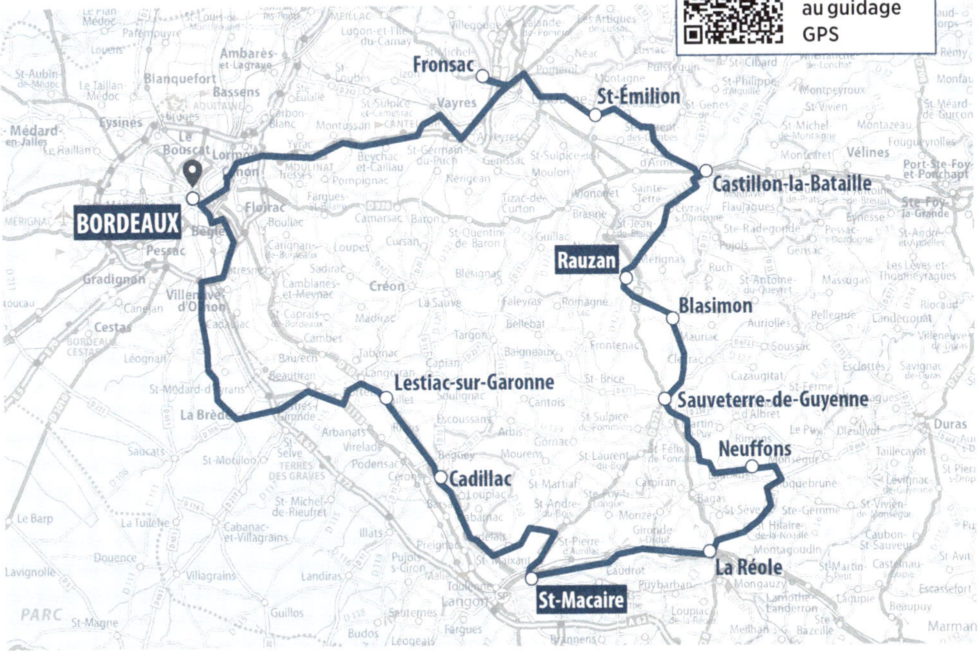

Comment mieux démarrer… qu'en s'arrêtant ? « A French paradox ». Notre premier stop sera pour Martillac, sur les terres du château Smith Haut-Laffitte, qui sont aussi celles des cosmétiques Caudalie aux polyphénols de pépins de raisin et du spa « Les sources de Caudalie », pionnier de la vinothérapie.

AUTRES SOURCES D'INSPIRATION

Vous avez oublié de réserver votre bain au marc de raisin ? Passez votre tour, d'autres châteaux vous attendent. Voici celui de La Brède, saisissante pépite gothique encore entourée de ses douves, où Montesquieu (1689-1755) est né et où il passa l'essentiel de sa vie. Autre château célèbre, celui de Malromé, surnommé le « château de Toulouse Lautrec ». Mais oui, le peintre a passé ici plusieurs années auprès de sa mère, avant d'y mourir à 37 ans. Outre l'exploitation du vignoble, le lieu, qui se visite, a été transformé en hôtel et centre de bien-être (encore). Oui mais voilà, la vinothérapie,

Avec son système de canaux novateurs alimentés par les douves, le parc du château de la Brède assurait l'indépendance alimentaire et financière qui rendait possible la liberté de parole de Montesquieu, son propriétaire, figure du siècle des Lumières.

@lescoflocs

MON PLUS BEAU SOUVENIR

Je suis fan de Bordeaux et du Sud-Ouest qui est une terre de road trip en van par excellence. Ayant des amis rencontrés durant mon tour du monde qui habitent à Cadaujac, j'ai eu le plaisir de sillonner avec eux le vignoble du Sud bordelais. Ce que je vous conseille, c'est de poser votre van et de sillonner les vignobles à vélo car c'est un bon moyen de s'imprégner de l'ambiance des domaines viticoles et des nombreux hectares de vignes. Je vous recommande notamment de faire la tournée des vignobles en passant par Léognan et Martillac et de faire une escale au château de La Brède, demeure de l'écrivain et philosophe Montesquieu. Pour mieux comprendre l'esprit vigneron et le travail des viticulteurs, rien ne vaut la visite des domaines. Qu'il s'agisse de petits domaines ou de châteaux renommés comme Château Carbonnieux, Château La Louvière, Château Latour-Martillac ou encore Château Smith Haut Lafitte, vous en prendrez plein les yeux et les papilles. La plupart proposent des visites, dégustations, ateliers et des portes ouvertes une fois par an. N'hésitez pas à aller à leur rencontre !

Laurent Lingelser,
Cofondateur @lescoflocs

DANS LES VIGNOBLES DE L'ENTRE-DEUX-MERS ET DE ST-ÉMILION

A. Cricurel/hemis.fr

vous la voyiez plutôt dans les vignes. Pas de problème : par les jolies routes ourlées de ceps à perte de vue, le van rejoint Cadillac. Installée au domaine viticole la Closière, la Maison des vins de l'appellation cadillac-côtes-de-bordeaux est à la fois un écomusée et un espace de vente-dégustation. On goûte, on achète si on aime. Heureusement vous avez eu la bonne idée avant le départ de laisser de la place dans le van pour les bonnes bouteilles et autres spécialités régionales à savourer plus tard. Pour l'heure, attablez-vous à L'Entrée Jardin, une bonne adresse installée au bourg, enfin, à la bastide, puisque Cadillac fait partie de ces « villes-nouvelles » construites au Moyen Âge, au plan en damier caractéristique. En guise de balade digestive, faites une halte à Verdelais, petit village de pierre blonde caché au creux des vignes, au charme certain. Si vous n'avez pas visité le château de Toulouse-Lautrec, profitez-en pour saluer sa mémoire au cimetière où il repose. Rejoignez enfin la cité médiévale de St-Macaire, blottie dans son enceinte du 12ᵉ s. avec ses trois puissantes portes bien conservées. Garez le van et testez l'accord mets-vins avec les produits achetés en cours de route.

LES DEUX « MERS »

Aujourd'hui, vous entrez dans une autre aire : l'Entre-deux-Mers, ces vignobles posés entre la Garonne et la Dordogne. Si La Réole veut dire « la règle », elle n'a rien d'une cité tracée au cordeau. Ses rues étroites et sinueuses grimpent au-dessus des quais de la Garonne, où les cafés ont installé leur terrasse. Tout autre

À St-Macaire, la place du Mercadiou (ou Marché-Dieu) est entourée de couverts gothiques et Renaissance.

décor à Sauveterre-sur-Guyenne, bastide typique avec son quadrillage de rues et sa place centrale entourée d'arcades. Fondée en 1281 par Édouard Ier, elle devint définitivement française en 1451 après avoir changé dix fois de camp ! Non loin, autre bastide, inachevée cette fois, celle de Blasimon. C'est le moment de faire une pause nature au Domaine de loisirs, avant l'étape de nuit à Rauzan.

Vous reprendrez bien un peu d'histoire ? Allez, c'est pour la bonne cause, la fin de la guerre de Cent Ans, en 1453, à Castillon-la-Bataille la bien nommée. L'été, un spectacle d'1h30 rejoue même cette épique bataille, avec 600 bénévoles en costume au pied du château Castegens. Construite sur une butte, Castillon domine la rive droite de la Dordogne, dont les berges

N. Tsibaut/Photononstop

> **Visite souterraine**
>
> Les sous-sols de St-Émilion cachent des trésors insolites, qui se révèlent au cours d'une passionnante visite guidée : l'ermitage du moine saint Émilion, la chapelle de la Trinité, les catacombes et l'église souterraine, la plus vaste d'Europe (mais pas la plus haute). Aménagée dans une seule pierre (monolithe) à la fin du 11e s., elle frappe autant par l'ampleur des nefs taillées en profondeur dans la pierre que par la découpe parfaitement régulière des voûtes et des piliers quadrangulaires, dont deux seulement soutiennent le clocher.
> *Office de tourisme de St-Émilion - ℘ 05 57 55 28 28 - www.saint-emilion-tourisme.com - visites guidées, 3 à 10 dép./j selon la saison - 15 €.*

ont inspiré Michel de Montaigne et Edmond Rostand. Ses coteaux produisent l'AOC castillon-côtes-de-bordeaux.

Elle est plus modeste que la célébrissime St-Émilion, avec sa « juridiction » de 7 800 hectares de vignes aux 85 châteaux, une

abondance qu'explique une longue histoire (la vigne y est cultivée depuis l'antiquité), mais aussi par la pierre locale qui a donné naissance à d'anciennes carrières aux températures régulières, devenues des chais. Après la balade dans cette cité médiévale perchée sur un promontoire rocheux, délaissez le van pour le vélo, et suivez la « boucle des grands crus », soit 15 km au fil des domaines les plus prestigieux : Château l'Angélus, Petrus, Cheval Blanc… Magique quand le couchant rosit le plateau calcaire rayé de vignes.

Enfin, direction le « Bord d'Eau », au propre comme au figuré, restaurant à Fronsac où savourer une bonne cuisine traditionnelle les pieds dans la Dordogne et les yeux sur Libourne qui s'annonce au loin. Avec ses quais bien rénovés et ses maisons cossues à la bordelaise, la belle endormie a retrouvé une agréable vitalité. Bordeaux attendra.

L'église St-Georges à Montagne, au nord de St-Émilion, entourée du vignoble qui produit l'AOC montagne-saint-émilion.

Wjarek/Getty Images Plus

CARNET DE ROUTE

PAUSES NOCTURNES

Étape 1

St-Macaire
Spot nature
5 Le Bourg - en dir. de l'aire de pique-nique - barrière à 1,90 m - 3 🅿 - gratuit.
Bien ombragé sur les rives de la Garonne, en contrebas du majestueux prieuré.
GPS : W 0.2222 N 44.5630

Étape 2

Rauzan
Camping Le Vieux Château
6 Blabot-Bas - ☎ 05 57 84 15 38 - www.vieuxchateau.fr
De déb. avr. à mi-oct. - 81 empl.
borne artisanale
Tarif camping : 32 €
(6A) - pers. suppl. 5,80 €
Services et loisirs :
Au pied des ruines d'une forteresse du 12ᵉ s. avec un chemin piétonnier reliant le village.
GPS : W 0.12715 N 44.78213

Entre les étapes

Lestiac-sur-Garonne
Spot nature
86 chemin de Charron
Bel espace calme et ombragé le long de la Garonne.
GPS : W 0.379 N 44.688

La Réole
Camping municipal du Rouergue
Rte d'Aillaf - ☎ 05 56 61 04 03
De déb. mai à fin sept. - 45 empl.
borne artisanale
Tarif camping : 5 € 6 € - 3,50 €
Services et loisirs :
Petite structure au bord de la Garonne. Le centre-ville se rejoint à pied (laverie, supermarché, restaurants…).
GPS : W 0.0329 N 44.758

Neuffons
Spot nature
D 15 - barrière à 1,90 m - 10 🅿 - gratuit
Cadre idyllique au bord du petit lac des Neuf Fontaines, pour une nuit. Terrain plat, gravillons.
GPS : E 0.01814 N 44.63629

Sauveterre-de-Guyenne
Aire de Sauveterre-de-Guyenne
Rue de la Vignague - zone Bonard - ☎ 05 56 71 50 43 - www.entredeuxmers.com
Permanent
Borne artisanale : gratuit
🅿 - 48h - gratuit - stationnement en pente
Services :
GPS : W 0.08617 N 44.69006

Blasimon
Spot nature
D127, à côté de l'abbaye
5 🅿 - gratuit
Sur un plat herbeux, au grand calme. Pour une nuit.
GPS : W 0.0800 N 44.7510

St-Émilion
Camping Yelloh ! Village St-Émilion
2 Les Combes - ☎ 05 57 24 75 80 - www.camping-saint-emilion.com
De déb. mai à mi-sept. - 105 empl.
borne artisanale
Tarif camping : 32 €
(10A) - pers. suppl. 11 €
Services et loisirs :
Cadre agréable avec le petit lac et le bar-caveau, idéal pour déguster les vins locaux. Navette gratuite pour St-Émilion.
GPS : W 0.14241 N 44.91675

CARNET DE ROUTE

BONNES TABLES

Cadillac
L'Entrée Jardin
27 av. du Pont
☎ 05 56 76 96 96
www.restaurant-entree-jardin.com
Fermé dim.-lun. et le soir merc. et jeu.
On ne saurait que trop recommander cette adresse qui marie avec brio un accueil souriant, un service efficace et un cadre agréable. La cuisine régionale comblera tous les appétits.

La Réole
Aux Fontaines
8 r. Verdun
☎ 05 56 61 15 25
www.restaurantauxfontaines.com
Fermé dim. soir-lun. et merc. soir.
Cette grande demeure bourgeoise se niche dans un ravissant jardin arboré où l'on dresse les tables en été. Ses deux salles à manger ont conservé leur élégant décor d'origine, s'accordant aux savoureuses recettes traditionnelles du chef composant la carte de saison.

St-Émilion
Le Clos Du Roy
12 r. de la Petite-Fontaine
☎ 05 24 00 10 37 - www.leclosduroy.fr
Fermé lun.-mar., merc. soir et jeu.
Une cuisine innovante travaillée avec les meilleurs produits de la région. De la terrasse, vue sur la tour du Roy et le clocher de l'église.

Fronsac
Le Bord d'Eau
4 lieu-dit Poinsonnet - rte de Libourne
☎ 05 57 51 99 91
Fermé dim. soir, lun.-mar.
Les pieds dans la Dordogne, cette maison sur pilotis offre une vue panoramique sur Libourne. Profusion de plantes vertes, reflets argentés de la rivière… Dans ce décor impressionniste vous sera servie une bonne cuisine traditionnelle.

PLEIN AIR ET DÉTENTE

Pause baignade

Domaine de loisirs de Blasimon
8 r. du Petit Ouest - Blasimon
☎ 05 56 71 59 62
Cet espace naturel de 50 ha comprend un lac de 7 ha dont une partie est réservée à la baignade et l'autre à la pêche et aux activités nautiques. Classé Espace naturel sensible, un sentier de 4 km permet l'observation d'espèces endémiques, insectes, rongeurs et oiseaux.

Dans les entrailles de la terre

Rauzan
Grotte Célestine
8 r. Lansade
☎ 05 57 84 08 69 - grotte-celestine.fr
Visite guidée uniquement, réserv. obligatoire mini 24h à l'avance - 14 °C dans la grotte, prévoir un vêtement chaud, matériel fourni.
Les galeries d'une rivière souterraine furent découvertes au milieu du 19e s. lors du creusement d'un puits au centre du village. Pendant la Seconde Guerre mondiale, la grotte servit de cachette à des résistants. À votre tour de descendre à 13 m de profondeur, vêtu de la panoplie du spéléologue. Vous parcourrez 250 m dans 5 à 15 cm d'eau, appréciant au passage les diverses concrétions, dont une colonne de 3,50 m de haut et de surprenantes draperies « à dents de baleine ».

Virée en canoë

Castillon-la-Bataille
Canoë castillonnais
2 promenade du Bourdieu - ☎ 07 84 20 50 52
Juil.-août : tlj (réserv. conseillée) ; mars-juin et sept.-oct. : sur réserv.
Deux parcours en canoë (6 ou 12 km) sont proposés pour découvrir la Dordogne, déclarée réserve mondiale de biosphère par l'Unesco en 2012.

LE BASSIN D'ARCACHON ET LA CÔTE LANDAISE

Des plages, des dunes, des pins. Défilant à travers le pare-brise, ce triptyque fait tout le sel de ce road trip au parfum océanique. Patrie du surf et du vélo, cette côte ourlée de plages immenses est aussi celle des longues promenades dans les dunes et les pinèdes, de repas (quasi) les pieds dans l'eau et de découvertes des milieux marins, lacustres ou forestiers. À l'étape, veillez à bien poser le van dans les espaces autorisés. Et il est interdit de se garer ou de dormir dans les dunes protégées.

DISTANCE
310 km

DURÉE
4 jours

DÉPART
Lège-Cap-Ferret

ARRIVÉE
Bayonne

ACCÈS DEPUIS BORDEAUX
D106 - 53 km

QUAND PARTIR ?
Toute l'année, la région étant souvent ensoleillée. Mais attention à l'affluence l'été. L'hiver, nombre d'adresses sont fermées. Cela a aussi son charme.

Les étapes
- Lège-Cap-Ferret/ La Teste-de-Buch : 105 km
- La Teste-de-Buch/Mimizan : 61 km
- Mimizan/Labenne-Océan : 129 km
- Labenne-Océan/Bayonne : 15 km

Les atouts du road trip :

Flashez pour accéder au guidage GPS

Commençons en douceur autour du bassin d'Arcachon, ce bout de mer pris sur la terre, lagune sertie de forêts, désormais classée Parc naturel marin. Si le lieu fut le domaine des résiniers, il est désormais celui des ostréiculteurs, comme en témoignent les adorables villages qui jalonnent la D106, de Lège-Cap-Ferret à Cap Ferret, ruelles enchevêtrées et cabanes colorées. Goûtez quelques huîtres avant de grimper au sommet du phare du Cap Ferret : le panorama sur la presqu'île et le bassin vaut bien les 258 marches à gravir. Trop de monde ? Filez en face, vers le petit port ostréicole de Biganos, où goûter le caviar à la française, né en 1993 au Moulin de la Cassadotte. Tout aussi paisible, une balade en canoë sur la Leyre, au départ du Teich, permet de comprendre pourquoi cette rivière est surnommée « la petite Amazone ».

LA STAR DU BASSIN

Arcachon, sa plage, sa « ville d'été » du bord de mer, sa « ville d'hiver » en retrait avec ses séduisantes villas sous les pins. Plus besoin de faire la réputation de cette belle des quatre saisons ! On en oublierait

Si les incendies de l'été 2022 ont modifié le panorama côté forêt, le point de vue sur l'Océan reste superbe depuis le sommet de la dune du Pilat.

@lescoflocs

MON PLUS BEAU SOUVENIR

Surftrip & vanlife sur la côte ouest ? Le rêve américain à la française ! C'est l'état d'esprit que je recherche quand je parcours la côte landaise de Biscarosse à Cap Breton. Entre les deux, les villages et stations balnéaires s'enchaînent : Mimizan, Vieux-Boucau ou encore Hossegor, la capitale française du surf. On parle de 106 km de plage de sable fin non-stop. Ici le soleil se couche tous les soirs sur l'Océan, l'ambiance est festive et rouler en van fait partie intégrante de la culture locale. En pleine saison, les spots pour se poser peuvent devenir surchargés en bord de mer, du coup j'ai une astuce : l'idée est de partir à la découverte du camping à la ferme, très souvent à une vingtaine de minutes dans les terres. Les agriculteurs accueillent les vans et camping-cars dans leurs propriétés en pleine nature, au cœur de la forêt des Landes. En échange, par courtoisie ou par pur plaisir, vous pouvez acheter leurs productions. Le circuit ne peut pas être plus court !

Florian Mosca
Cofondateur @lescoflocs

Visite en barque

Descendre le courant d'Huchet

Se laisser porter par le courant à bord d'une barque. C'est l'occasion de découvrir un écrin de verdure exceptionnel, de saisir un instant de sérénité à l'abri du grondement de l'Océan. À la sortie de l'étang de Léon, le courant coule entre les joncs et les nénuphars. À gauche, un refuge de pêcheurs. La barque glisse sous une voûte de verdure. Le courant débute après le passage du « barrage de la Nasse », se rétrécit au « Pas-du-Loup » et s'engage bientôt dans la « Forêt vierge ». Des cyprès chauves, et voilà Pichelèbe. La végétation redevient dense, difficilement pénétrable. Puis le paysage se transforme. Les hibiscus sauvages se font abondants : ce sont les bains d'Huchet. Au-delà de la dune côtière, on entend déjà l'Océan… cela vous tente ?

Bureau des Bateliers - Moliets-et-Maa - ☎ 05 58 48 75 39 - www.bateliers-courant-huchet.fr - sur réserv. - descente en barque juil.-août (durée 3-4h) : 23/30 € ; avr.-juin et sept. (durée 2h) : 17 €.

presque le déjeuner, bien sûr iodé, au Bikini, un resto les pieds dans l'eau. Ne manquez pas ensuite d'escalader la dune du Pilat, cet énorme ventre de sable qui enfle chaque année sous l'action des vents et des courants. Pour gagner le sommet, deux options : à flanc de dune (assez difficile) ou par l'escalier (installé seulement l'été). Repos nocturne bien mérité ! D'autant qu'on reprend la route le lendemain sur la D218 jusqu'à Biscarosse la triple : Biscarosse-Ville où découvrir la culture landaise, dont le gemmage (la récolte de résine de pin), au Conservatoire des Landes de Gasgogne ; Biscarrosse-Plage la bien nommée avec son immense ruban blond ; ou Biscarrosse-Lac, avec ses eaux claires bordées de pinèdes. Un bon résumé des Landes

La plage de Moliets à l'embouchure du courant d'Huchet.

qui démarrent ici, étirant leur immensité sablonneuse sur plus de 100 km le long de la forêt. Le pays des baignades et des promenades sur le sable est aussi celui du vélo, avec 588 km de pistes cyclables (dont 135 km de voies vertes aménagées sur d'anciennes voies ferrées) cheminant à plat ou presque sous les pins. Reprenez votre souffle à Mimizan et faites de beaux rêves.

Capbreton est limitrophe d'Hossegor, seul le canal du Boudigau les séparent. On y pratique le surf aussi assidûment que chez le voisin.

LE SPOT DES SURFEURS

Ignorez le GPS qui propose sans cesse les itinéraires plus rapides. Veillez à rester sur les petites routes dans la pinède, au plus près de la côte et des plages, pour rejoindre, toujours plus au sud, Hossegor la branchée,

La plage du Sud à Hossegor, comme la plage Centrale, est propice à la baignade. Pour le surf, rendez-vous à la plage de la Gravière, au nord.

connue des surfeurs du monde entier pour la qualité de ses vagues. Avec une quinzaine d'écoles de surf, c'est l'endroit rêvé pour vous lancer, si ce n'est déjà fait. L'agréable station balnéaire piquée de beaux édifices basco-landais est dotée d'un bel écrin naturel. Son lac salé cerné par la forêt de pins occupe l'ancien bras de l'Adour. Il subit l'influence des marées grâce au canal qui le relie à l'Océan. Outre la baignade en eaux calmes, on peut faire le tour du lac (7 km); la balade est ponctué de panneaux thématiques.

Poussez ensuite jusqu'à Capbreton. Dans ce haut lieu de la pêche, Pescatourisme propose de partager le quotidien de marins-pêcheurs professionnels, en montant à bord d'un ligneur-palangrier (un bateau de moins de 12 m). Après vous être levé aux aurores, avoir navigué puis avoir relevé les filets avec l'équipage, et être enfin revenu à quai, en début d'après-midi, pour vendre les poissons sur l'étal, vous ne verrez plus (du tout) du même œil le marché aux poissons qui se tient chaque jour au pied de la Maison du port. Autre moment fort, mais pas pour les mêmes raisons : le coucher de soleil depuis l'estacade, cette splendide jetée de bois voulue par Napoléon III, offrant une vue à couper le souffle sur la côte, les Pyrénées basques et l'embouchure du Boudigau. Demain, nous serons à Bayonne. Un autre road trip en perspective…

🚐 CARNET DE ROUTE

PAUSES NOCTURNES

Étape 1

La Teste-de-Buch
Parking du Petit Nice
Au Sud de la dune du Pilat, par la D218
Permanent
30 🅿 - gratuit
Services : 🚾
Un vaste parking à l'ombre de grands pins, idéalement situé face à l'océan, à 200 m de la plage.
GPS : W 1.23798 N 44.55882

Étape 2

Mimizan
Le Champ des Pirates
Rue de Galand, portail d'accès entre l'Airial Gallery et le lac -
📞 06 79 97 22 22
De fin avr. à fin sept. - 🏊
Borne artisanale 🚰
6 🅿
Services : 🚾 ♻ ✖ 📶
Exploitation agricole et élevage bio en permaculture. Produits de la ferme. Cadre naturel préservé.
GPS : W 1.22597 N 44.21176

Étape 3

Labenne-Océan
Camping municipal Les Pins Bleus
Av. de l'Océan - 📞 05 59 45 41 13 - www.lespinsbleus.com
De fin mars à fin oct. -
80 empl. - 🏊
🚐 borne artisanale 🚰 ♻ 🔧
Tarif camping : 31 € 👤👤 🚗
📧 ⚡ (10A) - pers. suppl. 7,80 €

Services et loisirs : 📶 ✖ 🛒
🏊 🚴 🎣
GPS : W 1.45687 N 43.60229

Entre les étapes

Biscarrosse
Spot nature
116 r. Marcel-Moine
Permanent
Hauteur limitée 1,90 m
5 🅿 - gratuit
Un grand terrain plat au bord du lac de Biscarrosse.
GPS : W 1.180914 N 44.391631

Gastes
Camping-car Park de Gastes
Av. du Lac - 📞 05 58 09 75 03
Permanent
Borne artisanale 🚰 ♻ 🔧
80 🅿 - Illimité - 11,80 €/j. - plat, herbeux
Services : 🚾 🛒
Très jolie vue sur le port de plaisance et le lac. Une aire en grande partie ombragée.
GPS : W 1.14912 N 44.32915

Messanges
Camping La Côte
361 chemin de la Côte -
📞 05 58 48 94 94 -
www.campinglacote.com
De déb. mai à fin sept. -
158 empl. - 🏊
🚐 borne artisanale 🚰 ♻ 🔧
Tarif camping : 55,50 € 👤👤
🚗 📧 ⚡ (10A) - pers. suppl. 9 €
Services et loisirs : 📶 ✖ 🛒 🏪
🏊 🚴
Emplacements bien ombragés

avec de grands espaces verts idéaux pour la détente ou les activités sportives.
GPS : W 1.39171 N 43.80035

Capbreton
Aire de Capbreton
Allée des Ortolans - plage des Océanides -
📞 05 58 72 10 09 - www.capbreton-tourisme.com
Permanent
Borne artisanale 🚰 ⚡ ♻ 🔧
135 🅿 - 🔒 - Illimité - 15 €/j. - borne compris ; moins cher hors sais.
Paiement : 💳
Services : 🚾 ♻ 📶
Plage à 100 m. L'été, navette gratuite vers les commerces et le port.
GPS : W 1.44659 N 43.63569

Ondres
Aire municipale d'Ondres-Océan
Parking de la plage -
📞 05 59 45 30 06 -
www.ondres.fr
Permanent
Borne artisanale 🚰 ⚡ ♻ 🔧 :
4 €
65 🅿 - 48h - 19 €/j. - gratuit hors sais.
Services : 🚾 ✖ 📶
Plage à 100 m. En été, navette entre la plage et le centre-ville.
GPS : W 1.4845 N 43.5754

CARNET DE ROUTE

BONNES TABLES

Arcachon
Le Bikini
18 allée des Arbousiers
☏ 05 56 83 91 36
www.lebikiniarcachon.com
Pratiquement les pieds dans l'eau, c'est le resto branché du Moulleau. On y déguste de beaux plateaux de fruits de mer, des spécialités basques et parfois exotiques. En terrasse, vue sur le phare du Cap Ferret et beaux couchers de soleil.

Mimizan-Plage
L'Île de Malte
5 r. du Casino
☏ 05 58 82 48 15
www.restaurant-iledemalte.com
Fermé jeu de nov. à avr.
Le cadre de ce restaurant sait se faire discret. C'est peut-être pour ne pas empiéter sur la qualité de l'assiette, où saveurs et cuisson juste sont au rendez-vous. Service attentionné. Terrasse.

Hossegor
Tante Jeanne
45 av. Paul-Lahary
☏ 06 49 55 54 29
Un incontournable du centre-ville. Cette cantine gourmande rassemble autant les amateurs de brunchs que les gourmands en quête d'un bon jus de fruits frais ou d'un pancake moelleux. À la carte également, salades, tartines, ceviches, burgers, glaces maison, etc. À déguster sur la grande terrasse végétalisée au néon signature.

PLEIN AIR ET DÉTENTE

Faire monter l'adrénaline

Biscarrosse
Bisc'Aventure
1200 av. de la Plage
☏ 05 58 82 53 40 - biscaventure.fr
Juil.-août : tlj ; avr.-juin et sept.-nov. : se rens.
Envie de tester vos limites en matière de sensations fortes ? Direction le site Bisc'Aventure. Au programme, un parcours accrobranche, du free jump, une catapulte géante, etc. Sensations garanties pour petits et grands.

Pagayer dans les vagues ou sur un lac

Mimizan
All Water
Derrière le camping du lac de Mimizan et sur la plage Sud
☏ 06 66 14 98 44 - www.allwater.fr
D'avr. à oct.
De nombreuses activités nautiques sont proposées sur le lac (Aureilhan et Mimizan) ou la plage Sud : sorties en pirogue hawaïenne, cours de kayaksurf, paddle yoga... et location de matériel.

S'initier à la pelote basque

Soorts-Hossegor
ASH Pelote - Jaï alaï
119 av. Maurice-Martin
☏ 05 58 43 54 12 - www.hossegorjaialai.fr
Jouxtant le Sporting Casino, ce fronton couvert (jaï alaï) accueille des parties de pala corta et de cesta punta. Au fronton extérieur du casino, parties de grosse pala et de grand chistera. Un cours d'1h30, ça vous tente ? Autrement, assister à une compétition est aussi une expérience mémorable (ambiance garantie).

MER ET MONTAGNE AU PAYS BASQUE

Une Californie à la française ? Mieux que ça, même si la concentration de surfeurs au mètre carré donne cette impression sur les plages blondes atlantiques dominées par les montagnes verdoyantes. Ne vous contentez pas de les observer de loin, grimpez en van jusqu'au sommet de la Rhune, en saluant au passage les pottoks et les brebis noires. À l'étape, savourez des spécialités dans les auberges basques, vue sur le fronton du village. Un doux cliché ? Non, une savoureuse réalité.

DISTANCE
328 km

DURÉE
4 jours

DÉPART
Bayonne

ARRIVÉE
St-Palais

ACCÈS DEPUIS BORDEAUX
A63 sortie 6 Bayonne-centre - 184 km

QUAND PARTIR ?
Du printemps à l'automne pour le surf, avec une combinaison pour l'avant et l'arrière-saison.

Les étapes

- Bayonne/St-Jean-de-Luz : 27 km
- St-Jean-de-Luz/St-Étienne-de-Baïgorry : 146 km
- St-Étienne-de-Baïgorry/Larrau : 103 km
- Larrau/St-Palais : 52 km

Les atouts du road trip :

Flashez pour accéder au guidage GPS

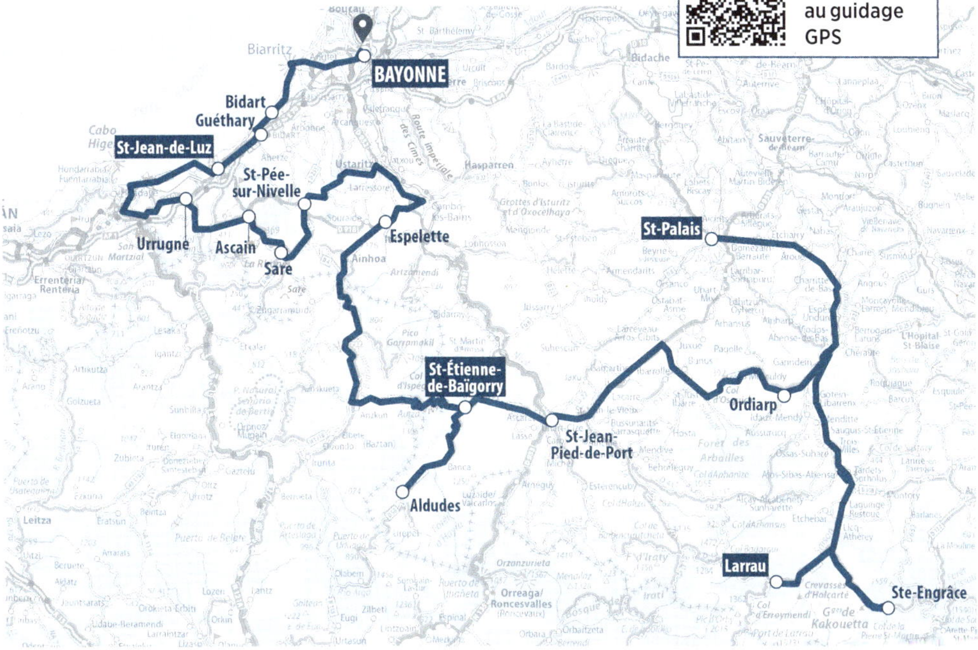

Xantana/Getty Images Plus

Impossible de résister au charme de Bayonne, à la fois belle et festive, avec ses ruelles exiguës et ses façades à colombages sang-de-bœuf. Et puis, elle est la porte d'entrée de l'âme basque, sa culture et ses traditions préservées, à découvrir au Musée basque et de l'Histoire de Bayonne, installé dans la maison Dagourette, l'une des plus anciennes de la ville témoignant de l'opulence des marchands bayonnais aux 17e et 18e s. Autre entrée en matière : les « pintxos » (tapas basques) à déguster chez Ibaia, la plus vieille bodega locale. Le café ? Au soleil, sur la terrasse du bar Kostaldea, à Anglet, avec vue sur les belles plages de la

Sur le quai Galuperie à Bayonne, en face des Halles de l'autre côté de la Nive, se succèdent les façades 18e et 19e s.

Biarritz et sa Grande Plage, dominée par le casino municipal de style Art déco. Sans la foule estivale, elle dévoile ses plus beaux atours en restant abordable.

ville et le phare de Biarritz. Celui-ci annonce la station balnéaire huppée de la Belle Époque, option têtes couronnées. Elles ont été remplacées par les surfeurs, les nouveaux rois de la côte basque depuis 1957, quand un Américain s'est, le premier, lancé sur les vagues. La vogue n'a jamais cessé, semant des spots jusqu'à St-Jean-de-Luz, qui a aussi vu pousser, porté par le vent mondain de Biarritz des années 1850, des villas balnéaires aux côtés des maisons basques en bois peint, des grosses demeures d'armateurs et des palais du 17e s. Ce soir, dodo tôt pour être dès l'aube sur la route de la corniche basque, vues splendides garanties, notamment depuis Socoa, d'où embrasser toute la côte jusqu'à l'Espagne, déjà si présente.
À Hendaye, après les baignades sur la belle plage de sable fin, les soirées festives jouent à saute-frontière.

UNE MONTAGNE EMBLÉMATIQUE

Cap sur le paisible arrière-pays. Halte à Ascain, un village basque modèle avec ses maisons labourdines, son fronton de pelote et sa vue sur la Rhune. Comment, vous ne connaissez pas la montagne phare du Pays basque français ? Deux options pour approcher la star : à pied sur l'un des sentiers (env. 3h) ou par le chemin de fer à crémaillère (35mn) jusqu'au sommet et sa vue extraordinaire sur les Pyrénées. N'oubliez pas

Xantana/Getty Images Plus

de prendre une petite laine, il peut faire frais sur ces crêtes pelées aux chemins cailouteux, où paissent brebis et pottoks, petits chevaux basques.

LA BASQUE ATTITUDE

Elle est aussi cultivée dans le village de Sare. D'abord à la Maison Olhabidea, un restaurant gastronomique et familial posé au bord de la rivière, au milieu de la montagne. Puis lors de la promenade digestive, dans les ruelles du village, jusqu'à l'église aux galeries de bois et l'inévitable fronton. Il faudra faire quelques kilomètres de plus pour tout savoir du sport traditionnel basque à l'écomusée de la Pelote basque de St-Pée-sur-Nivelle, autre village si agréable à parcourir. Traversez ensuite la belle forêt d'Ustaritz puis longez la Nive jusqu'à Cambo-les-Bains, station thermale au charme suranné où Edmond Rostand s'était fait construire la villa Arnaga, de style basque-labourdin, désormais un charmant musée à sa mémoire. Comme la culture, la route se joue ici des frontières : une heure de route

Arrivé dans la région via l'Espagne au 17e s., en provenance d'Amérique, le piment est le condiment favori des Basques. À Espelette, on le met à sécher en guirlandes sur les façades en automne, avant de le réduire en poudre.

> ### Visite pimentée
>
> **Espelette émoustille les papilles**
> À l'Atelier du piment, vous pourrez vous promener dans les champs, pénétrer dans l'atelier de transformation et déguster toutes sortes de produits à base de piment. Vente de produits et de spécialités régionales (piquillos, liqueur de Patxaran, confitures, etc.).
> *Chemin de l'Église - ☎ 05 59 93 90 21 - www.atelier-du-piment.fr - visite guidée (45mn) mai-oct. : 9h-19h ; reste de l'année : 10h-18h - gratuit.*

en Espagne mène… en France, à St-Étienne-de-Baïgorry. Rien ne semble avoir changé sauf le pays, en arrivant dans ce gros village soigné, maisons blanches à volets rouges. Une bonne halte pour les randonnées. Garnissez votre panier à la Maison Petricorena par exemple, où paradent les spécialités basques à savourer avec les vins d'Irouléguy, l'un des plus petits vignobles de France et le seul du Pays basque, dont les splendides vignobles en terrasse prennent parfois des poses de rizières balinaises. Et c'est parti pour une échappée dans une verte vallée. Direction Aldudes, agréable petit bourg avec sa placette sur laquelle trône une église à la belle voûte en bois. Le lieu se situait autrefois en pays Quint, Kintoa en basque, un territoire transfrontalier de pâturages appartenant à l'Espagne mais géré

Visite dans les entrailles de la Terre

Grotte de la Verna
La troisième plus grande cavité connue au monde, découverte en 1953, abrite un univers inattendu et impressionne par ses proportions et ses reliefs : elle mesure en effet 194 m de haut et 245 m de diamètre, soit une superficie de 4,3 ha ! Aujourd'hui, 456 km de réseaux souterrains et 1 600 gouffres, creusés par treize grandes rivières, ont été explorés. La Verna invite le visiteur à une formidable exploration, grâce à un parcours vivant et documenté, servi par des spéléologues aussi sympathiques que compétents. Et vous n'y serez pas seul car une douzaine d'espèces animales vivent dans la grotte. Prévoyez des chaussures fermées et des vêtements chauds car la température est de 6 °C.
Espace accueil Arrakotchepia - quartier Calla - Ste-Engrâce (parking puis 20mn en navette ou 2h à pied) - 📞 06 37 88 29 05 - www.laverna.fr - réserv. en ligne - différentes formules de visites à partir de 13 €.

par la France. Un chemin permet de faire le tour du village (2 km) et de ses fermes (élevage de cochons pie noir, race basque remise à l'honneur) et aussi d'admirer de superbes vues sur les hauteurs des Aldudes.

Quel plaisir de suivre les routes de montagne, vue sur les crêtes pelées et les flancs herbeux velus comme des pottoks. Passé St-Jean-Pied-de-Port, dont les maisons de grès rose se dorent paresseusement au soleil, ne manquez pas les crevasses d'Holtzarte, des gorges taillées dans le calcaire sur près de 200 m de hauteur. Au départ de l'auberge Logibar, à Larrau, la marche dure 1h30 par le GR 10, un magnifique dernier souvenir avant la fin du périple. Enfin pas tout à fait. Sur le chemin du retour, arrêtez-vous à Mauléon-Licharre, capitale de la plus petite des sept provinces basques : le pays de Soule. C'est dans cette bastide du 13e s. que vous trouverez chaussure à votre pied, car l'ancienne place forte est aussi la patrie de l'espadrille ! Gardez donc une petite place dans le van pour en caser une paire ou plus, entre le gâteau basque, le fromage de brebis, le piment d'Espelette, les charcuteries et l'irouléguy, de quoi prolonger le voyage chez vous.

Troupeau de brebis dans la verte vallée des Aldudes, région de pâturage.

B. Rieger/hemis.fr

CARNET DE ROUTE

PAUSES NOCTURNES

Étape 1

St-Jean-de-Luz
Camping Le Bord de Mer
71 chemin d'Erromardie - 05 59 26 24 61 - www.camping-le-bord-de-mer.fr
De déb. avr. à déb. nov. - 62 empl.
Tarif camping : 46 €
(10A) - pers. suppl. 12 €
Services et loisirs :
Seul le petit sentier du littoral vous sépare de la falaise et de la plage.
GPS : W 1.64155 N 43.40678

Étape 2

St-Étienne-de-Baïgorry
Camping municipal L'Irouléguy
Quartier Borciriette - 05 59 37 43 96 - pratique.tourisme64.com
De mi-mars à fin nov. - 69 empl.
borne artisanale
Tarif camping : 15 €
(6A) - pers. suppl. 3 €
Services et loisirs :
Cadre verdoyant en partie bordé par la rivière.
GPS : W 1.33551 N 43.18386

Étape 3

Larrau
Parking des Chalets d'Iraty
D19
Accès de juin à sept.
10 ⬛ en légère pente, sur gravillons - wc à l'accueil, de l'autre côté de la route - gratuit.

Jolie vue panoramique sur les pâturages.
GPS W 1.0349 N 43.0368

Entre les étapes

Bidart
Camping Pavillon Royal
Av. du Prince-de-Galles - 05 59 23 00 54 - www.pavillon-royal.com
De déb. juin à mi-oct. - 309 empl.
borne artisanale
Tarif camping : 76 €
(10A) - pers. suppl. 10 €
Services et loisirs :
Situation privilégiée entre golf, château et océan.
GPS : W 1.57642 N 43.45469

Urrugne
Spot nature
D404, rte du col d'Ibardin - 1 km avant le col, suivre la piste 3 en terre à gauche sur 150 m.
5 ⬛ - non stabilisé.
Ombragé avec vue sur la montagne.
GPS : W 1.6830 N 43.3200

Sare
Camping La Petite Rhune
Quartier Lehenbiscaye - 05 59 54 23 97 - www.lapetiterhune.com
De mi-juin à mi-sept. - 20 empl.
Tarif camping : 27 €
(6A) - pers. suppl. 6 €
Services et loisirs :
GPS : W 1.58771 N 43.30198

St-Pée-sur-Nivelle
Aire de Donamartia
Chemin de Donamartia, 3 rte de Sare - 05 59 54 50 59
De déb. juin à fin oct.
Borne artisanale 3 €
20 ⬛ - Illimité - 11 €/j.
Services : wc
Cadre champêtre à côté d'une ferme. Légère pente, herbeux.
GPS : W 1.55204 N 43.3433

St-Jean-Pied-de-Port
Aire du Fronton
18 av. du Fronton - 05 59 37 00 92 - www.st-jean-pied-de-port.fr
Permanent.
Borne artisanale : 5 €
40 ⬛ - 🔒 - 12 €/j.
Paiement : cc
Services :
Bel espace naturel bien ombragé.
GPS : W 1.23746 N 43.16004

Ordiarp
Aire naturelle
La Ferme Landran
Quartier Larréguy - 06 32 49 57 26 - www.ferme-landran-location.com
De mi-avr. à fin sept. - 25 empl.
borne artisanale
Tarif camping : 15 €
(6A) 3 €
Services et loisirs :
Camping à la ferme.
GPS : W 0.93933 N 43.20185

CARNET DE ROUTE

BONNES TABLES

Bayonne
Ibaia
45 quai Jauréguiberry
✆ 05 59 59 86 66
Fermé lun.-mar.
La plus vieille bodega de Bayonne, le long des quais, propose des pintxos (tapas basques) raffinés et variés : tataki de thon, chipirons, feuilleté de boudin, etc. Tout est frais, délicat, bien présenté. Bonne sélection de vins au verre, dont quelques crus bio. Ambiance jeune. Une très bonne adresse.

Sare
Maison Olhabidea
Quartier Ste-Catherine
✆ 05 59 54 21 85 - www.olhabidea.fr
Fermé lun.-mar.
Au bord de la rivière, dans cette ferme posée au milieu de la montagne, on déguste un menu concocté avec les produits du potager, comme le risotto aux cèpes et foie gras à l'automne ou la meringue au mascarpone et fraises gariguettes en été. Terrasse aux beaux jours.

St-Jean-Pied-de-Port
Le Chat perché
11 r. de la Citadelle
✆ 05 24 34 13 87
Fermé lun. - réserv. conseillée
Vous apprécierez la cuisine maison élaborée à base de produits frais et de qualité (grande salade fraîcheur, chipirons, axoa de veau), ainsi que la belle et paisible terrasse ombragée adossée au rempart.

CAPITALE DU CHOCOLAT
Les premiers chocolatiers de Bayonne, des juifs espagnols et portugais chassés de leur pays par l'Inquisition, s'installèrent au début du 17e s. dans le quartier St-Esprit. Les principaux chocolatiers tiennent boutique sous les arcades de la rue Port-Neuf.

PLEIN AIR ET DÉTENTE

Apprendre à surfer sur la vague

École de surf de Guéthary
582 av. du Gén.-de-Gaulle
✆ 06 87 82 99 17 - surf.guethary.free.fr
La plus petite commune de la Côte basque dispose d'atouts de poids : outre son petit port plein de charme et son site qui descend en pente plus ou moins douce vers les plages, le « joyau de la Côte basque » accueille les surfeurs à l'année, attirés par ses spots réputés.

Se prendre pour Tarzan

Urrugne
Oihana
Route de la Glacière
✆ 06 03 40 52 31 - www.oihana-64.com
Juil.-août, vac. de printemps et de la Toussaint : tlj ; reste de l'année : merc. et w.-end - réserv. obligatoire.
Le grand parc aventure Oihana ne compte pas moins de sept parcours accrobranche et 120 ateliers. De quoi évoluer dans les arbres pendant plus de 2h30 ! Tyroliennes géantes, saut de Tarzan, surf des cimes et base jump, sans oublier un saut de plus de 15 m ! Activité de paintball également proposée pour les amateurs.

Voguer en canoë sur la Nivelle

Ascain
Aquabalade
Muntxola - D918 au km 5
✆ 06 24 04 45 66 - www.aquabalade.com
Juil.-août : tlj ; reste de l'année sur réserv.
Avis aux amateurs de dépaysement et de silence ! À bord de canoës insubmersibles de 1 à 4 places, vous partirez à la découverte d'une faune et d'une flore préservées sur les bords de la Nivelle.

MER ET MONTAGNE AU PAYS BASQUE

Au départ de Toulouse

Camping dans les Pyrénées. ©*S. Sonnen/Alamy/hemis.fr*

LE GERS, PAYS DE COCAGNE ENTRE LOMAGNE ET ARMAGNAC

Ni mer, ni montagne. Pourquoi venir, alors ? Mais pour la douceur de vivre, portée ici à son meilleur ! Les plaisirs de table sont d'ailleurs l'un des attraits de ce road trip en Lomagne, une campagne piquée de châteaux et villages fortifiés, toute proche des vignobles de l'Armagnac, réputés dans le monde entier. Ce coin de France empreint d'histoire est encore plus charmant à l'automne, quand la lumière drape les paysages d'un voile mordoré. Une campagne à croquer !

DISTANCE
317 km

DURÉE
3 jours

DÉPART
Fleurance

ARRIVÉE
Fleurance

ACCÈS DEPUIS TOULOUSE
N124 et D105 jusqu'à Fleurance - 92 km

QUAND PARTIR?
La belle saison dure ici du printemps à l'automne.

Les étapes
- Fleurance/Eauze : 86 km
- Eauze/Mirande : 156 km
- Mirande/Fleurance : 75 km

Les atouts du road trip :

Flashez pour accéder au guidage GPS

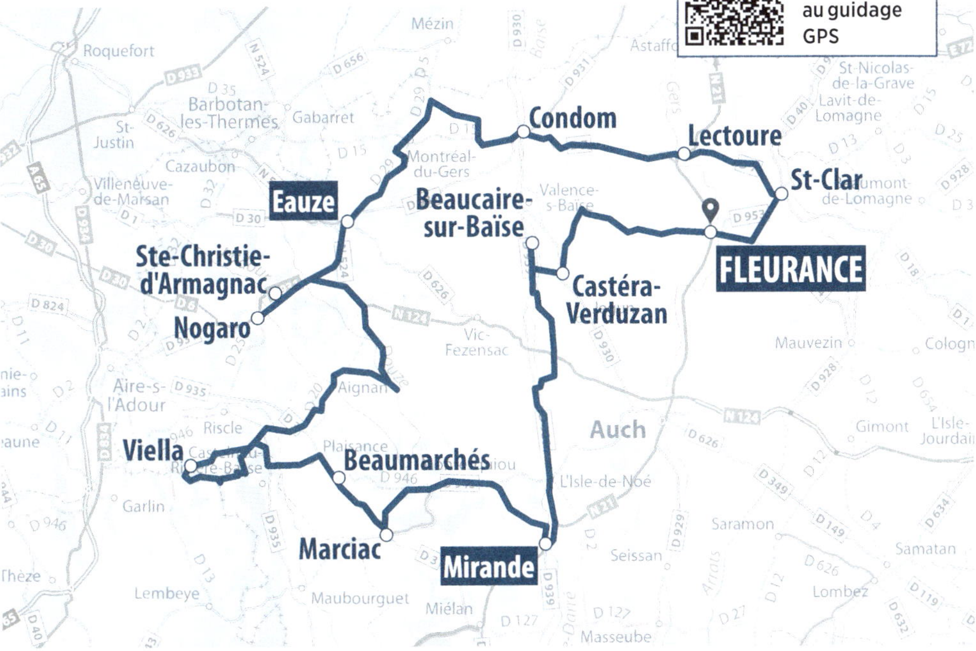

Bienvenue dans un décor de cape et d'épée! Prenez Fleurance, notre point de départ et aussi notre première bastide, c'est-à-dire une ville fortifiée fondée au Moyen-Âge, principalement dans le Sud-Ouest. Signes particuliers : un plan régulier, autour d'une place centrale à arcades, comme Fleurance donc, à une coquetterie près : celle-ci présente un plan rare, en triangle! Au fil de vos pérégrinations, vous croiserez d'autres bastides, chacune avec ses singularités, comme St-Clar et ses deux places à couverts (l'une avec une belle halle à piliers de bois) ou Fourcès et son plan circulaire (une rareté).

Visite entre terre et ciel

Chemin de la biodiversité
À Fleurance, une boucle facile de 5 km (départ derrière le stade de foot - 1h) longe les berges du Gers et explore la biodiversité des alentours. Au détour du sentier, surprise! On accède par une passerelle à un observatoire imaginé par l'artiste Thierry Boutonnier et logé dans un chêne. Au centre, un globe céleste représente le ciel et des constellations imaginaires à l'effigie d'animaux disparus ou menacés.

Festival d'astronomie
Autre type d'observation, Fleurance accueille tous les été en août un festival d'astronomie.
Info : www.festival-astronomie.com.

DE VILLAGE EN VILLAGE

Un réseau d'adorables routes de campagne sillonne le paysage, à travers les champs de melons, de fraises ou de tournesol qui font tourner l'économie de ce département avant tout agricole, parsemé de villes et villages, tel Lectoure. Perchée sur son promontoire, l'ancienne capitale des comtes d'Armagnac ravit par ses

agréables terrasses et son village de brocanteurs, sis dans un bâtiment du 18e s. Midi sonne à la cathédrale ? Déjeunez sur place ou garnissez votre panier de foie gras, terrines, fromages et autres produits du Gers chez Fleurons de Lomagne. La promesse d'un savoureux pique-nique, pourquoi pas au pied de Larressingle, la plus petite cité fortifiée de France. Faites le tour de ses fortifications en empruntant le chemin à l'extérieur de l'enceinte pour découvrir la Cité des machines, véritable camp de siège du 13e s. reconstitué. Plutôt intéressé par un passé plus lointain ? Filez à Séviac pour apprécier

Un pont enjambant les fossés et une porte fortifiée permettent d'accéder à l'unique rue du village de Larressingle.

le luxe d'une villa gallo-romaine du 4e s. Le site offre au regard les fondations de l'une des plus vastes résidences du sud-ouest de la Gaule (les thermes s'étendaient sur plus de 500 m^2 au 5e s.) et surtout deux ensembles remarquablement préservés de mosaïques dites de l'école d'Aquitaine. À Eauze, l'étape du soir, vous pourrez aussi contempler un trésor d'époque gallo-romaine (bijoux et monnaies) au Musée archéologique.
La D931 pique vers le sud… et les vignes à perte de vue ! Celles du Bas-Armagnac, qu'on connaîtra mieux après Nogaro et son « sentier de la vigne de Gascogne » (3 km AR - 1h), avec ses panneaux sur le travail vigneron. Un célèbre mousquetaire assure également la renommée des lieux, bien au-delà des frontières : d'Artagnan, évidemment. Au musée qui lui est consacré à Lupiac, on apprend que le héros du roman d'Alexandre Dumas a bien existé et qu'il est né ici en 1611. Après un spectacle de fauconnerie au Parc aux rapaces, à St-Lanne, arrêtez-vous ripailler dans une ferme du 18e s. au milieu des prés, tel un vrai mousquetaire, au Relais du Bastidou de Beaumarchès (pensez à réserver).

Les deux absidioles de l'église romane St-Nicolas, à Nogaro, renferment d'exceptionnelles fresques du 11e s.

Visite insolite

À l'assaut du clocher

Pour galber ses mollets et travailler son cardio, rien de tel que de gravir les 240 marches qui mènent au sommet du clocher de la cathédrale de Lectoure. Ce clocher-donjon date de la fin du 15e s. En 1782, la flèche de l'édifice, en très mauvais état, s'est subitement décrochée. Une fois arrivé en haut, on domine la ville de Lectoure et ses environs. Les jours de beau temps, on peut même deviner au loin la chaîne des Pyrénées.
7 r. Nationale - Lectoure - 05 62 64 00 00 - visites organisées par l'office de tourisme qui remet la clé aux visiteurs - visite libre lun.-sam. 9h15-12h45, 14h-18h30 - visite guidée (30mn) vend. 10h-12h30 - 3 €.

ÇA SWINGUE

Le jazz fait figure d'anachronisme sur cette terre pétrie d'histoire. N'empêche, Marciac en est l'une des capitales, avec son festival « Jazz in Marciac » de haute tenue, qui réunit de mi-juillet à mi-août, de 11h à 20h non-stop, des milliers d'amateurs pour des moments de jazz exceptionnels. Et côté convivialité, vous serez servi. Pas là au bon moment ? Session de rattrapage à l'espace muséographique dédié au genre musical installé dans le couvent des Augustins.
Retour au Moyen Âge à Bassoues, annoncé de loin par son haut donjon (43 m !) du 14e s. Du sommet, la vue

sur les Pyrénées est imprenable.
Et comme l'air de la campagne ouvre
l'appétit, on prend (encore) le temps
d'emplettes gourmandes, à la ferme
de Bordeneuve, à Montesquiou, où
vous choisirez vos foies gras sur
l'exploitation. Reste à garer le
van pour la nuit à Mirande.
Trente minutes de route suffisent
pour rejoindre Beaucaire-sur-Baïse,
pour une balade avec les Canoës de
Beaucaire au fil de la rivière entre
St-Jean-Poutge et Graziac.
Après les notes de jazz, celles des
rossignols, loriots et autres fauvettes...
Pour rester sur le thème aquatique,
pourquoi ne pas faire une
pause détente aux thermes de

Le festival de jazz créé en 1978 par quelques amis est devenu l'un des plus renommés dans le monde. Chaque été Jazz in Marciac attire les meilleurs artistes et des milliers de visiteurs.

À Condom, embarquez pour une promenades en bateau sur la Baïse.

Castéra-Verduza, où l'eau thermale, réputée anti-inflammatoire, arrose les espaces de soins médicalisés, tout comme l'espace thermoludique, ses bains bouillonnants et autres jets de massages (sur réservation) ? Toutefois, si le vent de l'histoire l'emporte sur tout, partez plutôt à l'assaut du château Monluc à St-Puy, une forteresse qui produit désormais de l'Armagnac et des vins réputés, mais aussi un apéritif au goût d'orange, appelé « Pousse Rapière ». Ce nom est un clin d'œil aux Gascons du 16e s. qui aimaient tant manier la « rapière », c'est-à-dire l'épée.
Un pour tous…

Visite sur la Baïse

Plusieurs options : une croisière à bord du *D'Artagnan*, pour découvrir à Condom le moulin de Barlet, puis les rives verdoyantes du quartier de la Bouquerie et l'écluse de Teste. La rivière est navigable jusqu'à Valence-sur-Baïse, par le passage de trois écluses en amont, et jusqu'à Buzet, en aval. Autrement, partez en toute autonomie et voguez à votre rythme en louant un petit bateau sans permis. Enfin, plus simple profitez de la rivière sur un pédalo !
Échappées gasconnes - 3 av. d'Aquitaine - Condom - ℘ *05 62 28 46 46 - www.tourisme-fluvial-gers.com - avr.-oct. : promenade-croisière à 15h - 10,50 €.*

CARNET DE ROUTE

PAUSES NOCTURNES

Étape 1

Eauze
Aire de La Ferme de Mounet
Rte de Parleboscq -
☎ 05 62 09 82 85 -
www.ferme-de-mounet.com
Permanent (prévenir avant)
Borne artisanale : gratuit
5 - Illimité - gratuit
Services :
Vente de produits de la ferme (foies gras et confits).
GPS : E 0.06307 N 43.89225

Étape 2

Mirande
Camping L'Île du Pont
Le Batardeau -
☎ 05 62 66 64 11
De fin avr. à fin sept. -
73 empl. -
Tarif camping : 33 €
(10A) - pers. suppl. 7 €
Services et loisirs :
Site agréable sur une île de la Grande Baïse, avec de grands espaces en pelouse idéals pour la détente.
GPS : E 0.40932 N 43.51376

Entre les étapes

St-Clar
Aire de St-Clar
Av. de la Garlepe -
☎ 05 62 66 40 45 - www.tourisme-coeurdelomagne.fr
Permanent (mise hors gel) -
Borne artisanale : gratuit
15 - 72h - gratuit

Services :
Beaux emplacements plats, gravier, à l'ombre des arbres fruitiers.
GPS : E 0.77265 N 43.89125

Lectoure
Camping Yelloh ! Village Le Lac des 3 Vallées
☎ 05 62 68 82 33 -
www.yellohvillage.fr/camping/le_lac_des_3_vallees
De déb. mai à déb. sept. -
347 empl. -
borne artisanale
Tarif camping : 55 €
(10A)
Services et loisirs :
De grands espaces verdoyants, vallonnés. Jolie salle de jeux pour les tout-petits.
GPS : E 0.64533 N 43.91252

Ste-Christie-d'Armagnac
Parking au pied du Castet
8 lotissement communal du Roux
Services : (à côté de la mairie).
Beau parking au pied du château du 14e s., que l'on peut visiter (demandez au propriétaire).
GPS : W 0.0085 N 43.7846

Beaumarchés
Aire de Beaumarchés
Chemin de Ronde -
☎ 05 62 69 35 17 - www.coeursudouest-tourisme.com
Permanent

Borne : gratuit
10 - Illimité - gratuit
Services :
GPS : E 0.0915 N 43.5870

Marciac
Aire communale de Marciac
20 chemin de Ronde -
☎ 05 62 09 38 03 -
coeursudouest-tourisme.com
Permanent
Borne flot bleu 3 € 3 €
42 - Illimité - gratuit
Paiement :
Services :
À 100 m du lac et 300 m du centre-ville, accessibles par un chemin piétonnier.
GPS : E 0.1587 N 43.5273

Castéra-Verduzan
Camping La Plage de Verduzan
30 r. du Lac -
☎ 05 62 68 12 23 -
www.camping-castera.com
De déb. avr. à mi-oct. -
92 empl. -
borne artisanale 5 €
Tarif camping : 25 €
(10A) - pers. suppl. 5 €
Services et loisirs :
Au bord d'un plan d'eau, emplacements soignés.
GPS : E 0.43117 N 43.80817

CARNET DE ROUTE

BONNES TABLES

Lectoure
L'Atelier gourmand
11 bis r. Nationale
09 81 46 49 61
Fermé merc., dim. et le soir.
Quelques tables, des produits frais et une cuisine maison toute simple : salades, assiettes de dégustation, pâtes fraîches, plats du marché. Vous pourrez choisir votre vin dans les rayonnages derrière vous, l'Atelier gourmand étant aussi une cave et une épicerie fine.

Beaumarchés
Relais du Bastidou
Lieu-dit Barbat
05 62 69 19 94
www.le-relais-du-bastidou.com
Rest. sur réserv. : midi (à partir de 4 couverts) et soir ; fermé dim.
Au milieu des prés et des arbres, dans une ferme du 18e s., la cuisine est à l'avenant, simple et savoureuse, avec la déclinaison des produits gascons fournis par les voisins, mais aussi ceux de l'Océan. Belle piscine.

Mirande
Le Goût R'Mets
7 pl. d'Astarac
05 62 05 73 53
Fermé dim. soir et lun.-mar.
Sous les arcades de la place, attablez-vous devant des petits plats gourmands, dans la tradition locale gentiment modernisée.

DOMAINE LAOUGUÉ
À Viella, Sylvain Dabadie a repris le domaine familial pour y produire des madiran et pacherenc régulièrement primés. Il propose un « Vitinéraire », une découverte ludique de la vigne et du vin.
Rte de Madiran - 05 62 69 90 05 - www.domaine-laougue.fr - 9h-19h - fermé dim.-lun.

PLEIN AIR ET DÉTENTE

Tous au lac à St-Clar
Base de loisirs d'Escalavès
05 62 66 34 45
Juil.-août : tlj.
Envie de piquer une tête ? Foncez à la base de loisirs d'Escalavès ! Ce lac de 5 ha accueille une vaste zone de baignade, des pelouses où installer sa serviette pour une sieste à l'ombre et même une plage de sable fin où se lancer dans un concours de château de sable. En prime, des toboggans géants font le bonheur des enfants. Hors saison, la base de loisirs est le rendez-vous des amateurs de pêche.

Pédalez dans le vignoble gersois
Nogaro
Vélorail de l'Armagnac
Rue de la Gare
06 82 05 61 40
velorail-armagnac-gers.jimdo.com
Juil.-août : tlj ; avr.-juin et sept.-oct. : w.-end et vac. scol. - réserv. obligatoire.
Aménagé sur une ligne de chemin de fer datant de 1875, le Vélorail et ses 12 km traversent la campagne gersoise, le vignoble de l'Armagnac et des Côtes de Gascogne. Il ne vous reste plus qu'à monter sur un des pédalos revisités, qui peuvent accueillir jusqu'à 5 personnes. Comptez environ 1h45 de balade.

Pagayer sur la Baïse
Beaucaire-sur-Baïse
Les Canoës de Beaucaire
Pl. de la Mairie
05 62 68 15 95 - canoesdebeaucaire.com
De St-Jean-Poutge à Graziac (28 km), en balade accompagnée ou en location libre avec l'audioguide « Martin Pêcheur » qui vous en apprendra plus sur la rivière, son écosystème complexe et le travail des hommes au travers des 12 points installés sur le parcours « Beaucaire Turraque ».

DE HAUT EN BAS EN VALLÉE DU LOT

Vous aimez les contrastes ? Vous allez être gâté avec ce road trip qui traverse les Causses du Quercy à la beauté austère, tantôt désertique, tantôt couvert de chênes pubescents, auquel s'oppose la fraîcheur des verdoyantes vallées du Lot et du Célé. Suivre un ancien chemin de halage ou un sentier sur les hautes falaises qui renferme des trésors préhistoriques, pagayer sur l'une ou l'autre de ces rivières, remonter le temps à Pech-Merle ou se perdre dans les ruelles médiévales en pente de St-Cirq-Lapopie, s'attarder sur le pont de Cahors... Parés pour un voyage dans le temps riche en émotions ? C'est parti.

DISTANCE
138 km

DURÉE
3 jours

DÉPART
Puylaroque

ARRIVÉE
Fumel

ACCÈS DEPUIS TOULOUSE
A62/A20 puis départementales jusqu'à Puylaroque - 93 km

QUAND PARTIR ?
La période des vendanges est particulièrement belle.

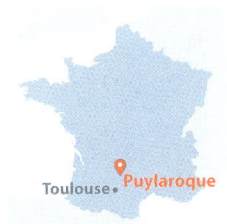

Les étapes
- Puylaroque/Bouziès : 36 km
- Bouziès/Pescadoires : 73 km
- Pescadoires/Fumel : 29 km

Les atouts du road trip :

Flashez pour accéder au guidage GPS

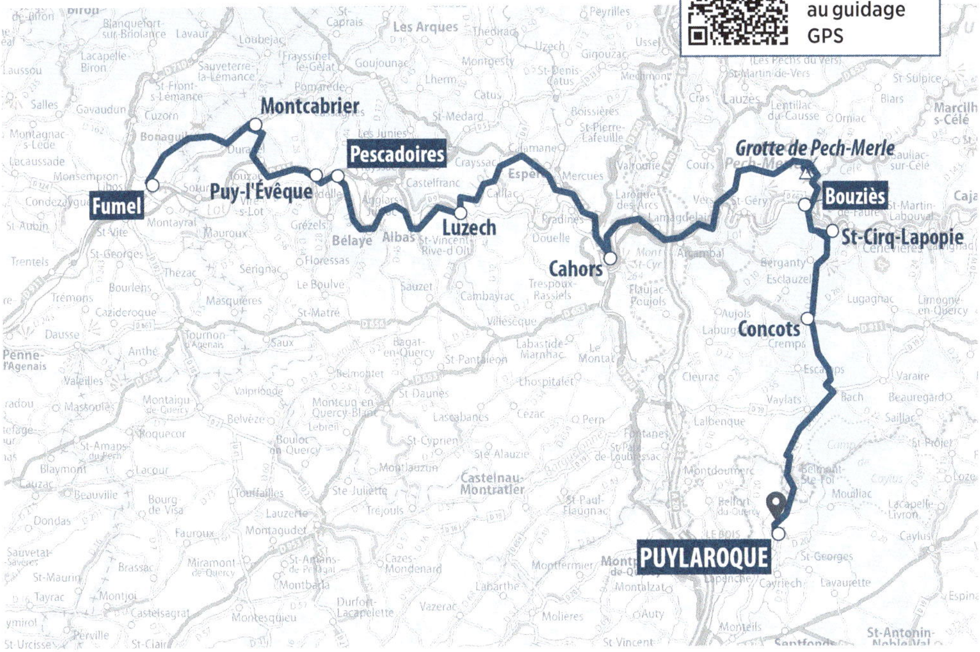

L'échappée démarre au sommet. Celui d'une colline dominant les vallées de la Candé et de la Lère, où Puylaroque juche depuis le 13e s. ses maisons à encorbellements et pans de bois, parvenues jusqu'à nous. Ici et là, des esplanades surgissent comme des surprises, emportant le regard vers les doux vallonnements du Quercy, qui doit son nom à la couleur de son sol crayeux. D'innombrables ruisseaux y entaillent les bas plateaux, les maisons sont bâties en moellons de calcaire, les toitures presque plates couvertes de tuiles rose pâle.

DES LIEUX SOUS-TERRE

Le sous-sol recèle bien des secrets. La preuve aux Phosphatières du Cloup d'Aural, à Bach, où voyager dans le temps : d'abord au 19e s., quand l'exploitation de ces anciennes mines de phosphate (utilisé pour la fabrication d'engrais) a révélé un incroyable trésor paléontologique, un site fossile aux 600 espèces datant de l'ère tertiaire, hyènes et félins géants, rhinocéros et chevaux primitifs ! Un bestiaire d'éternité… Une minuscule route fend ensuite les étendues âpres et calcaires du causse

@lescoflocs

MON PLUS BEAU SOUVENIR

Mon road trip en van dans le Lot est un mélange parfait d'aventure et de gastronomie. Parmi mes meilleurs souvenirs, il y a la découverte de La Bicicleta Ravito à Souillac. Je vous recommande de garer le van juste à côté et de profiter de ce lieu inédit totalement dédié au vélo, une maison d'hôtes cycliste. C'est un camp de base idéal pour rayonner à vélo aux alentours mais aussi une excellente table où les produits locaux sont à l'honneur. Mon aventure à vélo m'a mené à Creysse et Gluges pour un tour en kayak sur la Dordogne avec la Compagnie Sports Nature. Si vous êtes en recherche d'adrénaline, je vous conseille de vous arrêter chez Kalapca Loisirs dans la vallée du Célé. Les parcours de tyroliennes offrent des sensations fortes tout en permettant de voir la région sous un angle différent, à vol d'oiseau. Un incontournable de ce voyage a été la visite de St-Cirq-Lapopie. Ce village médiéval, perché sur une falaise, fait partie des plus beaux villages de France et offre un panorama époustouflant.
**Laurent Lingelser
Cofondateur @lescoflocs**

À St-Cirq-Lapopie, vous prendrez le temps de flâner au hasard des ruelles en pente bordées de maisons à colombages aux toits de tuiles brunes.

DE HAUT EN BAS EN VALLÉE DU LOT

Entre St-Cirq-Lapopie et Bouziès, le chemin de halage est devenu une agréable promenade qui se parcourt sans effort.

de Limogne, où est produite la truffe noire du Quercy. Et puis, saisissante vision, St-Cirq-Lapopie surgit, ses maisons médiévales perchées comme des acrobates en surplomb de la rive gauche du Lot. L'époustouflante beauté du site lui vaut des labels touristiques qui attirent les foules. Éloignez-vous à pied, sur le « chemin de tire », un ancien chemin de halage qui relie St-Cirq à Bouziès, à 6 km. Taillés dans le roc, certains passages sont spectaculaires. Autre option empreinte de sérénité, la promenade en canoë sur le Lot ou le Célé, au départ de la base multi-activités Kalapca de Bouziès.

Après la visite de la grotte du Pech-Merle de bon matin, vous allez

La grotte de Pech Merle est particulièrement riche en peintures : mammouths, bisons, chevaux, mais aussi des mains négatives.

Visite incontournable

Grotte du Pech-Merle

Au bout d'une route qui s'élève en lacets au milieu des bois, le site paléolithique gît à une centaine de mètres au-dessus des rivières. La « Grotte-Temple » abrite la beauté du monde souterrain avec ses concrétions féeriques, mais aussi des traces humaines dont les plus anciennes remontent à près de 30 000 ans. Le long des couloirs et des galeries se succèdent gravures et peintures d'animaux et de troublantes « mains négatives », formant l'un des plus beaux ensembles d'art pariétal au monde. *☏ 05 65 31 27 05 - www.pechmerle.com - visite guidée (1h) juil.-août : 9h15-17h ; avr.-juin et de déb. sept. à mi-nov. : 9h30-12h, 13h30-17h ; reste de l'année : se rens. - 15 €.*

retrouver le fil conducteur de ce road trip à Vers. La D653 épouse les méandres du Lot, avec vue sur les falaises rousses couronnées d'une verdure échevelée. Vous voilà à Cahors... Quelle beauté ! Une presqu'île enserrée dans un cingle du Lot. Le spectaculaire pont Valentré, chef-d'œuvre de l'art militaire médiéval, enjambe la rivière du haut de ses trois tours fortifiées. Qu'il est agréable aussi de flâner dans les ruelles, l'œil débusquant ici et là des jardins secrets sous les maisons hautes, notamment dans le quartier sauvegardé de la cathédrale. Sous l'auguste silhouette (qui a fêté ses 900 ans en 2019) se tient l'un des plus beaux marchés de France

Index Fototeca/Heritage Image/age fotostock

(mer. et sam. matin). Ce qui ne vous empêche pas de goûter aux saveurs locales à La Petite Auberge. Avant de repartir, rendez-vous au Cahors Malbec Lounge, géré par l'Union interprofessionnelle, vous pourrez y déguster et acheter le vin de Cahors. Non, ce n'est pas le cahors qui vous tourne la tête, vous voyez bien. Ce sont réellement des traces de reptiles volants préhistoriques que vous observez maintenant, à Crayssac, dans une ancienne carrière baptisée « plage aux ptérosaures ». Loin d'être (seulement) une habileté marketing, cette appellation rappelle qu'au Jurassique, la région était… en bord de mer. D'où ces impressionnantes empreintes fossilisées ! Trop d'émotions (et d'informations) ? Vous aurez repris vos esprits après une nuit bercée par le murmure du Lot.

DES SIÈCLES PASSÉS

Prêt à reprendre une grosse bouffée d'histoire ? Démarrage en douceur à Puy-l'Évêque, bourg tranquille mais pas endormi, qui étage, sur la rive droite du Lot, ses vieilles maisons

> **Deux en un**
>
> **Combo bateau/train à Cahors**
> Embarquez pour une croisière commentée (1h15), avec passage de l'écluse de Coty. Montez ensuite à bord du petit train pour une découverte de la ville.
> *Quai Valentré - ☎ 05 65 30 16 55 - www.bateau-cahors.com - mai-sept. : 11h, 15h et 16h30 ; reste de l'année : se rens. - fermé nov.-mars - 13 €, billet combiné avec le petit train.*

À Cahors, l'aspect initial du pont Valentré, commencé en 1308, a été sensiblement remanié au cours des travaux de restauration entrepris en 1879 : des deux châtelets qui complétaient la défense, l'un a été détruit, l'autre a été modifié dans son aspect actuel.

aux belles pierres ocre jaune autour de son donjon et de son église. Pleines de surprises – ici un lavoir, là un point de vue sur le Lot –, les charmantes ruelles invitent aussi à pousser la porte d'un bon restaurant ou à goûter les arômes d'un cahors.

La fin du périple approche et le Quercy cède la place au Périgord noir qui s'ouvre sur la stupéfiante forteresse du château de Bonaguil.

Dressé sur une éminence rocheuse, dans un environnement intact, il est difficile de ne pas succomber à la puissance de ces lieux admirablement préservés… Les points de vue confèrent à la visite un aspect quasi cinématographique, tout en plongeant dans l'histoire du 15e au 18e s., de Bérenger le bâtisseur à Marguerite de Fumel, tombée amoureuse des lieux. Comme on la comprend.

GordonBellPhotography/Getty Images Plus

 # CARNET DE ROUTE

PAUSES NOCTURNES

Pour en voir plus sur la région, flashez l'image ci-contre !

Étape 1

Bouziès
Aire de Bouziès
Halte nautique -
☎ 05 65 30 29 02 -
www.bouzies.fr
Permanent (mise hors gel) -
Borne eurorelais 2 € -
20 🅿 - 24h - 6 €/j. - gratuit de mi-nov. à mi-mars
Services : WC
Cadre reposant au bord du Lot.
GPS : E 1.6439 N 44.4842

Étape 2

Pescadoires
Spot nature
Écluse de Campastier.
Au bord d'une petite route non passante, juste en face du Lot. Calme.
GPS : E 1.148879 N 44.494929

Entre les étapes

St-Cirq-Lapopie
Camping La Plage
Porte Roques -
☎ 05 65 30 29 51 -
www.campingplage.com
De mi-avr. à fin sept. -
90 empl. -
borne artisanale
Tarif camping : 38 € 🚻 🚗
📧 (10A) - pers. suppl. 7 €
Services et loisirs :
Bordé par le Lot, au pied d'un des plus beaux villages de France.
GPS : E 1.6812 N 44.46914

Cahors
Aire de Cahors
Chemin de la Chartreuse, près du pont Louis-Philippe, parking St-Georges -
☎ 05 65 20 87 87 -
www.tourisme-cahors.fr
Permanent (mise hors gel)
Borne flot bleu :
gratuit
3 🅿 - Illimité - gratuit
Services :
Navette gratuite pour le centre-ville. Souvent complet en saison.
GPS : E 1.4415 N 44.4401

Luzech
Aire de Luzech
114 av. Henri-Pélissié
Permanent
Borne artisanale :
gratuit
15 🅿 - Illimité - gratuit
Services : WC
Au bord du Lot.
GPS : E 1.28571 N 44.47663

Puy-L'Évêque
Camping L'Évasion
Martignac -
☎ 05 65 30 80 09 -
www.lotevasion.com
Permanent - 95 empl. -
Tarif camping : 40 € 🚻 🚗
📧 (10A) - pers. suppl. 10 €
Services et loisirs :
Joli parc aquatique.
GPS : E 1.12704 N 44.52546

Montcabrier
Camping Moulin de Laborde
☎ 05 65 24 62 06 -
www.moulindelaborde.eu
De déb. juil. à déb. sept. -
80 empl. -
Tarif camping : 🚻 8,40 €
📧 13 € - 📧 4,20 €
Services et loisirs :
Autour des bâtiments d'un vieux moulin, beaux emplacements ombragés.
GPS : E 1.08247 N 44.54819

À l'arrivée

Fumel
Camping Les Catalpas
1335 chemin du Gaillardel -
☎ 05 53 71 11 99 -
www.les-catalpas.com
De mi-avr. à mi-oct. -
32 empl. -
Tarif camping : 25 € 🚻 🚗
📧 (10A) - pers. suppl. 5,50 €
Services et loisirs :
Cadre verdoyant et fleuri avec des emplacements jusqu'au bord du Lot. Cales de mise à l'eau.
GPS : E 0.99737 N 44.48916

 **CARNET DE ROUTE**

BONNES TABLES

Concots
L'Esprit du Causse
Le Bourg
📞 05 65 22 37 66 - lesprit-du-causse.com
Fermé sam. midi, dim. soir et lun.
Une relève jeune et sympathique anime cette ancienne auberge relais de poste qui a conservé l'esprit des lieux (poutres, cheminée, plancher rustique). Dans l'assiette, à midi une cuisine simple et inventive, qui tourne le soir à la bistronomie mêlant adroitement ingrédients frais, amour de la cuisine et vins bio. L'accueil est charmant, et les tables installées en terrasse aux beaux jours sur la place du village sont appréciables.

St-Cirq-Lapopie
Le Gourmet quercynois
Rue de la Peyrolerie
📞 05 65 31 21 20
www.legourmetquercynois.com
Fermé déc.-janv.
Ce plaisant restaurant travaille en collaboration avec le petit musée viticole aménagé dans la même maison de village. Salle à manger à la fois moderne et rustique ouverte sur une terrasse dressée sous une tonnelle. Belle carte des vins et cuisine locale.

Cahors
La Petite Auberge
144 r. St-Urcisse
📞 05 65 35 06 05
lapetiteaubergecahors.com
Entre des murs du 15ᵉ s., une équipe jeune et inventive tient ce restaurant. Dans un charmant quartier de Cahors, la carte soignée, fraîche et locale, est proposée en terrasse aux beaux jours. Un régal.

PLEIN AIR ET DÉTENTE

Sur l'eau, sur terre ou dans les airs

Bouziès
Kalapca
📞 05 65 24 21 01 - www.kalapca.com
D'avr. à oct. ; reste de l'année : sur réserv.
Au confluent du Lot et du Célé, cette base est animée par une équipe formidable et professionnelle. Elle propose des descentes du Lot ou du Célé en canoë, mais aussi escalade, via ferrata, spéléologie, canyoning, tyrolienne…

Voguer écolo sur le Lot

Puy-L'Évêque
Gabare Copeyre
Rue du Héron
📞 05 65 20 03 25
www.gabarecopeyre.com
De mai à oct. : tlj sf lun.
De la promenade du Héron appareille une gabare électrique pour une croisière parmi le vignoble de la vallée du Lot. Également location d'embarcation électrique, pédalo, paddle, canoë et kayak.

TROIS EN UN

Saveurs et Safran
Un petit musée consacré au safran, cultivé localement depuis le Moyen Âge, une boutique d'excellents produits du terroir tenue par les paysans fermiers et bio de la région, et des sandwichs frais maison. Côté glaces, goûtez celle au safran, bien sûr.
Derrière l'office de tourisme - St-Cirq-Lapopie - 📞 *06 15 39 02 40 - www.saveursetsafranduquercy.com.*

DE HAUT EN BAS EN VALLÉE DU LOT

ESPACES INFINIS DE L'AUBRAC

Vous rêvez de grands espaces ? Vous aimerez ces paysages à l'austère beauté et aux hameaux isolés. Le bout du monde, ou presque… À 1 300 m d'altitude, ce vaste plateau basaltique est protégé par le parc naturel régional depuis 2018. L'été, les randonneurs et les pèlerins partagent le territoire avec les troupeaux de vaches aubrac à la robe fauve. Hors saison, ces immensités redeviennent (beaucoup) plus rudes, pour le plaisir de ceux qui recherchent la solitude.

DISTANCE
140 km

DURÉE
2 jours

DÉPART
Marvejols

ARRIVÉE
Espalion

ACCÈS DEPUIS TOULOUSE
A68 et N88 jusqu'à Marvejols - 234 km

QUAND PARTIR ?
Préférez les beaux jours ou venez bien équipé contre les intempéries et le froid. Épisode neigeux possible en mai !

Les étapes
- Marvejols/Nasbinals : 50 km
- Nasbinals/Espalion : 90 km

Les atouts du road trip :

Flashez pour accéder au guidage GPS

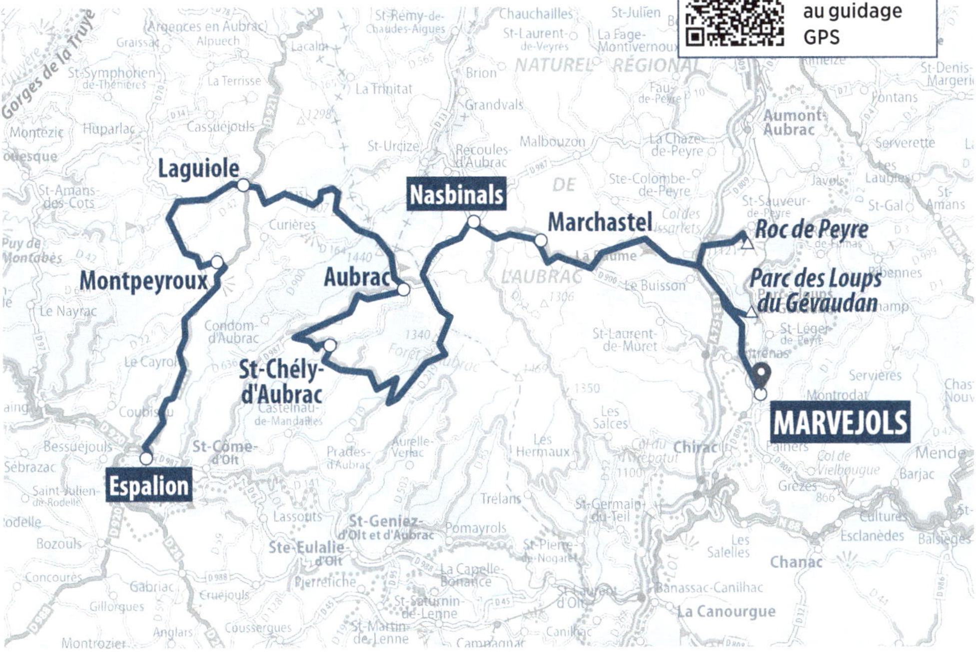

ESPACES INFINIS DE L'AUBRAC

@lescoflocs

De la solitude, du calme et du silence ? Bienvenue au cœur du département le moins peuplé de France, la Lozère, mais un des plus beaux ! Notre point de départ, Marjevols, en est la deuxième plus grande ville après Mende avec… 4 700 habitants ! Bref, ici, on ne vous bousculera pas, même au plus fort de l'été. Quelle aubaine ! La promenade dans les agréables ruelles de Marjevols terminée, prenez un peu de hauteur au Roc de Peyre, bien indiqué depuis la D53 vers St-Sauveur-de-Peyre. L'ancienne forteresse a disparu, mais un chemin grimpe toujours au sommet (1179 m). Là, le panorama s'étend sur l'Aubrac, le plomb du Cantal, la Margeride, le mont Lozère, l'Aigoual et les causses (merci la table d'orientation) !

La route traverse des paysages de plus en plus austères jusqu'au château de la Baume, le « petit Versailles » du Gévaudan, qui doit son élogieux surnom à sa façade en granit avec des toits à la Mansart couverts de lauzes, une roideur qui tranche avec les fastueuses décorations intérieures. À visiter, avant de se réchauffer autour d'une fondue à la viande de l'Aubrac, la spécialité de

Ne vous fiez pas à l'austérité de façade du château de La Baume. Les intérieurs mêlent le style rustique du Gévaudan du début du 17ᵉ s. à celui plus raffiné du 18ᵉ s.

> **MON PLUS BEAU SOUVENIR**
>
> Mon road trip en van sur le plateau de l'Aubrac a été une aventure mémorable, pleine de découvertes et d'air pur. Situé entre Clermont-Ferrand et Montpellier, ce territoire sauvage est un paradis pour les amateurs de sports de nature. Un de mes meilleurs souvenirs reste ma halte au buron du Cap Combattut. À 1 250 m d'altitude, ce buron rénové est un point de chute idéal pour explorer les merveilles de l'Aubrac. N'hésitez pas à y faire une halte pour y manger. L'Aubrac, c'est aussi un esprit de liberté unique. J'ai parcouru le plateau à l'Aubrac en VTT électrique, une expérience qui m'a permis de profiter des paysages sans l'effort des montées. Les sentiers du mont Lozère sont aussi le spot parfait pour la randonnée et le trail. Les gorges du Tarn, au sud de l'Aubrac, avec notamment les villages de St-Chély-du-Tarn et Ste-Énimie, sont des incontournables. C'est un road trip que je recommande vivement à tous ceux qui recherchent les grands espaces.
>
> **Laurent Lingelser**
> Cofondateur @lescoflocs

235

Visite incontournable

Parc des Loups du Gévaudan
Aménagé à flanc de montagne, dans un cadre forestier, ce parc animalier de 20 ha abrite une centaine de loups, mongols, canadiens, polonais, sibériens et arctiques, qui vivent ici en semi-liberté. Un film tourné dans le parc, projeté dans l'espace d'exposition, informe sur cet animal craint et décrié, ne serait-ce qu'à travers les contes qui ont contribué à sa légende. Au fait, La « bête du Gévaudan » était-elle un loup ? On n'en est même pas sûrs ! Le parcours pédestre (env. 30mn) permet de se familiariser avec les loups (rien de grand ni de méchant non plus) et offre une belle vue depuis la table d'orientation.
Hameau de Ste-Lucie - St-Léger-de-Peyre - ☎ 04 66 32 09 22 - www.loupsdugevaudan.com - juil.-août : 10h-19h ; reste de l'année : se rens. - 16 € - possibilités de visites nocturnes.

l'auberge de la Tourre, à Marchastel. Ne vous souciez pas des calories, elles seront ensuite vite brûlées. Le temps d'un crochet pour jeter un œil à l'impressionnante cascade du Déroc, où l'eau dévale sur plus de 30 m de haut sur des orgues basaltiques noires, et vous arrivez à Nasbinals,

adorable village blotti autour de son église romane, fief des randonneurs et des cyclistes.

DES PAYSAGES À NUL AUTRE PAREIL

En selle ! L'office de tourisme fournit les itinéraires pour pédaler dans ces paysages tourmentés. Si vous avez oublié votre deux-roues, il y a un loueur au village, avec même des destriers électriques. St-Chély-d'Aubrac est également apprécié des randonneurs et des pèlerins, qui se confondent parfois. Le pont du 14e s. en a vu passer ! C'est la garantie de bonnes adresses et de services pensés pour les haltes. Là encore, l'office de tourisme prodigue de précieux renseignements, avec en prime des expositions pédagogiques sur l'élevage traditionnel de la race aubrac (les vaches rousses du coin) et le pèlerinage à St-Jacques-de-Compostelle à travers les siècles. Puis vous atteignez Aubrac, village emblématique du territoire. Une

ESPACES INFINIS DE L'AUBRAC

Les hauts plateaux granitiques de l'Aubrac se déploient en étendues calmes, couvertes d'herbage. À bon randonneur, salut !

F. Juiziou/hemis.fr

Construit en basalte et granite, percé d'une seule ouverture et coiffé d'un toit en lauze, le buron est une cabane de berger dans laquelle était fabriqué le fromage pendant l'estive.

grosse tour carrée, une église romane et un bâtiment du 16ᵉ s. transformé en maison forestière, c'est tout ce qui reste de l'ancienne « dômerie » des frères hospitaliers d'Aubrac, ces moines-chevaliers qui, du 12ᵉ s. au 17ᵉ s., protégeaient les pèlerins qui se rendaient à Rocamadour. Ils y reprenaient (et reprennent encore) de l'énergie autour d'un aligot, ce plat traditionnel, à base de tome fraîche et de pommes de terre. Pour y goûter, rendez-vous au buron des Buals. Le « buron » est un petit habitat en pierres couvert de lauzes utilisé jadis par les hommes chargés de traire les vaches pendant les estives. Au pied de la Maison de l'Aubrac, espace d'exposition et épicerie fine, le jardin botanique d'Aubrac abrite plus de 650 espèces représentatives de la

Les vaches aubrac, d'un caramel clair, occupent les herbages, de fin mai à mi-octobre, période d'estives. Leur transhumance fait l'objet d'une fête

Visite tranchante

Musée du Couteau de Laguiole

Impossible de passer à Laguiole sans s'intéresser à son illustre ustensile. Créé en 1829 par l'artisan Pierre Calmels, le couteau de Laguiole était à l'origine un outil à tout faire, qui fut progressivement doté d'un poinçon, puis d'un tire-bouchon. Après une période de lent déclin, sa production a été relancée au début des années 1980 pour devenir aujourd'hui la première industrie du bourg. Les ateliers de couteliers bordent aujourd'hui la presque totalité de la rue principale. Afin de clarifier la situation devenue confuse avec les contrefaçons, un label « Laguiole origine garantie » a vu le jour.
Rte d'Aubrac - 05 65 51 23 47 - www.musee-laguiole.com - 9h-12h, 14h-18h - fermé dim. hors juil.-août - 3,50 €.

flore locale, dont le thé d'Aubrac... Et oui, l'Aubrac a son thé : la Grange au Thé propose cette tisane de « calamintha grandiflora », une plante aux fleurs pourpres réputée pour des vertus digestives, récoltée sur les hauts plateaux.

Après un arrêt à Laguiole, la capitale du couteau, allez faire un tour au Grenier de Capou, à Soulages-Bonneval, où la famille Capoulade a accumulé des milliers d'objets d'antan. Une parenthèse amusante et instructive avant de conclure par une baignade ou une promenade en canoë l'été au lac des Galens, ou une ultime balade sur le sentier pédestre (7 km - 2h), entre prairies et forêts. Fin de la transhumance de votre van à Espalion, aux portes du plateau de l'Aubrac.

CARNET DE ROUTE

PAUSES NOCTURNES

Pour en voir plus sur la région, flashez l'image ci-contre !

Étape

Nasbinals
Camping municipal
Rte de St-Urcize - ☎ 06 07 13 49 29 - www.nasbinals.fr/camping-municipal
De mai à sept. - 75 empl. -
borne artisanale 5 €
Tarif camping : 13 €
4 € - pers. suppl. 4 €
Services et loisirs :
Interdit en saison aux véhicules de plus de 8 m.
GPS : E 3.2246 N 44.4013

Autres étapes

St-Chély-d'Aubrac
Parking
Chemin GR 6 A
10
Un peu en pente, au calme.
GPS : E 2.5915 N 44.3710

Camping vert Chez Fanny et Jérémy
Rte d'Aubrac - ☎ 06 19 50 67 11 - chezfannyetjeremy.fr
De déb. mai à fin sept. - 28 empl. -
Tarif camping : 3,50 €
5 € - 3 €
Services et loisirs :
Emplacements libres, sur herbe, sans réservation.
GPS : E 2.9274 N 44.5915

Laguiole
Camping municipal Les Monts d'Aubrac
Rte de Rodez - ☎ 05 65 44 39 72 -
www.campinglesmonts daubraclaguiole.jimdo.com
De déb. mai à fin sept. - 57 empl. -
borne flot bleu
Tarif camping : 14 €
(10A) 4 € - pers. suppl. 4 €
Services et loisirs :
GPS : E 2.85501 N 44.6815

Montpeyroux
Camping La Romiguière
Lac de la Selve - ☎ 05 65 44 44 64 - www.laromiguiere.fr
De mi-mai à mi-sept. - 62 empl. -
Tarif camping : 18 €
(10A) - pers. suppl. 5 €
Services et loisirs :
Camping familial en bordure d'un lac (activités nautiques).
GPS : E 2.70639 N 44.65528

Aire du camping Village Gévaudan Aubrac
2 Le Pré de France - ☎ 04 66 49 28 31 - www.gevaudan-authentique.com
Permanent -
Borne artisanale
Stationnement au camping ou au parking de l'Esplanade (gratuit - WC).
GPS : E 3.28763 N 44.55384

À l'arrivée

Espalion
Camping Le Roc de l'Arche
Rue du Foirail - ☎ 05 65 44 06 79 - www.rocdelarche.com
De mi-avr. à fin sept. - 75 empl. -
borne artisanale
Tarif camping :
18 € (10A)
Services et loisirs :
GPS : E 2.76959 N 44.52244

Pont Vieux d'Espalion.

CARNET DE ROUTE

BONNES TABLES

Marchastel
Auberge de la Tourre
Le Village
☎ 04 66 45 68 73
Fermé mar.-jeu. et en déc.-janv.
L'ancienne ferme rénovée et tenue par Magali et Alexandre est la promesse d'une expérience simple et authentique. Au menu, très classique : des assiettes à thème (cochon, canard et truite), de la viande aubrac, évidemment, et bien sûr leur aligot. Aurez-vous assez d'appétit pour goûter aussi à leurs excellents fromages ?

St-Chély-d'Aubrac
Les Coudercous
Rte d'Aubrac
☎ 05 65 44 27 40 - www.lescoudercous.fr
Fermé vend. soir et w.-end et en déc.-janv.
Située sur le chemin de St-Jacques-de-Compostelle, du tour des Monts d'Aubrac ainsi qu'à proximité de points de départ de nombreuses randonnées, c'est une halte appréciée. Dans leur maison en pierre, Sabine et Emmanuel proposent une cuisine régionale où l'aligot et la race aubrac figurent en bonne place. Au menu : charcuterie de pays, truffade, truite gratinée au laguiole ou pavé d'Aubrac.

Aubrac
Buron des Bouals
Les Bouals - 800 m en dir. de Nasbinals par la RD987
☎ 06 18 73 97 25
www.buron-des-bouals.com
Juil.-août : tous les midis ; mai-juin et sept.-oct. : le w.-end à midi.
Dans ce buron devenu auberge, Paul-Antoine Périé, agriculteur, et son équipe servent toujours leur traditionnel plat roboratif à base de pommes de terre, crème, beurre, ail et tomme fraîche. L'aligot est confectionné de façon traditionnelle chaque jour, sous les yeux des clients, à partir de 12h30.

PLEIN AIR ET DÉTENTE

Pédaler avec assistance

Nasbinals
Aubrac Electro Vélo
Rue du 19-Mars-1962
☎ 04 66 48 32 38 - aubrac-electro-velo.com
Location de vélos électrique pour parcourir un des 8 circuits balisés.

Voir autrement

Phot'Aubrac
photaubrac.com
Ce festival intéressera particulièrement les amateurs de photo de nature ou animalière. Rendez-vous est fixé les quatre derniers jours de la troisième semaine de septembre. Côté pratique, les expositions, agréablement disséminées, ont lieu autour de Nasbinals, Aubrac, St-Urcize, Marchastel et Laguiole, c'est-à-dire à cheval sur les trois départements de la Lozère, de l'Aveyron et du Cantal.

LE FROMAGE DE LAGUIOLE

Bénéficiant d'une appellation d'origine protégée (AOP), ce fromage à pâte pressée non cuite et à base de lait de vache cru et entier, obéit à des procédés de fabrication très précis : la phase d'affinage, en particulier, doit durer au minimum quatre mois. Ce descendant de la fourme des burons et proche parent du cantal est aujourd'hui produit par la coopérative fromagère Jeune Montagne.
La Borie-Neuve - Laguiole -
☎ 05 65 44 35 54 - www.jeune-montagne-aubrac.fr - juil.-août : 8h-19h, dim. 9h-13h, 14h-18h ; reste de l'année : 8h-12h, 14h-18h, dim. 9h-12h - en été visite guidée (vidéo) de 30mn.

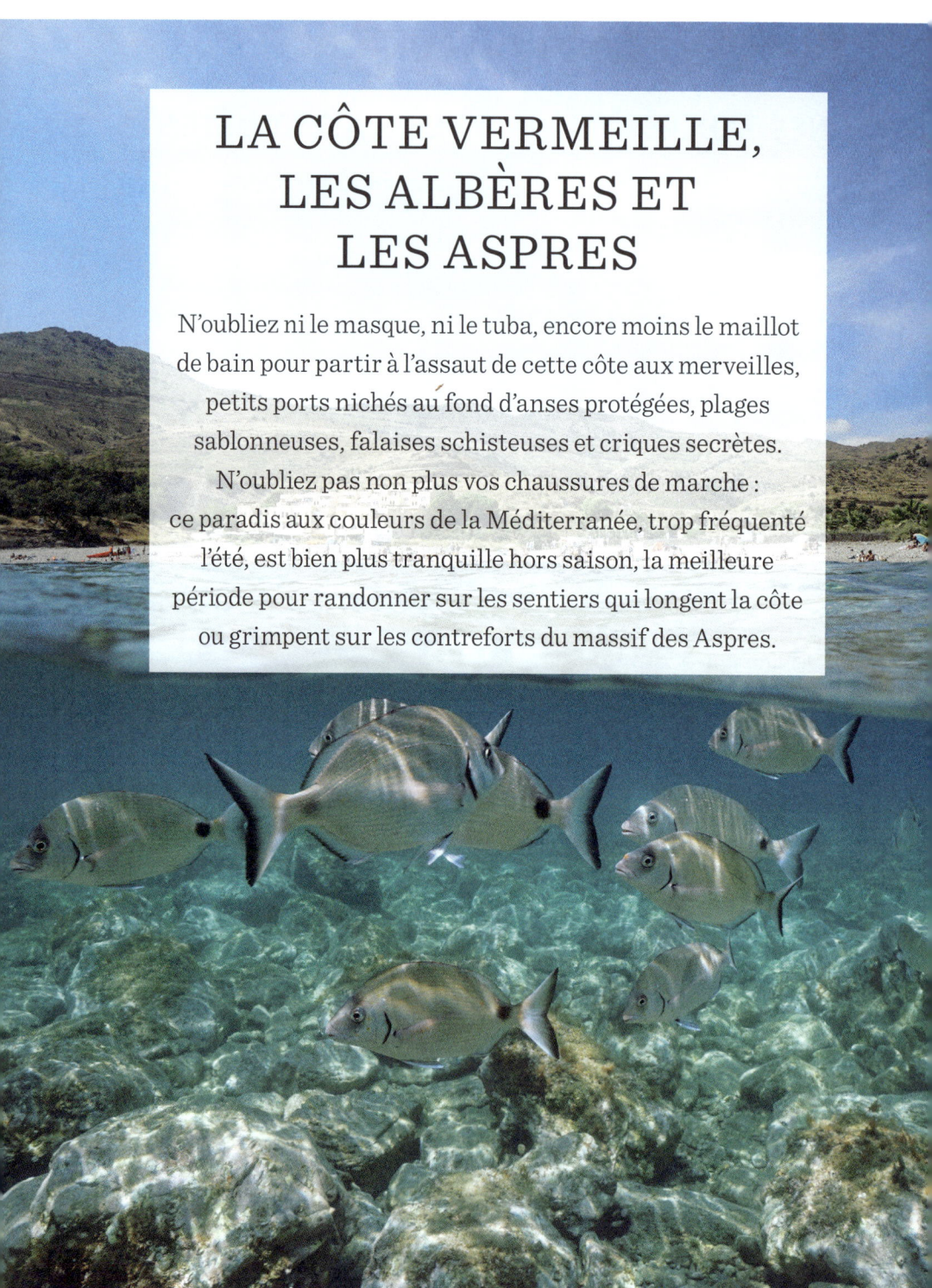

LA CÔTE VERMEILLE, LES ALBÈRES ET LES ASPRES

N'oubliez ni le masque, ni le tuba, encore moins le maillot de bain pour partir à l'assaut de cette côte aux merveilles, petits ports nichés au fond d'anses protégées, plages sablonneuses, falaises schisteuses et criques secrètes. N'oubliez pas non plus vos chaussures de marche : ce paradis aux couleurs de la Méditerranée, trop fréquenté l'été, est bien plus tranquille hors saison, la meilleure période pour randonner sur les sentiers qui longent la côte ou grimpent sur les contreforts du massif des Aspres.

| DISTANCE
220 km

| DURÉE
3 jours

| DÉPART
Argelès-sur-Mer

| ARRIVÉE
Perpignan

| ACCÈS DEPUIS TOULOUSE
A61 et A9 - 232 km

| QUAND PARTIR ?
De préférence en mai-juin et septembre-octobre, pour profiter du climat ensoleillé, sans la foule estivale.

Les étapes
- Argelès-sur-Mer/Cap Rédéris : 34 km
- Cap Rédéris/Maureillas-las-Illas : 62 km
- Maureillas-las-Illas/Perpignan : 124 km

Les atouts du road trip :

Flashez pour accéder au guidage GPS

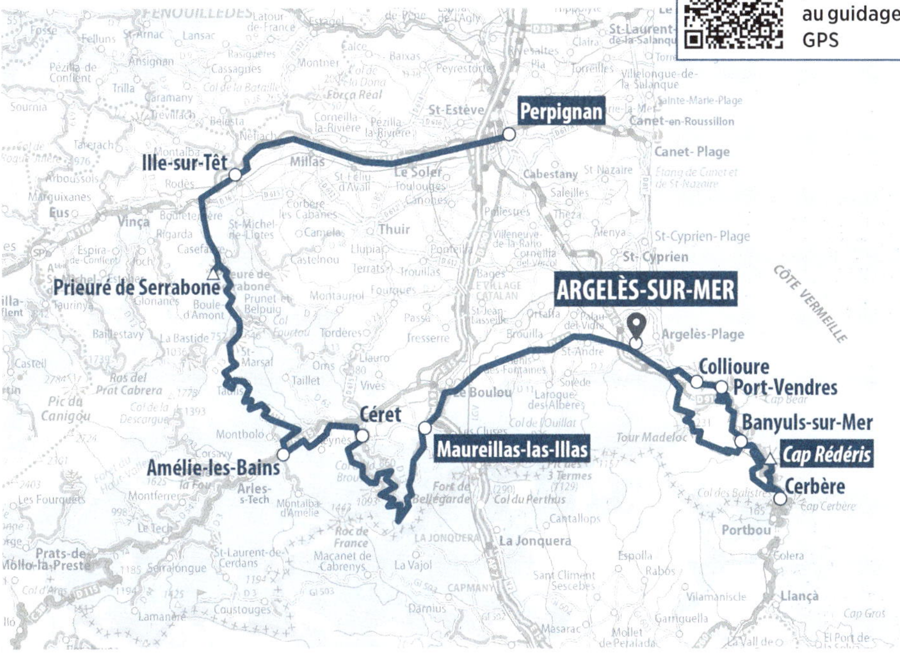

Aujourd'hui, il y aura du sable dans le van et les sièges seront sans doute un peu mouillés ! Mais c'est pour mieux profiter d'Argelès, cette station balnéaire posée entre la côte sableuse du Roussillon et les criques rocheuses de la Côte Vermeille. Humez le parfum des micocouliers et des eucalyptus saturés de soleil, et puis… plongez ! Un premier bain sur la plage du Racou, qui est aussi le départ d'un époustouflant sentier du littoral, avec vues sur la côte découpée, ses falaises de schistes et ses criques de galets. À vous de voir jusqu'où aller, puisque le sentier se poursuit jusqu'à la frontière espagnole (32 km).

PLEIN LA VUE

Du sel sur la peau, on file sur la D114 à travers les collines peignées de vignes jusqu'à Collioure, ses deux petits ports ourlés de barques catalanes aux couleurs vives et ses ruelles aux balcons fleuris… Un tableau qui inspira les artistes, à commencer par les Fauves, dont vous verrez des reproductions de toiles en suivant le parcours qui leur est dédié.
Via la D86, cap sur la Tour Madeloc, un itinéraire impressionnant avec ses pentes à 23 % et ses virages difficiles. Une fois garé, il reste 1h de marche

Le vieux château royal sépare les deux petits ports de Collioure.

MON PLUS BEAU SOUVENIR

La côte Vermeille se trouve dans l'endroit le plus ensoleillé de France. C'est une route sinueuse qui longe la mer et son eau cristalline, la D914. Premier arrêt : Collioure. Découvrez la ville du Fauvisme, peinte par Matisse et Derain. Arpentez les petites rues jusqu'au port et visitez le château royal. Une balade de 15mn vous verra grimper jusqu'au moulin pour surplomber la ville. Reprenez votre Van pour atteindre le fort St-Elme, haut perché sur la colline ; la vue à 360° y est imprenable. Redescendez sur Port-Vendres, où le retour des bateaux de pêche et la vente de poisson à la criée vous garantira un repas 100 % local. La route vous embarque ensuite à Banyuls-sur-Mer, station balnéaire nichée au pied du vignoble en terrasse ; vous pourrez déguster un puissant collioure à table et un vin doux naturel d'une belle rondeur en dessert. Cerbère, dernier bastion avant la frontière espagnole, est une authentique cité catalane. Un patrimoine architectural unique : à la gare, la verrière et le remblai de briques rouges sont signés Eiffel. Terminez par une visite des fonds marins en découvrant la première réserve naturelle marine de France, celle de Cerbère-Banyuls. En remontant la colline et en vous postant au phare du cap Cerbère, vous pouvez observer les dauphins au loin.

Florian Mosca,
Cofondateur @lescoflocs

Dans la maison de l'artiste

Musée Maillol

Banyuls-sur-Mer est attaché au souvenir d'Aristide Maillol (1861-1944), l'enfant du pays. Ce sculpteur, bien connu pour son amour des formes voluptueuses, a laissé à sa terre natale de nombreuses sculptures : *La Jeune Fille allongée*, sur le port, ou le monument aux morts, derrière la mairie. Ne manquez pas de visiter la métairie, où il aimait séjourner. Le lieu, de petite taille, établit une émouvante intimité avec le sculpteur, la table dressée de la salle à manger commémorant sa convivialité. Il repose dans le jardin en terrasses ombragé de cyprès et de micocouliers, parmi les feuilles d'acanthes, sous le geste mélancolique et paisible d'un bronze de *La Méditerranée*.
Vallée de la Roume - 4 km au sud-ouest de Banyuls - ☎ 04 68 88 57 11 - 10h-12h, 14h-17h (18h en juil.-août) - fermé lun. - 5/7 €.

jusqu'au sommet et la récompense : une vue grandiose sur la côte Vermeille. Des vues mer que procure aussi la D114, jusqu'à Port-Vendres, le port de pêche le plus actif de la côte roussillonnaise, puis Banyuls-sur-Mer, où goûter le vin doux, mais aussi se baigner sur la splendide plage de Peyrefite, où le sentier sous-marin met en valeur les petits fonds rocheux.
À peine séché, on suit la D914, l'une des plus belles routes panoramiques de France, jusqu'à Cerbère, dernier stop avant l'Espagne. La nuit au cap Rédéris sera l'un des temps forts de ce road trip, face à l'extraordinaire panorama sur la côte.
Vous voulez rester ? On vous comprend, mais il serait dommage de ne pas revenir vers Argelès pour découvrir l'arrière-pays.
À commencer par la traversée du massif des Albères, dernière avancée de la chaîne pyrénéenne à l'est, vers

Maureillas-las-Illas et ses forêts de chênes-lièges (on fabriquait ici des bouchons), puis la magnifique D13 jusqu'à Las Illas. Cette adorable départementale slalome au cœur des montagnes verdoyantes, entre la falaise d'un côté, les murets de l'autre. C'est l'autre sud, celui de la fraîcheur des montagnes, des longues randonnées et des spécialités du terroir, comme les rousquilles (de délicieux biscuits enrobés de sucre) ou les cerises de Céret. Ce village paisible est aussi la porte d'entrée du Vallespir, une région frontalière qui défend avec fierté ses traditions catalanes et a attiré bien des artistes de l'art moderne.

Les marcheurs se régalent en suivant le sentier du littoral entre Port-Vendres et Banyuls.

MISE EN JAMBE

Désormais, le Vallespir aimante surtout les randonneurs et les cyclistes, qui en ont fait leur base pour profiter des nombreux itinéraires dédiés aux alentours. À quelques kilomètres, les sportifs fatigués se font chouchouter à Amélie-les-Bains (alt. 230 m), la station thermale qui propose des cures libres (sans ordonnance, à partir de cinq jours). La douceur du climat assure aussi un bien agréable bain de végétation, au milieu des mimosas, lauriers-roses, palmiers et autres agaves.
La D618 poursuit à travers le massif des Aspres, qui s'étire des contreforts orientaux du massif du Canigou jusqu'à la plaine du Roussillon, déroulant ses reliefs ondulants entre

Au cours de ce road trip, vous le verrez pointer à l'horizon… C'est l'emblématique Canigou (alt. 2 784 m).

Au nord d'Ille-sur-Têt, un sentier d'interprétation vous dira tout sur les orgues d'Ille, une curiosité géologique. Les couleurs ocre de la roche s'illuminent sous les rayons du soleil.

Dans les pas des artistes

Musée d'Art moderne
Céret a attiré de nombreux grands maîtres, parfois venus de loin, au début du 20ᵉ s. Créé en 1950, le musée occupe aujourd'hui un bâtiment contemporain, agrandi pour présenter en 2021 encore plus d'œuvres de Picasso, Matisse, Soutine, Chagall ou Miró.
8 bd du Mar.-Joffre - ℘ 04 68 87 27 76 - www.musee-ceret.com - juil.-août : 10h-19h ; reste de l'année : tlj sf lun. 10h-17h - 10 €.
À travers le village, « Chemin Faisant, Chemins Sublimés » propose des reproductions de tableaux dans les lieux mêmes où ils ont été peints.

le Conflent (vallée de la Têt) au nord et le Vallespir (vallée du Tech) au sud. Couvert de garrigues odorantes et de forêts de chênes-lièges, il est sillonné de routes en lacets. Ne manquez pas l'aller-retour au prieuré de Serrabone. Cette pépite de l'art roman surgit comme une surprise dans le paysage austère et parfumé des Aspres, d'autant que son aspect extérieur sévère ne laisse rien présager du décor intérieur sculpté, aussi admirable qu'inattendu.
La route descend ensuite vers Ille-sur-Têt, une petite ville de plaine postée au cœur d'un immense verger d'abricotiers, de pêchers et de cerisiers, irrigué par la Têt et le Boulès, son affluent. Rien d'étonnant, donc, si le marché aux fruits et légumes se révèle des plus animés ! C'est le moment de faire vos derniers achats avant de rejoindre Perpignan, la fin de ce mémorable road trip.

🚐 CARNET DE ROUTE

PAUSES NOCTURNES

Au départ

Argelès-sur-Mer
Camping Europe
Av. du Gén.-de-Gaulle -
📞 04 68 81 08 10 -
www.camping-europe.net
De fin mars à fin sept. -
91 empl.
🚐 borne artisanale 🗑️ 💧
💦 - 🚿 19 €
Tarif camping : 45 € 👫
📧 ⚡ (10A) - pers. suppl. 10 €
Services et loisirs : 📶 🛒 🧺
🏊 🎣
Bel ombrage, parfois sous les platanes, à 500 m de la plage par la rue commerçante.
GPS : E 3.04185 N 42.54987

Étape 1

Cap Rédéris
Spot nature
1981A rte de Cerbère.
Vue imprenable sur la Côte Vermeille. Sur le passage du sentier du littoral.
GPS : E 3.15664 N 42.4676

Étape 2

Maureillas-las-Illas
Camping Les Bruyères
Rte de Céret -
📞 04 68 83 26 64 - www.camping-lesbruyeres-66.fr
De mars à nov. - 104 empl.
Tarif camping : 32,50 € 👫
🚗 📧 ⚡ (10A) - pers. suppl. 6,80 €

Services et loisirs : 📶 🏊
Cadre boisé sous les chênes-lièges, mais préférer les emplacements les plus éloignés de la route.
GPS : E 2.79509 N 42.49249

Entre les étapes

Collioure
Aire du Cap Dourats
P2 - rte de Madeloc, (sortie 14 en venant de Perpignan) -
📞 04 68 82 05 66 -
www.collioure.com
Permanent
Borne artisanale 🗑️ ⚡ 💧 💦
50 🅿️ - 🔒 - 24h - 20 €/j. - borne compris
Services : 🚻
À 2 km du centre-ville. De mai à sept., navettes gratuites jusqu'à l'entrée de Collioure.
GPS : E 3.06861 N 42.52566

Port-Vendres
Spot nature
D86
Spot magnifique sur la route (très étroite) des Balcons de Madeloc, en surplomb de Banyuls. Attention au vent.
GPS : E 3.0860 N 42.4893

Banyuls-sur-Mer
Spot nature
D914
Bel emplacement avec vue sur Cerbère et le littoral. Endroit calme, mais pouvant se révéler venteux.
GPS : E 3.146650 N 42.466801

Céret
Camping de Nogarède
36 av. d'Espagne -
📞 04 68 87 26 72 - www.campingdenogarede-ceret.fr
De mars à déc. - 49 empl.
Tarif camping : ⚡ (6A) 5 € - pers. suppl. 5,30 €
Services et loisirs : 🛒 🧺
Au bord d'un ruisseau.
GPS : E 2.7585 N 42.4843

Amélie-les-Bains
Aire du camping Amélia
Av. Beau-Soleil -
📞 04 68 39 00 49 -
www.camping-amelia.fr
De déb. fév. à fin déc. -
83 empl.
🚐 borne raclet 🗑️ 5 € 💧
💦 - 🚿 8 €
Tarif camping : 23,90 € 👫
🚗 📧 ⚡ (10A) - pers. suppl. 7 €
Services et loisirs : 📶 🍴 🛒 🧺
🚲 🎣
Navette pour le centre-ville.
GPS : E 2.66885 N 42.47224

 # CARNET DE ROUTE

BONNES TABLES

Collioure
La Cuisine Comptoir
2 r. Colbert
📞 04 68 81 14 40 - www.lacuisinecollioure.com
La chef Victoria Robinson a fait de la slow food son credo. Donc dans l'assiette : une majorité de produits frais provenant de petits producteurs locaux, aussi bien pour ce qu'on y mange que ce que l'on y boit. La chef est également soucieuse de sélectionner du bio, de la pêche durable ou des produits issus d'animaux nourris de manière éthique.

Banyuls-sur-Mer
Le Fanal
18 av. Pierre-Fabre
📞 04 68 98 65 88 - www.pascal-borrell.com
Juste devant le port de Banyuls, laissez-vous guider par les lumières de ce Fanal ! Pascal Borrell y signe des recettes créatives et épurées, pleines de relief, qui s'appuient sur des produits de première fraîcheur : le matin, les poissons sont livrés encore vivants… Courez-y !

Cerbère
Le Bout du Monde
Plage de Peyrefite
📞 04 68 88 47 33
Fermé hors saison, dim. soir et lun.
Ce « Bout du monde » aurait pu s'appeler « Les pieds dans l'eau » puisque sa terrasse donne sur la plage. La cuisine y est logiquement tournée vers la mer avec des assiettes pleines de fraîcheur.

Céret
La Galerie
95 r. St-Ferréol
📞 04 68 09 71 33
Fermé dim. soir et lun.-mar.
Quelques tables disséminées sur une placette où glougloute une fontaine et, dans l'assiette, de jolies compositions pleines de saveurs qui font chaque jour le bonheur de ceux qui parviennent à obtenir une table. Réservez !

PLEIN AIR ET DÉTENTE

> **Découvrir les fonds sous-marins de la réserve de Cerbère-Banyuls**

Cap Cerbère
Rte d'Espagne
📞 04 68 88 41 00 ou 06 75 82 67 62
www.plongee-cap-cerbere.com
En 10-15mn, vous atteindrez les meilleurs spots de la réserve naturelle marine de Cerbère-Banyuls, tandis que, côté espagnol, ceux du Cap de Creus ne sont qu'à 45mn. Mérous, corbs, saupes, dentis, dorades, raies, barracudas… vous attendent. Sars, loups, girelles et rougets… pour ceux qui préféreront une randonnée palmée.

> **Randonner sur les sentiers du Vallespir**

La région, montagneuse et préservée, offre de nombreuses possibilités de randonnées pédestres, de niveaux variés. Faune, flore, petit patrimoine ponctuent les 17 itinéraires en téléchargement sur www.vallespir-tourisme.fr.

> **Faire monter l'adrénaline**

Céret
Adventure Tout Terrain
72 r. de la Tramontane
📞 06 87 59 92 23
adventuretoutterrain.com
Le Vallespir offre de belles occasions de grands frissons en pleine nature. Des gorges de Galamus, pour les débutants, au canyon des Anelles à combiner avec une sortie trail, pour les plus sportifs, des guides vous font découvrir cascades, torrents et crevasses en toute sécurité. Combinaison néoprène, casque homologué et baudrier fournis.

LOIN DES SENTIERS BATTUS : LE HAUT-COUSERANS

Au cœur du Parc naturel régional des Pyrénées ariégeoises, le Haut-Couserans est un petit pays de montagne arrosé de lacs, rivières et cascades. Des vallées étroites du Castillonnais jalonnées de villages de pierre jusqu'aux versants raides, mais ensoleillés du Haut-Salat et du Garbet, préparez bien vos randonnées (attention, certaines durent plus de dix heures !) sur cette terre rude qui semble taillée pour les bergers, où l'on fabrique toujours les sabots de bois.

DISTANCE
146 km

DURÉE
2 jours

DÉPART
St-Lizier

ARRIVÉE
St-Lizier

ACCÈS DEPUIS TOULOUSE
A64 - 100 km

QUAND PARTIR ?
On aime les fleurs du printemps (ah, les tapis de gentianes !) et les couleurs d'automne.

Les étapes
- St-Lizier/Aulus-les-Bains : 64 km
- Aulus-les-Bains/St-Lizier : 82 km

Les atouts du road trip :

Flashez pour accéder au guidage GPS

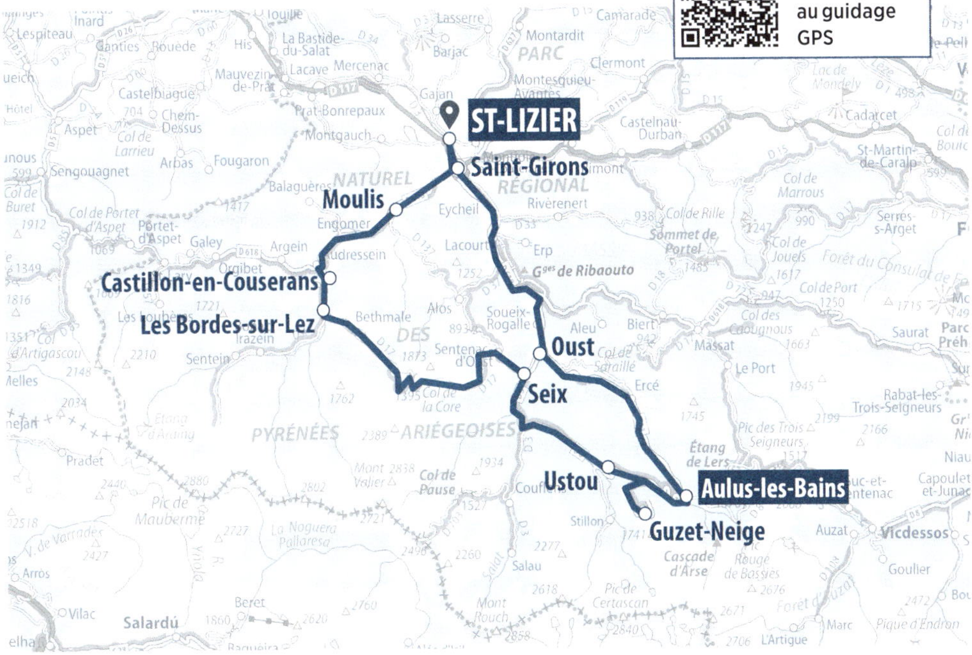

D. Pearson/Agency Jon Arnold Images/gae fotostock

Et encore un départ en beauté, cette fois depuis St-Lizier. Comptant parmi les plus beaux villages de France, l'ancienne capitale du Couserans semble adossée aux contreforts pyrénéens, dont on aperçoit les sommets au loin. Enserrée dans des remparts du 5ᵉ s., la partie haute du village abrite une cathédrale aux magnifiques fresques romanes. La matinée étant bien entamée, on flâne au hasard des ruelles, des maisons à colombages et des anciennes maisons de chanoines, pour arriver à l'heure du déjeuner au Carré de l'Ange, une table gastronomique de haut vol et d'inspiration pyrénéenne.

La cathédrale romane de St-Lizier est dotée d'un clocher octogonal de style gothique toulousain datant du 14ᵉ s.

Du Pont-Vieux, vous aurez une jolie vue sur les quartiers anciens de St-Girons, ville voisine de St-Lizier.

> **Chasseurs de traces**
>
> **À St-Lizier**
> Envie de suivre les animaux fossiles à la trace ? Ce parc de 3 ha est dédié à l'ichnologie, la science de l'interprétation des traces. Au programme pour les petits et les grands : enquête, moulages de traces, parcours ornithologique, visite de la grotte du Loup. Le site est incroyablement ludique et captive les enfants et les adultes qui ont su garder leur âme de chasseur-cueilleur !
> *Au Pays des Traces - ferme du Miguet - ☎ 05 61 66 47 98 - www.paysdestraces.fr - juil.-août : 13h30-19h, dim. 13h30-19h ; vac. scol. (sf vac. de Noël) : 13h30-18h30 - 12 €.*

Vous préférez un pique-nique ? À St-Girons, le samedi matin, qu'il est agréable de faire le marché sous les platanes du Champ-de-Mars, où sont réunis les producteurs locaux ! Pour le dessert, La Boutique à croustades regorge de ces fameuses tourtes de pâte feuilletée aux fruits, autrefois servies dans les fêtes de village.

TORRENTS, COURS D'EAU ET RIVIÈRES

Ainsi lesté, choisissez votre activité de l'après-midi, qui sera sans doute arrosé d'eau, à l'image du Haut-Couserans entaillé de torrents, cours d'eau et rivières. D'ailleurs, la D618

Rendez-vous aux estives

Fêtes de la transhumance en Bethmale
Pour célébrer la transhumance, rien de tel que d'accompagner les troupeaux vers les estives en compagnie des bergers et de leurs chiens, au départ de St-Lizier. Durant un week-end début juin, le Haut-Couserans vit au rythme des brebis, des vaches et des chevaux. Le dimanche, un repas traditionnel est organisé. Au menu : soupe du berger, grillades d'agneau, pommes de terre, fromage de la vallée et croustade. *www.transhumance-en-bethmale.fr - réserv. obligatoire pour le repas.*

suit le cours du Salat, puis la D32 celui du Garbet jusqu'à Soueix-Rogalle, où partir pour une balade en eau vive au départ de la base nautique, à bord d'un kayak, d'un canoë ou d'un raft. Sinon, la D32 poursuit jusqu'à

Aulus-les-Bains, où quatre sources, pas moins, alimentent l'espace aqualudique ouvert à tous (en plus des cures). Retour au van pour suivre la petite route qui grimpe vers l'étang de Lers, superbe site solitaire au pied du pic de Montbéas, embelli en automne par la floraison des ajoncs, au cœur d'un paysage de moyenne montagne aux reliefs chahutés par les glaciers. Revenez dormir à Aulus-les-Bains, pour être prêt, le lendemain matin, à marcher jusqu'à la cascade d'Ars (5 km - 3h AR), qui impressionne par sa taille et son débit, spectaculaire après la fonte des neiges. On espère qu'il vous reste du pique-nique. Poursuivez votre route à la découverte du Haut-Couserans. Voici Guzet, station de ski l'hiver (42 km de pistes et des chalets blottis sous les

Le lac de Bethmale, une bouffée d'air frais, de vert et de calme.

Marc Andreu/Getty Images Plus

sapins), qui a su se diversifier l'été, avec notamment l'une des plus longues pistes de luge sur rail d'Europe. Les moins téméraires passeront leur tour, pour mettre le cap, à 1h de là, sur le lac de Bethmale. Un parfum de romantisme se dégage de l'étendue d'eau vert émeraude et de son sous-bois de hêtres, propice à la promenade. Depuis la D17, on accède facilement au lac, posé à 15mn du parking aménagé.

DES TRADITIONS À PART

La route continue ensuite à travers la vallée de Bethmale. Fort isolée, peu peuplée (à peine 200 habitants en 2021!), elle a gardé plus longtemps qu'ailleurs ses traditions et son costume traditionnel. Jusqu'aux sabots à longue pointe, toujours fabriqué ici. Pascal Jusot, le dernier sabotier d'Occitanie, travaille dans le hameau d'Arêt, à Arrien-en-Bethmale. L'été, il ouvre son atelier à la visite. La route longe ensuite le Lez, jusqu'à Castillon-en-Couserans puis Audressein et son église au bord de l'eau (14e s.), inscrite au Patrimoine de l'Unesco au titre des chemins de St-Jacques-de-Compostelle. La halte est reposante, propice à la méditation. Pas du tout la même ambiance qu'un peu plus bas, à Moulis, où le canyon d'Aubert offre des poussées

Castillon-en-Couserans, petit village situé sur une terrasse de la rive droite du Lez, au pied d'une butte boisée. En aplomb sur la vallée, la chapelle St-Pierre, construite au 12e s. et fortifiée au 16e s., recèle de belles peintures murales.

d'adrénaline au vaillant visiteur, parfois perché à 100 m de haut. Encadré par un moniteur, on y alterne ponts de singe, passerelles et tyroliennes au-dessus du vide, le tout accessible aux débutants comme aux plus confirmés. Il sera l'heure, alors, d'un dernier arrêt : à la fromagerie familiale Le Moulis, où charger le van des grosses tommes locales de bethmale (4 kg chacune !), salées à la main et retournées sur des planches de sapin. En Haut-Couserans, même le retour est gourmand.

CARNET DE ROUTE

PAUSES NOCTURNES

Étape

Aulus-Les-Bains
Camping municipal Le Coulédous
Rte de St-Girons - 05 61 66 43 56 - www.camping-aulus-couledous.com
Permanent - 70 empl.
borne artisanale
Tarif camping : 24 €
(10A) 5 € - pers. suppl. 6 €
Services et loisirs :
Au bord de la rivière et au milieu d'un parc aux arbres parfois centenaires.
GPS : E 1.33215 N 42.79394

Autres étapes

St-Girons
Camping Parc de Palétès
Allées des Orchidées - 05 61 66 06 79 - www.camping-parc-de-paletes.com
Permanent - 20 empl.
borne artisanale
Tarif camping : 24 €
(10A) 5 € - pers. suppl. 7 €
Services et loisirs :
GPS : E 1.1666 N 42.9742

Oust
Camping Les Quatre Saisons
Rte d'Aulus-les-Bains - 05 61 65 89 21 - www.camping4saisons.com
Permanent - 105 empl.
borne artisanale
Tarif camping : 23,50 €
(10A) 5,50 € - pers. suppl. 6 €
Services et loisirs :
Cadre agréable et ombragé derrière l'hôtel-restaurant.
GPS : E 1.22103 N 42.87215

Ustou
Camping Le Montagnou
Rte de Guzet - 05 61 66 94 97 - www.lemontagnou.com
De fin mars à déb. oct. - 44 empl.
borne artisanale
Tarif camping : 20 €
(10A) 7 € - pers. suppl. 6 €
Services et loisirs :
Agréable pinède de montagne avec des emplacements près de la rivière.
GPS : E 1.2562 N 42.8118

Seix
Camping Le Haut Salat
Rte de Soueix - 05 61 66 81 78 - www.camping-haut-salat.com
134 empl. -
Tarif camping : 34,50 €
Services et loisirs :
GPS : E 1.2053 N 42.8712

Castillon-en-Couserans
Camping Les Vignes
6 r. des Vignes - 05 61 96 72 72 - www.campinglesvignes-ariege.fr
De déb. mars à fin oct. - 270 empl. -
Tarif camping : 17 €
- pers. suppl. 3 €
Le petit plus : un jardin d'herbes aromatiques pour parfumer vos petits plats.
GPS : E 1.0285 N 42.9192

Croustade.

 **CARNET DE ROUTE**

BONNES TABLES

St-Lizier
Le Carré de l'Ange
Palais des Évêques
☎ 05 61 65 65 65 - www.lecarredelange.com
Fermé dim. soir, lun.-merc.
C'est dans la salle voûtée de l'ancien palais épiscopal que s'est installé ce restaurant qui sert une cuisine gastronomique d'inspiration pyrénéenne. Ici, les produits sont locaux et souvent bio. La terrasse offre une superbe vue sur le Couserans et la cathédrale.

Seix
Auberge des Deux Rivières
Pont de la Taulé
☎ 05 61 66 83 57
www.aubergedesdeuxrivieres.com
Fermé lun.-mar., et le midi en sem. hors sais.
À 5 km du centre de Seix, à l'intersection de la route du col de la Pause et de celle de la vallée d'Ustou, se tient cette auberge traditionnelle. Dans la salle aux murs de pierre et aux belles poutres ou sur la terrasse au bord du Salat, on s'y régale des spécialités de la maison.

Les Bordes-sur-Lez
Auberge de la Corre
2 km à l'est des Bordes-sur-Lez
☎ 05 61 04 80 53
Fermé dim. soir, lun.-mar.
Dans la vallée de Bethmale, cette auberge a bonne réputation. Le menu du jour affiche des plats traditionnels (souvent carnés). Et l'on vous précise que les frites sont cuites à la graisse de… canard ! Belle vue depuis la terrasse.

PLEIN AIR ET DÉTENTE

Dévaler la pente

Guzet Express
www.guzet.ski/fr/guzet-express
Réserv. en ligne.
En été, Guzet, station de ski familiale, offre de multiples possibilités : descente en VTT, escalade, randonnées. Elle possède aussi la plus longue piste de luge d'été : 1,5 km de descente et un dénivelé de 357 m. Hurlez en chœur !

Survoler les prairies fleuries

Moulis
Parapente family
4 pl. de la Poste
☎ 06 76 38 26 10
www.parapentefamily.com
Lancez-vous en parapente biplace et savourez le spectacle de Moulis, Port de Lers, du col de la Core ou de Guzet vus du ciel. L'hiver, les vols se font depuis la station de Guzet. Plusieurs formules s'offrent à vous, de la simple découverte à la session « Performance » où l'on peut s'essayer à quelques gestes sous l'œil (et le contrôle !) du moniteur. Même les enfants sont invités à prendre leur envol.

FÊTE DU FROMAGE ET DU MIEL

Au mois d'août, les producteurs du Haut-Couserans se regroupent joyeusement dans le petit village de Castillon-en-Couserans pour faire découvrir leur production. Outre le marché, un concours de tomme au lait cru et des démonstrations de fabrication de fromage au chaudron sont organisés. Les enfants peuvent se lancer dans des tours en calèche ou des ateliers de fabrication du fromage.
Info : www.haut-couserans.com.

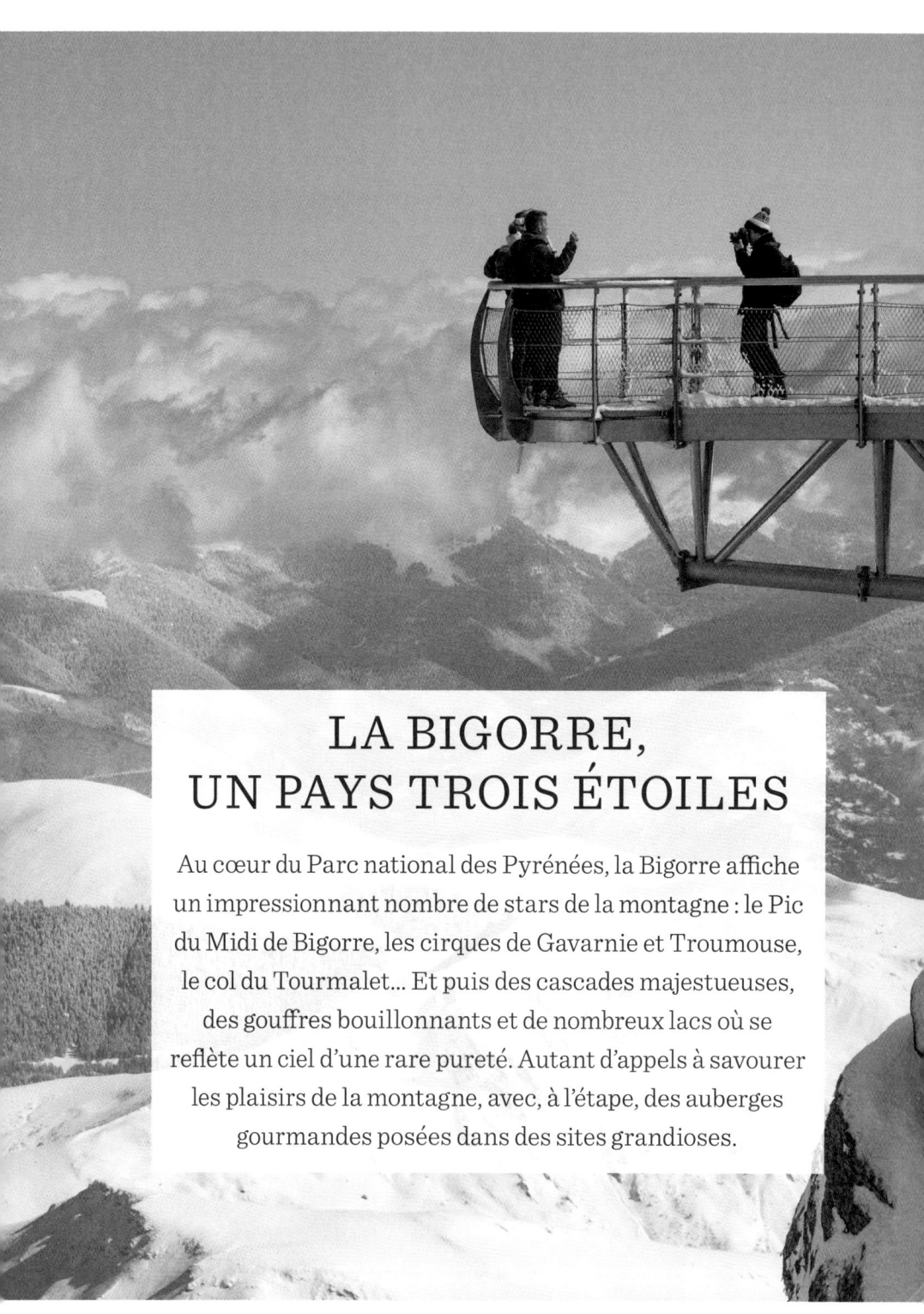

LA BIGORRE, UN PAYS TROIS ÉTOILES

Au cœur du Parc national des Pyrénées, la Bigorre affiche un impressionnant nombre de stars de la montagne : le Pic du Midi de Bigorre, les cirques de Gavarnie et Troumouse, le col du Tourmalet... Et puis des cascades majestueuses, des gouffres bouillonnants et de nombreux lacs où se reflète un ciel d'une rare pureté. Autant d'appels à savourer les plaisirs de la montagne, avec, à l'étape, des auberges gourmandes posées dans des sites grandioses.

DISTANCE
185 km

DURÉE
3 jours

DÉPART
Bagnères-de-Bigorre

ARRIVÉE
Argelès-Gazost

ACCÈS DEPUIS TOULOUSE
A64 - 152 km

QUAND PARTIR ?
Au printemps, quand la nature s'épanouit et en été, mais attention certaines routes peuvent être fermées pour cause d'affluence.

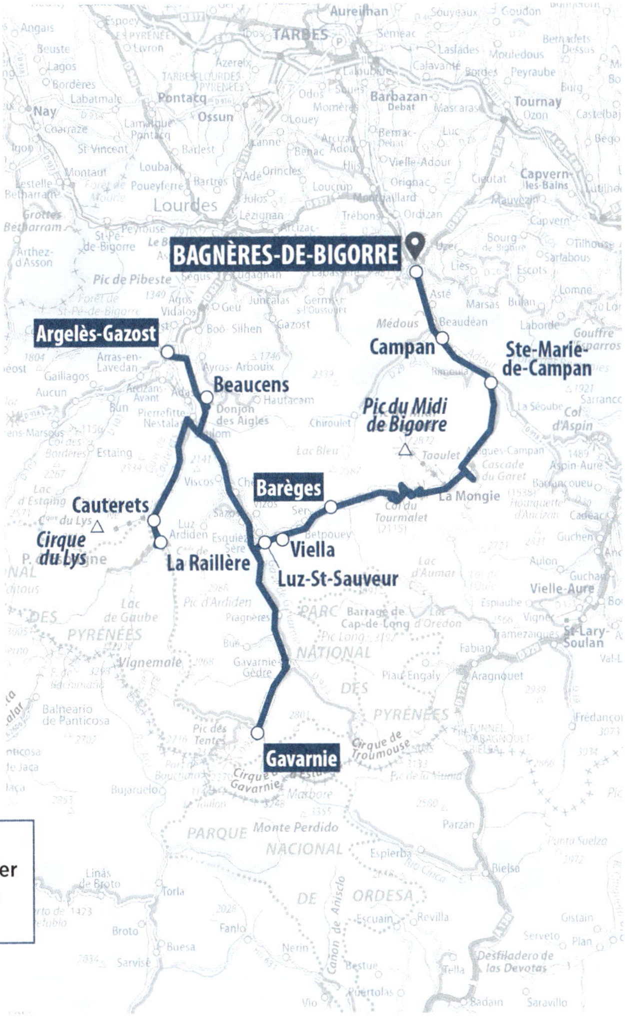

Les étapes
- Bagnères-de-Bigorre/Barèges : 41 km
- Barèges/Gavarnie : 28 km
- Gavarnie/Argelès-Gazost : 116 km

Les atouts du road trip :

Flashez pour accéder au guidage GPS

Les vêtements chauds et la couette sont bien rangés dans le van ? Oui, même l'été, mieux vaut prendre ces précautions : les nuits peuvent être très fraîches en altitude. Et bien sûr, vous n'avez pas oublié vos chaussures de randonnée. Vous voilà parés pour cette nouvelle aventure, au départ de Bagnères-de-Bigorre, jolie station thermale des Hautes-Pyrénées, où commencer par vous requinquer dans le Parc thermal de Salut, en convoquant le souvenir de Montaigne et George Sand, eux aussi habitués de ces eaux bienfaitrices. Vous en sortez frais et dispo, les contingences de la vie derrière vous ? Tant mieux. Vous allez encore prendre davantage de hauteur.

RENDEZ-VOUS AVEC UN GÉANT

Sa majesté le pic du Midi de Bigorre (alt. 2 877 m) vous attend ! Garez le van sur le parking de la Mongie, et prenez le téléphérique qui grimpe jusqu'aux terrasses aménagées au sommet. Grâce au ciel d'une pureté inégalable, la vue, par beau temps, peut porter à plus de 300 km à la ronde ! Le sommet du pic abrite aussi un musée et un planétarium, ainsi qu'un impressionnant « ponton dans le ciel », une passerelle métallique suspendue dans le vide dont vous vous souviendrez longtemps (si vous osez y marcher) !

Sensations fortes

Vous verra-t-on, en Bigorre, sauter à l'élastique ? Depuis la vue plongeante du pont Napoléon, faites un saut de 90 m vers le gave profondément encaissé entre les parois abruptes de la gorge ! Ou bien vous élancer en parapente du col du Tourmalet ou du pic du Midi ? Le col du Tourmalet (alt. 2 115 m) offre un panorama remarquable par l'âpreté des sommets qu'il fait découvrir, tandis que la descente s'effectue parmi les pâturages qui contrastent avec les sites ravinés de la montée. Le pic du Midi (alt. 2 877 m), quant à lui, éblouit par son panorama exceptionnel ouvrant l'horizon sur plus de 300 km de montagne dans un ciel dont la pureté et la stabilité sont inégalables. Le choix va être difficile mais l'expérience sera inoubliable !
Bureau des guides de Luz - pl. du 8-Mai - Luz-St-Sauveur - ☎ 05 62 92 87 28 - www.guides-luz.com.

Le vertigineux pont Napoléon et son arche unique enjambant le gave fut construit en 1860 sur les ordres de Napoléon III.

Qui se souvient, en revanche, de la « route thermale » ? C'est l'autre nom, historique, de la D918 qu'on emprunte maintenant pour rejoindre le col du Tourmalet. Avant de devenir une icône du Tour de France cycliste, le troisième plus haut col routier des Pyrénées (2 115 m) était déjà célèbre : il fallait en effet le traverser pour aller « prendre les eaux à Barèges », l'une des stations thermales pyrénéennes réputées sous Napoléon III. En 1859, pour en faciliter l'accès, ce dernier fit construire une route sur l'ancien chemin pierreux. Pensez à cette épopée routière en profitant des bains à remous de Cieléo, à Barèges, l'espace balnéo de la station thermale (ouvert à tous).

SPECTACLE GARANTI

Vous avez dormi comme une marmotte ? Ça tombe bien, il faut être en pleine forme aujourd'hui pour affronter l'autre géant de Bigorre : le cirque de Gavarnie, classé au Patrimoine mondial. Encore une star, donc. L'été, mieux vaut partir avant 8h pour éviter la foule des randonneurs. Depuis Gavarnie-village, comptez une heure de marche pour arriver au cœur de ce cirque absolument grandiose, « une montagne et une muraille tout à la fois », écrivait Victor Hugo.

Bouche bée devant tant de beauté, vous remontez à Gèdre.
Si vous disposez d'une journée supplémentaire devant vous, direction le cirque de Troumouse, autre site remarquable, lui aussi classé au Patrimoine mondial. L'été, il est obligatoire de se garer au parking

En route pour le cirque de Garvarnie.

du plateau du Maillet pour prendre la navette (tirée par un tracteur !) jusqu'au cirque. Autre option : à pied (6 km AR) jusqu'à ce rempart de montagnes, 3 000 m de haut pour 10 km d'envergure !
Retour à Gèdre (le van connaît le chemin !). Ça roule le long du gave de Gavarnie jusqu'à Luz-St-Sauveur, puis le gave de Pau, que vous quittez à Pierrefitte-Nestalas. Enserrée par de hautes montagnes boisées, au confluent de deux gaves, Cauterets est l'une des grandes stations thermales et climatiques pyrénéennes et un centre d'excursions dans le Parc

Vu:ics/Getty Images Plus

AU DÉPART DE TOULOUSE

Jekaterina Sahmanova/Getty Images Plus

national des Pyrénées. D'ailleurs, vous êtes là pour ça. Pas prévu de pique-nique ? Arrêtez-vous à L'Abri du Benquès, à La Raillère, un bel endroit sur la route du pont d'Espagne (1886). Vous verrez ici l'illustration d'une montagne fantasmée et romantique, où deux torrents pyrénéens fêtent leurs noces dans des gerbes d'écume, vue sur les sommets en arrière-plan. Très apprécié depuis le 19e s., l'endroit est accessible par la route, ou, plus agréable, à pied par le chemin des cascades depuis la Raillère (1h30 de marche). Il est aussi le point de départ de randonnées appréciées, vers le lac de Gaube, les Oulettes ou le Marcadau. Renseignez-vous bien sur la difficulté de chacune, sans préjuger de vos forces, bien sûr.

Les plaisirs de la table font partie de ceux de cette montagne-là, où l'on sait certes bouger mais aussi manger ! À Beaucens, l'Auberge L'Arrioutou a posé ses cuisines dans une étable d'estive, perchée à 1350 m dans un cadre splendide. Oui, encore un !

Approcher les rapaces

Donjon des Aigles
Les ruines du château de Beaucens se prêtent à la présentation d'oiseaux indigènes (vautours, aigles, faucons, milans, buses, chouettes, etc.) ou exotiques (condors des Andes, vautours d'Afrique, aigles d'Amérique, perroquets). Le clou de la visite ? La démonstration en vol des rapaces, qui permet une approche originale de ces volatiles évoluant au milieu du public.
Beaucens - ℘ 05 62 97 19 59 - www.donjon-des-aigles.com - avr.-sept. : 10h-12h, 14h30-18h30 - 15 € - démonstration de vol en août : 15h30 et 17h30 ; avr.-juil. et sept. : 15h15 et 17h.

Et pour finir en beauté, embarquez pour une descente en rafting dans les eaux cristallines des torrents pyrénéens, au départ d'Argelès-Gazost. Entre deux rochers à éviter, levez les yeux sur les crêtes qui défilent ! Encore un souvenir revigorant à rapporter des Pyrénées.

Le lac de Gaube est accessible par la télécabine du Puntas, puis le télésiège du lac de Gaube. Les plus courageux pourront s'y rendre à pied en suivant le GR10 (départ immédiatement en aval du Pont d'Espagne - 3h AR).

🚐 CARNET DE ROUTE

PAUSES NOCTURNES

Au départ

Bagnères-de-Bigorre
Camping-car Park Bagnères-de-Bigorre
2 allée René-Descartes -
☏ 01 83 64 69 21 -
www.campingcarpark.com
Permanent
Borne raclet 🚰 💧 🚽 🧺
28 🅿 - 🔒 - Illimité - 13,10 €/j. -
borne compris
Services : 📶
GPS : E 0.1524 N 43.0732

Étape 1

Barèges
Spot nature
D 918
Cette ancienne bergerie, sous le col du Tourmalet, offre un spot paisible et un beau point de vue, avec une rivière et un point d'eau à proximité.
GPS : E 0.137839 N 42.904499

Étape 2

Gavarnie
Spot nature
D923. À proximité de la station de ski, 2 km après les parkings payants.
Ce spot tranquille offre un panorama magnifique, seulement habité par les marmottes !
GPS : W 0.042211 N 42.726501

Aire de Holle
Rte du Col-des-Tentes -
☏ 05 62 92 49 10 -
www.gavarnie.com

Permanent (mise hors gel)
Borne artisanale 🚰 💧 🧺 :
gratuit
100 🅿 - Illimité - 10 €/j.
Services : 🛒 📶
Station de ski et domaine de ski de fond au plateau de la Prade.
GPS : W 0.01961 N 42.73857

Entre les étapes

Campan
Camping L'Orée des Monts
2979 rte du Col d'Aspin -
La Séoube - ☏ 05 62 91 83 98 -
www.camping-oree-des-monts.com
Fermé en avr. - 57 empl.
🚐 borne artisanale 🚰 💧 🚽
Tarif camping : 17 € 👫 🚗
🔌 🚿 (6A) 6 € - pers.
suppl. 5,50 €
Services et loisirs : 📶 🍴 🛒 🧺
🏊 🎣
Terrain de montagne au bord du ruisseau.
GPS : E 0.24522 N 42.96664

Ste-Marie-Campan
Camping Les Rives de L'Adour
Rte de la Mongie -
☏ 05 62 91 83 08 -
camping-lesrivesdeladour.jimdofree.com
Permanent - 50 empl. - 🎣
Tarif camping : 👫 3,50 €
🔌 3 € - 🚿 6,50 €
Services et loisirs : 🧺 🎣
Petit camping familial, au calme.
GPS : E 0.2296 N 42.9743

Luz-St-Sauveur
Camping Toy Luz
17 pl. du 8-Mai -
☏ 05 62 92 86 85 -
www.camping-toy.com
De déb. déc. à fin sept. -
77 empl. - 🎣
Tarif camping : 👫 5,80 €
🔌 5,80 € - 🚿 (10A) 8,50 €
Services et loisirs : 📶 🧺 🏊
🏊 🎣
Au bord du torrent Le Bastan, et en plein centre de Luz, avec tous les commerces à proximité.
GPS : W 0.00312 N 42.87328

Cauterets
Camping Le Cabaliros
93 av. du Mamelon-Vert -
☏ 05 62 92 55 36 -
www.camping-cabaliros.com
De fin mai à fin sept. -
100 empl. - 🎣
🚐 borne artisanale 🚰 💧 🧺
Tarif camping : 28 € 👫 🚗
🔌 🚿 (10A) - pers. suppl. 6 €
Services et loisirs : 📶 🛒 🧺
🏊 🎣
Emplacements ombragés ou plein soleil en pente douce jusqu'au bord du gave de Pau.
GPS : W 0.10735 N 42.90406

CARNET DE ROUTE

BONNES TABLES

Viella
Auberge de Viella
Place de la Mairie
☎ 05 62 92 85 14
www.chambres-hotes-tourmalet.com
Fermé lun. midi.
Cette petite auberge est appréciée pour son cadre rustique, réchauffé l'hiver par de belles flambées, son ambiance bon enfant, sa cuisine confectionnée avec les produits de la ferme et, bien sûr, sa garbure, spécialité maison.

Gavarnie-Gèdre
La Brèche de Roland
☎ 05 62 92 48 54 - www.gavarnie-hotel.com
De la terrasse de l'hôtel au centre du village, savourez un point de vue unique sur la légendaire brèche de Roland, mais aussi les produits du terroir. La table, véritable balade gourmande, a acquis une certaine renommée. Autrement, commandez un panier gourmand la veille avant 18h et récupérez-le le matin.

La Raillère
L'Abri du Benquès
☎ 05 62 92 50 15 - www.benques.com
Fermé le soir, et mar. hors vac. scol.
Dans un lieu magique sur la route du pont d'Espagne, entre pelouses et torrents, ce restaurant au décor montagnard vous fait découvrir une généreuse cuisine actuelle.

Beaucens
L'Auberge de l'Arrioutou
Rte de la Station du Hautacam
☎ 05 62 97 11 32
auberge-larrioutou.eatbu.com
Fermé lun.-mar.
L'été, sa terrasse se déploie avec ses tables en roues de charrette pour accueillir les randonneurs. Crêpes l'après-midi avec confitures maison. Réservation fortement conseillée.

PLEIN AIR ET DÉTENTE

Dévaler les pentes à VTT

Cirque du Lys
Skilys Marcadau
Face aux télécabines
☎ 05 62 92 52 10
skilys-marcadau.notresphere.com
Location de VTT.
Avec la télécabine du Lys et du télésiège du Grand Barbat (www.cauterets.com), franchissez le plateau de Cambasque et découvrez, depuis les crêtes du Lys (2 303 m), un superbe panorama où se découpent les plus beaux sommets pyrénéens : le pic du Midi de Bigorre, le Vignemale et le Balaïtous (table d'orientation). Ensuite, c'est parti pour 45mn de descente vers Cauterets, depuis la station du télésiège du Grand Barbat. Un Bike Park propose plusieurs parcours de descente aménagés et adaptés à tous les niveaux (1 500 m de dénivelé).

Filer dans les eaux vives

Argelès-Gazost
Les Gaves Sauvages
2 av. des Pyrénées
☎ 06 13 79 09 58
Été : tlj ; reste de l'année : sur réserv.
Embarquez pour une descente dans les eaux cristallines des gaves pyrénéens, à bord d'un canoë, d'un miniraft ou d'un raft, accompagné d'un guide de rivière diplômé d'État.

> **FESTIVAL DE GAVARNIE**
>
> Durant deux semaines, fin juillet-début août, représentation théâtrale tous les soirs à 21h, à 1 450 m d'altitude, sur la prairie de la Courade (à mi-distance entre le village et le cirque de Gavarnie - 30mn de marche). Retour aux flambeaux vers 23h. Magique !
> *Info : www.festival-gavarnie.com.*

Au départ de Marseille

Road trip en Provence. © D. Schmelz/Novarc Images/mauritius images/age fotostock

CHEVAUCHÉE FANTASTIQUE EN CAMARGUE

Une terre secrète, farouche, moins facile à découvrir qu'il n'y paraît... Alors prenez tout votre temps (et un bon antimoustique) pour parcourir les vastes étendues verdoyantes du delta du Rhône, où le ciel célèbre chaque jour son union avec la mer. Taureaux noirs et chevaux blancs, hérons cendrés et flamants roses, immenses propriétés agricoles et longues plages de sable blond. La Camargue va vous surprendre.

DISTANCE
281 km

DURÉE
4 jours

DÉPART
Arles

ARRIVÉE
Arles

ACCÈS DEPUIS MARSEILLE
A7 et A54 - 93 km

QUAND PARTIR ?
Au printemps, au début de l'automne et durant les belles journées d'hiver, l'avifaune est alors abondante.

Les étapes

- Arles/Le Sambuc : 82 km
- Le Sambuc/Stes-Maries-de-la-Mer : 58 km
- Stes-Maries-de-la-Mer/Le Grau-du-Roi : 49 km
- Le Grau-du-Roi/Arles : 92 km

Les atouts du road trip :

Flashez pour accéder au guidage GPS

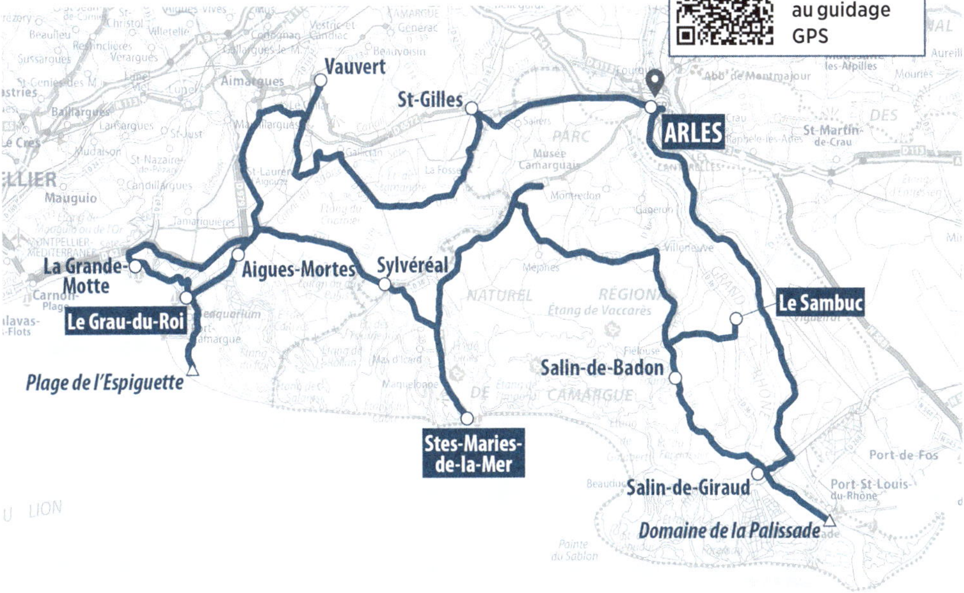

> **MON PLUS BEAU SOUVENIR**
>
> Tout commence à Arles, une ville classée au patrimoine mondial de l'Unesco, notamment pour ses célèbres arènes romaines. Ensuite, direction les marais salants de Salin-de-Giraud. La blancheur éclatante des montagnes de sel et les nuances rosées des étangs sont un spectacle fascinant. On embarque en van pour le parc ornithologique de Pont de Gau. Les flamants roses, emblématiques de la région, offrent un spectacle coloré et majestueux dans leur habitat naturel. J'aime l'atmosphère de Saintes-Maries-de-la-Mer, avec ses plages de sable fin et ses ruelles pittoresques. Continuez votre exploration en direction d'Aigues-Mortes. La ville fortifiée impressionne par ses remparts et son histoire médiévale. Une promenade sur les remparts offre une vue imprenable sur les marais environnants et les salins. Vous êtes aux portes de Grau-du-Roi, cette petite station balnéaire a su garder son charme d'antan. Ce road trip en Camargue est une invitation à la découverte, entre tradition, nature et paysages grandioses. La liberté de la route vous mènera au cœur d'une région où chaque arrêt est une nouvelle aventure, avec chevaux blancs et taureaux noirs.
>
> Florian Mosca
> Cofondateur @lescoflocs

Quand l'autoroute enjambe le Rhône, il est tentant de filer droit. Surtout pas ! Tournez vers Arles, à découvrir absolument pour son Musée départemental de l'Arles antique, où vous cheminerez à travers la collection d'archéologie, de la préhistoire à l'occupation phocéenne, puis la romanisation d'Arles. Certaines pièces maîtresses sont issues du Rhône qui lèche les quais (ici, un buste de César, là, un bateau à fond plat). Dans le centre historique, vous arpenterez le lacis de ruelles, d'un monument romain à l'autre. Arènes restaurées, restaurants et cafés branchés… Merveilleuse d'art de vivre et de patrimoine (ou l'inverse ?), Arles est aussi la porte de la Camargue.

UNE NATURE SAUVAGE

Suivez la jolie D35 qui file vers les marais du Vigueirat, entre le Grand Rhône et la plaine de la Crau, entre le canal d'Arles à Bouc (1827) et le canal du Vigueirat (1642). Propriété du Conservatoire du littoral, des sentiers aménagés plongent au cœur de ce territoire farouche. La Camargue n'est pas si facile à découvrir, en raison de ses nombreux espaces privés, à commencer par ses manades, de

À Salin-de-Giraud, que vous visitiez le salin à pied, à vélo ou en petit train, vous tomberez nez-à-nez avec la montagne de sel.

vastes exploitations agricoles, avec leurs taureaux noirs et leurs chevaux blancs. Pour entrer dans les coulisses de l'immense delta du Rhône, suivez nos conseils en privilégiant les écomusées, réserves naturelles et autres centres d'interprétation dédiés à la découverte respectueuse de ce territoire si particulier, où l'on prend, par exemple, le bac au quotidien pour se déplacer. On essaie ? Bien indiqué, le bac vers Salin-de-Giraud traverse le Rhône, vous permettant de rallier Le Sambuc, l'étape du soir.

Le van aura envie de marquer des arrêts en longeant l'étang de Vaccarès sortant de sa torpeur, en route vers le musée de la Camargue. Installé dans une bergerie réhabilitée, il présente la rude histoire des habitants, loin du folklore rebattu. Autre aspect de la Camargue, son avifaune, à observer au Parc ornithologique de Pont-de-Gau, bien aménagé pour l'observation des oiseaux. Oui, vous pourrez prendre un selfie avec des flamants roses (de loin, soyons raisonnables), tant ils sont nombreux ici !

Vous en verrez aussi depuis la route qui conduit aux Saintes-Maries, où prendre quelques forces (une daube de taureau ?) à la Casa Romana. Puis pédalez sur la Digue à la mer (location en ville), réservée aux piétons et aux vélos (24 km AR), jusqu'au phare de la Gacholle et son centre d'information. Au retour, nuit face à la mer, pour repartir le lendemain vers Aigues-Mortes qui apparaît sur le ciel bleu, enchâssée dans ses murailles du 13ᵉ s.

Jekaterina Sahmanova/Getty Images Plus

R. Mattes/hemis.fr

La longue plage de l'Espiguette, au Grau-du-Roi, est presque sauvage hors-saison, mais très prisée en saison.

Le chemin de ronde offre de belles perspectives sur les salins, à visiter ensuite pour tout savoir sur le condiment. Une petite faim ? Tenu par un pêcheur, le Ni vu, Ni connu propose d'excellents fruits de mer. Le café ? Et si vous alliez le prendre au Grau-du-Roi, au Café de la Marine, une institution dont la terrasse surplombe le canal et le va-et-vient des chalutiers ? Chut... Vous les entendez ?

L'APPEL DE LA PLAGE

Il y en a beaucoup ici, mais notre préférence va – de loin – à celle de L'Espiguette (900 m de large et 9 km de long !). Fantastique en toute saison, la route qui y mène l'est tout

Le flamant rose aime la Camargue, c'est d'ailleurs devenu son seul lieu de reproduction annuel régulier en Europe. La grâce de ses mouvements, ses postures improbables et le délicat dégradé de son plumage vous fascineront

La Camargue de l'intérieur

Parcourir la Camargue sauvage

L'idéal pour observer la faune et la flore en Camargue, c'est de marcher ! Le domaine de La Palissade avec ses 702 ha est le seul espace du delta à ne pas avoir été endigué. On peut y voir les paysages d'origine de la basse Camargue : bourrelets d'alluvions, « montilles » (dunes), prairies à saladelles, roselières. Trois cheminements ont été aménagés : un sentier d'interprétation (1,5 km) ponctué de panneaux, et deux autres (3 km et 7,5 km) pour « entrer » dans la Camargue et découvrir, au gré du hasard et des saisons, faune, flore et activités traditionnelles des « paluniers », les gens qui vivent du marais.

Domaine de la Palissade - rte de la plage de Piémanson - ℘ 04 42 86 81 28 - www.palissade.fr - juil.-sept. : 9h-18h ; mars-juin et oct. : 9h-17h ; fév. et nov. : merc.-dim. 9h-17h - fermé déc.-janv. - 5 € - possibilité de découverte à cheval.

Marcher dans une saline

À Salin-de-Badon, ancienne saline royale, 4,5 km de sentiers pédestres agrémentés de trois observatoires ont été aménagés par la Réserve nationale de Camargue. Un site naturel sauvage où nombre d'oiseaux ont élu domicile. Magique à l'aube ou au crépuscule !
La Capelière - Rte de Fiélouse - ℘ 04 90 97 00 97 - www.snpn.com - avr.-sept. : 9h-13h, 14h-18h ; reste de l'année : tlj sf lun. 9h-13h, 14h-17h - 7 €.

autant, entre plages et étangs, dunes et lagunes. Autre curiosité à explorer entre deux baignades : le phare, qui se visite. Posé à l'origine à 150 m de la mer, il se dresse aujourd'hui à 700 m du rivage, au milieu de dunes ! Retour à la civilisation à la Grande-Motte, avec ses célèbres immeubles blancs pyramidaux. Derrière la machine touristique souvent décriée, il y a une utopie architecturale, étudiée désormais dans les écoles d'urbanisme : créée ex nihilo sur le sable languedocien en 1965, cette « ville-jardin » est aérée par des circulations paysagées réservées aux piétons et aux cyclistes. Accessoirement, il est aussi sympa d'y prendre un verre dans l'une des paillotes branchées ouvertes en saison sur la plage, l'endroit idéal, face au coucher de soleil, pour étudier le parcours du lendemain.

Les taureaux camarguais, noirs aux cornes en lyre, vivaient jadis à l'état sauvage avant d'être peu à peu rassemblés en manades.

UNE AUTRE CAMARGUE

Entre les Costières et le Petit Rhône, St-Gilles et Aigues-Mortes, merveilleuse cité fortifiée encerclée par les marais salants aux teintes mauves-rosées, la Camargue gardoise, terre de marais et de roseaux, présente un visage plus sévère que le delta du Rhône. Au programme, dans l'ordre : St-Laurent-d'Aigouze avec arrêt déjeuner au Grand Café pour son steak de taureau de Camargue ; le village du Cailar, berceau de la course camarguaise, Vauvert et son Centre du Scamandre, réserve naturelle où profiter des paysages de petite Camargue, et comprendre en quoi ils sont différents de ceux de la « Grande » Camargue ; enfin St-Gilles et son impressionnante église abbatiale (quatrième lieu de pèlerinage de la chrétienté médiévale) et ses jolies maisons romanes. C'est une des portes de la Camargue. Pour nous, celle de la sortie.

vmtdusud/Getty Images Plus

CARNET DE ROUTE

PAUSES NOCTURNES

Étape 1

Le Sambuc
Spot nature
Route de Fielouse.
Spot toléré au milieu de la Camargue : n'oubliez pas vos jumelles pour observer les flamants et de quoi vous protéger des moustiques !
GPS : E 4.6577 N 43.5136

Étape 2

Stes-Maries-de-la-Mer
Aire Plage Est
Av. Jacques-Yves-Cousteau -
☎ 04 90 97 87 60 -
www.saintesmaries.com
Permanent
Borne artisanale
40 ⊞ - 48h - 13 €/j.
Paiement : CC
Services :
En bord de mer.
GPS : E 4.43666 N 43.4535

Camping Sunêlia
Le Clos du Rhône
Rte d'Aigues-Mortes -
☎ 04 90 97 85 99 -
www.camping-leclos.fr
De fin mars à déb. nov. -
365 empl. -
borne AireService
Tarif camping : 46,50 € ♂ ♀
⇔ 🅴 🚿 (16A) - pers.
suppl. 11 €
Services et loisirs :
Près du Petit Rhône avec accès direct à la plage.
GPS : E 4.40231 N 43.44996

Étape 3

Le Grau-du-Roi
Aire de la Plage
Rue du Cdt-Marceau, rond-point de la Plage -
☎ 04 66 53 23 56 - www.vacances-en-camargue.com
Permanent
Borne flot bleu 2 €
20 ⊞ - 24h - 26,50 €/j. - moins cher hors sais.
Paiement : CC
Services :
Accès direct à la plage.
GPS : E 4.13348 N 43.54063

Entre les étapes

Salin-de-Giraud
Aire de Salin-de-Giraud
Rue de la Bouvine -
☎ 04 42 86 89 77 -
www.marseille-tourisme.com
Permanent
Borne 2,60 €
10 ⊞ - Illimité - gratuit
Paiement : jetons (office de tourisme et annexe mairie)
Services :
GPS : E 4.73159 N 43.41276

Aigues-Mortes
Camping Le Garden
Av. de la Petite-Motte -
☎ 04 67 56 50 09 -
www.legarden.fr
De fin mars à déb. oct. -
23 empl.
Tarif camping : 58 € ♂ ♀
⇔ 🅴 🚿 (10A)
Services et loisirs :

Une majorité de locatifs, mais encore quelques emplacements.
GPS : E 4.07235 N 43.56229

Vauvert
Camping Flower
Le Mas de Mourgues
Gallician - rte de St-Gilles -
☎ 04 66 73 30 88 -
www.masdemourgues.com
De déb. avr. à fin sept. - 80 empl.
borne artisanale
Tarif camping : 33,50 € ♂ ♀
⇔ 🅴 🚿 (10A) - pers.
suppl. 6 €
Services et loisirs :
GPS : E 4.07798 N 43.76369

St-Gilles
Camping La Chicanette
7 r. de La Chicanette -
☎ 04 66 87 28 32 -
www.campinglachicanette.fr
De déb. avr. à fin oct. -
89 empl. -
Tarif camping : 26,40 € ♂ ♀
⇔ 🅴 🚿 5 € - pers.
suppl. 6,95 €
Services et loisirs :
Cadre ombragé pratiquement au centre du village.
GPS : E 4.42968 N 43.67571

# CARNET DE ROUTE

BONNES TABLES

Arles
L'Épicerie du Cloître
16 r. du Cloître
04 65 88 33 10
www.lecloitre.com
Cette épicerie fine se double d'une petite table, qui prend ses aises l'été à l'ombre d'une jolie placette. Cuisine minute fraîcheur associe les produits d'un potager provençal bio à des conserves de qualité. Réservez.

Stes-Maries-de-la-Mer
Casa Româna
6 r. Joseph-Roumanille
04 90 97 83 33
Fermé lun. et jeu. midi, et de mi-nov. à mi-fév. Voilà une Casa qu'on aimerait faire sienne ! Derrière les fourneaux, le chef concocte de généreuses recettes régionales, telles la daube de taureau aux olives, la soupe de poisson ou les tellines en persillade crémeuse... Un conseil : pensez à réserver, c'est souvent complet !

Aigues-Mortes
Ni vu Ni connu
Bassin d'Aigues-Mortes
07 71 94 30 29
Fermé lun.-mar. (sf juil.-août).
C'est sur cette charmante embarcation ancrée dans le bassin d'Aigues-Mortes que Mickaël Perez, pêcheur de coquillages, a décidé de jeter son dévolu. Dans l'assiette : couteaux, tellines et autres fruits de mer issus de la pêche locale. Certains soirs, projection de concerts live (jazz et chansons françaises). Accueil tout sourire.

> **FÊTES VOTIVES**
> En juillet-août, chaque commune de la Petite Camargue (Vauvert et environs) organise une semaine de festivités, avec force *abrivados*, *bandidos* et *courses camarguaises*.
> Info : *coeurdepetitecamargue.fr.*

PLEIN AIR ET DÉTENTE

Pagayer sur le Petit Rhône

Sylvéréal
Kayak vert
Mas de Sylvéréal - sur la rte d'Aigues-Mortes
06 09 56 06 47
www.kayakvert-camargue.fr
Mars-oct. : tlj ; reste de l'année : sur demande. Découvrez la Camargue au fil de l'eau, le long du Petit Rhône, dans un paysage sauvage arboré. Ouvrez l'œil car les rives sont très fréquentées par les oiseaux : vous surprendrez peut-être des hérons cendrés, canards sauvages, martins-pêcheurs... Pauses pique-nique et baignade sur les berges ou les plages sont bien entendu recommandées !

Galoper sur la plage

Le Grau-du-Roi
Mas de l'Espiguette
795 rte de l'Espiguette
04 66 51 51 89 - masdelespiguette.fr
Laissez-vous charmer par la beauté des paysages camarguais en vous baladant à cheval dans les marais ou dans l'écume des vagues sous le soleil couchant ! Pour rejoindre l'immense plage de sable de l'Espiguette, il vous faudra suivre une route tracée entre plages et étangs, permettant de découvrir un paysage camarguais tout de dunes et de lagunes, et d'apercevoir quelques oiseaux.

Voguer en péniche

Aigues-Mortes
av. de la Tour-de-Constance - Port de Commerce
04 66 53 60 70
www.croisiere-de-camargue.com
D'avr. à sept.
Sur le canal du Rhône, embarquez sur *Isles de Stel* pour voguer à la découverte de la faune et de la flore, avec un arrêt dans une manade pour assister au travail des gardians. Tranquille...

LES CÉVENNES, SECRÈTES ET SAUVAGES

Un terrain de jeux grandeur nature ! Au sud-est du Massif central, les mystérieuses Cévennes aux profondeurs boisées offrent de magnifiques panoramas sur les hautes vallées aux allures alpestres, des causses sévères d'où surgissent les toitures de schiste des villages, des torrents poissonneux et des prairies verdoyantes. Le Parc national des Cévennes contribue à préserver cette nature sauvage, prisée des amateurs de sports de plein air. Marcheurs en tête.

DISTANCE
363 km

DURÉE
4 jours

DÉPART
Anduze

ARRIVÉE
Anduze

ACCÈS DEPUIS
MARSEILLE
A54 - 166 km

QUAND PARTIR ?
En été et au printemps, même si celui-ci est propice aux vents. En automne, risques d'épisodes cévenols.

Les étapes
- Anduze/Florac : 128 km
- Florac/Florac : 96 km
- Florac/St-Jean-du-Gard : 127 km
- St-Jean-du-Gard/Anduze : 12 km

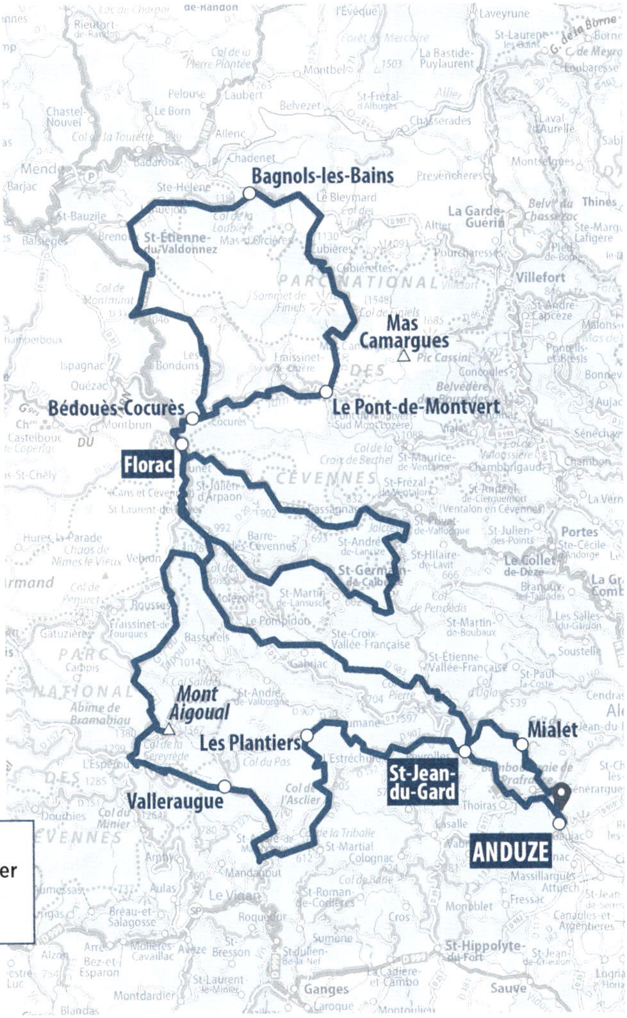

Les atouts du road trip :

Flashez pour accéder au guidage GPS

P. Jacques/hemis.fr

Tiens, une poterie. Oh, une poterie ! Encore une poterie ? Oui, vous êtes bien arrivés à Anduze, capitale cévenole des vases en terre cuite vernissée. Autre spécialité ? Les bambous, au garde-à-vous par milliers à la Bambouseraie voisine, à Générargues. Créé en 1855, le lieu fait souffler un étonnant parfum d'Asie sur le Gard, une note d'exotisme qu'on retrouve à dix minutes de route, à la grotte de Trabuc, dont les exceptionnelles concrétions sont souvent comparées… à la Grande Muraille de Chine ! Entre les deux, passez au musée du Désert du Mas

La Bambouseraie de Prafrance, à Anduze, compte plus de 1 000 variétés de bambous aux couleurs variées. Une vraie bouffée d'exotisme aux portes des Cévennes.

Les châtaigniers, surnommés « arbres à pain », furent longtemps l'une des principales ressources alimentaires dans les Cévennes. Leurs fruits ont été reconnus AOP en 2023.

> **Vase d'Anduze**
>
> **Pousser la porte d'un atelier**
> Et pourquoi pas celle de la poterie d'Anduze chez Les Enfants de Boisset ? Depuis le 17ᵉ s., Anduze est la capitale cévenole de la poterie, réputée pour ses vases en terre cuite vernissée de grandes dimensions, ornés de guirlandes et de macarons. Si la plupart des potiers locaux respectent la tradition et l'authenticité du vase d'Anduze, les formes et les couleurs ont su évoluer pour s'adapter à la demande actuelle.
> *Rte de St-Jean-du-Gard - 04 66 61 80 86 - www.poterie-anduze.fr - 9h-12h, 14h-19h (18h en hiver) - fermé dim. mat. en été - visite des ateliers lun.-merc. 9h-12h, 14h-17h.*

Soubeyran, qui décrypte l'histoire tragique des camisards, essentielle à la compréhension de cet ancien fief protestant et de la prochaine étape : la (belle) route de la corniche des Cévennes, aménagée au 18ᵉ s. pour permettre le passage des armées de Louis XIV, les Dragonnades, en lutte contre les camisards.

DES VILLAGES-ÉTAPES

À St-Étienne-Vallée-Française, on se baigne dans les sites sauvages du gardon de Ste-Croix et dans les piscines naturelles de la cascade du Martinet. Plus loin, les charmantes ruelles et les cafés animés de

LES CÉVENNES, SECRÈTES ET SAUVAGES

Zakharova_Natalia/Getty Images Plus

> **Comprendre la transhumance**
>
> La façade du Mas Camargues, maison de maître de vastes dimensions, est constituée de blocs de granit taillés. La visite guidée permet de découvrir la vie autour du mas, la transhumance des troupeaux, le secret des tourbières ou de superbes chaos granitiques. Un sentier d'observation (3,1 km - 1h30) a été aménagé pour expliquer les différents éléments d'une exploitation agricole dans cette région : bergerie, moulin, petit canal, réservoir d'eau, et les paysages qui l'entourent.
> *Mas Camargues - 11 km au nord est du Pont-de-Montvert - ☏ 04 66 49 53 00 - www.cevennes-parcnational.fr - juil.-août : 10h-18h - gratuit.*

Ste-Croix-Vallée-Française étonnent par leur dynamisme, devenu rare dans la région. Plus silencieuse, Barre-des-Cévennes rappelle que nous sommes passés en Lozère, le département le moins peuplé de France. La désertification a éteint la puissance de l'ancien fief qui commandait les routes locales. La mesure de ce passé affleure sur le sentier (3,6 km - env. 2h AR) qui longe la rue principale, puis gravit la barre calcaire du Castelas, où l'on trouve les vestiges d'anciens retranchements. Encore 14 km à travers les croupes vallonnées et voici Florac, où passer la nuit. Le lendemain, avant de vous perdre dans le lacis de ses rues anciennes, commencez par le commencement : l'Esplanade, d'allure presque méridionale avec ses cafés et ses platanes. Le petit tour terminé, rendez-vous au Subvers (en saison) pour faire provision de sandwichs et salades aux produits du terroir.

CAP SUR LE MONT LOZÈRE

La splendide D998 slalome entre rochers, maquis et collines boisées jusqu'au Pont-de-Montvert, sa « petite capitale » aux maisons grises qui s'étagent dans une vallée étroite, au confluent de deux rivières de montagne avec le Tarn. À 11 km par la D20, le sentier de la Pelouse du Mont Lozère (4 km - 2h AR) mène au sommet de Finiels, point culminant du mont Lozère (1699 m). La récompense, par beau temps ? Une incroyable vue sur les Alpes et les volcans d'Auvergne ! Nuit à Florac pour boucler la boucle.

Le col de la Serreyrède était un des passages empruntés par la grande draille du Languedoc, l'une de ces larges pistes de transhumance foulées autrefois chaque année, au mois de juin. Aujourd'hui, c'est en camion que la plupart des bêtes sont transportées jusqu'à leurs pâturages d'été.

En van toute, direction St-Laurent-de-Trèves pour un saisissant voyage dans le temps : sur le promontoire calcaire qui domine le village, des traces de dinosaures datant de 190 millions d'années ! Le site offre une très belle vue sur le causse Méjean, les monts Aigoual et Lozère.

UN TRIP ACTIF

Au choix : descente des spectaculaires gorges du Tapoul en canyoning ou ascension à VTT (ou vélo électrique !) du mont Aigoual, le toit des Cévennes (1567 m) qui déroule un autre panorama exceptionnel, des Alpes jusqu'aux Pyrénées ! Au sommet, prenez le temps de visiter le Climatographe - Observatoire du mont Aigoual, premier centre français d'interprétation et de sensibilisation au changement climatique. Les bons marcheurs pousseront jusqu'à Valleraugue. Posé au pied du massif, l'agréable village cévenol est le point de départ de nombreuses randonnées, dont le « sentier des 4 000 marches », célèbre sentier empierré qui n'a des « marches » que dans son nom. Les mollets chauffent néanmoins sur les 1 200 m de dénivelé (25 km – env. 8h AR).

Vous préférez prendre tout votre temps pour descendre la route de Peyregrosse à St-Jean-du-Gard ? Bonne idée : impressionnante, elle est très sinueuse et étroite, en particulier entre le (splendide) col de l'Asclier et L'Estréchure, où des emplacements ont même dû être aménagés pour faciliter le croisement. Nichée entre les vallées Française et Borgne, St-Jean-du-Gard annonce la fin du périple. Ne manquez pas la visite de la Maison Rouge, musée des Vallées cévenoles.

C'est au terme de sept années de travail que l'observatoire, forteresse météorologique, fut inauguré en 1894. Les derniers météorologues ont quitté les lieux en 2023.

À toute vapeur

La ligne de chemin de fer qui desservait, de 1909 à 1960, les gares d'Anduze, Générargues et St-Jean-du-Gard a été remise en service en tant que ligne touristique. Au départ de la gare d'Anduze, le train vous conduit via la bambouseraie de Prafrance (arrêt), le long des Gardons d'Anduze, de Mialet et de St-Jean, jusqu'à St-Jean-du-Gard.
☏ 04 66 60 59 00 - www.trainavapeur.com - dép. d'Anduze : 4 AR par jour - fermé nov.-mars - 17,50 € AR.

Installées dans une ancienne filature rénovée et assortie d'une extension contemporaine, ces collections d'objets et de photos évoquent la vie d'autrefois en pays cévenol. Une place particulière est réservée aux deux principales activités traditionnelles : la culture du châtaignier ou « arbre à pain » et la production de la soie.
C'est ici que Robert Louis Stevenson acheva aussi, en 1878, son « Voyage avec un âne dans les Cévennes ». Sacré road trip aussi !

CARNET DE ROUTE

PAUSES NOCTURNES

Étapes 1 et 2

Florac
Spot nature
D16, col de la Pierre-Plate. Petit parking en terre et gravillons accessible par de nombreux lacets. Au bord de la route mais très calme et avec un panorama à 360°.
GPS : E 3.566410 N 44.327801

Camping Flower Le Pont du Tarn
Rte du Pont-de-Montvert -
☏ 04 66 45 18 26 -
www.camping-florac.com
De mi-avr. à fin oct. - 148 empl.
borne artisanale 4 €
Tarif camping : 23 € 👤👤 🚗
(10A) - pers. suppl. 4 €
Services et loisirs : 📶 ✕ 🏊
Quelques emplacements au bord du Tarn, préférez les plus éloignés de la route.
GPS : E 3.59013 N 44.33625

Étape 3

St-Jean-du-Gard
Parking
18 r. de l'Industrie
50 P
Au bord de la rivière.
GPS : E 3.8847 N 44.1034

Entre les étapes

Mialet
Spot nature
D160. Suivre le panneau « Citerne » depuis le col.

Accès par une route sinueuse et étroite mais l'arrivée en vaut la peine : en pleine nature, vue magnifique. Un spot de rêve !
GPS : E 3.92398 N 44.14469

Valleraugue
Aire de Valleraugue
Av. de l'Aigoual, après la station-service automatique -
☏ 04 67 81 79 60
Permanent
Borne eurorelais 2 €
6 P - 72h - gratuit
Paiement : jetons (Maison de Pays)
Services : 🛒
GPS : E 3.63598 N 44.08079

Les Plantiers
Camping Caylou
☏ 04 66 25 78 76 84 -
www.camping-caylou.fr
De mi-avr. à mi-oct. -
75 empl.
Tarif camping : 17 € 👤👤 🚗
(10A) 3,50 € - pers. suppl. 5 €
Services et loisirs : 📶 ✕ 🏊
Belle terrasse du bar dominant la vallée, la piscine, le camping.
GPS : E 3.73101 N 44.12209

Bédouès-Cocurès
Camping Chon du Tarn
Chemin du Chon-du-Tarn -
☏ 04 66 45 09 14 - www.camping-chondutarn.com
De déb. avr. à déb. oct. - 100 empl.
Tarif camping : 20,50 € 👤👤 🚗
(6A) - pers. suppl. 5,70 €

Services et loisirs : 📶 🛒 🏊
Cadre agréable et verdoyant au bord du Tarn.
GPS : E 3.60531 N 44.3446

Bagnols-les-Bains
Camping municipal
Rte de Mende -
☏ 04 44 21 01 48 -
www.lozere-tourisme.com
De fin mars à mi-nov. - 99 empl.
Tarif camping : 14,50 € 👤👤
🚗 (10A) 4,80 € - pers. suppl. 5 €
Services et loisirs : 📶 🧺
GPS : E 3.6604 N 44.5083

Le Pont-de-Montvert
Aire naturelle La Barette
5 rte de Finiels -
☏ 04 66 45 82 16
Permanent - 20 empl. -
Tarif camping : 👤 5 € 6 € -
2,50 €
Services et loisirs : 📶
GPS : E 3.74626 N 44.40398

Au départ ou à l'arrivée

Anduze
Camping Le Bel Eté d'Anduze
1870 rte de Nîmes -
☏ 04 66 61 76 04 -
www.camping-bel-ete.com
Permanent - 97 empl.
Tarif camping : 45 € 👤👤 🚗
(10A) - pers. suppl. 8,50 €
Services et loisirs : 📶 ✕ 🏊
Emplacements près du Gardon plus au calme.
GPS : E 3.99468 N 44.03827

CARNET DE ROUTE

BONNES TABLES

Anduze
Saveurs du Sud
1 r. Bouquerie
☎ 04 30 38 63 66
Fermé lun.-mar., le midi merc. et vend.
Cette adresse discrète nichée dans une petite rue propose une cuisine honnête et parfumée à base de produits bio et locaux. À déguster dans la salle voûtée ou dans le patio.

Florac
Le Subvers
7 bis rue du Four
☎ 07 69 00 38 37
Fermé le soir et w.-end.
Cette adresse fait la part belle aux produits locaux et bio. La carte originale de burgers (pain maison), salades, desserts et jus évolue au fil des saisons et des producteurs. Pour déjeuner ou faire une petite pause gourmande.

Chez les Paysans de l'Esplanade
8 espl. Farelle
☎ 04 66 47 76 61
Juil.-août : tlj ; de Pâques à la Toussaint : fermé dim. ap.-midi et lun. ; reste de l'année : se rens.
Une quinzaine de producteurs locaux se sont regroupés pour vendre leurs produits en circuit court : confitures, sirops, produits à base de châtaignes, jus de fruits, liqueurs et apéritifs, miel, nougats, huiles essentielles. Mais aussi des produits d'autres fournisseurs : vin, bières, fromage, safran, saucissons et pâtés de porc, viande de brebis, tisanes, aromates...

Mont Aigoual
Le Moulin du Mazel
Rte de Valleraugue
Le Mazel - Notre-Dame-de-Rouvière
☎ 04 67 81 59 47
Fermé dim. soir (et merc. soir-jeu. hors saison).
Pour les beaux jours, une terrasse en bordure de l'Hérault ; pour les autres, une vaste demeure de pierres sèches ; et par tout temps, une agréable cuisine cévenole, propre à vous remettre de votre ascension de l'Aigoual.

PLEIN AIR ET DÉTENTE

À l'assaut de l'Aigoual à VTT
Alti Aigoual
Col de Prat Teyrot
www.stationaltiaigoual.com
Location de VTT et VAE.
Toit des Cévennes, le sommet du massif de l'Aigoual culmine à 1567 m d'altitude. Tracées à travers les forêts dont se couvre la montagne ou sur des crêtes d'où les vues sont très étendues, les routes qui sillonnent le massif sont superbes et idéales pour des randonnées à VTT (ou à vélo à assistance électrique !). Même s'il a souvent la tête dans les nuages, le mont Aigoual dévoile le reste du temps un immense panorama qui se perd vers les impressionnantes gorges de la Dourbie, de la Jonte et du Trévezel. 15 parcours VTT (dont deux avec navette) à télécharger sur destination.cevennes-parcnational.fr.

Descente en canyoning

Florac
Sport Nature Lozère
11 espl. Marceau-Farelle
☎ 06 83 41 73 08
www.sport-nature-lozere.com
Les gorges du Tapoul bénéficient d'un enchaînement exceptionnel. Le petit ruisseau du Trépalous, descendu de l'Aigoual, a creusé dans le granit rose un lit très profond aux berges escarpées, entre Massevaques et son confluent avec le Tarnon. Vous y verrez de belles cascades bondissantes, les Escouffourens, et des excavations géantes creusées dans le lit de la rivière. Le ruissellement de l'eau sur le granit coloré donne des tons très particuliers. Spectaculaire !

PANORAMA AU-DESSUS DE L'ARDÈCHE

Impossible de se lasser de ce grand classique : la « route touristique des gorges de l'Ardèche » – la D290 – domine la rivière, offrant de magnifiques points de vue sur ses méandres et ses falaises. Un endroit rêvé pour les vanistes amoureux de la nature, qui trouveront des coins perdus au bord de la rivière où se poser en contemplant un paysage sublime ou profiter des activités de plein air – avec plus ou moins de sensations fortes !

DISTANCE
152 km

DURÉE
3 jours

DÉPART
St-Martin-d'Ardèche

ARRIVÉE
St-Martin-d'Ardèche

ACCÈS DEPUIS MARSEILLE
A7 - 145 km

QUAND PARTIR ?
Privilégiez l'intersaison (mai-juin, septembre et une partie d'octobre), plus agréable et moins fréquentée.

Les étapes
- St-Martin d'Ardèche/Vallon-Pont-d'Arc : 68 km
- Vallon-Pont-d'Arc/Vallon-Pont-d'Arc : 53 km
- Vallon-Pont-d'Arc/St-Martin-d'Ardèche : 31 km

Les atouts du road trip :

Flashez pour accéder au guidage GPS

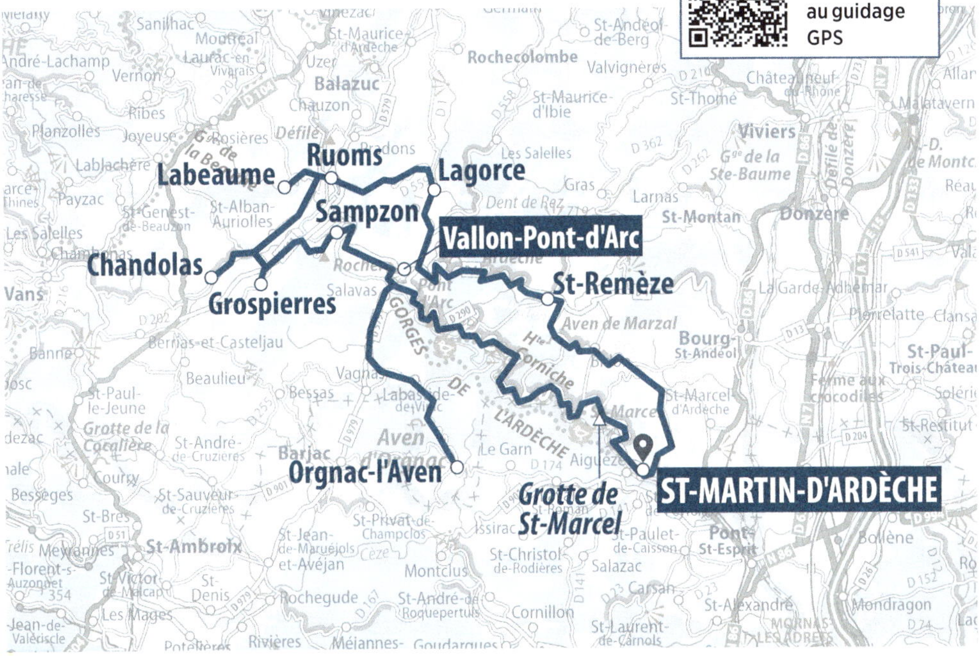

Bien sûr, vous ne serez pas seuls : 1,2 million de visiteurs viennent chaque année, attirés par tant de beauté. D'où l'importance de choisir soigneusement vos dates : hors saison (mais pas trop) et plutôt en semaine (hors pont), pour un tête-à-tête avec l'Ardèche.

L'ŒUVRE DU TEMPS

Durant des millions d'années, la rivière a creusé ce canyon d'une trentaine de kilomètres, qui balafre profondément un vaste plateau calcaire festonné de garrigue. Résultat : des gorges renversantes, que certains arpentent à pied ou en canoë. Mais vous êtes en van, une bonne nouvelle aussi car vous allez suivre l'une des plus belles routes de France.

Créée en 1969, longue de 29 km, la D290, baptisée « route touristique des gorges de l'Ardèche », suit hardiment la corniche entre St-Martin-d'Ardèche et Pont de l'Arc. Onze belvédères aménagés dévoilent des panoramas à couper le souffle, dont le plus impressionnant, au Serre de Tourre, surplombe la rivière de 200 m de haut.

Autre moment fort, l'apparition du célèbre Pont d'Arc, monumentale arche de pierre sous laquelle faire trempette, un œil sur les canoës qui traversent ! À juste titre, la balade au fil de l'eau est un « must », comme en témoignent les nombreux loueurs installés entre Pont de l'Arc et Chames. La plupart proposent un service de navette pour le retour. Si vous ne vous sentez pas d'attaque, la Confrérie des bateliers de l'Ardèche vous promènera en barque en vous contant la rivière, sa faune, sa flore et ses habitants.

> ### L'Ardèche en pratique
>
> La descente complète en canoë représente 30 km en partant avant le Pont d'Arc, mais il est possible de commencer vers Chames (derniers loueurs) afin de réduire la descente à 24 km. Prévoyez 2 jours si vous voulez en profiter sans vous soucier de l'heure d'arrivée. Selon la saison et la hauteur des eaux, prévoyez de 6h à 9h pour la descente (départ interdit après 18h). Quelques passages difficiles nécessitent un minimum d'initiation et une expérience confirmée en zone orange.
> Pour séjourner sur les aires de bivouac de la Réserve naturelle (aires de Gaud et de Gournier), il est nécessaire de réserver sa place.
> *Location de canoës : liste à office du tourisme de Vallon-Pont-d'Arc - 1 pl. de l'Ancienne-Gare - 04 28 91 24 10 - pontdarc-ardeche.fr. Centrale de réservation pour le bivouac : 04 75 88 00 41 ou sur le site de l'office de tourisme : www.gorgesardeche-pontdarc.fr.*

Vous ne serez pas les seuls à descendre l'Ardèche en canoë ou en kayak.

Ludwig Deguffroy/Getty Images Plus

Autre option : les guides des Gorges de l'Ardèche se sont rassemblés pour valoriser une pratique des sports nature écolo : au programme, canoë-kayak, spéléologie, pêche, VTT et randonnée.
Une pause ? Au Domaine des Dames, à Vallon-Pont-d'Arc, la cuisine est une heureuse surprise.

DANS LES ENTRAILLES DE LA TERRE

Après cette halte bienvenue, rendez-vous à Labastide-de-Virac, une bastide fortifiée aux belles calades et ruelles sous voûtes. L'après-midi sera souterrain, dans une autre merveille naturelle ardéchoise : l'aven d'Orgnac et ses cavités peuplées d'innombrables

À l'aven d'Orgnac, le temps a fait son œuvre. S'infiltrant par les calcaires fissurés, les eaux sont à l'origine de la formation de l'aven et de ses concrétions depuis 15 000 ans.

Labeaume doit son nom aux nombreuses cavités naturelles (« baumes » en occitan) qui creusent la roche calcaire.

> **Visite parfumée**
>
> **Maison de la Lavande**
> Installée dans un mas sur le plateau des Gras, entourée de champs de lavande et de lavandin, cette distillerie compte un intéressant petit musée, un jardin botanique et un petit train qui parcourt le domaine. Film, collection d'anciens alambics et de vieux outils, démonstration de distillation, espace boutique et aire de pique-nique complètent le tout.
> *2200 rte des Gorges - St-Remèze - ☏ 04 75 04 37 26 - www.lamaisondelalavande.com - visite guidée (1h30) avr.-sept. : 10h-19h - 10 €.*

stalactites, stalagmites et draperies, remarquablement mis en lumière. Outre la visite « classique », des parcours spéléo sont possibles, avec via cordata et tyrolienne souterraines. Encore tout ébloui par tant de beautés minérales, revenez à Vallon-Pont-d'Arc. Le lendemain, cap sur le vieux village de Sampzon pour marcher jusqu'au rocher éponyme (45mn AR) et profiter d'un autre panorama sur les méandres de l'Ardèche, qu'on verra décidément sous toutes les coutures. Pour changer un peu, à St-Alban-Auriolles, voici le mas de la Vignasse, la maison maternelle d'Alphonse Daudet, également un intéressant témoignage de la vie ardéchoise d'antan. Quelques kilomètres de plus vous mènent à Labeaume, l'un des plus jolis villages du département, accroché à la montagne rocheuse qui

TFphotography64/Getty Images Plus

borde les gorges de la Beaume, un affluent de l'Ardèche. Il fait bon flâner dans les ruelles en pente et sous les passages couverts, avant de se poser au Bec Figue, un « Bistrot de pays » réputé pour sa cuisine de qualité. Pour un meilleur coup d'œil sur le village, franchissez le pont submersible et suivez le chemin qui s'élève sur la rive opposée. La promenade des gorges de la Beaume, rive gauche, vers l'amont, près des eaux transparentes et face à la falaise calcaire que l'érosion a rongée avec la plus grande fantaisie, est très attrayante.

Demi-tour pour rejoindre Ruoms, une agréable cité médiévale où goûter les vins d'Ardèche méridionale chez Néovinum, le caveau de 1500 vignerons qui abrite un espace découverte. Autre spécialité locale : l'élevage du vers à soie, retracé au musée-magnanerie de Lagorce, l'occasion (rare) d'observer un élevage à l'ancienne. En tendant l'oreille, on perçoit même le bruit de mastication des « magnans » (les chenilles), croquant les feuilles de mûrier ! Bouclez la journée à Vallon-Pont-d'Arc (on y revient toujours).

Et puisqu'on remonte le temps, allons-y à fond, cap sur la préhistoire, avec l'une des plus importantes découvertes archéologiques de ces dernières décennies : la grotte Chauvet, qui a bouleversé les connaissances des historiens en devenant la plus ancienne manifestation artistique d'envergure connue au monde, avant Lascaux. On en découvre les secrets à la « Grotte Chauvet 2 », réplique construite pour préserver l'originale. Autre style à St-Remèze où la grotte de la Madeleine a été forée par un ancien cours d'eau souterrain. Ici ce sont les concrétions qui vous éblouiront. Depuis le belvédère de la Madeleine, très belle vue sur les gorges. Ultime coup d'œil et dernier tourbillon d'émotions à emporter de l'Ardèche, en revenant à St-Martin.

Il y a 36 000 ans en Ardèche, les hommes imaginaient déjà un chef-d'œuvre dans la grotte Chauvet-Pont-d'Arc. Ci-dessous, le panneau des Lions.

🚐 CARNET DE ROUTE

PAUSES NOCTURNES

Étape 1 et 2

Vallon-Pont-d'Arc
Aire de Vallon-Pont-d'Arc
Chemin du Chastelas -
📞 04 75 88 02 06 -
www.mairie-vallon.com
Permanent
Borne eurorelais 🚐 2 € 💧 2 €
🚽 🔧
20 🅿 - 🔒 - 48h - 9,80 €/j.
Paiement : jetons (office de tourisme)
Services : 🚻 🛒
Proche du centre, mais peu ombragé. Navette gratuite pour la ville de juin à sept.
GPS : E 4.39702 N 44.4052

Camping Le Midi
Rte des Gorges-de-l'Ardèche -
📞 04 75 88 06 78 - www.camping-ardeche-midi.fr -
55 empl. - 🐟
Tarif camping : 34 € 🚶 🚶 🚗
🔌 💧 (10A) - pers. suppl. 9 €
Services et loisirs : 📶 🍴
Emplacements ombragés, activité loisirs canoë et grand espace au bord de la rivière.
GPS : E 4.42093 N 44.37672

Entre les étapes

Orgnac-l'Aven
Camping municipal d'Orgnac-l'Aven
📞 04 75 38 63 68 -
www.orgnacvillage.com
De mars à oct. - 93 empl.
Tarif camping : 35 € 🚶 🚶 🚗
🔌 - pers. suppl. 5 €
Services et loisirs : 📶 🏊 🏊
GPS : E 4.4317 N 44.31282

Sampzon
Camping Le Mas de la Source
75 ch. de la Source -
📞 04 75 39 67 98 - www.campingmasdelasource.com
De fin avr. à mi-sept. -
30 empl. - 🐟
🚐 borne artisanale 🚐 🚽 🔧
Tarif camping : 36,50 € 🚶 🚶 🚗
🔌 💧 (10A) - pers. suppl. 8 €
Services et loisirs : 📶 🛒 🧺 🏊
🏊 🐟
Sur la presqu'île de Sampzon avec un accès à l'Ardèche. Agréable et ombragé.
GPS : E 4.3466 N 44.42242

Grospierres
Spot nature
Bel emplacement isolé sur le bord de l'Ardèche. N'ayez pas peur de vous aventurer dans un petit chemin non indiqué.
GPS : E 2.2997 N 44.4175

Ruoms
La Grand'Terre
64 chemin de la Grand'Terre -
📞 04 75 39 64 94 - www.camping-lagrandterre.com
De mi-avr. à déb. sept. -
123 empl. - 🐟
🚐 borne artisanale 🚐 🚽 🔧
Tarif camping : 52 € 🚶 🚶
🚗 🔌 💧 (10A) - pers. suppl. 9,50 €
Services et loisirs : 📶 🍴 🛒 🧺
🏊 🏊 🚴 🐟
Cadre très boisé pour la majorité des emplacements et agrémenté d'une belle plage de sable au bord de l'Ardèche.
GPS : E 4.3329 N 44.4232

Labeaume
Camping Le Peyroche
179 chemin de Flojas -
📞 04 75 39 79 39 -
www.camping-peyroche.com
121 empl.
Tarif camping : 25 € 🚶 🚶 🚗 🔌
Services et loisirs : 🍴 🏊
Au bord de l'Ardèche.
GPS : E 4.3342 N 44.449

Lagorce
Camping L'Ibie
75 chemin du Torrent -
📞 04 75 88 01 26 -
www.camping-ibie.com
De fin mars à fin sept. -
28 empl. - 🐟
Tarif camping : 26 € 🚶 🚶
🚗 🔌 💧 (10A) 4,50 € - pers. suppl. 8 €
Services et loisirs : 🍴 🏊 🏊
GPS : E 4.4284 N 44.4356

St-Remèze
Aire des Vignerons des Gorges de l'Ardèche
407 rte de Gras -
📞 04 75 04 08 56
Permanent (mise hors gel) -
🐟
Borne artisanale 🚐 🚽 🔧 :
gratuit
6 🅿 - 48h - gratuit
Services : 🛒 🍴
Petite aire pratique, accueil sympathique par les vignerons.
GPS : E 4.50575 N 44.39535

CARNET DE ROUTE

BONNES TABLES

Vallon-Pont-d'Arc
Le Domaine des Dames
Quartier le Colombier
☎ 04 75 37 53 20
www.ledomainedesdames.com
Fermé merc. midi.
Un ancien corps de ferme restauré, avec vue sur les vignes, accueille le restaurant aménagé dans une belle salle voûtée. Dans ce décor de pierre apparente, de mobilier contemporain et d'objets chinés, la cuisine est une agréable surprise, notamment son foie gras ou son tartare de canard.

Chandolas
Auberge Les Murets
Langarnayre (D104)
☎ 04 75 39 08 32
www.aubergelesmurets.com
Fermé janv. et lun. midi.
Cet établissement occupe une ferme cévenole du 18e s., au milieu d'un parc ouvert sur les vignes. On déguste la cuisine familiale dans les caves voûtées ou sur la terrasse ombragée.

Labeaume
Le Bec Figue
Place de l'Église
☎ 04 75 35 13 32 - www.lebecfigue.fr
Fermé janv.-fév.
Au cœur du village, ce restaurant labellisé Bistrot de pays propose une cuisine de qualité, fraîche et de saison, réalisée avec des produits locaux et servie sur une jolie terrasse.

MUSIQUE !

Ardèche Aluna Festival à Ruoms
Une fois n'est pas coutume, c'est dans un camping, à Ruoms, que se déroule ce festival musical durant 3 jours fin juin. Le bel amphithéâtre et une programmation de qualité en assurent son succès.
Rte de Lagorce - aluna-festival.fr.

PLEIN AIR ET DÉTENTE

Expérimenter la spéléo

Bidon
Grotte de St-Marcel
Route des Gorges
☎ 04 75 04 38 07
Réserv. en ligne : www.grotte-ardeche.com - 4 pers. mini.
La grotte de St-Marcel propose trois parcours de découverte en compagnie d'un guide, dont un particulièrement adapté aux familles avec enfants. En franchissant des chatières, en escaladant des chaos de blocs, en empruntant des galeries plus ou moins étroites, on découvre d'impressionnants couloirs où abondent stalactites, stalagmites, draperies, fistuleuses et autres excentriques.

Dévaler les gorges de l'Ardèche en trottinette électrique

Ardèche Trottinette
☎ 06 81 99 32 56 ou 06 73 67 64 33
ardechetrottinette.fr
Pour une découverte originale des gorges et des environs, la trottinette électrique tout-terrain (roues de VTT, freins) offre de nouvelles opportunités. Après une brève initiation, les guides diplômés et passionnés d'Ardèche Trottinette vous emmènent pour des sorties qui peuvent aller d'1h à 1 journée.

Voyager dans le temps

Route des dolmens
Cinq sentiers thématiques, à Labeaume, St-Alban-Auriolles, Chandolas, Grospierre et Beaulieu, ont été balisés. Dépliant gratuit dans la plupart des offices de tourisme ou à télécharger sur www.gorges-ardeche-pontdarc.fr.

PANORAMA AU-DESSUS DE L'ARDÈCHE

LES GORGES DU VERDON, VERTIGE EN VERT ET BLEU

De ses gorges spectaculaires jalonnées de lacs turquoise jusqu'au plateau de Valensole couleur lavande, en passant par les champs d'amandiers, le Parc naturel régional du Verdon collectionne les vues de carte postale. Certaines des plus belles routes de France slaloment à travers ces paysages admirables, auxquels s'ajoute le charme des villages perchés. C'est aussi le paradis des randonneurs, canyonistes et grimpeurs !

DISTANCE
259 km

DURÉE
4 jours

DÉPART
Gréoux-les-Bains

ARRIVÉE
Gréoux-les-Bains

ACCÈS DEPUIS MARSEILLE
A51 - 90 km

QUAND PARTIR ?
Un enchantement en mars, quand fleurissent les amandiers, et en juillet, quand vient le tour du lavandin.

Les étapes
- Gréoux-les-Bains/Moustiers-Ste-Marie : 57 km
- Moustiers-Ste-Marie /Castellane : 73 km
- Castellane/Aiguines : 55 km
- Aiguines/Gréoux-les-Bains : 74 km

Les atouts du road trip :

Flashez pour accéder au guidage GPS

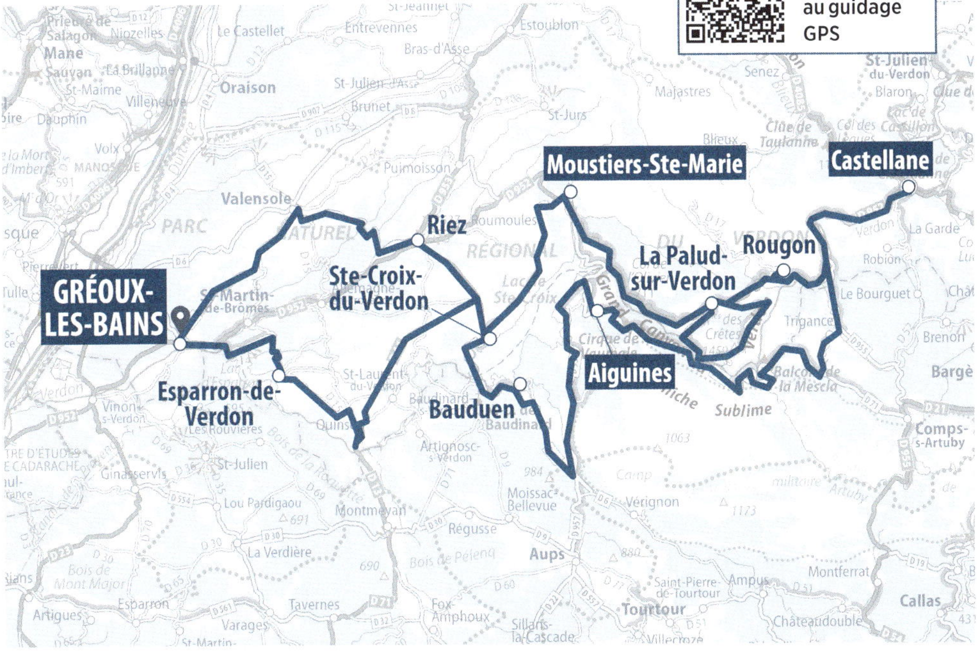

Une rue principale, des thermes, un casino : bienvenue à Gréoux-les-Bains. Si aucun de ces plaisirs n'est le vôtre, partez vers Esparron-de-Verdon. Après le barrage de Gréoux-les-Bains, la route panoramique serpente jusqu'au petit village posté sur un promontoire rocheux au-dessus du lac turquoise.
Pour mieux explorer ces sauvages paysages, le Club nautique du village organise des descentes en kayak des basses gorges jusqu'à Quinson. Autre option : un rapide plouf dans le lac, voire un tour en bateau électrique ou pédalo, avant de poursuivre la route jusqu'à Quinson, joli village cerné

Gréoux-les-Bains cultive les couleurs et les parfums, entre le miroir turquoise du lac d'Esparron et les champs de lavande du plateau de Valensole.

Les eaux du Verdon se fondent dans le lac de Ste-Croix à la sortie des gorges, au milieu d'un paysage sauvage.

Visite insolite

Voir les gorges depuis… son fauteuil !

« Verdon Secret 3D », film réalisé par l'Écociné Verdon, vous propose de suivre deux personnes sur les traces d'Édouard-Alfred Martel, père de la spéléologie, dans une descente intégrale du canyon du Verdon, cent ans après son exploit pionnier. Un regard neuf sur le Verdon et une aventure épique en 3D qui vous plongera directement dans les recoins les plus secrets des gorges… sans vous fatiguer !
Av. Pierre-Brossolette - Gréoux-les-Bains - 04 92 79 82 18 - verdonsecret.com - sur réserv. - 11 €.

de falaises où la présence humaine remonte à la préhistoire, comme le retrace le fort intéressant musée local (saluez le mammouth de notre part à l'entrée). Ici, pas de dinosaures mais tout sur l'histoire de nos lointains ancêtres, depuis leur arrivée en Europe jusqu'à l'Antiquité à travers un circuit muséographique moderne (3D et spectacle multimédia à l'appui).

ENCORE UN LAC

Nouvelle baignade à l'horizon, cette fois dans les eaux cristallines et incroyablement turquoise du grand voisin, le lac de Ste-Croix. Après le village du même nom, la route longe

elementals/Getty Images Plus

la rive nord-ouest, où plusieurs plages sont aménagées. Un bonheur!
La même (petite) route se dirige vers Moustiers-Ste-Marie, village de carte postale aux hautes maisons de pierre adossées à la montagne, où l'art faïencier reste très vivant. Un dynamisme étonnant, que vous expliquera le musée de la Faïence. En sortant, petite récompense : goûter les glaces maison de L'Étoile Givrée, sur la place de l'église. Notre parfum préféré? Amande de Valensole.
Après une nuit sur place, vous voilà de bon matin à La Palud-sur-Verdon, petit centre touristique où siège la Maison des gorges du Verdon. Outre mille informations, celle-ci offre un petit mur d'escalade, le sport incontournable de la région (plus de mille voies répertoriées!). Débutant ou expert, la maison des Guides du Verdon vous aiguillera.

LES GORGES PAR TOUS LES MOYENS

Au départ de la Palud, la palette des activités est large : la randonnée, tel le sentier Blanc-Martel qui relie le chalet de la Maline au Point Sublime, via le Grand Canyon, mais aussi la descente des gorges en canyoning ou le circuit de la route des Crêtes depuis la Palud-sur-Verdon à vélo (électrique ou pas!). Ponctuée de belvédères spectaculaires, qui donnent parfois l'impression de regarder les gorges depuis un avion, cette route est tout aussi inoubliable en van.
De retour à La Palud, poursuivez sur la D952 vers Castellane. En chemin, il est bien agréable de déjeuner à Rougon, un village en nid d'aigle dominé par ses ruines féodales. L'Auberge du Point Sublime y offre un panorama sur les gorges du Verdon. Voici bientôt Castellane, où l'ancienne prison abrite à présent le relais du

Les gorges du Verdon se découvrent à pied d'en haut ou en canoë au ras de l'eau.

Visite incontournable

Admirer la finesse de l'art du feu

Le joli musée de la Faïence permet de comprendre l'importance de Moustiers dans la production de la faïence et le dynamisme qu'a gardé cette activité aujourd'hui. Y sont exposées les œuvres des grands faïenciers de Moustiers : les Clérissy (1679-1783) qui furent les précurseurs ; les Olérys et Laugier qui introduisirent la polychromie à partir de 1738 ; les Fouque et Pelloquin (1749-1783) qui utilisèrent le fond jaune ; les frères Ferrat (1761-1794) qui s'inspirèrent de la technique et des décors de Strasbourg. Le musée, enrichi de la collection du mécène Pierre Jourdan-Barry, présente ainsi cinq siècles de chefs-d'œuvre de cet art du feu. Les dernières salles rassemblent des créations contemporaines.
Rue Seigneur-Berthet-de-la-Clue - ✆ 04 92 74 61 64 - Moustiers-Ste-Marie - musee-moustiers.fr - juil.-août : 10h-12h30, 14h-19h ; avr.-juin et sept.-oct. : 10h-12h30, 14h-18h ; reste de l'année : w.-end et vac. scol. 10h-12h30, 14h-17h - fermé mar. - 5 €.

Parc naturel régional du Verdon et l'exposition « Sirènes et Fossiles ». Une bonne introduction avant d'emprunter le sentier des Siréniens (3,7 km - 1h30 AR), au col des Lèques, un gisement d'ossements de ces mammifères marins unique en Europe.

CORNICHE SUBLIME

Aujourd'hui, demi-tour. Le long de la rive droite du Verdon, les nombreux méandres sont dominés par d'imposants escarpements. Comptez une bonne demi-journée en van pour la suivre tranquillement, en faisant des pauses, notamment au Café-Relais des Balcons de la Mescla, qui plonge le regard sur la Mescla, « mêlée » des eaux du Verdon et de son affluent l'Artuby. Le col d'Illoire annonce la sortie des gorges. Arrêtez-vous pour un dernier regard au Grand Canyon, dont l'entaille fuit en amont sans qu'on puisse voir le fond. La vue embrasse un monde de croupes bleutées ; on distingue l'éperon de la montagne Ste-Victoire. Au premier plan, le plateau de Valensole, d'une platitude parfaite, plonge dans le lac de Ste-Croix.

Pour vous remettre de vos émotions, étape à Aiguines. La présence de buis dans la nature environnante a permis à ce village provençal de développer, dès le 16ᵉ s., une activité de tourneurs sur bois. Renouant aujourd'hui avec sa tradition, outre une école de tourneurs, un musée a vu le jour. Demain, vous aurez le temps de passer par Les Salles-sur-Verdon (dont l'ancien centre repose au fond du lac) et N.-D.-de-Baudinard, une chapelle d'où le toit dévoile un beau panorama (1h de marche AR). Pause déjeuner à Riez, l'une des plus anciennes cités de Provence.

Ses vieilles rues pittoresques invitent à ériger la flânerie en art de vivre. Le plateau de Valensole est tout proche, ce gigantesque échiquier bleu et or en juillet. Fin du road trip enchanté.

Sur le plateau de Valensole, champs de lavandin et de blé alternent.

CARNET DE ROUTE

PAUSES NOCTURNES

Étape 1

Moustiers-Ste-Marie
Camping Peyrengues
Quartier Paradis -
04 92 74 67 40
De mi-avr. à déb. oct. -
10 empl. -
Tarif camping : 4,60 €
4 € 4 € (10A) 5 €
Services et loisirs :
Aire naturelle, dans un grand pré ombragé, avec une belle vue. Calme et reposant !
GPS : E 6.21832 N 43.82868

Étape 2

Castellane
Aire de la Boudousque
Ancienne rte de Grasse - parking de la Boudousque
Permanent (mise hors gel ; fermé sam. mat. de mi-juil. à mi-août)
Borne artisanale
30 - 48h - 9 €/j. - borne compris
Services :
GPS : E 6.51517 N 43.84627

Camping Calme et Nature La Colle
04 92 83 61 57 -
www.campingcastellane.com
De déb. avr. à fin sept. -
45 empl. -
Tarif camping : 33,50 €
(10A) - pers. suppl. 6 €
Services et loisirs :
En terrasse, traversé par un petit ruisseau.
GPS : E 6.49312 N 43.83864

Étape 3

Aiguines
Spot nature
D619
Au bout d'un chemin goudronné., ce spot calme vous réserve un coucher de soleil exceptionnel sur le lac de Ste-Croix !
GPS : E 6.251735 N 43.753118

Entre les étapes

Esparron-de-Verdon
Camping Le Soleil
1000 chemin de La Tuilerie -
04 92 77 13 78 - www.camping-esparron-verdon.fr
De mi-avr. à fin sept. -
100 empl. -
Borne artisanale
Tarif camping : 51 €
(6A) - pers. suppl. 12 €
Services et loisirs :
Cadre agréable au bord du lac.
GPS : E 5.97062 N 43.73439

Ste-Croix-du-Verdon
Aire de Ste-Croix
Rte du Bord du Lac -
04 92 77 84 10 -
Permanent -
Borne artisanale
13 - 48h - 13,32 €/j.
Services :
Superbe vue sur le lac de Ste-Croix.
GPS : E 6.15158 N 43.76082

Camping municipal Les Roches
Rte du Lac -
04 92 77 78 99 -
www.lesrochesverdon.com

De fin mars à déb. nov. -
191 empl. -
borne artisanale
Tarif camping : 27 €
(10A) - pers. suppl. 6 €
Services et loisirs :

Bel ombrage sous les oliviers et amandiers avec, pour certains emplacements, vue sur le lac ou le village.
GPS : E 6.15381 N 43.76043

Riez
Aire de Riez
Rue du Fbg-St-Sébastien -
04 92 77 99 09 -
www.ville-riez.fr
Permanent (mise hors gel) -

Borne AireService
40 - 72h - 6,60 €/j. - borne compris
Paiement :
Services :
Proche de la rivière.
GPS : E 6.09243 N 43.82218

Au départ ou à l'arrivée

Gréoux-les-Bains
Aire de Gréoux-les-Bains
Chemin de la Barque, à côté du terrain de football -
06 22 90 27 31 -
Permanent
Borne artisanale
72 - 24h - 13 €/j. - borne compris ; moins cher hors sais.
Paiement :
Services :
Un vrai camping pour camping-cars.
GPS : E 5.88862 N 43.75562

CARNET DE ROUTE

BONNES TABLES

Moustiers-Ste-Marie
La Cantine
Rue de la Bourgade
☎ 04 92 77 46 64 ou 06 24 7265 25
Fermé dim. et jeu. midi.
De la terrasse, vue sur la vallée et la chapelle. Carte à l'ardoise renouvelée chaque jour. Cuisine d'inspiration provençale ou plus exotique selon l'humeur du chef.

La Palud-sur-Verdon
Le Panier du Verdon
Rue Grande
☎ 04 92 72 69 50
De mi-avr. à fin oct. : jeu. mat. et dim. apr.-midi ; reste de l'année : se rens.
Les producteurs du Verdon se sont regroupés dans cet espace de vente où vous trouverez fromage, pain biologique, vins, bières, miels, sirops, cosmétiques, etc.

Rougon
Auberge du Point Sublime
Lieu-dit du Point Sublime
☎ 04 92 83 60 35
www.auberge-pointsublime.com
Fermé de déb. nov. à fin avr.
Un point de vue, comme on s'en doute, sublime, au cœur des gorges du Verdon… Cette sympathique auberge familiale, membre du réseau Pays Gourmand, propose une cuisine qui fleure bon le terroir (bonne viande et frites maison), dans un cadre à l'ancienne.

Bauduen
Café du Midi
Pl. St-Lambert
☎ 04 94 70 08 94
Fermé de mi-oct. à mi-mars.
Un accueil convivial et une cuisine aux accents provençaux pour cette adresse dont la terrasse bénéficie d'une belle situation. En effet, elle offre une jolie vue sur le lac.

PLEIN AIR ET DÉTENTE

Se laisser guider dans les gorges

La Palud-sur-Verdon
Maison des guides du Verdon
Rue Grande
☎ 04 92 77 30 50
www.escalade-verdon.fr
Les guides vous accompagnent pour vos sorties escalade, canyoning et randonnée dans les gorges. Une solution pour découvrir ce lieu magique sous un autre angle et en toute sécurité !

Pédaler sur la route des Crêtes

La Palud-sur-Verdon
Verdon E-Bike
Rue Grande
☎ 06 88 10 91 73
verdonebike.com
Location de vélos à assistance électrique pour découvrir la route des Crêtes, un circuit de 23 km inoubliable, ponctué de 17 belvédères sur le Grand Canyon. Au-delà des champs de lavande et des bois d'Aire, gare au vertige !

Sauter dans le vide

Latitude Challenge
☎ 06 84 77 27 95
www.latitude-challenge.fr
Si vous êtes en quête de rebondissements, de bonne qualité et en nombre suffisant, venez sauter à l'élastique du pont de l'Artuby ! Tous les amateurs de sensations fortes viennent un jour sauter de ce pont (180 m) qui enjambe deux parois rigoureusement verticales, au-dessus des gigantesques gorges qu'il surplombe. Chiche ?

PLEIN FEU SUR L'UBAYE

L'isolement a parfois du bon, en ce qu'il permet de conserver intact certains paysages. L'Ubaye, justement, a longtemps été coupée du reste du monde. Seuls les plus téméraires s'aventuraient sur les périlleux chemins muletiers qui y donnaient accès, sous le col d'Allos tardivement enneigé. Remercions ce rude passé : il nous a légué une nature préservée, un paradis pour la randonnée et les sports d'eaux vives.

DISTANCE
274 km

DURÉE
4 jours

DÉPART
Allos

ARRIVÉE
Allos

ACCÈS DEPUIS MARSEILLE
A51 - 208 km

QUAND PARTIR ?
De juin à septembre, pour que les hautes routes que vous allez parcourir soient bien ouvertes.

Les étapes
- Allos/Les Thuiles : 62 km
- Les Thuiles/Barcelonnette : 40 km
- Barcelonnette/Larche : 53 km
- Larche/Allos : 119 km

Les atouts du road trip :

Flashez pour accéder au guidage GPS

Bienvenue au berceau du Verdon. C'est ici, sur les pentes du col d'Allos, que la célèbre rivière prend sa source. Perché à 1400 m, Val d'Allos le Village dégage un certain charme avec ses portes en bois sculptées, ses vieilles enseignes et ses fontaines. C'est aussi le point de départ de nombreuses randonnées, dont celle du lac d'Allos (6h AR), la plus réputée, ou celle du mont Pelat (5h AR), qui permet d'atteindre 3 000 m sans trop de difficultés, hormis l'arrivée raide et caillouteuse, livrant un panorama exceptionnel sur les cols alentour, voire jusqu'au mont Blanc par beau temps.

UN PANORAMA VERTIGINEUX

L'exceptionnelle route du col d'Allos (2 247 m) relie ensuite cette haute vallée du Verdon à Barcelonnette. Terriblement étroite, elle fait plutôt penser à un sentier accroché par magie à des parois quasi verticales, ses innombrables lacets s'élevant dans des paysages sauvages, avec vue plongeante sur les abîmes des gorges du Bachelard. Si ces émotions ne vous suffisent pas, vous pourrez prendre

> **Pause pique-nique**
>
> L'aire ombragée du Bachelard compte plusieurs tables en bois où s'installer. De mai à août, Chomp Chomp, un excellent foodtruck de produits de saison, s'y installe. En remontant vers le village par un sentier, on accède à des petits bassins naturels formés par le torrent où l'on peut faire trempette. *Parking à gauche juste après Uvernet-Fours, à 6 km de Pra-Loup.*

Un sifflement strident ? Une marmotte vous a repéré ! Entre 1 200 m et 2 700 m, entre mai et septembre, les alpages sont leur territoire. Et le reste du temps ? Elles hibernent.

encore plus de hauteur depuis la station de Pra-Loup, le temps d'un vol accompagné (vous sur la sellette, le pilote aux commandes). Des moments forts, à digérer le temps d'une bonne nuit aux Thuiles.

Le lendemain, réveil mouvementé, en eau vive ! Au Lauzet-Ubaye, si jolie sous le pont romain, la rivière vous tend les bras. Au choix, chez Anaconda Rafting, rafting, hydrospeed, canoë ou canyoning, pour une découverte sportive de ce coin sauvage. La cité abrite aussi un petit lac niché dans les saules, bel endroit pour pique-niquer en admirant les montagnes festonnées de mélèzes. Revenez sur vos pas pour rejoindre Barcelonnette. Ouverte depuis toujours au commerce et aux

Visiter les musées de la Vallées

Le Lauzet-Ubaye : « Des montagnes et des hommes »

La faune et la flore sont à l'honneur dans cet espace. Une exposition de photographies retrace l'histoire du village et de ses liens avec la nature environnante, notamment sur les savoir-faire liés à l'élevage, la chasse, la cueillette ou encore l'artisanat et l'architecture, qui sont tous conditionnés par la rudesse et les trésors du territoire. Une bonne introduction à la région.
Musée de la Vallée - pl. Marie-Castinel - ☎ 04 92 81 00 22 ou 06 75 15 39 74 - www.ubaye.com - de fin juin à sept. : 10h-13h, 16h-18h/18h30 - fermé merc. - 3 €.

St-Paul-sur-Ubaye : « Gestes, outils, travaux »

Ce musée, situé dans la vaste grange de l'ancienne maison Arnaud, abrite des outils et des machines agricoles collectés en Ubaye. Des maquettes animées construites par Albert Manuel, le dernier forgeron de la vallée, perpétuent les gestes traditionnels : scieur de long, moulin à eau, travail du chanvre et de la laine, etc. Reconstitution d'une ancienne cuisine, petites collections de vêtements d'autrefois et d'animaux alpins naturalisés.
Musée de la Vallée - ☎ 04 92 81 00 22 ou 06 75 15 39 74 - www.ubaye.com - juil.-août : 10h-13h, 14h-19h30 ; juin. et sept. : 14h30-18h - fermé jeu. 5 €.

échanges, étant située dans un bassin aux carrefours de routes stratégiques, cette petite ville montagnarde est gagnée au 19e s. par un vent de folie migratoire vers le Mexique. En témoignent les magnifiques villas dites « mexicaines » disséminées en périphérie du centre-ville. La villa La Sapinière, bâtie entre 1878 et 1883, est la seule qu'il soit possible de visiter. Elle abrite le musée de la Vallée, réunissant ici toute la mémoire de l'Ubaye, des rites funéraires de l'âge du fer à l'épopée des « Mexicains ».

Les eaux tumultueuses de l'Ubaye sont une aubaine pour les amateurs de rafting.

Et pour finir la journée tranquillement ou dans une joyeuse animation lors des Fêtes latino-mexicaines en août, comme les habitants, vous irez place Manuel vous poser à l'une des terrasses de cafés aux façades colorées, autour d'un kiosque où les concerts sont presque quotidiens en été.

Ça va encore zigzaguer et être vertigineux aujourd'hui ! La région a longtemps pesé dans la défense du territoire, comme en témoignent les stupéfiantes fortifications du fort de Tournoux (1843-1865). Collées à la montagne, étagées sur 700 m de dénivelé, elles se confondent presque avec les escarpements rocheux. Ceux que le sujet intéresse réserveront une visite guidée. Vous aurez mérité une pause à St-Paul-sur-Ubaye, après avoir été admirer l'arche unique du pont du Châtelet perché à 100 m au-dessus des gorges de l'Ubaye.

DES OUVRAGES DÉFENSIFS

Revenez sur la D900 pour remonter la vallée de l'Ubayette, avec un premier arrêt à St-Ours qui abrite deux ouvrages de la ligne Maginot construits dans les années 1930. Ils constituèrent d'importants ouvrages défensifs lors des combats contre les armées italiennes puis allemandes entre 1940 et 1945. Le fort de St-Ours-Haut complétait le fort de Roche-la-Croix (les deux forts se visitent) pour verrouiller le col de Larche. Pour le découvrir, suivez le circuit « Le plateau de Saint-Ours » (boucle de 3 km au départ du village - 2h). Encore envie de marcher ? Direction Larche, dernier village français avant la frontière italienne, qui sera aussi votre étape du soir. Le vallon du Lauzanier, classé Réserve naturelle dès 1938 et faisant partie du Parc national du Mercantour, constitue un lieu de balade très prisé, notamment en raison du grand nombre de marmottes que l'on peut y apercevoir.

Le lendemain, machine arrière jusqu'à Jausiers, pour un stop à la Maison des produits de pays gérée par les producteurs et agriculteurs de la vallée de l'Ubaye. Dûment

Appuyer sur les pédales

Dans les offices de tourisme de de la vallée, le cycliste aguerri pourra se procurer un carnet et une carte à composter aux cols de Vars, de la Bonette-Restefond, de la Cayolle, d'Allos, de Pontis, des Fillys et de Ste-Anne. Ces 7 exploits lui vaudront un brevet !

Autre pratique, autre défi : le circuit sportif du Parpaillon, au départ de La Condamine-Châtelard, sera un moment fort pour le vététiste invétéré, car il emprunte la route creusée par les chasseurs alpins à la fin du 19e s. et complétée par le percement du fameux tunnel du Parpaillon, long de 500 m. Non revêtue, elle relie les vallées de la haute Ubaye et de l'Embrunais. La carte « La Vallée de l'Ubaye Serre-Ponçon à VTT » répertorie des itinéraires de différents niveaux. Et pour pédaler en limitant l'effort, pour le plaisir de profiter de la nature sans objectif de performance, louez un VTT avec assistance électrique.

Vous négocierez plus d'un lacet sur la route du col de la Bonette.

approvisionné, il sera temps d'entraîner le van vers la plus haute route de France et la 2ᵉ plus haute d'Europe : la « route de la Bonette ». Chaque été, la fonte des neiges dégage ses cimes, entrouvrant pour quelques mois l'accès à de grandioses panoramas au cœur du Parc national du Mercantour, entre l'Ubaye et la Tinée. Paradis des cyclistes et des motards, elle offre de superbes points de vue à mesure que la forêt, puis les vertes prairies, laissent place à un paysage rocailleux de haute altitude.

Au col de la Bonette, garez le van pour rejoindre la cime, à 15mn à pied, où vous attend l'un des plus ahurissants panoramas de France. La table d'orientation n'aura jamais été aussi utile, car elle permet de situer les différents massifs des Alpes du sud. Et ils sont nombreux sur l'horizon ! Le site est également un magnifique spot pour admirer le ciel de nuit, grâce à la faible pollution lumineuse. Le retour à Allos se fera des étoiles plein les yeux.

PLEIN FEU SUR L'UBAYE

Anc·rew_Mayovskyy/Getty Images Plus

CARNET DE ROUTE

PAUSES NOCTURNES

Étape 1

Les Thuiles
Camping Le Fontarache
Les Thuiles Basses -
📞 04 92 81 90 42 -
www.camping-fontarache.fr
De juin à mi-sept. - 150 empl.
🚐 borne artisanale 🚰 💧 🗑️
Tarif camping : 31 € 👫 🚗
🔌 💧 (10A) - pers. suppl. 8 €
Services et loisirs : 📶 🍴 🧺 🏊
🚲
Préférez les emplacements près de la rivière, plus éloignés de la route.
GPS : E 6.57537 N 44.3924

Étape 2

Barcelonnette
Aire de Barcelonnette
Parking du Bouguet, derrière le stade - 📞 04 92 81 04 71 -
www.barcelonnette.com
De déb. mai à fin oct.
Borne flot bleu 🚰 💧 🚰 🗑️
20 🅿️ - 🔒 - 48h - 10 €/j. - borne compris
Paiement : 💳
Services : 🚻 📶
GPS : E 6.65799 N 44.38223

Étape 3

Larche
Camping
Domaine des Marmottes
Malboisset -
📞 09 88 18 46 40 - www.camping-marmottes.fr
De déb. juin à fin sept. -
55 empl. - 🚲
Tarif camping : 👤 9,50 €
🚗 3 € 🔌 2,50 € 💧 (10A) 5 €

Services et loisirs : 📶 🍴 🧺
🚲 🚲
Au pied d'une jolie cascade, terrain aménagé pour accueillir les randonneurs.
GPS : E 6.85257 N 44.44615

Entre les étapes

Pra-Loup
Aire de Pra-Loup 1600
Parking des Terrassettes, à l'entrée de Pra-Loup -
📞 04 92 84 10 04 -
www.praloup.com
Permanent (Mise hors gel)
Borne flot bleu 🚰 💧 🗑️ : 3 €
🅿️ - 72h - gratuit
Paiement : 💳
Services : 🚻 🛒 🍴
Téléphérique à proximité.
Magnifique panorama.
GPS : E 6.6061 N 44.3677

Le Lauzet-Ubaye
Camping Le Noyer du Baron
38 chemin des Fontêtes -
Le Tour du Lac - www.camping-noyerdubaron.com
De mi-mai à mi-oct. - 48 empl.
🚐 💧 🗑️
Tarif camping : 15,50 € 👫
🚗 🔌 💧 (10A) 4 € - pers. suppl. 4 €
Services et loisirs : 📶 🧺 🏊
🚲
GPS : E 6.4366 N 44.4251

Méolans-Revel
Camping
Domaine Loisirs de l'Ubaye
D 900 - 📞 04 92 81 01 96
De déb. mai à mi-sept. -
227 empl. - 🚲

🚐 borne artisanale 🚰 💧 🗑️
Tarif camping : 43,72 € 👫
🚗 🔌 💧 (10A) - pers. suppl. 9 €
Services et loisirs : 📶 🍴 🧺 🏊
🚲 🚲
Préférez les emplacements qui dominent la rivière ou en sont proches.
GPS : E 6.54638 N 44.39645

Jausiers
Spot nature
Route du Col de Restefond.
L'accès à ce coin en pleine nature se fait par un chemin forestier. Une seule place.
Vue superbe sur le Chapeau de Gendarme.
GPS : E 6.7726 N 44.3962

St-Paul-sur-Ubaye
Camping Bel Iscle
📞 04 92 84 38 31
De mi-juin à mi-sept. -
70 empl. - 🚲
Tarif camping : 14 € 👫 🚗
🔌 - 💧 2,50 € - pers. suppl. 3,90 €
Services et loisirs : 🧺
Au bord de la rivière, au pied du col de Vars.
GPS : E 6.757 N 44.5167

Meyronnes
Spot nature
D900.
Spot tranquille au bord d'un torrent, en contrebas de la route.
GPS : N 6.8150 E 44.4681

CARNET DE ROUTE

BONNES TABLES

St-Paul-sur-Ubaye
Les Granges
Fouillouse - 7,5 km au nord-est de St-Paul-sur-Ubaye par D25 et GR5
☏ 04 92 84 31 16 - www.gite-les-granges.com
Fermé nov.
Une fois dans cette ancienne bergerie restaurée, on se sent comme parachuté au bout du monde, surtout après avoir suivi la route étroite qui y mène… Belle vue sur le Brec du Chambeyron et nombreux sentiers de randonnée alentour. Ce gîte assure un service de restauration et bar pour les non-résidents. Vous pourrez prendre le soleil sur la terrasse. Cuisine et accueil familiaux.

Barcelonnette
Le Choucas
4 pl. Manuel
☏ 04 92 81 15 20
Cette institution de Barcelonnette (un bar à l'origine) s'est lancée dans la restauration et le résultat vaut le détour. On y déguste une cuisine locale à base de légumes et fruits bio, le tout installé en terrasse sur la place principale.

St-Ours
Gîte Auberge de Saint-Ours
☏ 04 92 84 37 03
giteaubergedestours.free.fr
Menu de saison et accueil sympathique dans cette auberge de montagne qui sert une cuisine simple et savoureuse, le tout dans un superbe décor de montagne.

FROMAGES
Créée en 1949 à Barcelonnette, la coopérative laitière de la Vallée de l'Ubaye regroupe les productions laitières des exploitants de la vallée. Merveilleux fromages secs Chambeyron.
2 digue de la Gravette - Barcelonnette - ☏ 04 92 81 00 30 - www.fromagerie-ubaye.com - fermé dim. ap.-midi.

PLEIN AIR ET DÉTENTE

Faire de la luge à toute allure

Val d'Allos
Luge Verdon Express
À proximité du télésiège Marin-Pascal, au pied du col d'Allos
☏ 04 92 83 02 81
De mi-déc. à mi-avr. et juil.-août.
Cette piste de luge sur rails multisaisons couvre une boucle de 995 m pour 4 à 7mn de descente dans un panorama d'exception. Le parcours est jalonné de virages en épingle, de segments d'accélération, de vagues… Pour un plein de bonne humeur, à découvrir en famille !

Déployer ses ailes

Pra-Loup
Pra-Loup Parapente
☏ 06 77 17 34 36 et 06 37 05 23 06
www.praloup-parapente.com
Décollage sur la crête de Péguie ou au restaurant d'altitude, arrivée à Pra-Loup. Vous aurez une vue panoramique inoubliable, dans un silence uniquement troublé par le bruit du vent dans votre voile. À l'atterrissage à la station 1600, vous serez accueilli par la statue du « loup hurlant » (Pra-Loup signifie « pré aux loups ») qui semble monter la garde.

Grimper aux arbres

Barcelonnette
Jungle Parc
439 chemin de Terre-Neuve - St-Pons
☏ 06 86 73 37 57
www.jungle-parc.fr
Adonnez-vous aux plaisirs de l'accrobranche et prenez de la hauteur (entre 4 et 7 m de haut !) au milieu d'une magnifique forêt de 3 ha. Adaptés à tous les niveaux, ces parcours vous donneront à coup sûr des sensations fortes !

LA CORSE DU NORD

Du vieux Bastia au golfe d'Ajaccio, en passant par le cap Corse et la Balagne, le nord de l'Île de Beauté multiplie les merveilles : plages de sable léchées par une eau cristalline, villages perchés en funambule sur les falaises, petites cités animées où savourer la pêche locale, et puis mille sentiers partant au cœur de paysages somptueux qui embaument le maquis… Un road trip littoral entre ciel et terre, la mer pour seul horizon.

DISTANCE
335 km

DURÉE
5 jours

DÉPART
Bastia

ARRIVÉE
Ajaccio

ACCÈS DEPUIS MARSEILLE
Ferry jusqu'à Bastia - retour d'Ajaccio ou de Bastia si vous enchaînez avec le road trip sud.

QUAND PARTIR ?
Hors saison, absolument, quand les routes ne sont pas encore envahies et que se garer n'est pas encore un casse-tête.

Les atouts du road trip :

Les étapes
- Bastia/Pietracorbara : 18 km
- Pietracorbara/St-Florent : 96 km
- St-Florent/Calvi : 68 km
- Calvi/Cargèse : 104 km
- Cargèse/Ajaccio : 49 km

Flashez pour accéder au guidage GPS

Tel Napoléon qui reconnaissait l'odeur de « son » île avant d'arriver, percevez-vous ce doux parfum sucré, aux notes miellées et épicées, tandis que le ferry s'approche du port de Bastia ? Beaucoup l'attribuent au maquis. C'est vrai, mais c'est l'immortelle, surtout, qui en domine le bouquet. Le van a touché terre ? Garez-vous, le centre historique est à côté. Au pied de l'altière Serra di Pigno, la préfecture de Haute-Corse a deux visages : la ville haute (Terra-Nova) et sa citadelle, où vous pourrez visiter le musée de Bastia dans l'ancien palais des Gouverneurs, et la ville basse (Terra-Vecchia) aux ruelles tortueuses, avec l'immense place St-Nicolas d'où admirer le ballet des navires le temps d'un verre sous les palmiers. Après le déjeuner, filez vers le cap Corse.

Dominées par les deux tours de l'église St-Jean-Baptiste, les maisons forment un amphithéâtre coloré autour du vieux port de Bastia.

Il fait bon flâner autour du port d'Erbalunga et dans les ruelles en escalier ombragées de platanes, de lauriers et de palmiers.

LA POINTE NORD ET LES AGRIATES

Un jour c'est un peu court pour profiter pleinement des paysages encore sauvages du cap Corse, avec une côte orientale plus douce que sa sœur occidentale, spectaculaire et déchirée. Il faudra choisir vos arrêts selon vos envies et en tout cas, rester vigilant sur la route parfois étroite et sinueuse. « Piano » donc. Erbalunga, petite marine de la commune de Brando aligne ses vieilles maisons à fleur d'eau sur une très photogénique péninsule de schiste vert surmontée d'une ancienne tour génoise à demi ruinée, puis la marine de Pietracorbara offre une agréable plage (sable et galets) de plus d'un kilomètre de long, ouverte sur un amphithéâtre de reliefs. Parfait pour un plouf avant la nuit sur place.

En route pour Rogliano qui étage ses tours, les façades de ses églises et ses hautes demeures anciennes dans une conque verdoyante à l'abri du mont Poggio. Avant d'aborder l'autre côté du cap, garez-vous au parking du col de Serra pour marcher jusqu'au Belvédère du moulin Mattei (20mn AR) qui offre un panorama très étendu de l'île de la Giraglia au nord à l'anse de Centuri et à la côte rocheuse de l'Ouest. Autre relief, on vous l'avait dit : les pentes plongent brutalement dans la mer, les villages sont hardiment perchés, les marines blotties dans les échancrures. Prisée des estivants, la petite baie de Centuri

Un tramway nommé plaisir

Vous avez rêvé de prendre un train longeant la mer et de descendre, votre serviette sous le bras, piquer une tête dans une mer bleu émeraude ? Un rêve on ne peut plus accessible avec le « tramway de Balagne » ! Il suffit de monter dans l'un des petits wagons de l'U Trinighellu (« le petit train », en corse), qui relie L'Île-Rousse à Calvi plusieurs fois par jour en « collant » au plus près des plages du littoral (la mer n'est souvent qu'à quelques mètres !). Le train emprunte depuis 1965, et sur 22 km, la voie unique créée à la fin du 19e s. pour relier Ponte-Leccia à Calvi. Il dessert une quinzaine d'arrêts en une quarantaine de minutes : une forme d'hommage à la lenteur, pour profiter du moment présent. Le plus difficile sera de choisir entre les plages de Calvi, de Lumio, de Sant'Ambroggio, d'Algajola ou de L'Île-Rousse. Le train roule fenêtres ouvertes, occasion de faire de superbes photos !

est une étape charmante au petit matin, l'atmosphère du port est délicieuse. Une douce lumière teinte les maisonnettes. La route serpente, ponctuée de points de vue jusqu'à Pino. Un stop ? Nonza se groupe autour de l'église et sur le rocher qui porte la vieille tour. À ses pieds, la vue porte au loin sur le golfe de St-Florent, la Balagne et le massif du Cinto. Peu avant Patrimonio, le paysage change. La transition très marquée d'un univers sauvage à un autre plus verdoyant indique que l'on atteint les portes du Nebbio.
Bien différent est St-Florent, le « St-Trop corse », QG des yachts en saison. C'est aussi la porte des Agriates, ce désert minéral aux plages mythiques. Les routes y sont rares et envahies l'été. Navettes, bateaux et sentiers sont les moyens les plus sûrs pour vous y rendre. Sur place, la journée file à toute allure.

LA BALAGNE

Le lendemain, arrivé à L'Île-Rousse, principal port de Balagne et troisième porte d'entrée maritime de Corse, profitez de la vieille ville au charme italien en passant par le marché couvert où vous trouverez toutes les productions de Balagne. Voici ensuite Lumio, un bourg opulent en belvédère sur le golfe de Calvi, au milieu des oliviers et des vergers. Pour la vue exceptionnelle sur le littoral, suivez le sentier qui mène en 30mn au village d'Occi, abandonné au 19e s. (dép. en face du camping Le Panoramic). Enfin vous arrivez à Calvi, campée sur sa rade lumineuse, dans un cadre de montagnes souvent enneigées.

U Trinighellu dessert les plages entre Calvi et l'Île-Rousse.

La citadelle dresse les murailles ocre de son enceinte puissamment bastionnée au-dessus de la ville basse et du port. Protégée par les remparts, l'attachante vieille ville se compose de ruelles étroites, de placettes en pente ou en escalier. La « capitale » de Balagne est aussi une station balnéaire, avec sa longue plage bordée de pins parasols au fond d'une vaste baie.

DE GOLFE EN GOLFE

Aujourd'hui, en route pour Porto, petite cité balnéaire nichée au fond d'un golfe ourlé de falaises de granit rouge. De là, vous allez approcher deux sites classés à l'Unesco, joyaux du littoral corse : les paysages grandioses de la Réserve naturelle de Scandola, visibles uniquement de la mer (nombreuses excursionnistes au départ de Porto, mais aussi de Calvi ou d'Ajaccio) et les rougeoyantes et chaotiques Calanche de Piana que vous pourrez découvrir à pied (l'office de tourisme vous renseignera). Et si vous n'avez pas le temps pour une rando, vous vous rattraperez sur la route qui traverse les Calanche sur 2 km, offrant d'excellents points de vue sur les amas rocheux et la mer, à commencer par la Tête de Chien, en surplomb sur une falaise, d'où part un court sentier vers le Château fort (parking de chaque côté de la route - 1h AR), réservant une vue splendide sur l'ensemble du golfe de Porto. Poursuivez jusqu'à Cargèse, l'étape du soir, charmante petite cité portuaire posée sur son promontoire verdoyant.

De Cargèse au golfe de Lava, les routes longent le plus souvent un

Pour approcher en douceur les calanche de Piana, louez un paddle.

littoral accidenté et franchissent quelques fleuves côtiers à proximité des plages de sable.

Et pour finir, Ajaccio, l'ancienne cité génoise, volontiers plus bourgeoise que Bastia. Vous marcherez dans les pas de Napoléon en vous rendant à sa maison natale ; vous visiterez l'incontournable Palais Fesch, le musée des Beaux-Arts qui recèle la plus importante collection de peintures italiennes conservée en France ; vous vous se régalerez de beignets au brocciu en parcourant le marché autour de l'hôtel de ville, aux étals chargés de produits corses. Et bien sûr, vous enverrez un dernier selfie, avec en toile de fond le coucher du soleil enflammant le porphyre des îles Sanguinaires, un archipel en forme de concentré des beautés corses. Vous en redemandez ? Ça tombe bien, notre prochain road trip vous attend.

Sasha64f/Getty Images Plus

CARNET DE ROUTE

PAUSES NOCTURNES

Étape 1

Pietracorbara
Camping La Pietra
Presa - ☎ 04 95 35 27 49 - www.la-pietra.com
De fin mars à déb. nov. - 126 empl.
borne artisanale
Tarif camping : 10,95 € 4,80 € 7,90 € (10A) 5,50 €
Services et loisirs :
Cadre soigné, emplacements délimités et ombragés ou prairie ensoleillée.
GPS : E 9.4739 N 42.83939

Étape 2

St-Florent
Camping d'Olzo
Strutta - ☎ 04 95 37 03 34 - campingolzo.com
De déb. avr. à fin sept. - 95 empl.
borne artisanale
Tarif camping : 37,90 €
(10A) - pers. suppl. 9 €
Services et loisirs :
Emplacements ombragés, à 300 m de la plage.
GPS : E 9.3267 N 42.69358

Étape 3

Calvi
Camping Paduella
Rte de Bastia - ☎ 04 95 65 06 16 - www.campingpaduella.com
De mai à sept. - 160 empl.
borne artisanale
Tarif camping : 12 € 13 € (10A) 5 €
Services et loisirs :

Emplacements à l'ombre d'une pinède et espace vert pour la détente. Démarche écoresponsable.
GPS : E 8.76429 N 42.55219

Étape 4

Cargèse
Camping Torraccia
Bagghiuccia, rte de Porto (D81) - ☎ 04 95 26 42 39 - www.camping-torraccia.com
De déb. mai à fin sept. - 70 empl.
Tarif camping : 29,50 €
(10A) - pers. suppl. 9 €
Services et loisirs :
Préférez les emplacements éloignés de la route.
GPS : E 8.59797 N 42.16258

Entre les étapes

Centuri
Camping Isulottu
Marine de Mute - ☎ 04 95 35 62 81 - isulottu.fr
De déb. mai à fin sept. - 80 empl.
Tarif camping : 7,90 €
7,90 € (10A) 4 €
Services et loisirs :

Cadre naturel, emplacements ombragés sur des petites terrasses avec pour certains vue mer ou village !
GPS : E 9.3515 N 42.96048

Désert des Agriates/
Camping U Paradisu
Plage de Saleccia - ☎ 04 95 37 82 51 - www.camping-uparadisu.com

Permanent - 45 empl.
Tarif camping : 7 € 12 €
Services et loisirs :
Un camping du bout du monde. Accès par une piste rocailleuse. Démarche écoresponsable.
GPS : E 9.2022 N 42.7208

Porto
Camping Sole e Vista
En centre-ville - ☎ 04 95 26 15 71 - www.camping-sole-e-vista.fr
De mi-mars à mi-nov. - 120 empl.
borne artisanale
Tarif camping : 31 €
(16A)
Services et loisirs :
Cadre naturel et boisé avec de multiples petites terrasses.
GPS : E 8.71256 N 42.2643

À l'arrivée

Ajaccio
Camping Les Mimosas
Chemin de La Carosaccia - ☎ 04 95 20 99 85 - www.camping-lesmimosas.com
De déb. avr. à mi-oct. - 70 empl.
borne artisanale 5 €
Tarif camping : 7,50 €
8,50 € (10A) 3,50 €
Services et loisirs :
Bel ombrage d'eucalyptus, sur les hauteurs de la ville.
GPS : E 8.72899 N 41.93758

🚐 CARNET DE ROUTE

BONNES TABLES

Bastia
Chez Huguette
Rue de la Marine - quai Sud
☎ 04 95 31 37 60
www.chezhuguette.fr
Fermé lun.
Ce restaurant est installé depuis 1969 face au Vieux Port, un agréable voisinage qui donne le ton à la cuisine où sont mis à l'honneur fruits de mer et poissons frais… et pour cause : ici, on va se fournir directement chez les pêcheurs !

St-Florent
L'Altezza
Rue du Furnellu
☎ 04 20 20 40 92
Fermé merc.
Très beau cadre (salle voûtée en pierre) et terrasse ombragée à l'avenant à l'étage. Plats variés et copieux, comme toujours en Corse, et service chaleureux. Bon rapport qualité-prix.

Calvi
U Casanu
18 bd Wilson
☎ 04 95 65 00 10
Fermé dim. (sf juin-août) et nov.-déc.
Très agréable restaurant de poche (pensez à réserver en été) où l'on déguste une honnête et savoureuse cuisine familiale.

Cargèse
Épicerie Leca
Rue Colonel Fiesch
☎ 04 95 78 51 95
epicerieleca.fr
Fermé w.-end hors saison, et déc.-fév.
Une épicerie fine, qui fait aussi restaurant (réservez) et bar à vin. Vous trouverez ici les meilleurs produits de l'île. Accueil très sympathique.

PLEIN AIR ET DÉTENTE

Balades dans le cap Corse

Sentiers thématiques
Il y en a un dans chaque village, soit 18. À vous de choisir où vous dégourdir les jambes au cours de votre tour du cap Corse. Carte et fiche en téléchargement sur www.capcorse-tourisme.corsica.

Plongée entre l'Île Rousse et Calvi

Lumio
Diving Corsica Sports
Marine de Sant'Ambroggio
☎ 06 27 57 18 06
www.divingcorsica.com
De mi-mai à fin sept.
L'un des centres de plongée les mieux équipés de la côte ; explorations jusqu'à la baie de Calvi, parmi plus de 30 sites répertoriés, dont le célèbre Danger d'Algajola (5-20 m, idéal pour les débutants) et les impressionnants tombants de la Revellata. Mais aussi snorkeling, location de paddle et kayak.

Chevaucher à Cargèse ou le dans le golfe de Sagone

Ferme Équestre CLG
www.ranchcorse.com
Plusieurs balades, de 1h à une journée.

Ranch de Cargèse
Plage de Chiuni - 7 km au nord de Cargèse
☎ 06 79 35 41 35
Le long du littoral.

Ranch Sagone
Route de Vico
☎ 06 32 83 61 19
Entre rivière, maquis et sentiers muletiers.

LA CORSE DU SUD

Deux Corses vous attendent ici. D'abord la plus évidente, la plus solaire aussi, celle des plages, des sports nautiques et de la baignade, des criques et des eaux plus pures que le ciel autour. Et puis celle des montagnes, plus rude et plus austère, plus authentique aussi diront ceux qui aiment ses sentiers silencieux se faufilant dans les forêts majestueuses, jusqu'à des panoramas à couper le souffle sur les sommets. Deux Corses pour un seul paradis, celui des vanistes.

DISTANCE
460 km

DURÉE
6 jours

DÉPART
Ajaccio

ARRIVÉE
Bastia

ACCÈS DEPUIS MARSEILLE
Ferry jusqu'à Ajaccio - retour de Bastia ou d'Ajaccio si vous enchaînez avec le road trip nord.

QUAND PARTIR ?
Préférez les intersaisons, quand les routes ne sont pas encore envahies et la machine touristique moins sous pression.

Les étapes

- Ajaccio/Propriano : 94 km
- Propriano/Bonifacio : 68 km
- Bonifacio/Porto-Vecchio : 58 km
- Porto-Vecchio/Zonza : 38 km
- Zonza/Corte : 123 km
- Corte/Bastia : 79 km

Les atouts du road trip :

 Flashez pour accéder au guidage GPS

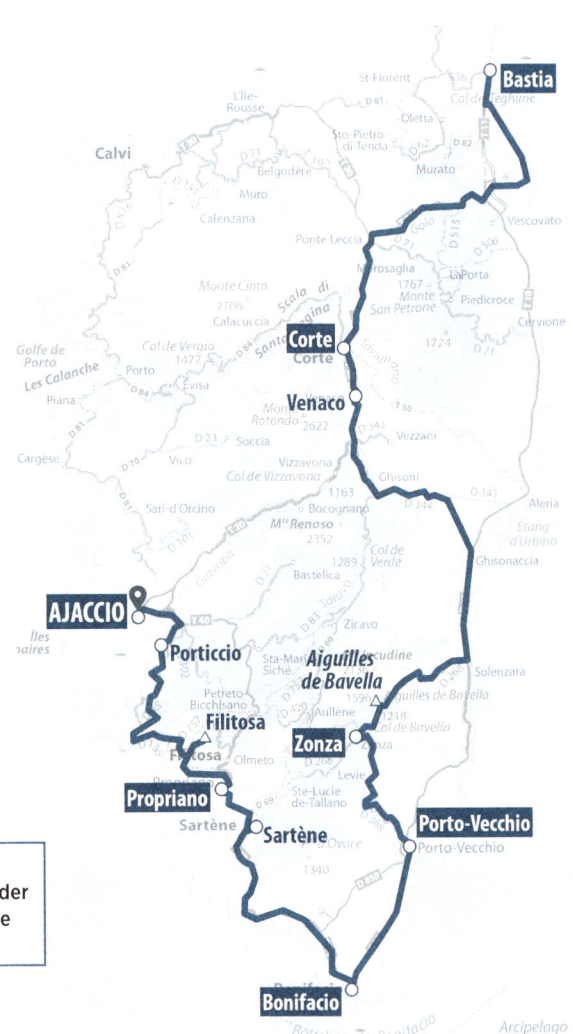

À peine arrivés, quittez Ajaccio. Rien de personnel mais ce road trip rime avec nature corse, mer et montagne. Plongeons donc illico, tête la première, dans les eaux claires du golfe d'Ajaccio, le plus vaste et le plus profond de l'île. La D55 longe la rive sud, une succession d'anses et de baies isolées par des presqu'îles rocheuses. Autant d'invitations à la baignade. À la sortie de Porticcio, la route longe la plage d'Agosta pour un premier plouf. D'autres suivront ! La D55 grimpe ensuite en lacets vers Coti-Chiavari, village-belvédère, puis apparaît le golfe de Valinco, un mix de plages de sable, rochers aux formes étranges, collines tapissées d'oliviers, figuiers et maquis dont les senteurs se mêlent à l'air marin. Propriano est une station balnéaire plutôt paisible, du moins hors saison, où plane une délicieuse ambiance de farniente. Ça tombe bien, c'est l'étape du soir.

Sur la côté nord du golfe d'Ajaccio, la pointe de la Parata est surmontée d'une tour génoise qui offre une fabuleuse vue sur les îles Sanguinaires.

L'art mégalithique

Le site de Filitosa

Il offre, à travers ses précieux vestiges, une synthèse des origines de l'histoire en Corse : périodes néolithique (6000-2000 av. J.-C.), mégalithique (3500-1000), torréenne (1600-800), puis romaine. Le site a été découvert en 1946 par le propriétaire du terrain ; l'archéologue Roger Grosjean y a ensuite consacré son activité de chercheur. Les 70 statues-menhirs retrouvées sur le site ont reçu le nom de Filitosa I, II, etc. Près de l'entrée s'élève le musée.
Sur la D57 - 04 95 74 00 91 - www.filitosa.fr - avr.-oct. : 9h-1h av. le coucher du soleil (privilégiez le milieu de journée pour la luminosité) - 9 € ; musée : 9h-19h.

Poursuivant vers le sud, apparaît Sartène, la « plus corse des villes corses » (Prosper Mérimée), avec ses hautes demeures austères, ses ruelles pentues et sa grande place centrale ombragée qui sépare la vieille ville en deux. La route parcourt une région couverte de vignobles, avant

d-alezidar/Getty Images Plus

> ## L'œuvre de la nature
>
> ### Le rocher du Lion
> Ce fameux lion qui se profile au loin est plus prosaïquement une roche sculptée par l'érosion. Les roches grenues se prêtent particulièrement à la formation de cavités, les *taffoni* (« trous », en corse), par en dessous. La désolidarisation d'un seul cristal suffit à livrer la pierre à un processus de carie, sous l'action combinée des variations de température et d'humidité, renforcée au bord de la mer par le rôle corrosif du sel. Certains n'évoluent plus ; d'autres, toujours en cours de désagrégation, sont dits « vivants ». À la préhistoire, elles furent utilisées comme sépultures. Dans un passé plus récent, elle servait d'*oriu* (« abri ») pour les bergers.

d'atteindre la côte sud, rocheuse et déchiquetée. Du col de Roccapina (Bocca di Roccapina), une vue s'offre sur le golfe du même nom et le rocher du Lion. Pour comprendre les taffoni, entourés de légendes, visitez en face A Casa di Roccapina. La côte qui s'étend jusqu'à Bonifacio, inhabitée et éloignée des grands axes routiers, a conservé sa beauté sauvage. De minuscules calanques pénètrent profondément dans les embouchures de ses fleuves côtiers.

UN AIR DE BOUT DU MONDE

À l'extrême sud de l'île surgit Bonifacio, posée sur ses célèbres falaises blanches. La ville haute, enfermée dans ses fortifications, comprend la vieille ville et la citadelle. À l'extrémité ouest du plateau s'étend le Bosco, laissé un peu en friche, avec le cimetière marin et l'esplanade St-François qui offre une vue splendide sur les falaises de la vieille ville, les bouches de Bonifacio et, au large, la Sardaigne. Au port, vous pourrez embarquer pour l'archipel des Lavezzi. Ce petit paradis d'eau cristalline et de criques tapissées de sable s'apparente presque à un paysage lunaire. Un autre rêve méditerranéen auquel réserver au moins une demi-journée, de préférence avec un guide.

D'une côte, l'autre : 30mn de route suffisent pour atteindre Rondinara, une anse sableuse qui se referme sur un cercle de mer turquoise presque parfait. Bonne nouvelle : d'autres plages somptueuses rythment la route jusqu'à Porto-Vecchio, telles Santa-Giulia et Palombaggia, encore tranquilles hors saison. Dominée par sa citadelle, Porto-Vecchio, troisième ville de Corse, est à présent une station balnéaire chic, où les soirées

Le site préhistorique de Cucuruzzu est traversé par le GR20.

sont animées. Profitez-en avant les silences des jours prochains.
Il s'agira d'abord de grimper jusqu'aux grands pins de la forêt de l'Ospédale. Bienvenue dans le domaine des marcheurs. Zonza, bâti en terrasses au-dessus de la vallée de l'Asinao, est un haut lieu touristique de l'Alta Rocca dont vous aurez une belle vue depuis la place centrale. Vous ne serez pas seul à effectuer la boucle Zonza-Quenza (13,7 km – 4h30), une randonnée sans difficulté où vous découvrirez en chemin le site préhistorique de Cucuruzzu, puis les ruines médiévales de Capula. Le lendemain, au col de Bavella qui ouvre sur le splendide panorama des Aiguilles de Bavella, vous pourrez aussi faire une petite marche pour admirer ces murailles rocheuses dressées vers le ciel, dont la vision

F. Guiziou/hemis.fr

vous accompagnera sur une partie du trajet jusqu'à Solenzara. Bref retour au littoral, puis cap vers la forêt de Vizzavona, l'une des plus belles de Corse. Ça grimpe, en chemin : l'étroit défilé de l'Inzecca a été creusé par le Fium'Orbo, l'impétueux torrent de montagne. Plus loin, le village de Vivario étagé de part et d'autre de la T 20, fait face, au sud ouest, au Monte d'Oro. Sillonnant dans les forêts de pins, la route franchit le col de Bellagranajo. Là, à 500 m de la route, entre cistes et framboisiers, appréciez le panorama sur le village de Venaco accroché aux premières pentes du Monte Cardo, dans un paysage de châtaigniers.

Sur la commune de Vivario, la forêt domaniale de Vizzavona est fréquentée par les amateurs de rando.

L'étang de Biguglia est une réserve naturelle ; la pêche professionnelle y est autorisée mais réglementée pour préserver l'habitat de nombre d'oiseaux et de la tortue cistude.

LA GARDIENNE DE L'IDENTITÉ CORSE

Située dans une cuvette au carrefour de nombreuses vallées, Corte, « capitale corse » entre 1755 et 1769, est désormais une ville universitaire attachante. Pavées de galets et bordées de demeures anciennes, les ruelles escarpées grimpent jusqu'à la citadelle qui englobe le musée de la Corse. Quelle vue !

De retour sur la T20, en direction de Ponte-Lecchia, ne manquez pas Omessa et son « quartier » du Rione, où les hautes maisons composent un ensemble de ruelles communiquant par des passages voûtés.

Toujours sur la T20, suivez le fleuve Golo jusqu'à la côte et à La Canonica, une cathédrale romane (1149) dont les dimensions modestes cachent le plus grand édifice médiéval de Corse. Oubliez l'aéroport de Bastia tout proche, les avions à l'approche, les clubs vacances et autres signes du retour à une certaine modernité. Profitez d'une dernière halte à la réserve naturelle de Biguglia, l'une des escales des oiseaux migrateurs sur l'axe Europe-Afrique (ou l'inverse selon la période). Le lido de la Marana longe les plages du même nom. L'occasion d'une ultime baignade avant Bastia. Du sel sur la peau pour la fin d'un tel périple, quoi de plus beau ?

CARNET DE ROUTE

PAUSES NOCTURNES

Étape 1

Propriano
Camping Tikiti
Rte d'Ajaccio - ☎ 04 95 76 08 32 - campingtikiti.com
De déb. avr. à fin oct. - 220 empl.
borne artisanale
Tarif camping : 10 € 7 € 6 €
Services et loisirs :
GPS : E 8.92004 N 41.68288

Étape 2

Bonifacio
Camping Les Îles
Rte de Piantarella - ☎ 04 95 73 11 89 - www.camping-desiles.com
De déb. avr. à déb. oct. - 150 empl.
Tarif camping : 9,90 € 10,10 € (10A) 4 €
Services et loisirs :
Vue panoramique de certains emplacements sur la Sardaigne et les îles.
GPS : E 9.21034 N 41.37817

Étape 3

Porto-Vecchio
Camping Arutoli
Rte de l'Ospédale - ☎ 04 95 70 12 73 - www.arutoli.com
De fin mars à déb. nov. - 110 empl.
borne artisanale
Tarif camping : 8,60 € 8,30 € (6A) 4,50 €
Services et loisirs :
Emplacements ombragés.
GPS : E 9.26556 N 41.60186

Étape 4

Zonza
Camping La Rivière
☎ 06 22 82 47 48 - www.camping-riviere-zonza.com
De déb. avr. à mi-oct. - 60 empl.
Tarif camping : 12 €
Services et loisirs :
Dans un cadre forestier, au bord de la rivière.
GPS : E 9.1778 N 41.7685

Étape 5

Corte
Aire naturelle St-Pancrace
Quartier St-Pancrace - ☎ 04 95 46 09 22 - www.campingsaintpancrace.fr
De déb. avr. à mi-oct. - 45 empl.
Tarif camping : 7 € 8 € (16A) 4 €
Services et loisirs :
Produits de la ferme à la vente.
GPS : E 9.14696 N 42.32026

Entre les étapes

Porticcio
Camping Le Sud
Ruppione-Plage - Isolella - ☎ 06 20 32 39 77 - www.camping-le-sud.com
De déb. avr. à fin oct. - 150 empl.
Tarif camping : 10 € 9 € 5 €
Services et loisirs :
Au-dessus de la jolie plage de Ruppione, un terrain en terrasses, calme et bien ombragé. Sublime vue mer.
GPS : E 8.78401 N 41.82847

Sartène
Camping Olva
D69, rte de la Castagna - à 4 km du village - ☎ 04 95 77 11 58 - www.camping-olva.com
De fin avr. à déb. oct. - 135 empl.
Tarif camping : 9 € 7,50 € 5 €
Services et loisirs :
Bel environnement à l'ombre et sur la colline.
GPS : E 8.9751 N 41.6404

Venaco
Aire naturelle Peridundellu
Sur la D143 - ☎ 04 95 47 09 89 - campingvenaco.e-monsite.com
De mi-avr. à mi-oct. - 25 empl.
borne artisanale
Tarif camping : 5,50 € 3,50 € 5 €
Services et loisirs :
Petite aire naturelle silencieuse et verdoyante dans un cadre exceptionnel de montagne. Atmosphère authentique et familiale, accueil prévenant et cuisine régionale très appréciée. Baignade en rivière accessible à pied.
GPS : E 9.1944 N 42.2242

CARNET DE ROUTE

BONNES TABLES

Propriano
Tempi Fà
Av. Napoléon-III
04 95 76 06 52 - www.tempifa.com
Fermé nov.-mars.
Le « temps d'avant » (en corse)… C'est là que ramène cette épicerie-restaurant, avec son décor reproduisant une place de village et un vrai marché local : charcuteries, fromages, vin de myrte, vins corses, etc. Tous ces beaux produits sont proposés dans l'assiette.

Sartène
La Cave Sartenaise
Pl. Porta - contre l'église
06 88 65 50 49 - www.lacavesartenaise.com
Fermé dim. hors saison.
Une grande épicerie fine pour combler des envies de charcuterie, de fromages de miel… et de vins, à choisir parmi une belle sélection. L'AOC corse sartène comprend des vins rouges charpentés, quelques rosés et des blancs parfumés.

Bonifacio
Les Quatre Vents
29 quai Banda-del-Ferro
04 95 73 07 50
Fermé lun.
Tapi au bout du port, ce restaurant, qui ouvre volontiers ses baies vitrées, sert une cuisine qui évolue au gré des saisons. Entre autres propositions alléchantes, une bouillabaisse maison et de nombreux poissons.

Porto-Vecchio
A Cantina di L'Orriu
Cours Napoléon
04 95 25 95 89
Fermé mar. soir et merc.-dim. midi d'avr. à sept., et de nov. à mars.
Attenant à la boutique qui propose le meilleur de la charcuterie et des fromages corses, A Cantina di L'Orriu déploie ses terrasses, vite envahies par les gourmets. Les plats sont bien préparés, dans le respect des produits locaux.

PLEIN AIR ET DÉTENTE

Excursions aux îles sanguinaires

Ajaccio
Port Tino-Rossi
04 95 21 06 16 ou 06 03 13 46 80
www.promenades-en-mer.org
La promenade en vedette permet d'avoir une très belle vue d'ensemble de la ville d'Ajaccio. Le bateau longe la côte nord du golfe, puis il passe au large de la pointe de la Parata, couronnée d'une tour génoise, pour accoster sur la Grande Sanguinaire, le plus éloigné du rivage et le plus important des quatre îlots de l'archipel classés.

Promenade en mer à Bonifacio

Société des promenades en mer de Bonifacio
Quai Jérôme-Comparetti - à l'entrée du port
04 95 10 97 50 - www.spmbonifacio.com
Découverte de la réserve naturelle des Bouches de Bonifacio, des grottes marines ou de l'archipel des îles Lavezzi.

Canyoning à Bavella

Corsica-Canyon
06 22 91 61 44 - www.canyon-corse.com
Explorez les canyons autour du col de Larone et du massif de Bavella. Un environnement spectaculaire, des parcours variés et différents niveaux de difficultés.

Plongée dans le golfe de Porto-Vecchio

Kalliste Plongée
06 35 29 35 71
www.lekalliste-plongee.corsica
De mai à mi-oct.
Installé sur la magnifique plage de Palombaggia, ce centre propose randonnée palmée, balade guidée en scooter sous-marin, baptême de plongée et exploration.

Au départ de Lyon

La route des Crêtes près du col du Grand Ballon. ©*R. Mattes/hemis.fr*

VIGNES ET VILLAGES DU MÂCONNAIS

Partir à l'assaut de la Roche de Solutré, admirer les vestiges de l'abbaye de Cluny, enfourcher son vélo pour parcourir les vignes, contempler la vue sur les clochers des villages en pierre blonde : une carte postale de France éternelle, voilà ce qui vous attend. Plus tout à fait le Nord, pas encore le Midi, cette terre trait d'union séduit par son climat doux, son art de vivre et son pouilly-fuissé ! La pierre, le cep et la table en résumé.

DISTANCE
185 km

DURÉE
3 jours

DÉPART
Mâcon

ARRIVÉE
Mâcon

ACCÈS DEPUIS LYON
A6 - 73 km

QUAND PARTIR ?
Au printemps pour l'explosion de la végétation ; en automne pour les vignes rousses ; en été pour se baigner en rivière ; en hiver pour savourer les paysages figés par le froid.

Les atouts
du road trip :

Flashez pour accéder au guidage GPS

Les étapes
- Mâcon/Cluny : 76 km
- Cluny/Tournus : 46 km
- Tournus/Mâcon : 63 km

Si possible, prenez votre vélo (ah, les balades le long de la Saône !) et surtout ne vous chargez pas en provisions : terre d'élévation spirituelle, le Mâconnais offre aussi bien des plaisirs gourmands. D'ailleurs, après avoir flâné de placette en ruelle à Mâcon, en bord de Saône, il est (déjà ?) l'heure de déjeuner chez Cassis. Le ton est donné, d'autant que vous vous arrêterez ensuite à la cave associative de Chaintré, aux portes de Mâcon, où une centaine de vignerons offrent une gamme étoffée de blancs (pouilly-fuissé, saint-véran, beaujolais, mâcon) et rouges (juliénas).

BALADE, REPAS, DÉGUSTATION...

Et on continue, pas forcément dans cet ordre. Justement, voici le château de Fuissé, sa tour du 15e s., ses caves du 17e s., où déguster des pouilly-fuissé sous un décor Renaissance. Le Mâconnais sait vivre, il offre même, pour les promenades digestives, de charmants paysages, à commencer par la célèbre Roche de Solutré, cet escarpement calcaire, comme une vague pétrifiée, qui abrite l'un des plus riches gisements préhistoriques d'Europe. Un sentier (1h AR) conduit au Crot-du-Charnier où se trouve le musée de la Préhistoire, puis au sommet (alt. 493 m), vue plein cadre sur la vallée de la Saône.

En route pour Cluny, l'étape du soir, une autre pépite semble surgir de la campagne : la forteresse de Berzé-le-Châtel, qui dresse ses treize tours, dont deux donjons, au-dessus des coteaux rayés de vignes. Autre

Sur son éperon rocheux, Berzé-le-Châtel est une très ancienne forteresse qui défendait la route de l'abbaye de Cluny.

Visite lamartinienne

Entre Mâcon et Cluny, partout où se pose le regard, s'est posé auparavant celui de Lamartine. De sa maison d'enfance à son château de St-Point, en passant par la forteresse de Berzé-le-Châtel, qui domine la vallée de Solutré. Au 13e s., afin de défendre la route de l'abbaye de Cluny, les fortifications sont consolidées et le château agrandi, avant d'être modernisé au 15e s. Les terrasses mettent en évidence l'impressionnant système défensif. Seules les parties annexes sont accessibles (tour, prison, salle de garde, chapelle). On prolonge la visite dans les jardins étagés avec un grand potager fleuri, des arbres fruitiers, des charmes et des ifs taillés en pièces d'échecs. La vue sur la vallée est splendide.
Berzé-le-Châtel - ☏ 03 85 36 60 83 - berze.fr - juil.-août : 10h-19h ; avr.-juin et sept.-nov. : tlj sf lun. 14h-18h - dernière entrée 1h av. - 8 €.

merveille, non plus d'architecture militaire mais d'art religieux : la chapelle des Moines, chapelle romane du prieuré de Berzé-la-Ville, célèbre pour ses peintures murales datant de la fin du 11e s. ou début du 12e s., magnifique exemple de l'art clunisien.

Ce matin, commencez par visiter les vestiges de l'abbaye de Cluny, l'un des hauts lieux du christianisme avant d'être détruite à la Révolution. Puis,

La Roche de Solutré, site emblématique du Sud mâconnais, à l'entrée du Val lamartinien.

prenez le temps de vous promener dans le bourg qui compte de belles maisons romanes, et ne manquez pas de passer au Cellier de l'Abbaye, cave historique prestigieuse, aux centaines de références du cru. Ensuite, deux options pour rejoindre le château de Cormatin aux beaux décors 17e s. et ses élégants jardins à la française : en van ou à vélo en empruntant la Voie verte. Encore envie de pédaler ? Poussez jusqu'à

MON PLUS BEAU SOUVENIR

Lors de mon road trip en Combi VW en Saône-et-Loire, j'ai eu le plaisir de sillonner le Mâconnais, un territoire riche pour sa gastronomie, ses vins et son patrimoine. Première étape, Mâcon, avec notamment sa Maison de bois et le musée des Ursulines où souffle l'esprit de Lamartine. Pour les amateurs de vins et de vanlife, voici deux spots coup de cœur : Vignerons des terres secrètes où, après avoir dégusté de bons vins à la cave, vous pourrez profiter de l'aire d'accueil gratuite pour vans et camping-cars au milieu des vignes de St-Véran. Mon autre coup de cœur est le Domaine de Monterrain, chez Martine et Patrick, où après une bonne dégustation de leurs vins et terrines, vous pourrez soit dormir dans les gîtes, soit profiter de leur terrain d'accueil pour les vans avec vue sur le Mâconnais. Au réveil, je vous recommande de rouler vers la majestueuse roche de Solutré et de profiter des belles lumières sur cet emblème de la Bourgogne du sud. Si le cœur, vous en dit, vous pouvez vous rendre à la vélogare du Mâconnais et prendre la voie verte jusqu'à Cluny pour visiter la célèbre abbaye et faire une halte Chez La Louise pour savourer les délicieuses gaufres Panini accompagnées d'un bon vin, tout en profitant de la superbe ambiance. Passez le bonjour au patron de la part des Coflocs !

Laurent Lingelser
Cofondateur @lescoflocs

AU DÉPART DE LYON

J. Larrea/age fotostock

St-Gengoux-le-National. Il faut penser à rallier l'étape suivante : Tournus.
Un parcours en canoë sur la Saône avec Tournus Canoë ça vous dit ? Sinon vous pourrez vous ouvrir (encore !) l'appétit en allant découvrir la ville, ses maisons gothiques, ses hôtels particuliers et ses jolies places. Sans oublier d'entrer dans l'église St-Philibert, l'un des plus beaux témoignages du premier art roman en France. Le déjeuner ? À l'Auberge du Col des Chèvres, toute proche, ou bien un pique-nique bio et fermier, préparé à la boutique de la Ferme du Montrouge à Blanot. Étalez votre nappe à carreaux au sommet du mont St-Romain, pour savourer en

L'abbaye de Cluny fut longtemps la plus grande église de la chrétienté. Démontée et vendue pierre par pierre après la Révolution, il n'en reste aujourd'hui que des fragments.

L'église St-Pierre à Brancion (12ᵉ s.) est surmontée d'un clocher carré couvert par une toiture de « laves », ces pierres plates extraites sur les collines calcaires de la rive droite de la Saône.

même temps le panorama : à l'est sur la plaine de la Saône, au-delà sur la Bresse, le Jura et les Alpes ; au sud sur le Mâconnais et le Beaujolais ; à l'ouest sur le Charolais.

TOUT EN HAUT, PUIS TOUT EN BAS !

S'il vous reste quelques heures, Blanot et le village voisin d'Azé, à 8 km par une jolie route boisée, sont l'occasion de belles échappées sous la terre. À Blanot, les grottes s'enfoncent à plus de 80 m de profondeur, jusqu'à un chaos de pierres gigantesques créé par l'effondrement d'une voûte. À Azé, une première grotte, longue de 208 m, fut le refuge d'ours des cavernes, puis d'hommes préhistoriques et de Gallo-Romains. Dans une autre caverne coule une rivière souterraine qu'un parcours aménagé permet de suivre sur 800 m. Un autre genre de road trip !

Balade médiévale

Dans Brancion

Au cœur du pays de l'art roman, ce charmant bourg médiéval, soigneusement restauré, est perché sur une arête d'où se dessinent deux ravins profonds et s'étalent des monts boisés. Protégé par ses remparts et son château fort, c'est l'un des sites les plus vertigineux du Mâconnais. Il offre le cadre à une jolie promenade.

 # CARNET DE ROUTE

PAUSES NOCTURNES

Pour en voir plus sur la région, flashez l'image ci-contre !

Étape 1

Cluny
Camping municipal St-Vital
30 r. des Griottons -
03 85 59 08 34 -
www.campingsaintvital.fr
D'avr. à sept. - 151 empl.
borne AireService
Tarif camping : 40,60 €
(10A) - pers. suppl. 6,50 €
Services et loisirs :
Vue sur la vieille ville de Cluny.
GPS : E 4.66778 N 46.43088

Étape 2

Tournus
Camping de Tournus
14 r. des Canes -
03 85 51 16 58 -
www.camping-tournus.com
De mars à oct. - 90 empl.
borne AireService
Tarif camping : 29,80 €
(10A) - pers. suppl. 7,50 €
Services et loisirs :
Cadre bucolique.
GPS : E 4.90932 N 46.57375

Entre les étapes

Vergisson
Spot nature
Pour une nuit au calme et un réveil avec vue sur les vignobles mâconnais et la Roche de Solutré.
GPS : E 4.7223 N 46.3114

Bussières
Spot nature
Rue de l'Étang.
Accueillant parking de village au bord d'un petit étang (toilettes et point d'eau).
GPS : E 4.6999 N 46.3380

St-Point
Camping Lac de St-Point-Lamartine
06 62 02 17 53 -
www.campingsaintpoint.com
De mi-avr. à fin sept. -
49 empl. -
borne artisanale
Tarif camping : 31 €
(10A) - pers. suppl. 5,50 €
Services et loisirs :
En bordure d'un joli lac, emplacements en légère pente.
GPS : E 4.61175 N 46.33703

Cormatin
Camping Le Hameau des Champs
25 rte de Chalon -
03 85 50 76 71 - www.le-hameau-des-champs.com
De fin mars à déb. nov. -
50 empl. -
borne artisanale
Tarif camping : 27,40 €
(10A) - pers. suppl. 6,50 €
Services et loisirs :
À 150 m d'un plan d'eau et de la Voie verte Givry-Cluny.
GPS : E 4.68391 N 46.54868

Senozan
Spot nature
Un bon spot tranquille au bord de la Saône.
GPS : E 4.8765 N 46.3916

Au départ ou à l'arrivée

Mâcon
Camping municipal de Mâcon
1 r. des Grandes-Varennes, Sancé - 03 85 38 16 22 -
www.campingmacon.com/
De mi-mars à fin oct. -
250 empl.
Tarif camping :
26 € (10A) -
pers. suppl. 5 €
Services et loisirs :
Au bord de la Saône.
GPS : E 4.84372 N 46.3301

 **CARNET DE ROUTE**

BONNES TABLES

Mâcon
Cassis
74 r. Joseph-Dufour
☎ 03 85 38 24 53
www.cassisrestaurant-macon.fr
Fermé merc. soir, sam. midi, dim.
Ce restaurant propose une cuisine soignée, goûteuse, sans chichis, dont un mémorable pâté en croûte. Le chef ne propose que des produits de bonne qualité, à savourer dans un cadre contemporain.

Solutré-Pouilly
La Courtille de Solutré
Rte de la Roche
☎ 03 85 35 80 73
www.lacourtilledesolutre.fr
Fermé dim. soir (sf juil.-août), lun.-mar.
Une jolie maison de pays, sa charmante terrasse à l'ombre d'un vieux marronnier... Au piano, un chef dynamique qui travaille avec passion de bons produits, à accompagner d'une belle sélection de pouilly-fuissé !

Cluny
La Brasserie du Nord
Pl. du Marché
☎ 03 85 59 09 96
Ce restaurant mise sur le style brasserie cossue. Séduit par sa charmante terrasse sur la place de l'Abbaye, vous apprécierez ses différents atouts : des prix abordables et son ouverture jusqu'à tard le soir, chose rare à Cluny.

Tournus
Le Terminus
21 av. Gambetta
☎ 03 85 51 05 54
www.hotelrestaurant-terminus-tournus.fr
Fermé dim. et merc.
À la carte de cet ancien buffet de gare 1900, une cuisine au goût du jour qui place la fraîcheur au-dessus de toutes les vertus ! On déjeune ou on dîne côté brasserie, dans une salle intime et cosy.

PLEIN AIR ET DÉTENTE

Baignade champêtre

St-Point
Voilà une piscine 100 % naturelle ! Dans un cadre tranquille et bucolique, profitez du lac de St-Point-Lamartine pour vous baigner, lézarder dans l'herbe et pique-niquer. Ouvert toute l'année en accès libre, sans surveillance de baignade.

Pédaler et visiter

Les vélos de Cluny
Quai de l'Ancienne-Gare - parking Voie verte
☎ 07 83 91 62 59 - www.velos-cluny.fr
Sur réserv. via le site Internet.
De Cluny à Cormatin, cette voie verte de 14 km est parfaitement plane. On y passe, en toute saison, à vélo, à rollers ou à pied. Il n'est pas rare de croiser en chemin des marcheurs en route vers St-Jacques, via Le Puy-en-Velay. On longe et on traverse des bosquets de la forêt de Cluny. Les roches et la couleur de la terre changent à plusieurs reprises tout au long du parcours qui passe dans une zone de faille érodée. À Cluny, on en profite pour visiter l'abbaye et à Cormatin le château.

En canoë sur la Saône

Tournus Canoë
4 quai Georges-Bardin - Tournus
☎ 06 71 58 74 03 - www.tournus-canoe.fr
Plusieurs parcours s'offrent à vous en canoë : descente de la Saône de Tournus au Villars (5 km) ou d'Ormes à Tournus (7 km). Les transferts aller ou retour selon le parcours se font en bus (inclus dans le prix). Des balades plus longues sont possibles. Également des locations de paddle pour de belles sensations de glisse sur la Saône !

BOL D'AIR PUR DANS LES VOSGES DU SUD

Prêts pour un bain de forêt ? C'est la promesse de ce road trip qui collectionne les sommets vosgiens et vous fait découvrir la célèbre route des Crêtes. L'ancienne voie guerrière est devenue un havre de paix, offrant de splendides balades en balcon sur le massif, très fréquenté en toute saison : pistes de ski, luge et randonnées en raquette l'hiver ; lacs étincelants, sentiers sous les sapins et palette d'activités de pleine nature le reste du temps. En avant !

DISTANCE
236 km

DURÉE
3 jours

DÉPART
Gérardmer

ARRIVÉE
Gérardmer

ACCÈS DEPUIS LYON
A6 jusqu'à Gérardmer - 388 km

QUAND PARTIR ?
En été, empruntez la route des Crêtes en semaine, quand elle est moins fréquentée. En hiver, cette route est fermée entre la Schlucht et le Grand Ballon.

Les atouts du road trip :

Les étapes

- Gérardmer/Orbey : 65 km
- Orbey/St-Maurice-sur-Moselle : 107 km
- St-Maurice-sur-Moselle/Gérardmer : 64 km

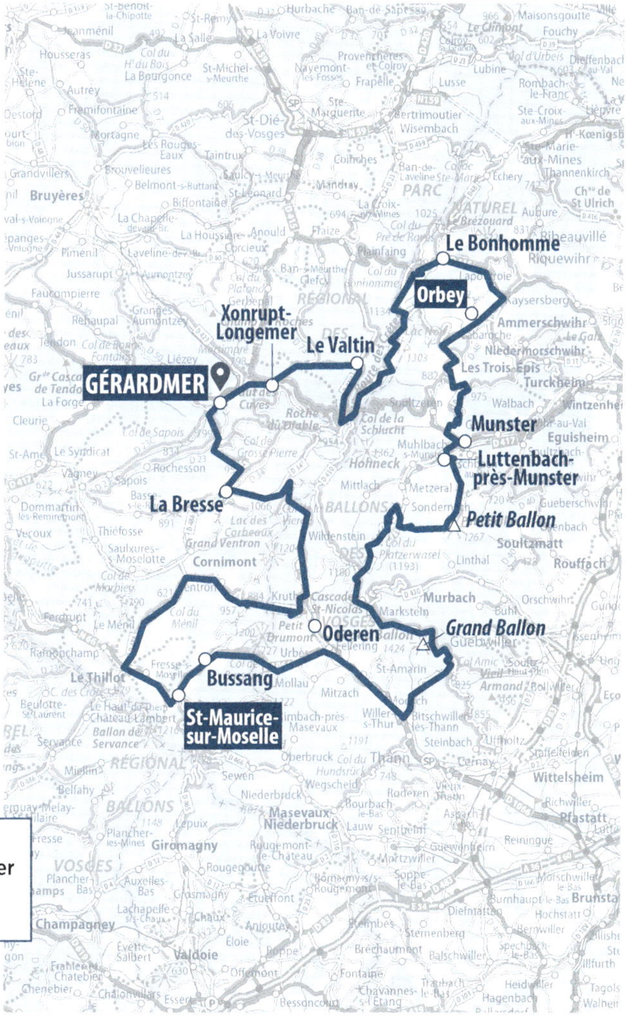

Flashez pour accéder au guidage GPS

Les Vosges, par tous les temps ? Mais oui, et depuis longtemps ! En 1875, l'office de tourisme de Gérardmer fut le premier de France (il s'appelait jadis « comité des promenades »). Depuis, la petite cité a cultivé l'hospitalité, l'hiver station de ski, l'été version station climatique. Sa star est son lac, bien sûr, où se baigner et se promener à la rame (aviron, canoë-kayak), ou à pied, sur la boucle balisée (6 km) qui en fait le tour. Jeudi et samedi matin, Gérardmer est aussi une bonne étape pour préparer les prochains pique-niques au marché, l'un des plus courus des Vosges. Prenez ensuite la D417, via le lac de Longemer au charme fou, pour vous

> **Film fantastique**
>
> Gérardmer s'enorgueillit d'avoir enlevé à Avoriaz l'organisation, chaque année fin janvier, du Festival international du film fantastique. Depuis 1994, courts et longs métrages y sont présentés et primés. Mais aussi des tables rondes, expositions, rencontres, soirées : 4 jours d'effervescence et de grand frisson
> *Info : festival-gerardmer.com.*

enfoncer au cœur des belles forêts et des hautes chaumes, ces prairies et pâtures d'altitude qui tapissent les vallons, épousent les crêtes et filent jusqu'au col de la Schlucht (1139 m), l'un des plus beaux passages de la route des Crêtes.

LA ROUTE DES CRÊTES

Cette voie stratégique fut créée pour défendre le front des Vosges pendant la Première Guerre mondiale. Suivez-la jusqu'au sommet herbeux du Hohneck, son point culminant qui sera sans doute l'un des souvenirs forts de ce road trip, avec son exceptionnel panorama sur les Vosges, la plaine d'Alsace et la Forêt-Noire.

Il fait faim ? Un peu de patience – et beaucoup de virages – mènent à l'auberge Gazon du Faing, pour son baeckeoffe et sa tarte aux myrtilles. Les Vosges sont gourmandes et sportives. Ou est-ce l'inverse ?
À vous de voir, en faisant ensuite

La route des Crêtes, royaume des grands espaces, depuis le Hohneck (alt. 1362 m).

une petite marche dans la réserve naturelle alentours qui se compose de tourbières et de hêtraies et offre un joli point de vue (45mn AR). Reprenez la route jusqu'au col du Bonhomme et son immense « bike park » (pistes de descente entre le lac Blanc 1200 et le lac Blanc 900). Ça remue bien aussi à l'accrobranche du Parc d'Aventures du lac Blanc, à Orbey. Vous pourrez y passer la nuit, après avoir fait provision de munster un peu plus tôt à la fromagerie Haxaire, à Lapoutroie. Il y aura du fromage au menu ce soir. Le lendemain, la collection de cols se poursuit. Premier arrêt au collet du Linge, pour visiter le Musée-mémorial du Linge qui évoque la condition des soldats dans les tranchées et les

La route qui longe le lac Blanc dégage des vues de plus en plus belles sur le cirque rocheux qui enserre le plan d'eau.

Le Grand Ballon, point culminant des Vosges (alt. 1 424 m). Pensez à prendre vos jumelles pour apprécier l'étendue du panorama.

assauts meurtriers qui coûtèrent la vie à près de 17 000 combattants français et allemands de juin à octobre 1915. La découverte du champ de bataille, avec des barbelés qui datent de 1915, est particulièrement émouvante.

DE BALLON EN BALLON

Tout d'abord, le Petit Ballon. De la ferme-auberge Kahlenwasen, un sentier (1h15 à pied AR) mène à un superbe panorama : à l'est, sur la plaine d'Alsace, les collines du Kaiserstuhl et la Forêt-Noire ; au sud, sur le massif du Grand Ballon ; à l'ouest et au nord, sur le bassin des deux Fecht. Ensuite le Grand Ballon, le toit des Vosges. Les grands sportifs

Le munster

On doit aujourd'hui aux fermiers alsaciens parmi les plus belles tables de la région. Depuis le 9e s., le marcaire (de l'alsacien *malker* qui signifie trayeur) entretient les hautes chaumes du massif des Vosges. Il pratique la transhumance et exploite ses vaches laitières pour la fabrication de fromages, dont le célèbre munster. Si sa recette est connue depuis le 9e s., son appellation n'apparaît qu'au 16e s. Pour une livre de fromage, on fait chauffer 5 litres de lait dans un grand chaudron en cuivre. Lorsque la température atteint 38 °C, on ajoute la présure. Le caillé obtenu est découpé en cubes que l'on fait égoutter après les avoir disposés dans des formes en bois.

y trouveront une randonnée à leur goût, les autres aussi : un petit sentier balisé (3 km, tables d'orientation et de pique-nique) permet de s'y promener en profitant de la quiétude de la forêt et de splendides points de vue. Toute la zone est réputée pour ses étendues d'arnica, cette plante d'altitude à fleurs jaunes récoltée au début de l'été, ensuite utilisée pour la célèbre pommade contre les coups. Si vous voulez prendre de la hauteur, vous pourrez survoler le massif avec la plus ancienne école de parapente de France, le Centre École du Markstein. Une autre idée de belle balade ? À Bussang, la voie verte des Hautes-Vosges rejoint Thillot, à suivre à pied, à vélo ou en rollers sur un revêtement très roulant (qui se transforme, l'hiver, en piste pour le ski de fond !). Après une bonne nuit à St-Maurice-sur-Moselle, mesurez-vous aux différents parcours du Parc Arbre Aventure de Kruth : grand frisson garanti sur la tyrolienne qui survole le lac sur 300 m ou sur le « bungy » qui promet une éjection (encordée) à 18 m du sol ! D'autres préféreront la balade rafraîchissante et nature

Au théâtre en forêt

À Bussang
On court au Théâtre du Peuple (classé Monument historique), une utopie devenue réalité, pour sa belle programmation, certes, mais aussi et surtout pour vivre un moment magique lorsque la scène de ce théâtre en bois s'ouvre sur la forêt. *40 r. du Théâtre - 03 29 61 62 47 - www.theatredupeuple.com - visite guidée (1h) de mi-juil. à fin août : merc. à 10h30 ; reste de l'année : dim. à 10h30 - 3 €.*

Le lac de Gérardmer est le plus grand lac naturel des Vosges. Outre les activités nautiques, on peut aussi y pratiquer le farniente !

jusqu'à la cascade St-Nicolas (boucle 2 km - 1h), dont les charmantes cascatelles tombent au fond d'un joli vallon encaissé aux versants couverts de sapins. La station de La Bresse n'est plus très loin : le plus grand domaine skiable vosgien, où des générations de Lorrains ont appris à planter le bâton, n'a plus à rougir face à ses cousines alpines, car désormais étoffé de 50 pistes. Été comme hiver, les amateurs de sensations fortes s'y mesurent au Schlitte Mountain, une impressionnante luge sur rails avec des vrilles à 340° !

Le retour sur Gérardmer s'annonce plus tranquille. Et s'il reste un peu de place dans le van, faites un tour dans les magasins d'usine de trois fleurons du textile vosgien : Le Jacquard Français, Garnier-Thiebaut et Linvosges. Que du beau linge !

litchi-cyril-photographe/Getty Images Plus

CARNET DE ROUTE

PAUSES NOCTURNES

Étape 1

Orbey
Aire des Terrasses du Lac Blanc
Le lac Blanc -
03 89 86 50 00 - www.lesterrassesdulacblanc.com
Permanent (fermé quelques jours en avr. et nov.) -
Borne artisanale 5 €
9 - 24h - 7 €/j. - gratuit si repas pris au restaurant
Paiement : CC
Services :
Jolie vue sur la vallée, dans la station.
GPS : E 7.09019 N 48.13091

Étape 2

St-Maurice-sur-Moselle
Camping Les Deux Ballons
17 r. du Stade -
03 29 25 17 14 -
www.camping-deux-ballons.fr
De déb. mai à mi-sept. -
160 empl. -
borne artisanale
Tarif camping : 39,40 €
(10A) - pers. suppl. 8 €
Services et loisirs :
Un terrain à la beauté naturelle parfaitement préservée, idéal pour la détente et le ressourcement en montagne.
GPS : E 6.81124 N 47.8554

Entre les étapes

Xonrupt-Longemer
Camping Verte Vallée
4092 rte du Lac -
03 29 63 21 77 -
www.campingvertevallee.com
De déb. avr. à mi-oct. -
111 empl. -
borne artisanale
Tarif camping : 38 €
(10A) - pers. suppl. 9 €
Services et loisirs :
Cadre verdoyant traversé par la Vologne. Plages du lac de Longemer à 500 m.
GPS : E 6.96489 N 48.06249

Au départ ou à l'arrivée

Gérardmer
Camping Les Sapins
18 chemin de Sapois -
03 29 63 15 01 - www.camping-gerardmer.com
De déb. avr. à fin oct. -
65 empl.
Tarif camping : 16,50 €
(10A) - pers. suppl. 7 €
Services et loisirs :
Situé à 200 m du lac, terrain à l'ambiance familiale.
GPS : E 6.85614 N 48.0635

Munster.

🚐 CARNET DE ROUTE

BONNES TABLES

Le Valtin
Auberge Gazon du Faing
1 rte des Crêtes
☎ 03 29 63 42 44
De déb. mai à mi-nov. (et vac. scol. de Noël et de fév. accessible à pied, en raquettes ou à ski), fermé certains soirs.
Une étape incontournable sur la route des Crêtes, en pleine nature. Le fameux baeckeoffe, la potée alsacienne aux trois viandes, est toujours servi ici dans son plat traditionnel : un régal pour les yeux et pour les papilles ! Et un repas ne serait pas complet sans la généreuse tarte aux myrtilles, avec une pâte maison dont seul le chef a le secret…

Munster
Au P'tit Munster
30 r. de la République
☎ 03 89 77 51 93
Fermé dim.-lun.
Des produits régionaux et de saison pour la confection de plats dont l'évocation donne l'eau à la bouche, servis dans une jolie salle colorée. Une petite adresse sympathique.

Luttenbach-près-Munster
Ferme-auberge Kahlenwasen
Rte du Petit-Ballon
☎ 03 89 77 32 49
De mai à oct. : tlj sf merc.
Cette ferme renommée est installée dans une modeste maison des années 1920. Salle décorée d'outils agricoles. L'été, la terrasse offre une belle vue sur la plaine d'Alsace. Spécialité de fromages.

PLEIN AIR ET DÉTENTE

Descentes à VTT

Le Bonhomme
Bike park du lac Blanc
Station du Lac Blanc
☎ 03 89 78 22 78
www.lacblanc-bikepark.com
Télésiège : juil.-août : sam.-mar. ; mai-juin et sept.-oct. : w.-end. et j. fériés.
Vous êtes ici dans le plus grand « bike park » du Grand Est ! Il propose un bel échantillon de circuits et des paysages très variés. Le site est constitué de 8 pistes de descente (comprenant chacune plusieurs variantes), qui s'étendent entre le lac Blanc 1200 et le lac Blanc 900. Sur place, le télésiège permet d'embarquer 4 vélos et leurs pilotes pour des sensations garanties.

Accrobranche à 1000 m d'altitude

Orbey
Parc d'Aventures du lac Blanc
☎ 03 89 71 28 72
www.lacblancparcdaventures.com
De mai à sept.
Ici, une attention particulière est portée à l'environnement. Le site est constitué de 9 parcours pour tous les niveaux qui vous conduiront tout droit jusqu'à la canopée ! Tables de pique-nique à divers endroits du parc.

Survol du massif des Vosges en parapente

Oderen
Centre École du Markstein
Chemin du Wegacker
☎ 03 89 82 17 16
www.centreecolemarkstein.com
De mai à sept.
Faites l'expérience de votre vie en compagnie de moniteurs brevetés d'État, et avec du matériel dernière génération. Le baptême se fait en biplace avec le moniteur : il ne vous reste plus qu'à courir pour l'envol !

BOL D'AIR PUR DANS LES VOSGES DU SUD

LACS DU JURA, UN ÉCRIN DE FRAÎCHEUR

Bleu profond, bleu acier, bleu gris, bleu marine, bleu émeraude… Cinquante nuances de bleu étincellent au creux des forêts profondes du Jura, un chapelet de lacs qui enchante ce paysage de moyenne montagne, généreusement arrosé par les rivières, les torrents et les cascades. Un territoire au charme évident, placé sous le signe de l'eau vive, des baignades rafraîchissantes et des pauses sous les sapins, qui raviront les vanistes.

DISTANCE
171 km

DURÉE
3 jours

DÉPART
Lons-le-Saunier

ARRIVÉE
Serrières-sur-Ain

ACCÈS DEPUIS LYON
A42 et A39 - 146 km

QUAND PARTIR ?
Au printemps, les rivières et les lacs débordent de vie, rappelant le caractère fougueux de ces eaux de montagne. L'été, les baignades sont moins frisquettes... mais plus fréquentées !

Les étapes
- Lons-le-Saunier/Champagnole : 47 km
- Champagnole/Maisod : 64 km
- Maisod/Serrières-sur-Ain : 60 km

Les atouts du road trip :

Flashez pour accéder au guidage GPS

Merci la géologie. Lors de la dernière glaciation (ça remonte un peu, c'est vrai), c'est elle qui a modelé ces cuvettes d'où l'eau n'a jamais pu s'échapper. Ainsi sont nés les lacs du Jura, disséminés comme des confettis bleus sur le vert sombre des forêts qui tapissent les petites montagnes posées au sud de Lons-Le-Saunier, la capitale jurassienne. Et puis il y a ces rivières, ces torrents, ces cascades… Ça s'écoule, ça jaillit, ça glougloute, ça clapote…
Bref, le Jura prend l'eau ! Et nous avec, d'abord au lac de Chalain, l'une des plus grandes bases de loisirs de la région. Au menu : baignade, planche à voile, canoë, pédalo…

Rendez-vous à la Maison de la Vache qui rit, à Lons-le-Saunier, pour comprendre pourquoi cette belle rousse est devenue, en quelques décennies, une icône populaire.

Les cascades du Hérisson sont l'un des plus beaux ensembles de chutes du massif jurassien. C'est à l'automne, après une forte période de pluie, que le spectacle prend toute son ampleur.

Le berceau de La Vache qui rit

C'est à la fromagerie Bel, à Lons-le-Saunier, qu'elle est née. Non contente d'avoir conquis nos assiettes et d'avoir évincé l'une de ses concurrentes des débuts, la surprenante « vache sérieuse », elle s'est invitée dans le milieu artistique : on la retrouve aussi bien dans les BD de Gaston Lagaffe que sous les pinceaux d'Andy Warhol, qui a peint son portrait, et au musée des Arts décoratifs de Paris. En 1921, Léon Bel dépose la marque de la Vache qui rit, dont on doit l'image à Benjamin Rabier, qui dessinait des vaches hilares sur les camions de ravitaillement durant la guerre. Le concept, récupéré auprès de trois frères suisses installés dans la région, est simple mais moderne : du fromage fondu, mélange d'emmental, de comté et de cheddar. Voulant conquérir le marché international, la famille Bel mise sur la recherche industrielle et le marketing. Pari réussi, que l'on suit à la Maison de La Vache qui rit, le lieu de la première usine de fabrication. *25 r. Richebourg - Lons-le-Saunier - 03 84 43 54 10 - www.lamaisondelavachequirit.com - juil.-août : 9h-19h ; vac. scol. : 10h-18h, hors vac. scol. : tlj sf lun. 14h-18h, nov.-déc. : w.-end 14h-18h - 9,20 €.*

Et même de la géologie, puisqu'en amont, vous aurez visité la Maison des Cascades, à Doucier, qui raconte la formation de ces chutes d'eau. On évoquait la première glaciation. Et le célèbre « Jurassique », alors ? Steven

AU DÉPART DE LYON

G. Lansard/hemis.fr

Un air d'Italie

Eh oui ! Terriblement surprenante dans le paysage jurassien, la villa palladienne de Syam fut construite en 1818 par Emmanuel Jobez, un maître de forges épris d'architecture italienne. Entièrement tapissé et meublé d'époque, l'intérieur ne le cède en rien à la beauté de l'extérieur. Après la visite, la terrasse est l'endroit idéal pour admirer un paysage intact. Si vous êtes conquis et souhaitez prolonger votre séjour, la villa propose des chambres d'hôte. Des concerts y sont également organisés.
Château de Syam - 225 chemin de Benaisy - Syam - ℘ 03 84 51 64 14 ou 06 87 54 14 57 - www.chateaudesyam.fr - de déb. mai à mi-oct. : 14h-18h - fermé lun.-mar. - 10 €.

Spielberg sait-il que cette période a bien été baptisée (en 1829) en référence à la région ? Les dinosaures ont longtemps gambadé ici, comme en témoignent les spectaculaires empreintes que vous observerez à Loulle. Pour se remettre d'un tel voyage dans le temps, rien ne vaut un bon morceau de comté ou de morbier ou de tomme ou le trio pour un exquis plateau jurassien… Dans le bourg-étape de Champagnole, faites vos provisions à l'incontournable fromagerie Janin, juste à temps pour la dînette du soir et/ou le pique-nique du lendemain.

EN ROUTE POUR LES LACS

Après un arrêt au belvédère de la Billaude (un sentier d'interprétation permet d'aller jusqu'aux abords de la cascade - 30mn AR), puis à celui des Quatre Lacs (d'Ilay, de Narlay, du Grand et du Petit Maclu), cap sur les plus belles cascades du Jura, celles du Hérisson. Un ensemble relié par un sublime sentier le long des gorges, parfois très escarpé mais toujours sécurisé (7,4 km AR). Vous en redemandez ? À 2 km de Bonlieu, l'impressionnant belvédère de la Dame Blanche surplombe la vallée. Les lacs de Clairvaux sont moins pittoresques que les autres lacs de la région. Un canal réunit le Petit et le Grand Lac et, quand les eaux sont hautes, les deux cuvettes n'en font plus qu'une. Particulièrement adapté aux familles, on peut s'y baigner et se promener en barque ou en pédalo et faire de la planche à voile.

La route file à travers champ jusqu'à Pont-de-Poitte (quel plaisir à prononcer, ce nom de village !), où l'on embarque sur l'Ain : Canoë-Kayak Pontois propose des promenades à la rame (6 à 24 km). Aux basses eaux, guettez les « marmites de

Entièrement tapissé et meublé d'époque, l'intérieur ne le cède en rien à la beauté de l'extérieur de la villa palladienne de Syam.

géants », des sortes de piscines naturelles créées par les courants de l'Ain, avec des pierres plates en guise de séparation. L'été, elles font le bonheur de ceux qui aiment alterner baignade et bronzette. Ah, lézarder en maillot, peau nue contre la roche chaude de soleil ! Ne vous endormez pas, et rejoignez l'étape du soir à Maisod pour finir sur la plage de la Mercantine, l'une des trois plages du lac de Vouglans dont les rives sauvages offrent des points de vue magnifiques sur les eaux émeraude. Le terrible scénario de l'engloutissement d'un village a fait couler presque autant d'encre que d'eau ! Les années et les rancœurs ont passé, l'un des plus grands lacs artificiels de France (35 km de long) fait aujourd'hui la joie des vacanciers et des sportifs amateurs de kayak, paddle, planche à voile, catamaran et autres voiliers !

Le lendemain matin, vous aurez sans doute encore envie d'en profiter avant de rejoindre le belvédère du Regardoir, où pique-niquer avec une vue grandiose sur le lac de Vouglans ou s'attabler au bien nommé restaurant Le Regardoir. Puis, vous reprendrez la route.

À Moirans-en-Montagne l'émouvant musée du Jouet, dont la collection est l'une des plus importantes d'Europe, rappelle que le Jura travailla longtemps le bois avant de mériter le surnom de « Plastic Vallée »… Et comme rien n'est jamais simple, à Lavancia-Epercy, l'église St-Georges est au contraire… tout en bois ! Chef-d'œuvre d'une exposition internationale à Lyon (en 1951), elle fut remontée ici après la Seconde Guerre mondiale, en lieu et place de l'église du village, incendiée par les nazis en 1944.

Et voilà l'heure de la dernière étape : le village de Serrières-sur-Ain, enfoui dans un site verdoyant, autour d'un splendide pont à une seule arche, qui enjambe élégamment l'Ain. En continuant sur la D91, qui suit les gorges en direction de Thoirette, clap de fin avec de superbes vues sur la rivière, qui prend ici des couleurs irréelles. Merci la géologie, on a dit.

Le lac de Vouglans vous attend pour la photo !

Razvan/Getty Images Plus

CARNET DE ROUTE

PAUSES NOCTURNES

Étape 1

Champagnole
Aire de Boÿse
20 r. Georges-Vallerey,
face au camping Le Boÿse -
☎ 03 84 52 00 32 -
www.camping-boyse.com
Permanent
Borne AireService
5 ⬛ - 🔒 - Illimité - 8 €/j. -
gratuit fin sept.-mars ; borne compris
Paiement : jetons (camping et office de tourisme)
Services :
GPS : E 5.89916 N 46.74666

Étape 2

Maisod
Camping Trélachaume
50 rte du Mont-du-Cerf -
☎ 03 84 42 03 26 -
www.trelachaume.fr
De déb. mai à mi-sept. -
180 empl. -
Tarif camping : 42 €
(10A) - pers. suppl. 7 €
Services et loisirs :
Niché dans les bois en surplomb du lac de Vouglans.
GPS : E 5.68875 N 46.46873

Entre les étapes

Châtillon
Camping Le Domaine de l'Épinette
15 r. de l'Épinette -
☎ 03 84 25 71 44 -
www.domaine-epinette.com
De mai à sept. - 150 empl. -

borne artisanale
Tarif camping : 40 €
(6A) - pers. suppl. 5 €
Services et loisirs :
En terrasses, sur le flanc d'un vallon dominant l'Ain.
GPS : E 5.72218 N 46.6513

Bonlieu
Camping L'Abbaye
2 rte du Lac -
☎ 03 84 25 57 04 -
www.camping-abbaye.com
De déb. avr. à fin sept. -
87 empl. -
borne flot bleu
Tarif camping : 23,50 €
(10A) -
pers. suppl. 5 €
Services et loisirs :
Dans un joli site au pied des falaises, non loin de la cascade du Hérisson.
GPS : E 5.87562 N 46.59199

Clairvaux-les-Lacs
Camping Le Grand Lac
Chemin du Langard -
☎ 03 84 25 22 14 -
www.camping-grandlac.com
De mi-mai à fin sept. -
191 empl.
borne artisanale
Tarif camping : 33 €
(10A) - pers. suppl. 7 €
Services et loisirs :
Au bord du lac, avec une belle plage et un impressionnant plongeoir !
GPS : E 5.75507 N 46.56823

Barésia-sur-l'Ain
Spot nature
À 6 km au sud-est de Clairvaux-les-Lacs. Emplacement plat pour 2 vans, accès rocailleux. Très calme, cet emplacement plein sud est idéal pour contempler le lac de Vouglans. Magique !
GPS : E 5.705506 N 46.529251

La Tour-du-Meix
Camping Domaine du Surchauffant
Lac de Vouglans, entrée du camping Le Surchauffant -
☎ 03 84 25 41 08 - www.camping-surchauffant.fr
De fin avr. à déb. sept.
Borne artisanale
30 ⬛ - 🔒 - 17 €/j.
Paiement : CC
Services :
GPS : E 5.67102 N 46.52081

Moirans-en-Montagne
Camping La Petite Montagne
54 av. de St-Claude -
☎ 03 84 42 34 98 - www.campinglapetitemontagne.com
De déb. mai à mi-sept. -
94 empl.
borne artisanale
Tarif camping : 28 €
(6A) - pers. suppl. 4,50 €
Services et loisirs :
Tout près du lac de Vouglans.
GPS : E 5.72458 N 46.42078

CARNET DE ROUTE

BONNES TABLES

Champagnole
Le Sissebisse
6 r. Clemenceau
09 53 77 08 08
Fermé dim.-mar.
Ce joli restaurant propose une cuisine au goût du jour qui met en valeur les saveurs du terroir. Bon rapport qualité-prix.

Chaux-du-Dombief
Auberge du Hérisson
5 rte des Lacs
03 84 25 58 18 - www.herisson.com
Fermé d'oct. à mi-fév.
Auberge située au pied du sentier qui mène aux cascades du Hérisson. Cuisine du Jura à base de produits locaux.

Bonlieu
Auberge de la Poutre
25 Grande-Rue
03 84 25 57 77
www.aubergedelapoutre.com
Fermé nov.-avr., mar. et merc. (sf juil.-août) et lun. midi en juil.-août
Ferme familiale de 1740 située au centre du bourg. Dans la salle à manger rustique (poutres et vieilles pierres) non moins élégante, on se délecte d'une cuisine d'aujourd'hui délicate et savoureuse, servie par de beaux produits.

Moirans-en-Montagne
Le Regardoir
45 av. de Franche-Comté
03 84 42 01 15 - www.leregardoir.com
Fermé dim. soir, lun. (sf juil.-août)
À 168 m au-dessus du lac, vous ne vous lasserez pas d'admirer ses eaux turquoise… mais pensez à vous pencher aussi sur la carte. Charcuteries et fromages du cru, bières locales, fondue à l'honneur, truite sourcée et viandes labellisées : que du bon en perspective.

PLEIN AIR ET DÉTENTE

Pédaler entre les lacs de Clairvaux et Vouglans

Clairvaux-les-Lacs
06 40 07 47 10 - juraride.com
De mars à sept.
Location de vélos et accompagnement.
C'est parti pour 22 km à VTT sous le signe de l'eau ! Au départ de Clairvaux-les-Lacs, vous commencerez par traverser des pâturages jusqu'au lac de Vouglans. Et si vous en voulez encore, vous pourrez vous lancer dans le tour complet ou partiel du lac de Vouglans. Parcours de 80 km, de Pont-de-Poitte au village de Vouglans. L'itinéraire passe la plupart du temps en sous-bois. Infos sur www.juralacs.com

Glisse d'été

Lac de Vouglans
Ski nautique Cyril Duc
Base nautique de Bellecin - 06 11 35 27 51
De juin à sept.
Marre de lézarder au bord du lac et envie de vous dépenser et d'avoir des sensations fortes ? Vous pouvez profiter du lac en le striant de traînées d'eau laissées par vos skis nautiques ! Vous pourrez vous essayer également au barefoot, au wakeboard et au wakeskate.

LA TRAM'JURASSIENNE

Faire une course à travers le Jura ? C'est ce que propose la Tram'jurassienne chaque année le dernier week-end de juin. S'inspirant du parcours du tramway qui fonctionnait entre Foncine-le-Bas et Champagnole (1925-1950), cette randonnée à VTT, à vélo ou à pied vous emmène de belvédères en sites naturels et historiques. Rendez-vous à l'Oppidum de Champagnole !
tramjurassienne.com - sur inscription - payant.

LACS DU JURA, UN ÉCRIN DE FRAÎCHEUR

LA VALLÉE DE CHAMONIX-MONT BLANC ET SAMOËNS

Vous rêviez d'admirer le roi des Alpes ? Le point culminant de la chaîne de montagnes, dont nous avons tous appris l'altitude à l'école (4 807 m pour les étourdis) ? Alors ce road trip est pour vous, au cœur d'une vallée séparant le massif du Mont-Blanc de celui des Aiguilles-Rouges. Encaissée et bordée de forêts, la route révèle des perspectives superbes sur les sommets déchiquetés et chaque village-station offre l'occasion de multiples activités de plein air, été comme hiver !

DISTANCE
214 km

DURÉE
5 jours

DÉPART
St-Gervais-les-Bains

ARRIVÉE
St-Gervais-les-Bains

ACCÈS DEPUIS LYON
A40 - 210 km

QUAND PARTIR ?
L'hiver c'est neige à tous les étages.
Préférez l'été pour varier les activités.
Consultez la météo avant toute sortie :
www.chamoniarde.com.

Les étapes

- St-Gervais/Les Houches : 49 km
- Les Houches/Valorcine : 30 km
- Valorcine/Plaine-Joux : 44 km
- Plaine-Joux/Samoëns : 42 km
- Samoëns/St-Gervais : 49 km

Les atouts du road trip :

Flashez pour accéder au guidage GPS

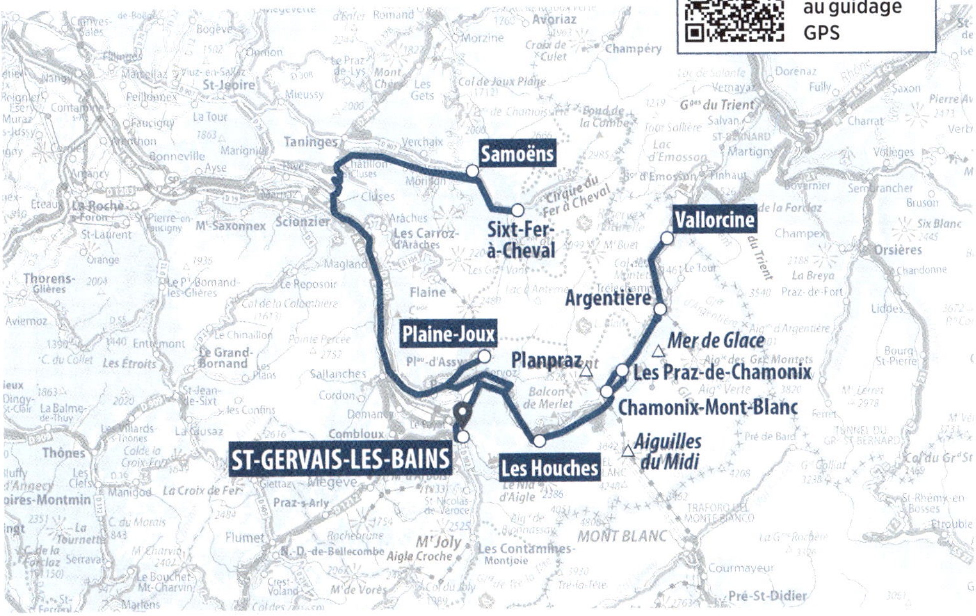

Pas de temps à perdre : en arrivant à St-Gervais-les-Bains, montez illico dans le TMB (Tramway du Mont-Blanc), qui vous propulse dans la carte postale alpine, vues grandioses garanties sur le sommet le plus célèbre des Alpes (réservation conseillée). Cap ensuite sur les Contamines-Montjoie, via la D902 qui slalome à travers les sapins, où les télécabines La Gorge puis Le Signal vous permettent une marche (2h30 en boucle) au col du Joly (1989 m). La récompense ? Un splendide panorama sur le massif du Mont-Blanc. Retour au van pour rallier les Houches, pour une promenade au parc de Merlet, en compagnie des chamois, marmottes et autres lamas qui gambadent en liberté face au Mont-Blanc. La nuit sera belle face… à ce même mont ! Oui, encore et toujours, mais c'est pour lui qu'on est venu, non ?

EN ROUTE POUR CHAMONIX

LA station de légende des Alpes (vue sur… le Mont-Blanc, mais vous vous en doutiez, avouez). Au choix : ski l'hiver (4 domaines sur 3 versants !), et, aux

Du hameau d'alpage de Charousse, aux Houches, vue sur le massif du Mont-Blanc, dont le mont Blanc du Tacul (4 248 m) et l'Aiguille du Midi (3 842 m).

Incontournable

L'Aiguille du Midi

À la gare de départ du téléphérique, commencez par visiter l'Espace Vertical, consacré à l'alpinisme et aux grands noms qui ont fait son histoire. L'univers grandiose de la haute montagne s'ouvre à vous.
2e étape : Plan de l'Aiguille (alt. 2 317 m), la station intermédiaire située au pied des arêtes déchiquetées des aiguilles de Chamonix, offre une vue dégagée sur les régions supérieures du Mont-Blanc. Elle est le point de départ de la traversée jusqu'au Montenvers (2h30 - descente sur Chamonix par le train du Montenvers - *voir la Mer de Glace p. 381*). Cette randonnée sur le Grand Balcon nord offre un panorama sur l'ensemble de la vallée, des Houches à Argentière, et sur le massif des Aiguilles-Rouges. Le sentier rejoint la Mer de Glace. Et enfin, Piton nord (alt. 3 800 m), la gare supérieure, est séparée du Piton central (alt. 3 842 m) par un abîme sur lequel est jetée une passerelle. De la terrasse panoramique, la vue plonge sur la vallée de Chamonix, 2 800 m plus bas. L'aiguille Verte, les Grandes Jorasses, l'aiguille du Géant dominant le seuil neigeux du col du Géant sont les cimes que vous remarquerez en premier. Le clou de la visite est sans aucun doute le Pas dans le vide : une cabine de verre d'environ un mètre.
Téléphérique de l'Aiguille-du-Midi - 100 pl. de l'Aiguille-du-Midi - Chamonix - durée 20mn - fermé de déb. nov. à mi-déc. - www.montblancnaturalresort.com.

Gregory_DUBUS/Getty Images Plus

beaux jours, rafting sur l'Arve (avec la Compagnie des guides Outdoor) ou innombrables balades au départ des remontées mécaniques…
Et puis bien sûr, l'incontournable Mer de Glace (via le train du Montenvers) et la non moins célèbre Aiguille du Midi (via un téléphérique), toutes deux ouvrant la haute montagne aux non-alpinistes. Du grand spectacle… mais il fait faim! La Crémerie du Glacier, à Argentière, saura vous rassasier. En sortant, le téléphérique de Lognan vous hisse à l'Aiguille des Grands-Montets (3 275 m) pour un panorama grandiose. Autre halte : la Réserve naturelle des Aiguilles-Rouges, entre Argentière et Vallorcine, un sentier écologique

En 1955, lors de son inauguration, le téléphérique de l'aiguille du Midi est le plus haut du monde. Il remplace le premier datant de 1927, rendant la haute montagne accessible au grand public plus rapidement et en toute sécurité.

Autre prouesse technologique, le train du Montenvers longe la mer de Glace (à gauche), autre attraction touristique aussi, prisée dès sa mise en service au début du 20ᵉ s.

Patinage artistique

La Mer de Glace

Le train à crémaillère suit un parcours sinueux, long de 5 km, qui affiche une dénivelée de 870 m entre ses têtes de ligne. En 1908, ce train fonctionnait l'été grâce à une locomotive à vapeur suisse et franchissait des pentes de 20 % à l'aide d'une crémaillère, en une heure.

Du sommet du Montenvers (alt. 1 935 m), vous prendrez la mesure du site composé par la Mer de Glace, les formidables obélisques du Dru et de la Verte, et en toile de fond, les Grandes Jorasses.

Train du Montenvers - 35 pl. de la Mer-de-Glace (derrière la gare SNCF) - Chamonix - durée 20mn, puis télécabine du Montenvers - www.montblancnaturalresort.com.

sur la flore et la faune d'altitude. Vous avez mérité un dîner aux accents gastronomiques, au Café Comptoir de Vallorcine, une table aussi reposante que le village préservé qui l'accueille. Douce nuit.

Le lendemain, revenez sur vos pas jusqu'aux Houches pour bifurquer vers Servoz. Vous y aurez le choix entre le sentier suspendu des gorges de la Diosaz (2,6 km AR, parcours sécurisé), ou, plus sportive, la randonnée jusqu'au lac de Pormenaz (7h AR). Très escarpé, le sentier étroit peut paraître long mais la variété des paysages traversés et le panorama d'arrivée effacent toutes les peines. Suivez la D13 jusqu'à Plateau-d'Assy, où le Jardin des Cimes entremêle l'art

> **Monter sans se fatiguer**
>
> Le téléphérique de La Flégère vous mène en 10mn à 1 894 m d'altitude. De là, vue imposante sur l'aiguille Verte et sur la barre de sommets (Grandes Jorasses) qui ferment le bassin de la Mer de Glace. Et ce n'est pas tout. En prenant le télésiège de l'Index, encore 10mn et vous atteignez les 2 385 m d'altitude. De cette situation sur le massif des Aiguilles-Rouges, vous avez une vue sur tout le massif du Mont-Blanc, de l'aiguille du Tour à l'aiguille du Goûter.
> *Départ des Praz-de-Chamonix (2 km au nord de Chamonix) - www.montblancnaturalresort.com.*

quitterez ensuite pour rejoindre Sixt-Fer-à-Cheval, puis la Réserve naturelle de Sixt, l'une des premières initiatives de protection menées en Haute-Savoie (1977). Outre ses forêts mixtes, ses alpages toujours exploités et ses pelouses alpines, elle abrite les falaises du cirque du Fer-à-Cheval. Depuis la route, vue grandiose sur cet hémicycle d'escarpements calcaires qui s'appuie aux parois extraordinairement bossuées du Tenneverge, le murmure profond

contemporain et celui du jardin, le tout face au sublime panorama – encore un ! – sur le massif. Grimpez enfin la D43 jusqu'à Plaine-Joux, pour une (dernière) nuit face au Mont-Blanc et à la vallée de l'Arve.

CHANGEMENT DE DÉCOR

Direction les hautes Alpes calcaires du Faucigny, plus précisément autour de Samoëns et ses hameaux aux clochers à bulbe. Quel plaisir de se promener dans les ruelles de ce village en partie classé Monument historique, que vous

Marcheur aguerri ou occasionnel, vous trouverez randonnée à vos pieds pour admirer le massif du Mont-Blanc.

des cascades (jusqu'à trente en juin !) en toile de fond. Pour en prendre plein la vue et les poumons une dernière fois, prévoyez un pique-nique et suivez le sentier en boucle du Fond de la Combe (facile - 2h). Ou profitez simplement d'un ultime repas savoyard à l'Auberge de La Feuille d'Érable à Sixt-Fer-à-Cheval avant le retour…

Mais vous freinez des quatre roues. Dès Samoëns une envie de nature vous reprend et vous vous arrêtez au Jardin botanique alpin de la Jaÿsinia créé en 1906 sur un flanc escarpé dominant le village, avec bassins et cascades. Environ 2 500 espèces de plantes sauvages, originaires des principales montagnes des régions tempérées du monde, y sont présentées par secteurs géographiques. Voilà qui vous emmène loin, vous projetez d'autres road trips. Pour l'heure, il faut faire marche arrière et rentrer par Cluses.

vencavolrab/Getty Images Plus

CARNET DE ROUTE

PAUSES NOCTURNES

Étape 1

Les Houches
Spot nature
474 rte de la Flatière - lieu-dit le Bettey
Quelques places (plus ou moins plates) calmes au bord de la route. Très belle vue sur le massif du Mont-Blanc et l'aiguille du Midi 200 m plus loin. Départ de randonnées.
GPS : E 6.791408 N 45.9055

Étape 2

Vallorcine
Camping Les Montets
671 rte du Treuil, Le Montet - ☏ 06 79 02 18 81 - www.camping-montets.com
De déb. juin à mi-sept. - 25 empl. -
Tarif camping : 6,20 €
8,50 € (6A) 4 €
Services et loisirs :
Site agréable au bord d'un ruisseau et longé par la petite voie ferrée reliant St-Gervais au Châtelart (Suisse).
GPS : E 6.92376 N 46.02344

Étape 3

Plaine-Joux
Aire de Plaine-Joux
321 chemin des Parchets - ☏ 06 33 98 21 01 - www.passy-mont-blanc.com
De déb. juin à fin sept. (et de déb. déc. à fin mars)
Borne flot bleu 2 € 3 €
25 P - Illimité - 12 €/j.

Paiement : jetons
Services : WC
Vue magnifique sur le Mont-Blanc et la vallée de l'Arve.
GPS : E 6.73915 N 45.95128

Étape 4

Samoëns
Camping Caravaneige Le Giffre
La Glière - ☏ 04 50 34 41 92 - www.camping-samoens.com
Permanent - 130 empl.
borne flot bleu
Tarif camping : 34 €
(10A) - pers. suppl. 5,20 €
Services et loisirs :
Dans un site agréable, près d'un lac et d'un parc de loisirs.
GPS : E 6.71917 N 46.07695

Entre les étapes

Chamonix-Mont-Blanc
Camping La Mer de Glace
200 chemin de la Bagna - Les Praz-de-Chamonix - ☏ 04 50 53 44 03 - www.chamonix-camping.com
De déb. mai à fin sept. - 150 empl. -
borne artisanale
Tarif camping : 11 € 11,70 €
(10A) 4,80 €
Services et loisirs :
Dans un cadre boisé avec des emplacements délimités ou plus naturels en sous-bois.
GPS : E 6.89142 N 45.93846

Argentière
Camping Le Glacier d'Argentière
161 chemin des Chosalets - ☏ 04 50 54 17 36 - www.campingchamonix.com
De mi-mai à fin sept. - 80 empl.
borne artisanale
Tarif camping : 27,30 € (6A) - pers. suppl. 7,50 €
Services et loisirs :
GPS : E 6.92363 N 45.9747

Sixt-Fer-à-Cheval
Spot nature
Route du Lignon.
Accessible aux vans et petits fourgons. Le chemin d'accès étant un peu difficile, préférez passer par l'entrée de la carrière.
Site très paisible dans une clairière, au bord d'un torrent, vous aurez l'impression d'être retiré du monde.
GPS : E 6.7682 N 46.0369

Au départ ou à l'arrivée

St-Gervais-les-Bains
Aire de la Patinoire
77 imp. de la Cascade - ☏ 04 50 47 76 08 - www.saintgervais.com
Permanent (mise hors gel)
Borne raclet : 2 €
30 P - 🔒 - Illimité - gratuit
Paiement : jetons (office de tourisme)
Services :
GPS : E 6.71327 N 45.88821

 # CARNET DE ROUTE

BONNES TABLES

Argentière
La Crèmerie du Glacier
766 chemin de la Glacière
📞 04 50 54 07 52 - www.lacremerieduglacier.fr
Fermé de mi-mai à mi-juin et de mi-sept.
à mi-déc. ; merc. en hiver.
On vient reprendre des forces dans cette grande cabane en bois, à proximité des pistes des Grands-Montets : gratins au beaufort ou au reblochon, ou des croûtes, parmi les meilleures de la région d'après les Chamoniards. Terrasse.

Vallorcine
Le Café Comptoir
69 rte de la Forêt-Verte
📞 04 50 18 72 43 - www.lecafecomptoir.com
Fermé lun. sf vac. scol. ; mai et nov.
Il fait bon s'installer sur la terrasse du Café Comptoir, reposante, à l'image du village préservé de Vallorcine. L'assiette allie fraîcheur des produits et présentation soignée, couronnée par une harmonie des saveurs. Un très bon rapport qualité-prix. Réservez.

Sixt-Fer-à-Cheval
Auberge de La Feuille d'Érable
159 rte de la Cascade-du-Rouget
📞 04 50 34 44 47
Fermé lun.-mar. ; de mi-mai à mi-juin et de mi-oct. à mi-déc.
En sortant du village, en direction de la cascade du Rouget, vous tomberez sur cette maison savoyarde massive. Dans la petite salle rustique, spécialités savoyardes et cuisine traditionnelle, le tout cuisiné sur place.

BOUTIQUE POUR PIQUE-NIQUE

À Chamonix-Mont-Blanc, L'Alpage des Aiguilles regorge d'alléchants produits régionaux avantageusement mis en scène : saucisses, jambons, saucissons, fromages comme le beaufort d'été, particulièrement généreux en goût. 91 r. Joseph-Vallot - 📞 04 50 53 14 21 - 9h30-13h, 14h-20h (10h en hiver)

PLEIN AIR ET DÉTENTE

La tête dans le guidon

Les Houches
En été, les remontées mécaniques au départ des Houches permettent de rejoindre les pistes de descente dédiées au vélo. Le plan gratuit des pistes se trouve dans les offices de tourisme de la vallée. À vous de voir si vous préférez foncer sur un vélo de course ou sur un VTT !

La tête dans les nuages

Planpraz
Chamonix Parapente
11 av. du Savoy - Chamonix-Mont-Blanc
📞 06 61 84 61 50
www.chamonix-parapente.fr
Fermé en nov.
Le site de Planpraz est devenu un lieu reconnu de décollage de parapente avec un bel atterrissage au bois du Bouchet. Pour y accéder, utilisez la télécabine de Planpraz (Brévent), puis marchez 10mn. Préférez le matin pour une meilleure visibilité sur la montagne et la vallée.

La tête dans les arbres

Samoëns
Indiana'Ventures
Base de loisirs Lac aux Dames
📞 06 89 83 18 84 - www.indianaventures.com
Juil.-août : tlj ; juin et sept. : merc. et w.-end.
Lancez-vous à l'Indiana'Ventures pour tester votre équilibre et sauter d'arbre en arbre ! Parcours acrobatiques et tyroliennes dans les bois adaptés aux petits et grands.

LE LAC D'ANNECY, PADDLE OU RANDO ?

Mer ou montagne ? Les deux, merci, grâce au lac d'Annecy, l'une des perles de Savoie avec ses eaux bleues intenses couronnées des sommets alpins, enneigés ou pas selon les saisons. Les touristes viennent du monde entier arpenter les ruelles fleuries bordées de canaux de la ville. Vous profiterez aussi du majestueux décor lacustre depuis les villages moins connus, les espaces naturels plus préservés et les hauteurs moins fréquentées. Suivez le guide !

DISTANCE
107 km

DURÉE
2 jours

DÉPART
Annecy

ARRIVÉE
Annecy

ACCÈS DEPUIS LYON
A42 et A40 - 168 km

QUAND PARTIR ?
Pour profiter des activités nautiques, la période idéale se situe de mars à début novembre. L'été, les eaux peuvent atteindre 23 °C mais c'est aussi le moment de la plus forte affluence.

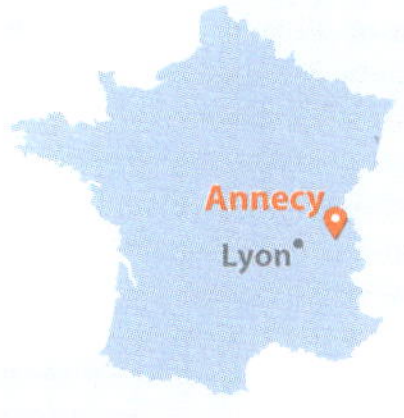

Les étapes
- Annecy/Doussard : 56 km
- Doussard/Annecy : 51 km

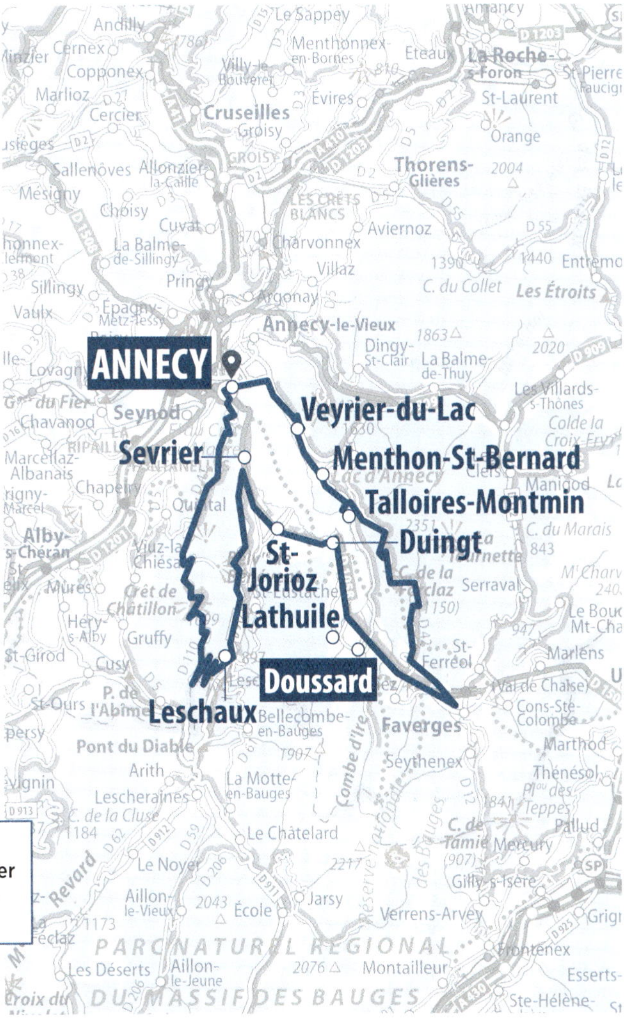

Les atouts du road trip :

Flashez pour accéder au guidage GPS

Vous êtes plutôt plage, votre partenaire de voyage plutôt montagne ? Enchâssé dans son écrin montagneux, ce lac glaciaire va vous réconcilier. En plus, Annecy, la « Venise des Alpes », semble avoir été dessinée pour les amoureux : ruelles fleuries baignées de canaux, vastes parcs aux bancs bien positionnés (face au lac, bien sûr !), plages donnant sur les sommets. Un premier plouf sur l'une des plages proches du centre et vous voilà à l'heure d'un nouveau choix : balade à vélo sur la voie verte longeant la rive ouest du lac (19 km jusqu'à Doussard), puis pique-nique et retour par le même chemin (en attendant l'aménagement de l'autre rive) ? Ou promenade tranquille dans la ville, voire marché (mardi, vendredi et dimanche matin) avant un déjeuner à l'Arômatik, pour son excellente cuisine du marché, justement ?

RIVE OUEST

Faites votre choix et circulez ! Le van se dirige vers le sud, au Crêt de Châtillon, où il vous attendra sagement au point culminant

Le vieil Annecy, quartier piétonnier, est habillé de rose, de jaune et d'orange, rappelant sa longue appartenance au royaume de Piémont-Sardaigne.

@lescoflocs

MON PLUS BEAU SOUVENIR

Départ de la vieille ville d'Annecy, avec ses canaux pittoresques et ses maisons colorées. Profitez-en pour visiter ses petites boutiques et flâner sur les plages. À vélo, la voie verte qui fait le tour du lac, 33 km, est l'une des plus belles. En route pour les gorges du Fier : la passerelle suspendue au-dessus du canyon offre une promenade spectaculaire au-dessus des eaux tumultueuses. La route nous mène ensuite au col du Semnoz pour prendre du recul et avoir une vue imprenable sur le lac d'Annecy. La vue à 360 degrés sur le Mont-Blanc et les autres sommets des Alpes est à couper le souffle. Jamais le vert des montagnes et le bleu turquoise du lac ne se sont aussi bien mariés. Vous êtes aux portes du massif des Bauges, mon coup de cœur. C'est un parc naturel régional idéal pour les amoureux de nature. Randonnées, cascades et grottes offrent un cadre parfait pour terminer ce voyage en van aménagé autour d'Annecy. La liberté et l'aventure sont au rendez-vous !
**Florian Mosca
Cofondateur @lescoflocs**

de la route le temps de votre grimpette à travers prés jusqu'à la grande croix et son panorama XXL sur les Alpes (table d'orientation). Les lacets de la D110 redescendent vers Sevrier, où vous plongez dans les belles eaux bleues du lac. Vous avez raté le marché ? Séance rattrapage à la fromagerie Tommes & Beaufort, avec le meilleur de la production laitière savoyarde à prix doux, et autres produits régionaux. La route passe ensuite à l'intérieur des terres jusqu'à Duingt. Derrière ce drôle de nom, qui sonne comme une cloche au cou d'une vache, un village qui a gardé presque intacte sa belle rusticité savoyarde. La nuit tombe

> **Site protégé**
>
> **Marais de l'Enfer et roselières**
> À partir de la plage de St-Jorioz, un sentier longe le lac à travers les roselières du rivage. Les panneaux pédagogiques qui le jalonnent permettent d'identifier les oiseaux de cette zone qui abrite aussi un célèbre site palafittique (3 000 ans av. J.-C.) avec près de 700 pilotis affleurant la surface.
> *Info : www.lac-annecy.com.*

à l'arrivée à Doussard. Tant mieux, c'est l'étape du soir, bonsoir. Soyez prêts dès l'aube, quand l'eau du lac est remarquablement tranquille, un quasi-miroir pour le lever de soleil et l'heure idéale pour suivre le sentier pédagogique (1h30) sur planches de la Réserve naturelle du Bout du Lac (encore un joli nom!). Une tour médiévale (15ᵉ s.) sert de tourelle pour guetter castors et oiseaux, tous des lève-tôt. Brève infidélité au lac, le road trip grimpe vers Faverges. Dominé par son château (avec un musée des Papillons et des Insectes créé par un passionné), ce gros bourg se blottit au pied des arêtes étrangement découplées de la Tournette. Continuez jusqu'à Seythenex où un site payant donne accès à une grotte et une cascade, avec passerelles aménagées et tyroliennes.

La rive ouest du lac d'Annecy, via St-Jorioz, est aménagée en voie verte. Vous y roulerez en toute tranquillité, le plus souvent à fleur d'eau.

RIVE EST

Faites ensuite demi-tour pour rejoindre Talloires, sur la rive est du lac, où s'essayer à la plongée lacustre. Chiche ? Profil Plongée propose des sorties tout niveau, à la découverte de la faune et la flore sous-marines, voire d'une célèbre épave, le *France*, connue de tous les passionnés de la région. Pause bien méritée au Café de la Place, un restaurant de village au décor rétro, toujours plein.

En reprenant le volant, vous apercevez le roc de Chère, une butte calcaire entre Talloires et Menthon-St-Bernard, qui domine le lac d'Annecy. Depuis 1977, un tiers

Au bord du Petit Lac d'Annecy, en face de la pointe de Duingt, Talloires bénéficie d'un site remarquable.

Le château de Menthon-St-Bernard, élevé aux 11ᵉ et 15ᵉ s., fut très remanié tout au long du 19ᵉ s., d'où son aspect hétéroclite. Il appartient toujours à la famille qui en porte le nom.

> **Des eaux pures**
>
> En 1957, les eaux du lac souffrent d'eutrophisation, c'est-à-dire de la prolifération d'algues suite à la pollution des eaux qui entraîne la destruction de la faune. Une poignée d'inconditionnels met alors en place un programme de dépollution. Leurs efforts, relayés par les institutions, sont récompensés. Le lac s'enorgueillit d'avoir les eaux les plus pures d'Europe et une faune en excellente santé. Les poissons, dont la féra et l'omble chevalier, abondent.

du massif forestier a été inscrit en réserve naturelle, désormais riche en amphibiens, reptiles et papillons. Vous pourrez vous y promener en respectant la réglementation.

Le problème des domaines transmis de génération en génération ? Chacune veut y laisser sa patte. Résultat : le fier château de Menthon-St-Bernard (11e-15e s.) dégage un côté hétéroclite dont on se souvient longtemps. De sa terrasse, belle vue sur le lac. Envie d'une dernière balade ? Ce sera sur les pas des contrebandiers au Mont Veyrier. Le sentier (4h AR) dégage des vues à couper le souffle sur toute la vallée. Du sommet du Mont Baron, le regard plonge sur Annecy et le lac, encadré par les sommets. Un dernier souvenir pour la route.

CARNET DE ROUTE

PAUSES NOCTURNES

Étape

Doussard
Spot nature
Rte forestière domaniale de la Combe d'Iré - ornières sur le chemin d'accès.
Quelques emplacements de long de la route, avant le parking de départ des randonnées. Au bord de la rivière et à l'abri de la forêt.
GPS : E 6.224765 N 45.739775

Camping Sandaya La Nublière
30 allée de la Nublière - 04 50 44 33 44 - www.sandaya.fr
De mi-avr. à fin sept. - 54 empl. borne AireService
Tarif camping : 59 € (6A) - pers. suppl. 8 €
Services et loisirs :
Situation agréable au bord du lac (plage).
GPS : E 6.21763 N 45.79014

Autres étapes

Leschaux
Spot nature
Chemin rural dit du Grand Chalet.
D'accès facile, l'emplacement est très étendu et calme.
La vue panoramique sur le Mont-Blanc est magnifique.
Attention, spot venteux.
GPS : E 6.100130 N 45.791100

Sevrier
Camping Au Cœur du Lac
3233 rte d'Albertville - D1508 - 04 50 52 46 45 - www.campingaucoeurdulac.com
De déb. avr. à fin sept. - 96 empl.
Tarif camping : 29,90 €
(10A) 5,50 € - pers. suppl. 7,50 €
Services et loisirs :
Situation agréable près du lac. Location de kayak.
GPS : E 6.14393 N 45.85478

St-Jorioz
Camping Le Solitaire du Lac
615 rte de Sales - 04 50 68 59 30 - www.campinglesolitaire.com
De déb. avr. à mi-oct. - 185 empl. -
borne artisanale
Tarif camping : 44 €
(10A) - pers. suppl. 8 €
Services et loisirs :
Espace verdoyant qui s'étend en prairie jusqu'au lac.
GPS : E 6.14875 N 45.84177

Duingt
Camping municipal Les Champs Fleuris
631 voie Romaine, Les Perris - 04 50 68 57 31 - www.camping-duingt.com
De fin avr. à fin oct. - 104 empl. -
borne flot bleu - 21 €
Tarif camping : 36 €
(10A) - pers. suppl. 7 €
Services et loisirs :

Emplacements en terrasses, parfois ombragés.
GPS : E 6.18882 N 45.82658

Menthon-St-Bernard
Camping Le Clos Don Jean
435 rte du Clos-Don-Jean - 04 50 60 18 66 - www.campingclosdonjean.com
De déb. juin à mi-sept. - 64 empl.
borne artisanale 9 €
Tarif camping : 33 €
(6A) - pers. suppl. 5,30 €
Services et loisirs :
Vue sur l'imposant château de Menthon.
GPS : E 6.19851 N 45.86267

Veyrier-du-Lac
Spot nature
Chemin du Rampon - parking du col des Contrebandiers.
La route forestière étroite et sinueuse mène dans un petit coin de montagne isolé la nuit.
GPS : E 6.1932 N 45.8898

Au départ ou à l'arrivée

Annecy
Aire d'Annecy
Parking à l'intersection r. des Marquisats (D1508) et chemin de Colmyr - 04 50 33 87 96 - www.annecy.fr
Permanent (mise hors gel)
Borne flot bleu : gratuit
10 - 24h - gratuit
Près des tennis et du lac.
GPS : E 6.13915 N 45.89074

CARNET DE ROUTE

BONNES TABLES

Annecy
Arômatik
5 r. du Collège-Chapuisien
☏ 04 50 51 87 68
www.restaurant-aromatik.com
Fermé dim.soir-lun.
Dans une rue piétonne, ce restaurant discret mérite à coup sûr l'attention. De sa cuisine ouverte, le chef, passé par de belles maisons, réalise une cuisine du marché. Dans l'assiette, c'est soigné et goûteux… On ne s'appelle pas l'Arômatik par hasard !

Doussard
Chez ma Cousine
2036 rte d'Annecy - Le Bout du Lac
☏ 04 50 32 38 83 - www.chezmacousine.fr
Fermé en hiver.
Ce restaurant témoigne de l'histoire d'une famille depuis le début du 20ᵉ s. mais il a su évoluer en décoration comme en cuisine. Cette dernière s'oriente vers le lac, comme sa terrasse les pieds dans l'eau et son ponton d'amarrage.

Talloires-Montmin
Le Café de la Place
7 pl. des Vendangeurs - ☏ 04 50 64 40 74
Dans un décor rétro, ce restaurant de village ne désemplit pas. Il faut dire que la cuisine est faite maison, savoureuse, généreuse et bien présentée. Viandes mijotées, poisson du lac, assiettes repas et desserts délicieux.

PÂTISSERIE PHILIPPE RIGOLLOT
Champion du monde, Meilleur Ouvrier de France… le chef pâtissier-chocolatier Philippe Rigollot déploie toute sa créativité dans cette belle boutique, qui fait également salon de thé. Halte obligée pour les gourmands !
1 pl. Georges-Volland - Annecy - ☏ 04 50 45 31 35 - philipperigollot.com - fermé merc.

PLEIN AIR ET DÉTENTE

Croisière sur le lac

Annecy
Compagnie des bateaux du lac d'Annecy
2 pl. aux Bois - ☏ 04 50 51 08 40
www.bateaux-annecy.com
Embarquement au port d'Annecy, près de l'hôtel de ville. Outre la classique découverte du lac et des communes voisines, vous pourrez opter pour une croisière déjeuner ou dîner.

Comme un poisson dans l'eau

Sevrier
Station nautique
Rte du port - ☏ 04 50 45 00 33
www.sevrier.fr
La plage de Sevrier ne manque pas d'activités pour se dépenser tout en profitant des si belles eaux bleues du lac. Les moins téméraires opteront pour la location d'un pédalo, d'un canoë-kayak ou d'un paddle. Ceux qui veulent découvrir le lac pourront s'essayer à la voile ou au catamaran, tandis que les plus avides de sensations pourront se tourner vers le ski nautique, le wake-board, le wake-surf, la planche à voile, l'aviron et la plongée.

Comme un oiseau dans les airs

Lathuile
Libre Envol
100 rte du Bout-du-Lac
☏ 06 81 55 74 94 - libre-envol.com
De mai à sept.
Décollage en parapente du col de la Forclaz et arrivée à Doussard, au bord du lac. Du belvédère du col, la vue plongeante sur le lac d'Annecy n'est qu'un avant-goût à votre aventure. Vue d'en haut, sa rive semble étrangement tortueuse, au pied du Taillefer. Au large de la pointe de Duingt, le banc du Roselet, haut-fond sur lequel s'élevaient des cités lacustres, forme une tache jaunâtre dans les eaux bleues du lac. Prêt ? Courez !

LE LAC D'ANNECY, PADDLE OU RANDO ?

LE VERCORS, CITADELLE DU SILENCE

Quitter la ville pour les grands espaces, le silence d'une nature sauvage et mystérieuse, sans pour autant voler vers d'exotiques contrées ? Avec ses falaises, ses gorges, ses grottes et ses torrents, le Vercors offre un spectaculaire terrain d'aventure aux vanistes, avec des étapes magnifiques à chaque virage. Randos à pied, à VTT, à cheval, canyoning, parapente, ou... bons repas dans les auberges, il y a mille façons de savourer ce territoire.

DISTANCE
205 km

DURÉE
3 jours

DÉPART
St-Nazaire-en-Royans

ARRIVÉE
St-Nazaire-en-Royans

ACCÈS DEPUIS LYON
D518 - 120 km

QUAND PARTIR ?
Évitez l'hiver, certaines routes risquent d'être fermées. L'été, l'affluence (et les prix) sont au plus haut.

Les atouts du road trip :

Les étapes
- St-Nazaire-en-Royans/St-Agnan-en-Vercors : 63 km
- St-Agnan-en-Vercors/Lans-en-Vercors : 40 km
- Lans-en-Vercors/St-Nazaire-en-Royans : 102 km

Flashez pour accéder au guidage GPS

Vous rêviez d'un début grandiose ? Depuis St-Jean-en-Royans, la route panoramique de Combe Laval va vous comb(l)er. D'une beauté à couper le souffle, taillée à flanc de montagne, celle-ci semble se cramponner aux formidables parois calcaires avant de dominer au final le vallon du Cholet de plus de 600 m. Arrêtez-vous sur les (rares) emplacements disponibles en bord de route, pour des vues grandioses (on vous l'avait promis).

UN BASTION DE LA RÉSISTANCE

Et puis le Vercors, ce grand huit au naturel, passe de la splendeur à l'horreur au col de La Chau. Le Memorial de la Résistance du Vercors aborde la Résistance dans le Vercors et sur le territoire français durant cette période, privilégiant les témoignages visuels et sonores. Les grands thèmes sont traités sous forme de reconstitutions et de diaporamas. Un peu plus loin, la Nécropole du Vercors abrite la sépulture de 193 résistants et civils massacrés par les nazis durant les opérations de juillet 1944. Autour du site, un parcours est jalonné de panneaux explicatifs sur l'architecture du Mémorial.

Hommage rendu, la machine à remonter le temps s'affole à nouveau : à 3 km au sud de Vassieux-en-Vercors, voici le musée de la Préhistoire du Vercors, bâti là où les fouilles ont mis au jour, en 1969, une concentration de silex datant de 4 000 ans avant J.-C., sans doute un atelier spécialisé, une armurerie des temps anciens.

Les yeux rivés sur le paysage pour le(s) passager(s) et sur la route en corniche de Combe Laval pour le conducteur.

L'aqueduc de St-Nazaire-en-Royans

La Maison de l'aqueduc retrace l'épopée du canal de la Bourne, la construction de l'ouvrage d'art et les projets d'aménagement, de 1810 à nos jours. Édifié en 1876, l'aqueduc est doté de 17 arches, possède un débit de 7 m/s et irrigue la plaine de Valence grâce à ses 118 km de canaux. Accessible par un ascenseur panoramique, le parcours de 235 m est agrémenté de panneaux et de bornes audio qui présentent les richesses historiques et géographiques des environs. Une table d'orientation montre les différents aspects géologiques du site de St-Nazaire.
Parvis de l'Aqueduc - 04 75 48 49 80 - www.vercors-drome.com - des vac. de Pâques aux vac. de la Toussaint : 10h30-12h30, 13h30-17h30 - fermé lun.-mar. en avr.-mai et de mi-juin à oct. - 4 €.

Rudolf Ernst/Getty Images Plus

La route grimpe ensuite au col de Rousset (alt. 1254 m), frontière naturelle entre les Alpes du Sud et du Nord. Le contraste est particulièrement perceptible lorsque le temps fait ses caprices : brumes côté Vercors, ciel éclatant côté Diois. Dans cette station de sports d'hiver, le télésiège fonctionne même l'été, grimpant au sommet pour de beaux panoramas. De la station supérieure du téléski, suivez la ligne faîtière vers le sud jusqu'au bord du plateau. Sur la partie supérieure, un ensemble original de bornes d'orientation en pierre permet de repérer les grands sommets : au nord la Grande Moucherolle, à l'est le Grand Veymont, et au sud le mont Ventoux à l'horizon. L'après-midi sera bien avancé quand le van arrivera à St-Agnan-en-Vercors. Deux possibilités : dîner terroir (mais créatif) à l'Auberge Le Collet,

> **Voyage au centre de la Terre**
>
> Qui dit Vercors dit grottes, rivières et cavités… Et qui dit grottes dit spéléologie ! Claustrophobes, passez votre chemin. Les autres, lancez-vous dans les entrailles de la Terre, pour une journée dans le cirque de Choranche ou une demi-journée dans les cuves de Sassenage. L'activité se pratique dans des cavités comportant quelques puits à descendre (et à remonter parfois !) avec cordes et baudriers (équipement fourni). *Vercors Aventure - www.vercors-aventure.com/speleo.*

une ancienne ferme du 19e s. ou pique-nique en retrait de la rue principale. Dans les deux cas, c'est dodo ici. Il faudra bien consulter la météo avant de rallier La Chapelle-en-Vercors et la randonnée au Grand Veymont. Comptez une journée pour traverser les hauts plateaux du Vercors, la plus grande réserve naturelle de France, lieu protégé et très peu balisé. Aucune route, ni hameau habité. Une vraie rando sauvage, soyez prudent !

F. Guiziou/hemis.fr

Au retour, ne manquez pas le savoureux dîner au Café Brochier, à St-Julien-en-Vercors, une institution du village depuis l'arrivée du jeune couple qui l'a redynamisée. Autre possibilité : poursuivre jusqu'à Villard-de-Lans, faire emplette d'alléchants fromages à la coopérative Vercors Lait et rallier Lans-en-Vercors pour savourer votre plateau de fromages avant une nuit en pleine nature.

La randonnée au Grand Veymont s'adresse aux randonneurs entraînés (comptez plus ou moins 7h). Pour en profiter, la météo doit être favorable et n'oubliez pas de partir avec le tracé, car le balisage n'est pas toujours évident.

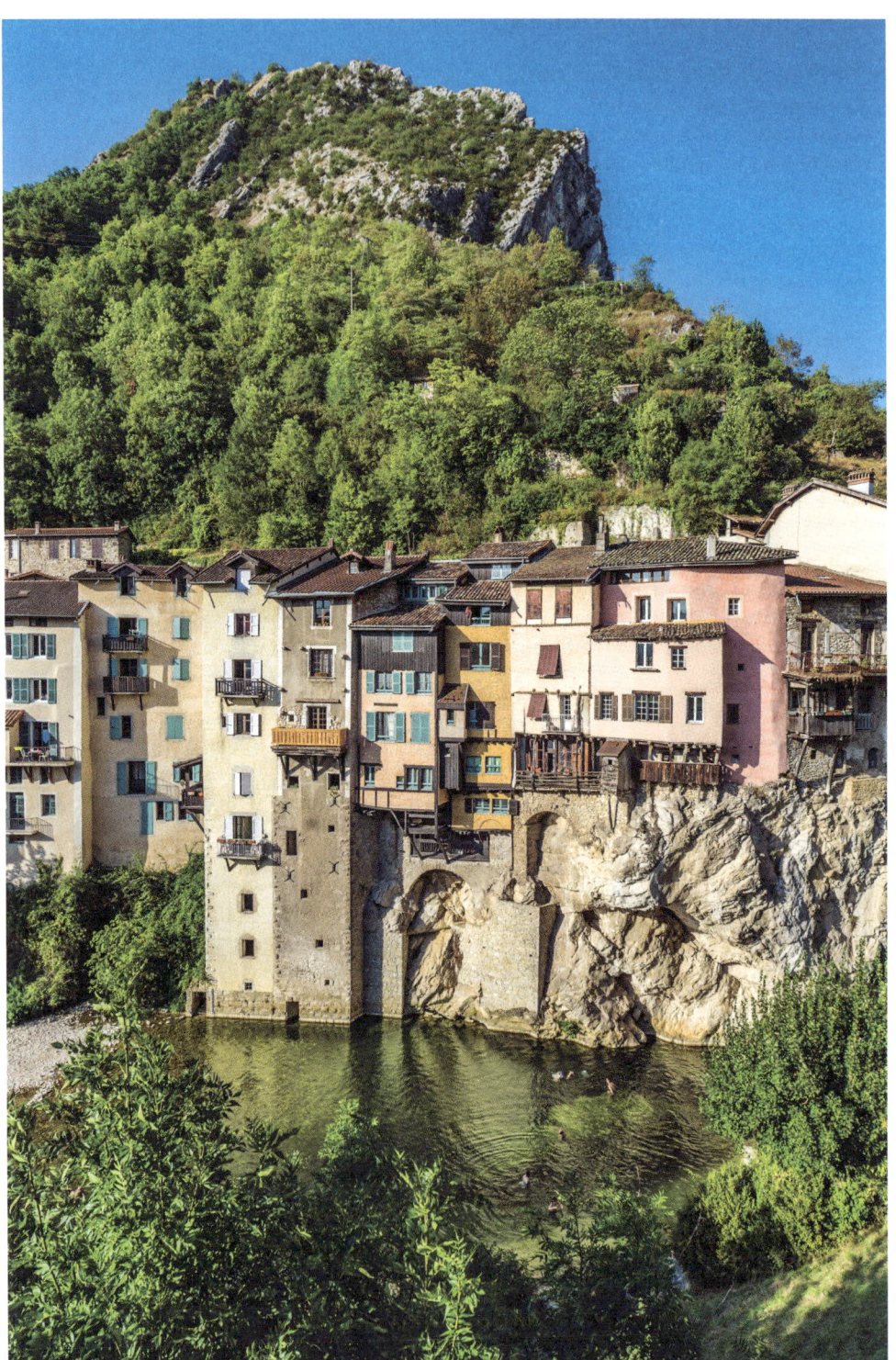

Incontournable fromage

Le bleu du Vercors-Sassenage
Ce fromage à pâte persillée, demi-molle et non cuite, avait pratiquement disparu. Dans les années 1990, neuf fermiers, installés dans le Parc naturel régional du Vercors, décident de relancer sa production. Ses tommes, d'environ 30 cm de diamètre sur 8 cm de hauteur, sont fabriquées à partir d'un lait de vache de la veille, chauffé, auquel on ajoute quasiment le même volume de lait cru et chaud du matin.

La Fête du Bleu
Chaque année dans un village différent a lieu, le dernier week-end de juillet, une fête dédiée à l'agriculture et à la filière lait du Vercors, où sa spécialité fromagère est à l'honneur.
Info : www.fetedubleu.org.

Vercors Lait
À Villard-de-Lans, maîtrise d'un savoir-faire ancestral, équipement moderne et utilisation exclusive de lait du Vercors sont la clé du succès de la coopérative laitière qui propose les alléchants fromages de la région, dont le fameux bleu du Vercors-Sassenage.
Rte des Jarrands - Villard-de-Lans - ☏ 04 76 95 33 21 - www.vercorslait.com - vac. scol. de Noël, de fév. et d'été : 9h-19h ; reste de l'année : 9h-12h, 14h-18h.

Réveil aux aurores, pour gagner St-Nizier-du-Moucherotte, où le GR91 mène au sommet du Moucherotte (3h AR) ; la vue est magnifique jusqu'au Mont-Blanc par beau temps. Poursuivez jusqu'à Sassenage, puis revenez vers le sud par la D531 qui suit le fond de la vallée de Lans, immense berceau dont les versants en pente douce sont revêtus de forêts de sapins. En chemin, le van traverse les gorges d'Engins. Les parois souvent lisses et polies de cette tranchée rocheuse, régulièrement excavée, encadrent le fond plat gazonné de la vallée du Furon. Le déjeuner s'annonce montagnard au Banc de l'Ours, une auberge d'altitude à Autrans. Passé Méaudre, tournez à droite pour suivre la D531, qui traverse les spectaculaires gorges de la Bourne. Surtout, faites halte à la grotte de Choranche dite aussi « grotte de Coufin-Chevaline », découverte en 1875. Dans le secret des falaises, sa visite offre un spectacle féerique : des milliers de stalactites fistuleuses se reflètent dans les eaux d'un lac souterrain.

Pont-en-Royans surgit à la sortie des gorges. Comme plaquée à la paroi, cette petite bourgade déroule de jolies ruelles étroites. Prenez le temps de vous promener dans le vieux village médiéval, qui s'élève derrière la rue du Temple. Saurez-vous remarquer la singularité de l'église ? (Réponse : un chœur gothique et un beffroi roman). Le gagnant choisit sa place dans le van pour le retour !

LE VERCORS, CITADELLE DU SILENCE

Pont-en-Royans, une bourgade à l'accent méridional et au charme fou, que souligne son architecture audacieuse.

403

CARNET DE ROUTE

PAUSES NOCTURNES

Étape 1

St-Agnan-en-Vercors
Spot nature
Services : 🚿 WC (au village à 500 m)
En retrait de la route principale, un petit spot de pique-nique bucolique où l'on peut agréablement passer une nuit.
GPS : E 5.4307 N 44.9331

Étape 2

Lans-en-Vercors
Spot nature
1111-1261 chemin des Drevets. Très calme, au bord d'un ruisseau avec vue sur les montagnes.
GPS : E 5.5883 N 45.1311

Entre les étapes

St-Jean-en-Royans
Camping
Les Bords de Lyonne
50 chemin de la Lyonne -
📞 04 75 47 74 60 - www.camping-saintjeanenroyans.com
De déb. avr. à fin sept. - 52 empl. - 🚿
🚰 borne artisanale 🚿 🗑 🔌
Tarif camping : 25,50 € 🚹 🚹
🚗 📧 💧 (10A) - pers. suppl. 4,50 €
Services et loisirs : 📶 🍴 🛝
🔥 🚴
GPS : E 5.2862 N 45.0116

St-Martin-en-Vercors
Camping La Porte St-Martin
📞 04 75 45 51 10 - www.camping-laportestmartin.com
De mi-avr. à mi-sept. -
63 empl. - 🚿
🚰 borne artisanale 🚿 🗑 🔌
Tarif camping : 24,45 € 🚹 🚹
🚗 📧 💧 (10A) - pers. suppl. 3 €
Services et loisirs : 📶 🍴 🛝
Quelques emplacements nature isolés sur les hauteurs.
GPS : E 5.44336 N 45.02456

Villard-de-Lans
Aire de stationnement des Bartavelles
Rte des Bartavelles -
📞 04 75 94 50 00 -
www.mairie-villard-de-lans.fr
Permanent
Borne 🚰
20 🅿 - Illimité - gratuit
Services : WC 🗑 📶
GPS : E 5.55586 N 45.06671

Autrans
Camping Yelloh ! Village
Au Joyeux Réveil
Le Château -
📞 04 76 95 33 44 - www.camping-au-joyeux-reveil.fr
De déb. mai à déb. sept. -
28 empl. - 🚿
Tarif camping : 50 € 🚹 🚹 🚗
📧 💧 (6A) - pers. suppl. 12 €
Services et loisirs : 📶 🍴 🛝 🖥
🛝 🚴
GPS : E 5.54844 N 45.17555

Choranche
Spot nature
Lieu-dit Campeloud, D292. Une seule place. Un petit coin tranquille et une super-vue, que demander de plus ?
GPS : E 5.353710 N 45.074799

Camping
Le Gouffre de la Croix
1050 rte du Pont-de-Vezor -
📞 04 76 36 07 13 -
www.camping-vercors.com
De fin avr. à mi-sept. -
47 empl. - 🚿
Tarif camping : 42 € 🚹 🚹 🚗
📧 💧 (6A) - pers. suppl. 6,50 €
Services et loisirs : 📶 🍴 🛝 🖥
🏊 🚴 🗑
Cadre naturel et boisé au fond de la vallée bordée par la Bourne.
GPS : E 5.39447 N 45.06452

Au départ ou à l'arrivée

St-Nazaire-en-Royans
Camping Côté Vercors
100 B r. des Condamines -
📞 06 02 35 66 20 - www.camping-cote-vercors.com
De mi-avr. à fin sept. - 65 empl.
🚰 borne artisanale 🚿 🗑 🔌
Tarif camping : 26,50 € 🚹 🚹
🚗 📧 💧 (6A) - pers. suppl. 4 €
Services et loisirs : 📶 🍴 🛝 🖥
🚴 🗑
Au bord de la Bourne (rivière). Location de canoë.
GPS : E 5.25368 N 45.05912

CARNET DE ROUTE

BONNES TABLES

St-Agnan-en-Vercors
Auberge Le Collet
2190 rte de la Chapelle - Le Collet
📞 04 75 48 13 18 - www.aubergelecollet.com
Fermé à midi lun.-vend., merc. soir sf juil.-août ; de mi-nov. à fin déc., de mi-mars à déb. avr. - réserv. conseillée.
Dans une ancienne ferme de la fin du 19ᵉ s., cette auberge chaleureuse propose une carte mariant créativité et terroir. Accueil charmant.

St-Julien-en-Vercors
Café Brochier
Place de la Fontaine
📞 04 75 48 20 84 - www.cafebrochier.com
Fermé mar. et merc. (sf merc. soir en été) ; avr.
Une grande bâtisse immanquable et incontournable dans le village avec un chef qui travaille les produits régionaux et locaux.

Autrans
Le Banc de l'Ours
1651 rte de Nave
📞 04 76 95 75 70
www.le-banc-de-lours.com
Fermé dim. soir-lun. - réserv. conseillée.
Cette auberge d'altitude offre l'opportunité de déjeuner ou dîner en pleine nature, le long des sentiers de randonnée ou des pistes de ski. Au menu, spécialités de montagne roboratives, à déguster à l'intérieur façon chalet ou en terrasse, avec une vue magnifique.

Choranche
Cabane Café
Rte des grottes de Choranche
cabanecafe.com
Fermé de mi-oct. à mi-mars.
Après un encas à concocter soi-même avec les produits bio des fermes voisines, rien de tel qu'une petite sieste dans un hamac ou sur des bottes de paille avec vue exceptionnelle sur le cirque du Bournillon et la cascade de Moulin-Marquis.

PLEIN AIR ET DÉTENTE

Randonner dans le Parc naturel régional du Vercors
C'est un paradis pour les marcheurs ! Ce haut plateau calcaire aux formes lourdes et puissantes, riche en forêts de hêtres et de résineux, varie de 1000 à 2300 m d'altitude. On l'explore par des gorges étroites au fond desquelles bouillonnent rivières et torrents bordés de falaises spectaculaires. Régalez-vous dans cet immense espace encore si sauvage. Retrouver des itinéraires pour tous les niveaux sur rando.parc-du-vercors.fr

Sensation forte en luge

Col de Rousset
Luge 4 saisons
📞 04 75 48 24 64 - www.vercors-drome.com
Embarquez à bord d'une luge sur rail, seul ou à deux, quelle que soit la saison avec la présence de neige ou non ! Une descente de 760 m de rails avec de nombreux virages, une passerelle surélevée, le tout entre sous-bois et clairières.

Aventure en eau vive

Lans-en-Vercors
Vercors Aventure
695 rte de Grenoble
📞 04 76 95 99 45 - www.vercors-aventure.com
Amateurs de canyoning ou novices dès 8 ans, attaquez-vous aux rivières qui dévalent les pentes du Vercors. Équipement fourni et encadrement par des guides professionnels.

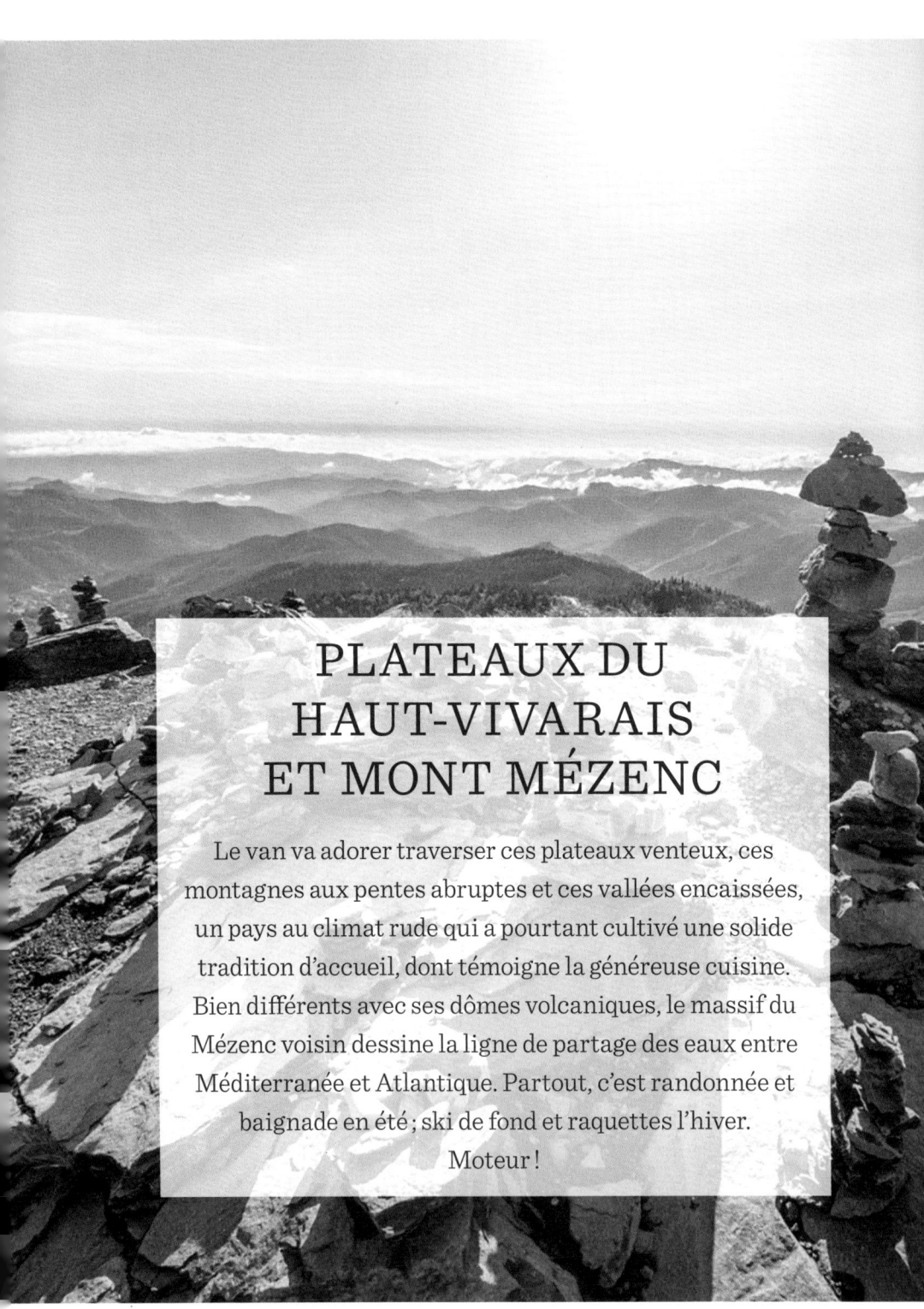

PLATEAUX DU HAUT-VIVARAIS ET MONT MÉZENC

Le van va adorer traverser ces plateaux venteux, ces montagnes aux pentes abruptes et ces vallées encaissées, un pays au climat rude qui a pourtant cultivé une solide tradition d'accueil, dont témoigne la généreuse cuisine. Bien différents avec ses dômes volcaniques, le massif du Mézenc voisin dessine la ligne de partage des eaux entre Méditerranée et Atlantique. Partout, c'est randonnée et baignade en été ; ski de fond et raquettes l'hiver. Moteur !

DISTANCE
262 km

DURÉE
4 jours

DÉPART
St-Bonnet-le-Froid

ARRIVÉE
St-Bonnet-le-Froid

ACCÈS DEPUIS LYON
A7 et D121 - 100 km

QUAND PARTIR ?
Au plus fort de l'été, délicieusement frais quand frappe ailleurs la canicule. Attention l'hiver peut être rude.

Les étapes
- St-Bonnet-le-Froid/Le Cheylard : 91 km
- Le Cheylard/Issarlès : 59 km
- Issarlès/Chaudeyrolles : 70 km
- Chaudeyrolles/St-Bonnet-le-Froid : 42 km

Les atouts du road trip :

Flashez pour accéder au guidage GPS

M. Dupont/hemis.fr

Six restaurants et trois hôtels dans un village de 220 âmes ? À l'extrême est de la Haute-Loire, St-Bonnet-le-Froid a certes toujours été un point de passage depuis le temps des diligences. Désormais, une famille de restaurateurs y occupe en plus le haut du pavé : les Marcon, dont Régis, le plus célèbre, est un chef multi-étoilé. Autre surprise, à quelques kilomètres, une basilique surgit au milieu d'un modeste village : Lalouvesc vénère St-Régis, prédicateur du 17e s. Du parvis, le panorama ouvre grand sur les Alpes, rappelant que le village est aussi apprécié pour ses pèlerinages que pour la qualité de son air.

En haute Ardèche, le VTT est roi ! Et avec l'assistance électrique, ça roule pour tout le monde.

Vous choisirez le picodon selon la sensibilité de votre palais. Produit suivant le cahier des charges de l'AOP, il est proposé plus ou moins sec (dans ce cas, son goût sera plus prononcé).

Le mont Chiniac

Depuis le village de St-Agrève, une route mène au sommet du mont Chiniac (alt. 1 120 m) dont la couronne de sapins domine le bourg. Appelé Chinacum par les Romains, St-Agrève aurait été rebaptisé en l'honneur de saint Agrippa, évêque martyrisé sur le mont Chiniac. La vue s'étend au sud-ouest sur le massif du Mézenc où se détachent le suc de Montivernoux, le Gerbier-de-Jonc, la dorsale du Mézenc ; à l'ouest sur le massif du Meygal et le pic du Lizieux ; au nord-est sur les monts de Lalouvesc. C'est le spot parfait pour un pique-nique avec vue !
Laissez la voiture sur un terre-plein à gauche, 150 m avant la table d'orientation.

Arrivé à Lamastre, faites le tour de la ville qui doit beaucoup au Doux, la rivière qui entraînait autrefois les moulins et alimentait les filatures de soie. Lamastre se compose d'une ville basse, le Savel, et d'une ville haute dominée par le château de Peychelard, où est installée une table d'orientation.

L'heure du pique-nique a sonné. Ça tombe bien, voilà le lac des Salins, à Désaignes, où au préalable vous aurez visité le château pour son architecture médiévale mais aussi pour son caveau de dégustation où sont vendus des produits locaux dont le fameux picodon (fromage au lait cru de chèvre dont le nom signifie « petit fromage

piquant »). Après la baignade, repartez vers St-Agrève, station de tourisme verte d'où il fait bon pédaler dans la vallée de l'Eyrieux avant de faire route jusqu'au Cheylard pour la nuit. Demain, vous verrez combien ce bourg, lové dans une boucle de la Dorne, a su rester dynamique. Face à sa vieille ville, le rocher de la Chevillière joue les écoles d'escalade en plein air, avec une douzaine de voies. À vos baudriers ! Ou cap sur Ste-Eulalie, commune du Gerbier-de-Jonc et donc des sources de la Loire. Jusqu'aux années 1950, le village était aussi réputé pour ses toits de genêts, dont l'un des derniers coiffe la ferme de Clastre (11e s.), à côté de la mairie. Autre ferme à voir, celle de Bourlatier, dont la charpente supporte 150 t de toiture en lauze, typique de la région. Des expositions y décryptent les paysages du Mézenc.

Nouvelle baignade ? Rendez-vous au lac d'Issarlès, l'un des joyaux de ce road trip, une sorte de « petit Canada » aux eaux bleu intense dans un cadre de forêts. Avec ses 5 km de circonférence, il permet une balade tranquille. Vous pourrez aussi faire du pédalo, du canoë ou encore du paddle.

DEUX ASCENSIONS PHARES

Il est temps de rencontrer le seigneur des lieux : le mont Mézenc. L'idéal ? Se lever avant l'aurore pour atteindre le sommet (1h15 AR, depuis la Croix de Boutières) pour admirer le lever du soleil. Station de ski l'hiver, Les Estables sont équipés pour le VTT l'été. Gardez des forces et prenez la direction de St-Martial pour LA montée au sommet du mont Gerbier-de-Jonc. Courte mais un peu raide (45mn AR), elle laisse le souvenir d'un panorama époustouflant, et la satisfaction d'avoir arpenté le berceau de la Loire. La leçon de géographie grandeur nature ne s'arrête pas là : avant ou après la montée, faites un saut à la Maison du site, pour tout connaître de la ligne de partage

L'étonnante silhouette du mont Gerbier-de-Jonc se détache à 1 551 m d'altitude, sur la ligne de crête séparant les bassins de la Loire et du Rhône. Son nom vous rappelle vos leçons de géo ? Mais oui, c'est bien là que la Loire prend sa source !

Panoramic Images/Alamy/hemis.fr

des eaux qui traverse les montagnes du Velay. En résumé, l'eau coule d'un côté vers l'Atlantique, de l'autre vers la Méditerranée. On vous laisse approfondir le sujet, quand vous aurez garé le van pour l'étape du soir à Chaudeyrolles, à moins que la vue sur le mont Mézenc ne vous détourne de vos réflexions...

Arrivé au Chambon-sur-Lignon, embarquez à bord du Velay Express, un train ancestral qui reprend du service aux beaux jours. Une confortable façon de profiter de la vallée et des gorges du Haut Lignon. Au retour, savourez cette jolie station estivale à l'histoire exemplaire, que rappelle Lieu de Mémoire. Unique en Europe, ce site honore les Justes de la région qui sauvèrent de nombreux juifs durant la Seconde Guerre mondiale. Offrez-vous ensuite quelques douceurs : des guimauves et des chocolats chez Confiseur de Cheyne, des livres et du vin au bar-librairie L'Arbre Vagabond, deux de ces lieux pleins de charme qui font le sel de tout voyage.

Une dernière baignade ? Le lac artificiel de Devesset est tout proche, où flotte encore le souvenir de la commanderie des Hospitaliers de St-Jean de Jérusalem (12e s.). Comme nous aujourd'hui, ils furent séduits par le site et sa vue panoramique sur le massif Central. Baignez-vous, ramez, pagayez, pédalez, hissez la grand-voile... Déjà l'heure du retour ? C'est vous qui voyez. Nous, on va rester encore un peu...

Le chemin de fer touristique du Velay, une leçon d'histoire et de géographie (encore). Mais il est bien plus plaisant de lire le paysage à bord d'un train d'autrefois.

Visite de Mémoire

Dédié à l'histoire des Justes qui sauvèrent de nombreux juifs durant la Seconde Guerre mondiale, le Lieu de Mémoire du Chambon-sur-Lignon évoque la tradition d'accueil exemplaire de cette ville et des villages alentour, marqués par le protestantisme. Les protestants étant par nature très discrets, le Lieu de Mémoire ne porte pas le nom d'une personnalité en particulier. Il est installé symboliquement dans une partie de l'école du Chambon et à mi-chemin du temple qui lui fait face. Il s'étage sur deux niveaux : un parcours historique, évoquant les diverses formes de résistance ; une salle mémorielle au rez-de-chaussée, avec des témoignages de sauveteurs, réfugiés et résistants.

23 rte du Mazet - Le Chambon-sur-Lignon - ℘ 04 71 56 56 65 - www.memoireduchambon.com - mai-sept. : tlj sf lun. 10h-12h30, 14h-18h ; mars-avr. et oct.-nov. : merc.-sam. 14h-18h - 5 €.

🚐 CARNET DE ROUTE

PAUSES NOCTURNES

Étape 1

Le Cheylard
Camping du Cheylard
Le Vialon - 📞 04 75 29 09 53 - www.campingducheylard.com
De fin mars à mi-sept. -
80 empl. -
borne AireService
Tarif camping : 20,50 €
(16A) - pers. suppl. 7 €
Services et loisirs :
Au bord d'un petit plan d'eau de la rivière.
GPS : E 4.42011 N 44.9155

Étape 2

Issarlès
Aire d'Issarlès
Le Lac d'Issarlès -
📞 04 66 46 20 06
De déb. avr. à déb. nov.
Borne artisanale
30 - Illimité - 13 €/j.
Services :
Dans le village, à proximité du lac.
GPS : E 4.06199 N 44.82022

Étape 3

Chaudeyrolles
Aire de Chaudeyrolles
Au bourg - 📞 04 71 59 50 45
Permanent
Borne flot bleu 2 €
8 - gratuit
Services :
Agréable, vue sur le Mézenc.
GPS : E 4.20317 N 44.94998

Entre les étapes

Lalouvesc
Camping municipal Le Pré du Moulin
Chemin de l'Hermuzière - 📞 04 75 67 84 86 - www.lalouvesc.fr
De fin avr. à fin sept. -
60 empl. -
Tarif camping : 3,10 €
4,20 € (6A) 5,20 €
Services et loisirs :
GPS : E 4.53392 N 45.12388

Lamastre
Aire de Lamastre
Pl. Pradon, au centre du village - 📞 04 75 06 41 92 - www.pays-lamastre-tourisme.com
Permanent (mise hors gel ; interdit jours de foire)
Borne raclet 2,50 €
2,50 €
25 - 🔒 - gratuit
Paiement : jetons (office de tourisme)
Services :
GPS : E 4.57972 N 44.98701

St-Agrève
Camping Le Riou la Selle
350 chemin de Couleyrou - 📞 04 75 30 29 28 - www.camping-riou.com
De mi-avr. à fin août -
29 empl. -
Tarif camping : 29,50 €
(6A) - pers. suppl. 10 €
Services et loisirs :
Au calme, dans un agréable sous-bois.
GPS : E 4.40462 N 44.98892

Le Béage
Spot nature
D378.
Un terrain plat en pleine nature, parfait pour une halte d'une nuit.
GPS : E 4.1829 N 44.8703

Les Estables
Aire des Estables
Pl. du Foirail, en face de la station-essence -
📞 04 71 08 34 38
Permanent (mise hors gel)
Borne artisanale : gratuit
10 - Illimité - gratuit
Services :
GPS : E 4.15672 N 44.90235

Le Chambon-sur-Lignon
Camping Les Hirondelles
Rte de la Suchère -
📞 04 71 59 73 84 - www.campingleshirondelles.fr
De fin juin à mi-août -
45 empl. -
borne artisanale
Tarif camping : 24,75 €
(6A) - pers. suppl. 4,50 €
Services et loisirs :
Cadre agréable dominant le village.
GPS : E 4.2986 N 45.05436

 # CARNET DE ROUTE

BONNES TABLES

St-Bonnet-le-Froid
Bistrot la Coulemelle
Pl. de l'Église - www.lesmaisonsmarcon.fr
Fermé mar.-merc.
Réserv. 6 mois à l'avance.
Voici la délicieuse annexe bistrotière du restaurant triplement étoilé de Régis Marcon. Tout y est généreux et diablement bon.

Les Estables
Auberge des Fermiers du Mézenc
Au bourg - 04 71 08 34 30
www.lesfermiersdumezenc.com
Fermé de déb. à mi-déc.
Pour découvrir les produits du terroir, petit détour conseillé dans cette auberge dont l'authentique cuisine locale fait le bonheur des randonneurs. À côté du restaurant, vente de spécialités de la montagne ardéchoise.

PANIERS GOURMANDS

Maison de l'ail
Cette maison était autrefois réservée au tressage, séchage et commerce de l'ail, d'où son nom. Vous y dénicherez certes encore de l'ail frais de la région mais aussi d'autres produits locaux.
Rue principale - St-Bonnet-le-Froid - 04 71 59 93 76 - fermé lun.-merc. (sf juil.-août).

La Ferme du châtaignier
Ici, la châtaigne est une histoire de famille depuis des générations, l'arrière-grand-père exploitait déjà ce fruit emblématique de l'Ardèche ! Un sentier de découverte en accès libre a été aménagé dans la châtaigneraie. Tous les produits transformés dans l'atelier sont en vente dans la boutique.
Le Roux - Lamastre - www.ferme-du-chataignier.com - juil.-août : lun.-sam. ; avr.-juin et sept.-oct. : merc. et sam.

PLEIN AIR ET DÉTENTE

Pédaler dans la vallée de l'Eyrieu

St-Agrève
Le convoyeur de la Dolce Via
04 75 30 11 64 - www.dolce-via.com
Location de vélo et remontée en minibus. Passant d'une rive à l'autre de l'Eyrieux, la Dolce Via, ancienne voie de chemin de fer aménagée (80 km) pour les randonneurs et les cyclistes, relie St-Agrève au Cheylard sur 30 km de descente. S'il est possible de rentrer en minibus, on peut aussi l'emprunter jusqu'à Lamastre, à l'ouest.

Réviser sa géographie dans le train

Velay Express
04 71 59 68 06 - velay-express.fr
Juil.-août : merc.-jeu. et dim. ; mai-juin et sept.-oct. : dim.
Le Velay Express reprend du service chaque année à la belle saison. Locomotive à vapeur et wagons sont plus que centenaires. L'un d'eux possède même encore son poêle à charbon. Si le train circule entre Raucoules et St-Agrève, la portion la plus belle démarre au Chambon-sur-Lignon et révèle des vues sur les monts Mézenc et Gerbier-de-Jonc. Une très belle façon de découvrir la vallée et les gorges du Lignon en toute tranquillité !

Survoler le mont Mézenc

Les Estables
Altitude parapente
06 78 52 03 71 - www.altitudeparapente.fr
D'avr. à oct.
Si vous rêvez d'être un oiseau et que vous aimez les sensations fortes, osez le vol en parapente ! Le temps d'un baptême, vous pourrez découvrir les plaisirs du vol libre aux confins du Velay et du Vivarais, autour du mont Mézenc et du mont d'Alambre. Le vol en biplace parapente est effectué en compagnie d'un moniteur diplômé d'État.

À SAUTE-MOUTON AU-DESSUS DES MONTS DU CANTAL

Avec leurs vallées glaciaires en étoile, leurs plateaux de basalte volcanique formés par les coulées de lave et leurs sommets majestueux, les monts du Cantal formaient à l'origine le plus grand volcan d'Europe. Ses vestiges façonnés par l'érosion ont engendré des puys aux formes variées, préservés au sein du Parc régional naturel des volcans d'Auvergne, à explorer à pied, à cheval et même sur l'eau, avant de se récompenser avec de roboratives spécialités auvergnates.

DISTANCE
252 km

DURÉE
3 jours

DÉPART
Murat

ARRIVÉE
Murat

ACCÈS DEPUIS LYON
A89 et A75 - 266 km

QUAND PARTIR ?
Entre avril et septembre pour un bon bol d'air. En hiver, certaines routes sont fermées.

Les étapes
- Murat/Vic-sur-Cère : 32 km
- Vic-sur-Cère/St-Martin-Valmeroux : 123 km
- St-Martin-Valmeroux/Murat : 97 km

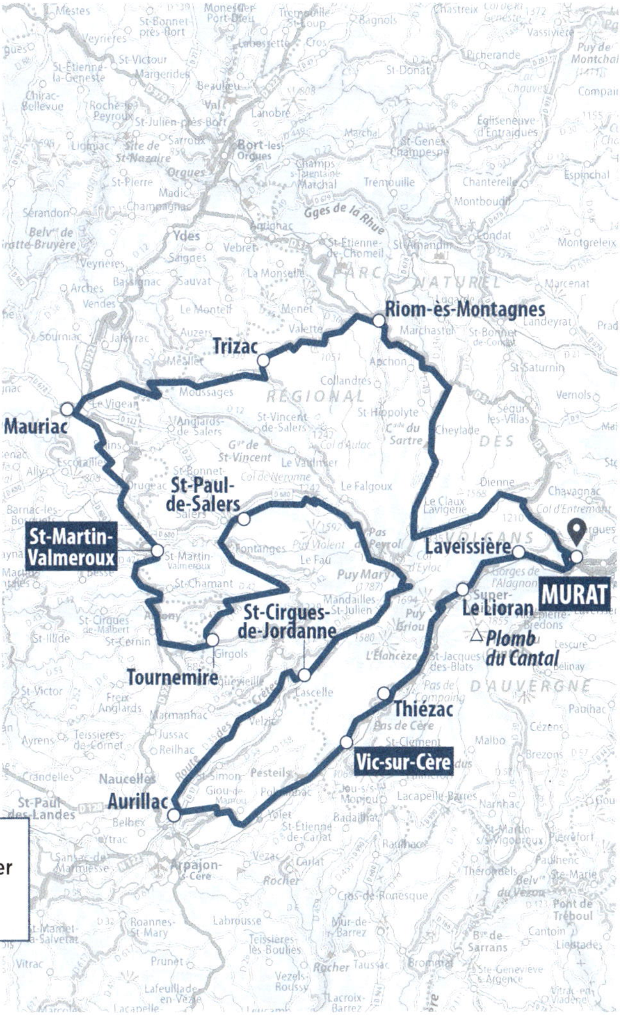

Les atouts du road trip :

Flashez pour accéder au guidage GPS

Le van grimpe, grimpe, grimpe… et voici Murat la médiévale, ses maisons grises aux toits de lauzes étagées à 980 m d'altitude. Première promenade, puis passage à la Grange de la Haute-Vallée, ferme fromagère à visiter avant de faire provision de salers, cantal, bleu… Sac à dos ainsi lesté, en route pour Le Lioran, d'où partir à l'ascension du puy Griou (1694 m - 4h AR) et ses vues sur les puys. Quelle introduction ! Et dans cette station de ski (la plus grande du massif en hiver), pas de répit l'été pour les téléphériques : prenez celui qui mène au Plomb du Cantal, le toit du massif du Cantal, dont la forme évoque un poing ! Face au panorama immense, quel site pour un pique-nique !

Piquez ensuite au sud jusqu'aux gorges du Pas de Cère, aux hautes parois creusées par la rivière, avant de faire un tour à Vic-sur-Cère, une ancienne station thermale où coule toujours une eau réputée digestive. La nuit n'en sera que meilleure, sur place.

Avec beaucoup de chance (entre nous, le Cantal est la région la plus arrosée de France !), le soleil vous accompagnera le lendemain jusqu'à Aurillac. Édifiée sur les bords de la Jordanne, la capitale de la haute

Publicité pour la compagnie du Chemin de fer d'Orléans.

Le Plomb du Cantal…

…en téléphérique

Les puys ou puechs sont nombreux dans le Cantal. Mais de « plomb », il n'y en a qu'un ! Il tirerait son nom du latin *pomum*, pomme, pommeau. Les Cantaliens d'aujourd'hui l'appellent le « poing ». C'est le point culminant du massif du Cantal (alt. 1 855 m). Du sommet, le panorama est immense (table d'orientation). On découvre vers l'ouest, par-delà la vallée de la Cère, le puy Griou, le puy de Peyre-Arse, le puy Mary, le Violent, le Chavaroche ; au nord, les monts Dore qui s'abaissent à droite vers le Cézallier ; à l'est et au sud-est, la planèze de St-Flour et la Margeride ; au sud et au sud-ouest, le Carladès, la Châtaigneraie et le Rouergue, au loin. Des sentiers tracés à partir du sommet permettent de gagner le puy Gros (vue sur la vallée de la Cère à hauteur de Thiézac), le puy du Rocher (vue sur le cirque de Chamalières) ou, par le col de la Tombe-du-Père, le site de Prat-de-Bouc.
www.lelioran.com - 15mn de téléphérique au départ du Lioran, puis 15mn de marche jusqu'au sommet (sentier balisé et escalier).

Auvergne et des parapluies (et oui, ce n'est pas Cherbourg) invite au slow tourisme. Vous prendrez donc le temps d'arpenter ses ruelles tortueuses et d'observer ses maisons à colombages. La D35 ou route des Crêtes file jusqu'à la croix de Cheules, le long de l'arête séparant les vallées de l'Authre et de la Jordanne.

À SAUTE-MOUTON AU-DESSUS DES MONTS DU CANTAL

À St-Cirgues-de-Jordanne, le sentier des gorges (4 km AR) invite à l'action, au fil de brèches volcaniques atteignant 60 m de profondeur ! Vous pouvez aussi mouiller le maillot en rando aquatique chez Escale Verticale. Midi sonne à l'église : rejoignez l'Auberge des Milans où vous avez réservé pour vous régaler de saveurs des montagnes et de convivialité.

DE PAS EN PUY

Après ces agapes, rendez-vous au Pas de Peyrol, le col routier le plus élevé du massif Central, pour une courte mais rude montée jusqu'au sommet du puy Mary (1h AR). Sa forme quasi parfaite, en pyramide, lui vaut jusqu'à 500 000 visiteurs chaque année ! Une star ! Très apprécié aussi, le cirque du Falgoux, au pied du puy Mary et en haut de la vallée de Mars : ce remarquable cirque glaciaire est dominé par d'imposants rochers, tapissé de profondes forêts de sapins et de hêtres, où courent chevreuils et chamois.

Le village de Salers attire également les visiteurs, avec ses remparts et hôtels Renaissance taillés dans la lave, blottis sur un piton en surplomb de la rivière. Outre 300 habitants, celui-ci abrite une fameuse vache rousse, dont vous saurez tout en visitant la Maison de la salers (à 3 km par un sentier). Salers a aussi donné son nom à un fromage savoureux, à goûter à la Cave de Salers.

Patrimoine encore à Fontanges, l'un des plus charmants villages du Cantal, avec ses maisons typiques aux toits couverts de lauzes. Et puis Tournemire, l'un des plus beaux aussi

Salers compte parmi « Les Plus Beaux villages de France » et son fromage de vache, parmi les fromages AOP d'Auvergne. Des distinctions bien méritées.

Le château d'Anjony

Ce château de basalte rougeâtre est l'un des plus remarquables de la haute Auvergne. Il fut édifié au 15ᵉ s. par Louis II d'Anjony, compagnon de Jeanne d'Arc, à côté des tours de Tournemire dont sa famille partageait la seigneurie depuis 1351. Au 18ᵉ s., une aile de dimensions modestes fut ajoutée et aménagée au goût de l'époque. L'intérieur contient un remarquable mobilier : vaste cheminée, tapisseries des Flandres et d'Aubusson, lit à baldaquin, fauteuil « à système » permettant de s'y étendre. La chapelle, aménagée dans la tour sud-est, est décorée de fresques du 16ᵉ s.

10 r. des Châteaux - Tournemire - ☎ 04 71 47 61 67 - www.anjony.fr - visite guidée (50mn) juil.-août : tlj sf dim. matin ; avr.-juin et sept. : tlj sf mar. - fermé de mi-nov. à mi-fév. - 10 €.

À SAUTE-MOUTON AU-DESSUS DES MONTS DU CANTAL

Ch. Guy/hemis.fr

avec ses maisons en lave et ses placettes fleuries, théâtre autrefois de l'affrontement de deux familles : au 15e s., les Tournemire, ruinés par les croisades, durent céder la place aux Anjony, des bourgeois enrichis par le commerce des peaux. Au 17e s., un mariage unit les deux familles, mettant fin aux conflits. Ne manquez pas, donc, le château d'Anjony (15e s.), l'un des plus remarquables de la haute Auvergne. Étape du soir bien méritée, en pleine nature à St-Martin-Valmeroux.
En route pour Riom-ès-Montagnes et la Maison de la gentiane, qui, depuis 1929, fabrique un apéritif au goût

Biscuiterie Raynal

Il ne faut pas quitter le charmant bourg de Trizac sans avoir fait provision de croquants et de carrés d'Auvergne pur beurre. On est presque guidé vers cette petite boutique par les senteurs qui s'en dégagent ! Petite boutique, mais grande renommée, puisque les biscuits Raynal se dégustent jusque chez le glacier Berthillon à Paris... Ils bénéficient en outre de la marque « Valeurs Parc naturel régional ».
3 r. du Lavoir - Trizac - ℘ 04 71 78 60 55 - www.biscuiterie-raynal.fr - 8h-12h15, 14h30-18h30 - fermé dim. et lun. (sf matin en été).

L'une des quatre tours du château d'Anjony, à Tournemire, est un escalier à vis donnant accès à la partie haute de l'édifice.

amer à base de gentiane, la grande fleur jaune des pâturages cantaliens, à retrouver en saison le long de la vallée de la Cheydade, ultime étape avant le retour à Murat. Au départ du lac des Cascades, à Cheylade justement, vous pourrez faire une ultime marche rafraîchissante (1h45 - 4 km). Mais peut-être avez-vous déjà réservé un vol en biplace avec un membre de l'équipe de Parapente Puy Mary, un peu plus loin, au Claux.

La route slalome une dernière fois sous la silhouette parfaitement pyramidale de Puy Mary, puis trace à travers des immensités pelées jusqu'à Dienne, où l'église St-Cirgues offre une belle illustration de l'art roman auvergnat. L'arrivée à Murat boucle ce road trip en terre authentique et sauvage.

Dans les monts du Cantal, vous en croiserez au cours de vos randonnées... Qui ? Non, quoi : les burons. Leur architecture diffère de celle de l'Aubrac mais pas leur fonction (voir p. 238).

🚐 CARNET DE ROUTE

PAUSES NOCTURNES

Étape 1

Vic-sur-Cère
Camping La Pommeraie
Daïsses - ☎ 04 71 47 54 18 - www.camping-la-pommeraie.com
De fin avr. à mi-sept. - 48 empl.
Tarif camping : 7 € 18 € (6A) 5 €
Services et loisirs : 🛜 ✕ 🍴 🏊
Belle situation dominante.
GPS : E 2.63307 N 44.9711

Étape 2

St-Martin-Valmeroux
Spot nature
Rue de la Fontaine-Minérale. Réveillez-vous avec le bruit de la rivière et les cloches des vaches… Tranquille et bucolique !
GPS : E 2.415475 N 45.113983

Entre les étapes

Laveissière
Camping Le Vallagnon
6 r. du Lac Glory - ☎ 04 71 20 11 34 - www.camping-le-vallagnon.fr
Permanent (fermé de mi-oct. à mi-déc.) - 91 empl.
borne artisanale
Tarif camping : 16 € (15A) 5 € - pers. suppl. 7,50 €
Services et loisirs : 🛜 ✕
Au bord de l'Alagnon.
GPS : E 2.8115 N 45.1166

Thiézac
Aire de Thiézac
La Sapinière - ☎ 04 71 47 01 21 - www.thiezac.fr
Permanent
Borne eurorelais 2 € 2 €
4 - 24h - gratuit
Paiement : jetons (épicerie Lauzet, bar tabac)
Services : 🚻 🍴 ✕ 🛜
GPS : E 2.6632 N 45.01554

Aurillac
Camping L'Ombrade
Rue du Gué Boullaga - ☎ 04 71 48 28 87 - camping.caba.fr
De déb. mai à fin sept. - 71 empl.
borne artisanale
Tarif camping : 17 € (10A) 5 € - pers. suppl. 8 €
Services et loisirs : 🛜
GPS : E 2.4559 N 44.93562

St-Paul-de-Salers
Spot nature
Au-dessus du musée du Fromage et de la Vache salers. Pour une nuit en pleine nature, avec les vaches salers comme seules voisines.
GPS : E 2.5391 N 45.1572

Mauriac
Camping Val St-Jean
Base de loisirs - ☎ 04 71 67 31 13 - www.cantalcamping.fr
De déb. mars à déb. janv. - 50 empl.
borne artisanale
Tarif camping : 33,70 € (16A) - pers. suppl. 5 €

Services et loisirs : 🛜 ✕ 🍴 🏊
Au bord d'un lac, tout proche de la cité historique.
GPS : E 2.31657 N 45.21835

Riom-ès-Montagnes
Aire de Riom-ès-Montagnes
Rue du Champ-de-Foire, parking de la gare - ☎ 04 71 78 07 37 - www.ville-riom-es-montagnes.fr
Permanent
Borne raclet 2 € 3 €
50 - 🔒 - Illimité - gratuit
Paiement : jetons (commerçants et office de tourisme)
Services : 🚻 🍴 ✕
GPS : E 2.65434 N 45.28442

Au départ ou à l'arrivée

Murat
Aire de Murat
Pl. de la Gare - ☎ 04 71 20 03 80 - www.murat.fr
Permanent (mise hors gel)
Borne eurorelais
5 - 13,44 €/j.
Paiement : CC
Services : 🚻 🍴 🛜
GPS : E 2.86945 N 45.10935

CARNET DE ROUTE

BONNES TABLES

St-Cirgues-de-Jordanne
L'Auberge des Milans
2 Puech Verny
📞 06 85 18 59 40 - www.puech-verny.com
Réserv. obligatoire.
Une ferme-auberge traditionnelle où goûter aux spécialités auvergnates. Il se dit que l'on y mange le meilleur chou farci de tout le Cantal ! Et de l'agneau de la ferme ou de la viande locale accompagnés d'une truffade succulente, au plateau de fromages ou encore aux desserts maison, il faut prévoir un jeûne la veille ou une rando après ce festin !

Trizac
Le Garage
2 rte de Mauriac - 📞 04 71 78 60 79
Fermé lun. et le soir.
Tout en haut du village, imaginez un garage familial transformé en restaurant, où tout, ou presque, a été conservé : les immenses volumes, bien entendu, les verrières, mais aussi les établis, les palans, etc. Dans cet espace insolite, Dominique concocte une cuisine régionale à base des produits locaux. En été, le Garage fait aussi salon de thé.

PLEIN AIR ET DÉTENTE

Dans la jungle du Cantal

Le Lioran
Lioran Aventure
Prairie des Sagnes - Super-Lioran
📞 06 74 97 40 94
www.lioran-aventure.com
Juil.-août : tlj ; juin et déb. sept. : w.-end.
Ce parcours aventure traverse une belle forêt (2 ha) située à 1250 m d'altitude, au pied des pistes de Super-Lioran. Neuf itinéraires selon les âges pour évoluer d'arbre en arbre (selon les âges, à partir de 3 ans). À vous le cri de Tarzan !

À bord d'un train bucolique

Riom-ès-Montagnes/Lugarde
Le Gentiane Express
Place de la Gare - 📞 04 71 78 07 37
www.gentiane-express.com
De mi-juil. à fin août : tlj ; de déb. avr. à mi-juil. et sept.-oct. : jeu. et dim. - réserv. recommandée.
Embarquez à bord de ce train touristique, à la découverte des terres d'estive, royaume de la vache salers. Entre Artense et Cézallier, l'itinéraire va de Bort-les-Orgues à Lugarde en passant par Riom-ès-Montagnes et le viaduc de Barajol. Voyage commenté, rythmé par des pauses détente et photos (durée 3h).

Willy Mobilo/Getty Images Plus

GRANGE DE LA HAUTE-VALLÉE

Solidement ancrée au bord de la départementale, cette chaleureuse ferme fromagère ouvre les portes de sa grange, de sa salle de traite et de son étable. La visite s'achève par une dégustation. En magasin : salers, cantal, bleu, tomme fraîche...
À 900 m au sud-est de Murat, sur la D926 en dir. de St-Flour - Pignou - www.bleucantal.fr - visite guidée (2h) sur réserv. à l'office de tourisme : 📞 04 71 20 09 47 - juil.-août et vac. scol. - 6 €

À SAUTE-MOUTON AU-DESSUS DES MONTS DU CANTAL

LÉGENDE DES SYMBOLES

CAMPINGS

Services pour camping-car

🚐	Borne pour camping-car		Formule Stop accueil camping-car FFCC
	Eau potable		Chien interdit
	Électricité		Terrain tranquille
	Vidange eaux grises		
	Vidange eaux noires (cassettes)		

Tarif des emplacements camping en €

Redevance journalière

👤 5 €	Prix par personne	6 €	Prix pour l'emplacement
🚗 2 €	Prix pour le véhicule	6,50 €	Prix pour l'électricité

Redevance forfaitaire

14 € 👤👤 🚗 📧 ⚡ Emplacement pour 2 personnes, véhicule et électricité compris

Loisirs et services dans le camping

	Piscine		Baignade
	Pêche		Location de vélos
	Laverie (lave-linge, sèche-linge)		
	Magasin d'alimentation		
✕	Restaurant, snack		

AIRES DE SERVICE POUR CAMPING-CARS

Services pour camping-cars

	Eau potable		Vidange eaux grises
	Électricité		Vidange eaux noires (cassettes)

30 🅿 - 24h - 18 €/j. Nombre de stationnements - durée maximum - prix/j.

CC	Carte bancaire acceptée		
🔒	Parking sécurisé		Aire calme

Services à proximité (500 m max.)

WC	WC publics (sur l'aire)	📶	Wifi
	Laverie		Magasin d'alimentation
✕	Restaurant		

INDEX

A

Abbeville (80)	47
Agriates, désert (20)	332
Aigoual, mont (48)	293
Aigues-Mortes (30)	282, 283
Aiguille du Midi (74)	379
Aiguines (04)	312
Ajaccio (20)	325, 332, 335, 343
Allos (04)	315
Amélie-les-Bains (66)	250
Ammerschwihr (68)	104
Les Andelys (27)	24, 25
Anduze (30)	285, 287, 292, 293
Angers (49)	147
Annecy (74)	387, 394, 395
Arcachon (33)	199
Argelès-Gazost (65)	263, 271
Argelès-sur-Mer (66)	243, 250
Argentière (74)	384, 385
Argenton-sur-Creuse (36)	171
Arles (13)	275, 283
Arques (62)	37, 43, 44
Arvert (17)	168
Ascain (64)	209
Athis-de-l'Orne (61)	64
Aubrac (12)	241
Aubusson (23)	171, 179
Audinghen (62)	45
Aulus-Les-Bains (09)	260
Aurillac (15)	424
Autrans (38)	404, 405
Auvers-sur-Oise (95)	22, 25
Avallon (89)	87, 94, 95
Azay-le-Ferron (36)	156
Azay-le-Rideau (37)	146

B

Badecon-le-Pin (36)	177
Bagnères-de-Bigorre (65)	263, 270
Bagnols-les-Bains (48)	292
Banyuls-sur-Mer (66)	246, 250, 251
Barcelonnette (04)	322, 323
Barèges (65)	270
Barésia-sur-l'Ain (39)	374
Bastia (20)	325, 333, 335
Batz-sur-Mer (44)	113, 116
Bauduen (04)	313
La Baule (44)	117
Bavella (20)	343
Bayonne (64)	191, 201, 209
Le Béage (07)	414
Beaucaire-sur-Baïse (32)	221
Beaucens	271
Beaucens (65)	269
Beaumarchés (32)	220, 221
Bédouès-Cocurès (48)	292
Bellebouche, étang (36)	156
Berzé-le-Châtel (71)	348
Bidart (64)	208
Bidon (07)	303
Binic (22)	129, 136
Biscarrosse (40)	198, 199
Biville (50)	75
Le Blanc (36)	149, 156, 157
Blasimon (33)	188, 189
Bogny-sur-Meuse (08)	34
Le Bonhomme (88)	365
Bonifacio (20)	342, 343
Bonlieu (39)	374, 375
Bordeaux (33)	181
Les Bordes-sur-Lez (09)	261
La Borne (18)	85
Bouafles (27)	24
Bouillon (Belgique)	34
Boulogne-sur-Mer (62)	41, 44, 45
Le Bourg-d'Hem (23)	178
Bourges (18)	84, 85
Bourgueil (37)	146
Bouziès (46)	230, 231
Brancion (71)	353
La Brée-les-Bains (17)	168
Brest (29)	121, 127
Brignogan-Plages (29)	126
Brissac-Quincé (49)	146
Bué (18)	85
Bussang (88)	362
Bussières (70)	354

C

Cadillac (33)	189
Cahors (46)	228, 230, 231
Calvi (20)	332, 333
Campan (65)	270
Capbreton (40)	198
Cargèse (20)	332, 333
Castellane (04)	312
Castéra-Verduzan (32)	220
Castillon-en-Couserans (09)	260
Castillon-la-Bataille (33)	189
Cauterets (65)	270
Cayeux-sur-Mer (80)	54
La Celle-Dunoise (23)	178, 179
Centuri (20)	332
Cerbère (66)	251
Céret (66)	249, 250, 251
Le Chambon-sur-Lignon (43)	413, 414
Chamonix-Mont-Blanc (74)	384, 385
Champagnole (39)	374, 375
Champtoceaux (49)	146
Chandolas (07)	303
Charleville-Mézières (08)	27, 32, 34, 35
Château-Chinon (58)	94
Le Château-d'Oléron (17)	168
Châtillon (39)	374
Chaudeyrolles (43)	414
Chaux-du-Dombief (39)	375
Chavignol (18)	85
Cherbourg (50)	68, 74, 75
Le Cheylard (07)	414
Chinon (37)	146, 147
Choranche (38)	400, 404, 405
Clairvaux-les-Lacs (39)	374, 375
Clécy (14)	59, 65
Cluny (71)	354, 355
Collioure (66)	250, 251
Colmar (68)	102, 104
Concots (46)	231
Condette (62)	44

427

Condom (32) 219
Le Conquet (29) 126, 127
Cormatin (71) 354
Cormeilles-en-Vexin (95) 24
Corte (20) 342
Crézancy-en-Sancerre (18) 84
Le Crotoy (80) 54, 55
Crozant (23) 178, 179

D

Daoulas (29) 119
Doussard (74) 394, 395
Duingt (74) 394

E

Eauze (32) 220
Éguzon-Chantôme (23) 178
Escalles (62) 44
Espalion (12) 233, 240
Esparron-de-Verdon (04) 312
Espelette (64) 205
Les Estables (43) 414, 415

F

Filitosa (20) 337
La Flégère (74) 382
Fleurance (32) 213, 214
Florac (48) 292, 293
Le Folgoët (29) 125
Fort-Mahon (80) 54, 55
Frémainville (95) 24
Fronsac (33) 189
Fumel (47) 223, 230

G

Gargilesse-Dampierre (36) 178
Gastes (40) 198
Gavarnie (65) 270, 271
Gérardmer (88) 357, 358, 364
Giverny (27) 19, 24, 25
Glux-en-Glenne (58) 93
Goulven (29) 126

Le Grau-du-Roi (30) 282, 283
Gréoux-les-Bains (04) 305, 307
Gréville-Hague (50) 70
Grospierres (07) 302
Guebwiller (68) 105
Guérande (44) 116, 117
Guéret (23) 178, 179
Guéthary (64) 209
Guînes (62) 44, 45
Guzet (09) 261

H

La Hague (50) 75
Hardelot-Plage (62) 37
Haulmé (08) 34, 35
Horbourg-Wihr (68) 105
Hossegor (40) 199
Les Houches (74) 384, 385
Le Hourdel (80) 54, 55
Humbligny (18) 84

I

Issarlès (43) 414

J

Jausiers (04) 322
Juigné-sur-Loire (49) 146

K

Kaysersberg (68) 99, 104, 105
Kerhinet (44) 115

L

Labeaume (07) 302, 303
Labenne-Océan (40) 198
Lagorce (07) 302
Laguiole (12) 239, 240, 241
Lalouvesc (07) 414
Lamastre (07) 414, 415

Landéda (29) 126, 127
Lannion (22) 129, 137
Lans-en-Vercors (38) 404, 405
Larche (04) 322
Larrau (64) 208
Lathuile (74) 395
Le Lauzet-Ubaye (04) 319, 322
Laveissière (15) 424
Lectoure (32) 217, 220, 221
Lège-Cap-Ferret (33) 191
Leschaux (74) 394
Lestiac-sur-Garonne (33) 188
Licques (62) 44
Lingé (36) 156, 157
Le Lioran (15) 425
Lons-le-Saunier (39) 367, 369
Lormes (58) 94
Lumio (20) 333
Luttenbach-près-Munster (68) 365
Luzech (46) 230
Luz-St-Sauveur (65) 264, 270

M

Mâcon (71) 347, 354, 355
Madame, île (17) 165
Maisod (39) 374
Mantes-la-Jolie (78) 17
Marchastel (48) 241
Marciac (32) 220
Martizay (36) 156
Marvejols (48) 233
Mas Camargues (48) 288
Les Mathes (17) 168
Maupertus-sur-Mer (50) 74
Maureillas-las-Illas (66) 250
Mauriac (15) 424
Menetou-Salon (18) 84
Menthon-St-Bernard (74) 394
Méolans-Revel (04) 322
Mer de Glace (74) 381
Mers-les-Bains (80) 55
Mesquer (44) 113, 116, 117
Messanges (40) 198
Meyronnes (04) 322
Mézières-en-Brenne (36) 156, 157

Mialet (30)	292
Mimizan (40)	198, 199
Mimizan-Plage (40)	199
Mirande (32)	220, 221
Moirans-en-Montagne (39)	374, 375
Moliets-et-Maa (40)	194
Molsheim (67)	97
Montcabrier (46)	230
Monthermé (08)	34, 35
Montoir-de-Bretagne (44)	109
Montpeyroux (12)	240
Montsauche-les-Settons (58)	94
Morogues (18)	84
Moulis (09)	261
Moustiers-Ste-Marie (04)	309, 312, 313
Moutier-d'Ahun (23)	178
Munster (88)	365
Murat (15)	417, 424, 425

N

Nantes (44)	139
Nasbinals (48)	240, 241
Nesle-la-Vallée (95)	24
Neuffons (33)	188
Nogaro (32)	221

O

Oderen (68)	365
Oléron, île (17)	165
Omonville-la-Petite (50)	70
Omonville-la-Rogue (50)	74
Ondres (40)	198
Orbey (68)	364, 365
Ordiarp (64)	208
Orgnac-l'Aven (07)	302
Orschwihr (68)	104
Oust (09)	260

P

Paimpol (22)	134, 136, 137
La Palmyre (17)	168
La Palud-sur-Verdon (04)	313
Pannecière, lac (58)	94
Pech-Merle, grotte (46)	227
Perpignan (66)	243
Perros-Guirec (22)	137
Pescadoires (46)	230
Pesselières, château (18)	83
Pfaffenheim (68)	104
Pietracorbara (20)	332
Piriac-sur-Mer (44)	116
Plaine-Joux (74)	384
Planpraz (74)	385
Les Plantiers (30)	292
Pleumeur-Bodou (22)	136
Plomb du Cantal (15)	419
Ploubazlanec (22)	136
Plouescat (29)	126
Plougastel-Daoulas (29)	119
Plouguerneau (29)	126, 127
Ploumanac'h (22)	136
Plouzané (29)	126
Le Pont-de-Montvert (48)	292
Pont-d'Ouilly (14)	64, 65
Pontécoulant (14)	63
Pornichet (44)	117
Porspoder (29)	126
Porticcio (20)	342
Porto (20)	332
Porto-Vecchio (20)	342, 343
Port-Racine (50)	75
Port-Vendres (66)	250
Pouilly-sur-Loire (58)	77, 84
Pouligny-St-Pierre (36)	156
Le Pouliguen (44)	116
Pra-Loup (04)	322, 323
Pressagny-l'Orgueilleux (27)	24
Propriano (20)	342, 343
Putanges-le-Lac (61)	64, 65
Puylaroque (82)	223
Puy-L'Évêque (46)	230, 231

Q

Quarré-les-Tombes (89)	95

R

La Raillère (65)	271
Le Grand-Village-Plage (17)	169
Rauzan (33)	188, 189
Réderis, cap (66)	250
La Réole (33)	188, 189
Revin (08)	34, 35
Ribeauvillé (68)	104, 105
Riez (04)	312
Rigny-Ussé (37)	146
Riom-ès-Montagnes (15)	424, 425
Rivarennes (37)	141
Rochefort (17)	161, 169
Rosnay (36)	155, 156
Rougon (04)	313
Rousset, col (26)	405
Royan (17)	161, 169
Rue (80)	49, 54
Ruoms (07)	302, 303

S

Sagone (20)	333
St-Agnan (89)	94, 95
St-Agnan-en-Vercors (26)	404, 405
St-Agrève (07)	409, 414, 415
St-Bonnet-le-Froid (43)	407, 415
St-Brisson (58)	95
St-Chély-d'Aubrac (12)	240, 241
St-Cirgues-de-Jordanne (15)	425
St-Cirq-Lapopie (46)	231
St-Clair-sur-Epte (95)	25
St-Clar (32)	220, 221
St-Denis-d'Oléron (17)	169
St-Émilion (33)	186, 188, 189
St-Étienne-de-Baïgorry (64)	208
St-Florent (20)	332, 333
St-Germain-en-Laye (78)	17, 25

St-Gervais-les-Bains (74)	377, 384	
St-Gilles (13)	282	
St-Girons (09)	260	
St-Hippolyte (68)	104, 105	
St-Jean-de-Luz (64)	208	
St-Jean-du-Gard (30)	292	
St-Jean-en-Royans (26)	404	
St-Jean-Pied-de-Port (64)	208, 209	
St-Jorioz (74)	390, 394	
St-Julien-en-Vercors (26)	405	
St-Léger-de-Peyre (48)	236	
St-Lizier (09)	253, 255, 261	
St-Lyphar (44)	117	
St-Macaire (33)	188	
St-Martin-Valmeroux (15)	424	
St-Martin-d'Ardèche (07)	295	
St-Martin-en-Vercors (26)	404	
St-Maurice-sur-Moselle (88)	364	
St-Nazaire (44)	109, 116, 117	
St-Nazaire-en-Royans (26)	397, 399, 404	
St-Omer (62)	45, 64	
St-Ours (04)	323	
St-Palais (64)	201	
St-Palais-sur-Mer (17)	168	
St-Paul-de-Salers (15)	424	
St-Paul-sur-Ubaye (04)	319, 322, 323	
St-Pée-sur-Nivelle (64)	208	
St-Pierre-d'Oléron (17)	168	
St-Pierre-du-Regard (61)	65	
St-Point (71)	354, 355	
St-Quentin-en-Tourmont (80)	55	
St-Remèze (07)	302	
St-Remèze (07)	299	
St-Rémy-sur-Orne (14)	65	
St-Satur (18)	79, 84, 85	
St-Thibault (18)	77, 85	
St-Trojan-les-Bains (17)	169	
St-Vaast-la-Hougue (50)	67, 74, 75	
St-Valery-sur-Somme (80)	54, 55	
Ste-Christie-d'Armagnac (32)	220	
Ste-Croix-du-Verdon (04)	312	
Ste-Engrâce (64)	206	
Ste-Feyre (23)	179	
Ste-Gemmes (49)	147	
Ste-Marie-Campan (65)	270	
Stes-Maries-de-la-Mer (13)	282, 283	
Salin-de-Badon (13)	279	
Salin-de-Giraud (13)	282	
Le Sambuc (13)	282	
Samoëns (74)	384, 385	
Sampzon (07)	302	
Sancerre (18)	85	
Sare (64)	208, 209	
Sartène (20)	342, 343	
Saumur (49)	141, 147	
Sauveterre-de-Guyenne (33)	188	
Seix (09)	260, 261	
Senozan (71)	354	
Serrières-sur-Ain (01)	367	
Settons, lac (58)	94, 95	
Sevrier (74)	394, 395	
Siouville-Hague (50)	74, 75	
Sixt-Fer-à-Cheval (74)	384, 385	
Solutré-Pouilly (71)	355	
Soorts-Hossegor (40)	199	
Syam (39)	371	
Sylvéréal (30)	283	

T

Talloires-Montmin (74)	395	
Tardinghen (62)	44	
La Teste-de-Buch (33)	198	
Thann (68)	97, 104, 105	
Thiézac (15)	424	
Les Thuiles (04)	322	
Thury-Harcourt (14)	57, 64, 65	
La Tour-du-Meix (39)	374	
Tourlaville (50)	74, 75	
Tournemire (15)	421	
Tournus (71)	354, 355	
Tours (37)	139, 147	
Trébeurden (22)	137	
Trédarzec (22)	133	
Trégastel (22)	137	
Tréglonou (29)	127	
Trélévern (22)	136	
La Tremblade (17)	166, 169	
Trévou-Tréguignec (22)	136	
Trizac (15)	422, 423	
La Turballe (44)	116	
Turquant (49)	146	

U

Ungersheim (68)	105	
Urrugne (64)	208, 209	
Ustou (09)	260	
Uvernet-Fours (04)	316	

V

Val d'Allos (04)	323	
Valleraugue (30)	292	
Vallon-Pont-d'Arc (07)	302, 303	
Vallorcine (74)	384, 385	
Valognes (50)	67	
Le Valtin (88)	365	
Vauvert (30)	282	
Venaco (20)	342	
Vergisson (71)	354	
Le Vey (14)	64	
Veyrier-du-Lac (74)	394	
Vézelay (89)	94, 95	
Vic-sur-Cère (15)	424	
Viella (32)	221	
Viella (65)	271	
Villandry (37)	144	
Villard-de-Lans (38)	403, 404	
Vouglans, lac (39)	375	

W-X-Z

Westhalten (68)	104, 105	
Wimereux (62)	41, 45	
Wissant (62)	41, 45	
Xonrupt-Longemer (88)	364	
Zonza	342	

Collection sous la direction de Philippe Orain

Responsable d'édition et rédactrice en chef du guide : Hélène Payelle

Secrétariat d'édition	Stéphanie Vinet
Rédaction	Guylaine Idoux, Jérôme Bouin, Céline Chaudeau, Joanna Dunis, Sandrine Favre, Serge Guillot, Hervé Kerros, Marion Liautaud, Émilie Morin, Florence Piquot, Léonie Piraudeau, Emmanuelle Souty, Juliette Tissot
Ont contribué à ce guide	Véronique Aissani, Ecaterina-Paula Cepraga, Costina-Ionela Lungu (**Cartographie**), Véronique Aissani, Carole Diascorn (**Couverture**), Marion Capéra, Marie Simonet (**Iconographie**), Marie Maurel (**Données objectives**) Hervé Dubois, Pascal Grougon (**Prépresse**), Dominique Auclair (**Pilotage**)
	Cartes : ©Michelin 2024
Remerciements	Laurent Lingelser et Florian Mosca (Les Coflocs) pour les récits d'un certain nombre de leurs road trips en France
Conception graphique	Michelin Éditions
Régie publicitaire et partenariats	contact.clients@editions.michelin.com *Le contenu des pages de publicité insérées dans ce guide n'engage que la responsabilité des annonceurs.*
Contacts	Vous souhaitez nous contacter ? Rendez-vous dans la rubrique contact de notre site Internet : editions.michelin.com
	Parution 2025

MICHELIN Éditions
Société par actions simplifiée au capital de 487 500 EUR
57 rue Gaston-Tessier - 75019 Paris (France)
R.C.S. Paris 882 639 354

Toute reproduction, même partielle et quel qu'en soit le support,
est interdite sans autorisation préalable de l'éditeur.

Copyright © 2025 MICHELIN Éditions - Tous droits réservés
Dépôt légal : 08-2024 - ISSN 0293-9436
Compograveur : Nord Compo, Villeneuve-d'Ascq
Imprimeur : Grafotisak, Grude (Bosnie-Herzégovine)
Imprimé en Bosnie-Herzégovine : 07-2024

Sur du papier issu de forêts bien gérées